CONSENSUAL CONSTITUTIONAL REGIMES

합의제 헌정체제

연합정치 행정부-의회 협치 사회적 대화

합의제 헌정체제는 비례성-다양성-포용성과 연합성-호혜성-통합성, 그리고 대표성과-책임성과 정당성-효과성을 절묘하게 조합하는 제도적 앙상블이고 정치적 기예이다. 그 가치와 비전은 권력독점보다는 권력분점을, 단독정부보다는 연립정부를, 독치보다는 협치를, 배제보다는 포용을, 경쟁보다는 상생을, 대립보다는 공존을, 패권보다는 평화를 지향한다. …… 완승과 완패의 게임으로 작동하는 우리의 '87년 헌정체제'는 정치적 양극화와 사회의 극단적 갈등과 분열을 확대 재생산하고 있다. 따라서 한국민주주의는 향후 개헌 정국에서 한국형 합의제 헌정체제를 '포스트 87년 헌정체제'로 설계하는 섬세한 천착이 필요하다. ______ **선학태** 지음

전남대학교출판문화원

선학태

영국 뉴캐슬대 대학원 정치학박사
서울대 대학원 교육학박사
서울 사대 졸업

전 전남대 교수
스위스 베른대·스웨덴 스톡홀름대·
독일 하이델베르크대·베를린자유대·핀란드 템페레대·
오스트리아 비엔나대·네덜란드 암스테르담대
초빙연구원

주요 저서

『합의제 민주주의 동학: 한국민주주의의 민주화』
『사회적 합의제와 합의제 정치』
『한국민주주의의 뉴패러다임』
『사회협약정치의 역동성: 서유럽 정책협의와 갈등조정 시스템』
『민주주의와 상생정치: 서유럽 다수제 모델 vs 합의제 모델』
『갈등과 통합의 정치』
『한국정치경제론』
『분단과 통일: 외국 경험적 사례와 한국』(공저)
『자유주의는 진보적일 수 있는가』(공저)
『Democratic Consolidation and Labour Politics: Theoretical Framework』
『The Political Economy of Democratic Consolidation: Civil Society, Political Society, Economic Society, and State in South Korea.』

합의제 헌정체제: 연합정치 행정부-의회 협치 사회적 대화

인 쇄 2021년 2월 5일
발 행 2021년 2월 10일

저 자 선학태
발행인 정성택
발행처 전남대학교출판문화원
등 록 1981. 5. 21. 제53호
주 소 61186 광주광역시 북구 용봉로 77
전 화 (062) 530-0571~2
영업부 (062) 530-0573
팩 스 (062) 530-0579
홈페이지 http://www.cnup.co.kr
이메일 cnup0571@hanmail.net

값 20,000 원

ISBN 978-89-6849-779-7 (93340)

■ 서문

국내 헌정체제 연구들은 정치의 효율성과 안정성을 명분으로 권력집중을 추구하는 다수제 헌정체제에 초점을 맞춘다. 따라서 적잖은 연구자·정치개혁론자들은 아직도 사회갈등을 조정·관리하기 위한 권력분점을 지향하는 합의제 헌정체제(consensual constitutional regimes) 연구에는 상대적으로 인색하다. 물론 특정 합의제 헌정 국가들의 정당정치, 권력구조 및 노사정 정치 등에 관한 연구는 축적되어 있다. 그러나 합의제 헌정체제에 체계적이고 통합적으로 접근한 연구는 여전히 빈곤하다. 이런 이유에서 나는 비록 시론적 수준이지만 합의제 헌정체제에 대한 이론적 인식과 경험적 분석을 시도해야겠다는 동기를 갖고 이 책을 구상했다.

헌정체제는 공공정책 결정·집행권을 구성·배분하는 헌법적, 법률적 규칙·규범·절차다. 환언하면 선거-정당-의회-행정부-이익집단 간에 기능적으로 연결된 권력관계를 규율하는 정치제도적 클러스터다. 이런 관점에서 레이파트 학파(Lijphart school)는 합의제 헌정체제의 제도적 틀을 설계했다. 즉 비례제-다당제-연합정치-행정부·의회협치-사회적대화로 이어진 권력분점의 제도적 체계다. 이에 따라 이 책은 합의제 헌정체제를 연합정치, 행정부-의회 협치, 사회적 대화가 순기능적으로 연동하는 제도적 앙상블로 상정한다.

합의제 헌정체제의 가치와 비전은 권력독점보다는 권력분점을, 단독정부보다는 연립정부를, 일사불란(一絲不亂)의 정치보다는 다사불란(多絲不亂)의 정치를, 배제보다는 포용을, 경쟁·완승·패권보다는 공존·상생·평화를 지향한다. 그런 철학적 지향점에 착목하는 이 책은 합의제 헌정체제의 제도적 조합이 무엇인가를 분석하고, 합의제 헌정체제를 지향하는 유러피언 민주주의 국가들의 다이내믹한 정책과정에서 실제 어떤 제도적 매트릭스가 어떻게 작동했는가를 분석하며, 이를 통해 한국형 합의제 헌정체제의 제도적 틀을 디자인하는 데 목적을 둔다.

이 책은 총 8장으로 구성된다. 제1장은 합의제 헌정체제의 이론적 모형을 설계한다. 그것은 제도적으로 친화적이고 기능적으로 조응하는 양대 제도적 축, 즉 초(超)이념블록 연합정치와 연정형 권력구조의 조합, 초이념블록 연합정치와 사회적 대화 정치의 조합을 중심으로 구성된다.

제2장은 독일·오스트리아 합의제 헌정체제의 연방제-양원제와 이에 맞물린 정당정치와 노사정 정치의 차별성, 그리고 양국 합의제 헌정체제의 복지·노동시장 재편과정이 어떻게 작동했는가를 비교분석하며, 이로부터 이론적·한국적 함의를 이끌어낸다. 제2장은 2016년 연세대학교 동서문제연구원 『동서연구』 제28권 3호(65~93)에 게재된 논문을 확대했다.

제3장은 핀란드 합의제 헌정체제의 작동 양태, 즉 분권형대통령제-정치연합-국민통합-대외평화공존으로 이어진 이른바 '핀란드화 경로'(Finlandization path)의 다이내믹스를 분석한다. 이를 위해 우선 냉전구조 속 소련 군사위협에 대응하는 대통령 주도 중립 외교안보 정책과정이 정당정치와 의회정치에 의해 어떻게 뒷받침됐는지를 분석한다. 다음 소련 해체와 EU 가입 후 핀란드의 EU 외교안보·국방 정책과정이 대통령-총리-의회 간 헌법적 외교정책권 공유에 따른 협치 기제로 작동했는지, 아니면 대통령-총리-의회 충돌 사태로 이어졌는지를 추적한다. 나아가 '핀란드화 경로'가 한국에 주는 제도적 정치적 함의를 논의한다. 제3장은 2018년 국회입법조사처 『정책연구용역보고서』로 제출된 바 있다.

제4장은 '배제의 정치'(politics of exclusion)로 작동하는 다수제 헌정체제와의 비교시각에서 '포용의 정치'(politi cs of inclusion)로 작동하는 합의제 헌정체제의 정당 간 연합정치와 노사정 사회적 대화 간 제도적 연계가 어떻게 조정시장경제-복지국가를 유인하는가를 이해할 수 있는 정치경제 틀을 구안한다. 이를 통해 노르딕·게르만·앵글로색슨 국가들의 생산레짐-복지국가 국가사례를 조정시장경제-사민주의복지국가, 조정시장경제-기민주의복지국가, 자유시장경제-자유주의복지국가 등으로 유형화한다.

제5장 합의제 정치연합의 노동시장 유연안정성(flexicurity) 정책조정 동학을 분석할 수 있는 이론적 틀에 입각하여 덴마크·오스트리아·아일랜드 등 서유럽 강소국들의 유연안정성 정치시스템을 설계하고, 이를 통해 합의제 정치연합의 다이내믹한 유연안정성 정책조정 과정을 비교분석한다. 그 결과로 얻어진 3국 노동시장의 유연성-관대성-적극성 성과가 비교 검증된다. 나아가 연구결과가 주는 이론적·한국적 함의를 논의한다. 제5장은 2020년 서울대학교 한국정치연구소 『한국정치연구』 제29집 제1호(261~288)에 게재된 논문을 대폭 확대했다.

제6장은 "권력구조의 분권-협치는 비례제-정당정치의 종속변수다"라는 관

점에서 각국 행정부-의회의 작동 양태를 비교 분석하고, 국내 '87년 권력구조' 개편 논쟁의 주요 지점을 비판적으로 평가한 후, 합의제 헌정체제의 비례제-연합정치-권력구조 친화성을 주장한다.

제7장은 헌정체제를 기능적으로 연계하는 여러 제도의 세트로 인식하는 관점에서 '87년 헌정체제'의 문제는 승자독식 선거제도, 거대 양당 독과점 정치, 정치적 양극화를 확대 재생산하는 제왕적 대통령제 및 갈등적 대립적인 노사정 정치의 결합에서 비롯되는 것으로 분석하고, 이를 혁파하는 '포스트 87년 헌정체제'를 설계한다. 즉 권력분점 비례제가 유인하는 다당제-연합정치, 연정대통령제(coalitional presidentialism) 혹은 핀란드식 분권형 대통령제 및 노사정 대화 정치로 이어지는 한국형 합의제 헌정체제의 제도적 매트릭스를 디자인한다.

제8장은 합의제 헌정체제 국가들이 보여 준 정치적 포용성과 사회경제적 포용성·혁신성의 인과관계에 착목하고 문재인 정부의 혁신적 포용국가 비전은 포용적 국정 거버넌스의 기초 위에서만 실현 가능하다는 점을 주장한다. 제8장은 문재인 정부가 집권 중후반기 국정비전으로 '다함께 잘 사는 혁신적 포용국가'를 내놓았던 시점에서 쓰여졌고, 2018년 말 '지식협동조합 좋은 나라 연구원' 이슈페이퍼『현안과 정책』제251호에 게재된 바 있다.

나는 이 책에 감히 네 가지 의미를 부여하고 싶다. 첫째, 이 책은 다수제 헌정체제와의 비교시각에서 합의제 헌정체제의 차별적인 제도적 틀을 이해하는 데 작은 길잡이가 될 수 있다. 다수제 헌정체제는 권력의 '승자독식(winner-take-all) vs 패자전몰(loser-lose-all)' 구조를 야기하기 때문에 이념·계층·노사·지역 간 갈등사회를 관리 통합하는 데 근본적인 한계를 드러낸다. 반면 이 책의 연구주제인 합의제 헌정체제는 '다양성 속 통합'(diversity into integration) 실현을 위해 승자와 패자, 다수파와 소수파의 공존을 끌어내는 제도적 메커니즘으로 작동한다. 합의제 헌정체제는 특히 소수와 약자와 비주류를 포용하고 정치적 의사결정 과정에 그들의 참여를 '동등하고 효과적으로' 허용하는 권력분점·공유의 제도화를 통해 지속가능한 사회통합을 견인할 수 있다. 이런 의미에서 이 책은 합의제 헌정체제의 제도적 조합과 경험적 작동과정의 분석을 통해 그 우월성을 검증해 주는 데 기여할 수 있다.

둘째, 합의제 헌정체제의 행정부-의회 관계를 동태적으로 이해하는 데 도움이 될 수 있다. 기존 연구들은 행정부-의회 간 헌법적 권력관계를 병렬적 정태적으로 분석하는 데 관심을 둔다. 그러나 헌법적 권한관계만으로는 행정부-의회 관계 동학을 제대로 포착할 수 없다. 특정 헌정체제의 행정부-의회 관계는 정치적 진공상태에서 작동하지 않으며, 그 실질적 작동 양태는 사실상 정책프로세스를 주도하는 정당정치와 연동시켜 접근하지 않으면 그 인과적 분석과 설명이 불가능하다. 무릇 행정부-의회 관계 동학은 어떤 정당정치 패턴과 연계하는가에 따라 상당한 차이를 보인다. 이런 문제의식에서 이 책은 합의제 헌정체제의 행정부-의회 관계가 특히 초이념블록 정당연합과 맞물려 어떻게 작동하는지를 이론적 경험적으로 추적하고 있다. 이런 동태적인 연구의 관점은 헌법적 권력관계의 병렬적 정태적 분석에 치중한 기존 행정부-의회 관계 연구와 차별화되고 있다.

셋째, 합의제 헌정체제의 주요 축인 연합정치-사회적대화 관계의 다양성을 상정하고 있는 이 책의 이론적 관점은 합의제 헌정체제 연구에 독보적인 레이파트 학파의 이론적 틀과 차별화되고 있다는 점에서 유의미하다. 레이파트 학파의 연구는 합의제 헌정체제의 연합정치-사회적대화 간 제도적 친화성을 가정한다. 그러나 연합정치-사회적대화 관계는 항상 친화적이지 않고 때론 충돌할 수도 있다. 사회적 대화가 작동한 국가의 합의제 헌정체제에서는 통상 의회 혹은 내각에서 연합정치가 작동하는 반면, 연합정치가 언제나 사회적 대화를 작동시킨 것은 아니다. 이런 의미에서 이 책은 모든 패턴의 연합정치가 자동적으로 사회적 대화의 안정적 작동을 유인하는 것은 아니며, 따라서 두 합의제 정책결정 제도의 단선적·획일적인 인과관계를 상정하지 않는다. 연합정치는 사회적 대화의 필요조건이지 충분조건은 될 수 없으며, 연합정치 패턴에 따라 사회적 대화는 정체·회생을 반복한다. 이 책의 이런 동태적인 인식 틀은 연합정치-사회적대화 간 제도적 친화성을 정태적 단선적으로 바라보는 레이파트 학파의 이론적 틀에 도전하는 의미가 있다.

마지막으로 한국형 합의제 헌정체제를 설계하는 데 활용될 수 있다. 한국 '87년 헌정체제'는 국가수반-정부수반, 외정권-내정권, 평시국정권-비상국정권을 독점한 제왕적 대통령과 특정 이념블록 정당의 단독정부가 의제설정·정책결정권 행사를 주도하는 승자독주의 '배제적 의사결정'(exclusive decision-making)방식으로 작동한다. 이로 인해 집권당-야당 간, 대통령-국회 간 정치적 양극화로 입법·국정교착이 일상화되고 있으며, 양극적 블록 정당정치는 정부에 대한 노사단체의 경쟁적 압박·시위에 따른 갈등적 노사정 정치를 촉발한다.

반면 합의제 헌정체제는 정당연합-이념연합-정책연합-입법연합-내각연합-노사정연합을 통해 행정부-의회 협치와 사회적 대화의 노사정 협치 공간을 확장하고, 노사단체 및 좌우블록 다수당·소수당 등 다양한 사회경제적·정치적 이해관계 플레이어들이 의제설정·정책결정 과정에 동등하게 참여하고 대표되는 인풋사이드인 '포용적 의사결정'(inclusive decision-making) 메커니즘을 내장한다. 이런 포용적(합의제적) 국정 거버넌스는 좌우 정당 간 정치적 합의와 노사단체-정부 간 사회적 합의를 견인하며 특정 정당·이익단체 이익에 편향적일 수 없는 '포괄적 타협적인 균형된' 정책결정을 끌어내는 데 기여할 수 있다. 이런 의미에서 이 책의 전반에 걸쳐 관류하는 문제의식이 향후 개헌 정국에서 '포스트 87년 헌정체제' 디자인을 위한 합의제 헌정공학(constitutional engineering)의 제도개혁 어젠다 설정에 이바지하는 작은 의미를 부여할 수 있지 않을까 싶다.

박근혜 친위대를 제외하고 진보와 보수 가릴 것 없이 동참했던 2016년 '촛불시민항쟁 정신'의 계승을 자처한 문재인 대통령은 소수파 정부로 출발했다. 따라서 경쟁-견제-협치 사이클이 작동하는 '촛불 연합정치'로 가는 길이 순리였고, 개혁입법연합 → 내각연합 → 개헌연합을 통해 강성 다수제 모델의 완결판인 '1987년 헌정체제'를 교체하는 합의제 모델의 '2017년 헌정체제'를 창출하는 프로젝트야말로 문재인 대통령과 집권당에게 주어진 시대적 소명이었다. 그렇기에 우리 국민은 문재인 촛불정부가 대한민국의 틀을 바꾸는 '촛불혁명의 제도화'에 성공하기를 열망했다.

그러나 촛불시민혁명은 분노-열망-실망으로 이어지는 악순환 사이클을 보이며 미완에 그치고 있다. 무엇보다 문재인 정부 출범 직후 높았던 국민적 기대와는 달리 작금 한국민주주의는 정상적 궤도를 서서히 이탈해 가는 중에 있다. 아니 승자독식의 정치가 더욱 고착화 되어 가고 있다. 차이와 이견에 대한 관용과 포용이라는 민주주의의 가장 기초적인 규범이 부정되고, 반대당과 정책-입법 의제를 토론·숙의하고 협의·조정·교환·타협하는 절차를 거부한 반정치(anti-politics)의 정치가 지배하고 있다. 이에 따라 모든 쟁점법안들의 집권당 입법 독치(獨治)와 일방통행적인 국정드라이브가 일상화되고, 집권 정부 여당을 견제할 최소한의 비토권 장치마저 빼앗긴 야당의 무용론이 제기되고 있으며,

나아가 입법-행정-사법 삼권분립의 견제와 균형 원리가 정상적으로 작동하지 않고 있다.

민주주의의 본질은 과정과 절차의 문제이고, 따라서 절차적 정당성과 공정성을 잃으면 설령 결과적 콘텐츠가 진선진미한 것이라 하더라고 — 실은 논리적으로나 현실적으로 실체적 정당성과 공정성과 정의를 갖춘 정책 콘텐츠가 산출될 수도 없지만 — 독재의 길로 가고 있는 것이나 다르지 않다. 민주주의와 독재정치를 가리는 주요 지점은 헌정체제의 아웃풋사이드(output-side)보다는 인풋사이드(input-side)에 존재하기 때문이다. 민주적으로 선출된 권력이 민주주의 제도를 때론 합법적으로, 때론 위법적으로, 때론 부당하게, 때론 교묘하게 활용하여 민주주의를 야금야금 마치 '천천히 뜨거워지는 물속 개구리'의 운명으로 몰아가고 있는 듯한 형국이다. '촛불 권력'의 역설이요 한국민주주의의 아이러니가 아닐 수 없다.

나아가 문재인 정부 들어 대한민국은 사실상 '남남내전'을 치르고 있다. 해방공간에서 찬탁과 반탁으로 갈라진 좌우충돌이 결국 남북분단으로 이어졌듯, 진보진영-보수진영 간 충돌로 우리 사회는 두 동강으로 쪼개지고 있다. 우리 사회의 양극단적인 갈등과 분열은 한국민주주의의 위험한 적신호다. 무릇 대통령이 국가원수로서 행사하는 통치의 헌법적 개념은 국민통합일진데, 그렇다면 청와대는 진보국민과 보수국민이 대척하는 재앙적 사태에서 자유롭지 않다. 진보와 보수로 갈라선 두 국민을 동등하게 포용하지 않고 습관적으로 구사하는 블록 팬덤정치에 익숙해져 있기 때문이다.

남한 내부의 보수우파와 공존-협치하지 못하면서 북한 노동당 정권과 화해-공존-평화를 하자고 외치는 건 논리적으로 이율배반적 자기모순이 아닌가. 단언컨대, 남남연합-남남통합 없이 남북평화-남북공존-남북연합-남북통합으로 가는 민족적 대장정은 격렬한 남남갈등으로 인해 결코 순탄치 않는 험로가 될 것이다. 독일 통일과정은 서독 합의제 헌정체제가 만들어낸 내부 서서연합-서서통합 바탕 위에서 추동된 탈냉전-동서평화공존, 특히 동서독 관계정상화를 통해 순항했음을 상기해야 한다. 숙명적으로 지정학적 리스크가 상존한 핀란드의 경우 좌우 이념블록을 뛰어넘는 유연한 정치연합이 대내적으로 국민통합을 구축하고, 그 토대 위에서 대외적으로 평화공존체제를 견인함으로써 국가적 위기를 돌파했다. 이런 '핀란드 경로'의 다이내믹스는 남남연합과 남북평화공존 프로세스 사이에 불가분의 연관성이 존재함을 함의한다.

우리의 헌정체제는 “승자가 모든 것을 거머 쥐고 패자는 모든 것을 빼앗기는” 구조이다. 대통령은 ‘민선황제’로 등극, 점령군 행세를 하며 인적 물적 정치적 권력자원 등 승자의 모든 전리품을 싹쓸이한다. 그렇기에 정당과 국회의 모든 에너지는 대통령의 절대 제왕적 권력을 쟁취하고 유지하고 되찾기 위한 무한투쟁으로 집중되고 있다. 결국 제왕적 대통령은 정당정치와 의회정치의 양극화를 확대 재생산하는 진앙인 셈이다. 나는 한국민주주의의 이런 양극적 적대정치가 정치인들, 특히 대통령의 자질과 능력, 철학과 리더십의 문제 때문이 아니라 —물론 그것 또한 민주주의의 작동과정에서 중요한 변수로 작용하지만— 완승과 완패의 게임으로 작동하는 ‘87년 헌정체제’가 내장하는 잘못된 정치제도에서 비롯된 것으로 보고 있다. 따라서 우리에게는 ‘87년 헌정체제’를 대체하는 합의제 헌정제제에 대한 진지한 천착이 필요하다.

합의제 헌정체제는 비례성-다양성-포용성-연합성-통합성을 절묘하게 조합하는 제도적 앙상블이고 정치적 기예(技藝)이다. 민주주의-경제복지-안보평화의 3축이 맞물려 돌아가는 선진 민주국가들은 예외 없이 합의제 헌정체제를 채택하고 있다. 주목해야 점은 그들 국가의 합의제 헌정체제가 오랜 세월에 걸쳐 축적된 정치문화의 산물이라기보다는, 내전을 치를 정도의 극단적 갈등사회를 통합국가로 새롭게 건설하기 위해 선제적으로 ‘권력분점-협치’의 시스템을 창출해 낸 정치엘리트들의 전략적 선택(strategic choice)이라는 것이다. 그렇다면 한국 정치엘리트들은 ‘헌정체제의 정치문화적 결정론’에서 벗어나, 유러피언 민주주의 국가들의 합의제 헌정체제가 던지는 이론적 경험적 메시지를 깊이 성찰해야 한다. 그렇게 해서 한국형 합의제 헌정체제를 섬세하고 정교하게 그랜드 디자인해야 한다. 한국민주주의가 르네상스 시대로 접어드는 새로운 길이 열릴 것이다.

끝으로 책의 출간과정에 협조하며 세심하게 편집을 맡아 주신 전남대학교 출판문화원 송미숙 과장님, 배광현 디자이너와 관계자 여러분에게 깊이 감사드린다. 아울러 현직을 떠난 명예교수 신분임에도 언제나 신속하게 흔쾌히 국내외 자료 찾기에 협조해 주신 전남대학교 도서관 이병남 선생님께도 진심으로 감사드린다. 그리고 평소 보상이 없는 희생으로 국회 도서관에서 자료 찾기에 협조해 준 아내에게도 고마움을 표한다.

2021년 2월 초순　　선학태

■ 차례

제2장 독일·오스트리아 합의제 헌정체제 동학: 복지체제·노동시장 재편

제3장 핀란드 분권형 대통령제: 대통령-총리-의회의 외교안보 정책

제4장 합의제 헌정체제의 정치경제: 경제민주화-복지국가 유형화

제5장 합의제 정치연합: 유연안정성 정책조정

제6장 합의제 헌정 모델의 관점에서 본 권력구조 문제: '87년 권력구조' 개편

제7장 한국형 합의제 헌정체제의 제도적 디자인

제8장 혁신적 포용국가와 포용정치의 상관성

제1장

합의제 헌정체제의 이론적 모형

Ⅰ. 문제의식

헌법과 정치를 연결하는 헌정체제는 민주주의를 구성하는 핵심 요소이다. 민주주의 공고화(consolidating democracy) 여부는 어떤 헌정체제를 통해 이익·가치 상충에 따른 갈등과 분열을 조정 관리하느냐에 따라 좌우된다. 헌정체제의 본질은 권력집중인가, 아니면 권력분산인가 하는 문제이다. 따라서 민주주의 공고화의 관점에서 헌정체제를 디자인하는 문제는 사회갈등을 조정 관리하기 위해 소수자·사회경제적약자의 권익을 보호하기 위한 권력분점·공유(power-sharing)인가,[1] 아니면 그들의 권익보호보다는 국정효율성을 명분으로 한 권력집중인가 하는 관점에서 접근하는 것이 타당하다. 결국 이는 헌정 모델의 선택 문제이다.

레이파트 학파(Lijphart school)에 따르면 헌정체제는 권력독점을 지향하는 다수제(majoritarian) 모델과 권력분점을 지향하는 합의제(consensual) 모델이 있다(Belmont *et al.* 2002; Lijphart 2012). 전자는 단순다수 혹은 과반수의 선택을 전체 사회의 결정으로 받아들이며 '경쟁정치'의 효율성을 추구하는 반면, 후자는 '다수의 최대화'(maximization of majority)에 기초한 '상생정치'를 존중한다. 레이파트 학파는 합의제 헌정체제(consensual constitutional regimes)를, 갈등과 분열이 상존한 사회 혹은 갈등과 분열이 신생민주주의를 안정시키기 위한 최적의 민주주의 공고화 조건으로 상정한다(Lijphart 2008: chapt. 5·11).

---

1) 권력분점·공유란 정치적 의사결정 과정에 다수파·소수파, 강자·약자, 부자·가난한자 구분 없이 주요 모든 공동체 그룹들의 대표가 '동등하고 효과적'으로 참여하는 것을 뜻한다.

분열과 갈등이 상존하는 사회라 해서 합의제 헌정체제의 작동이 불가능한 것은 아니다. 사회의 분열과 갈등은 헌정체제 실패와 위기의 결과이지 원인이 아니기 때문이다. 같은 논리로 특정 국가의 민주주의가 사회갈등과 분열을 해결하기 위한 헌정체제를 창출하는 데 실패함으로써 분열과 갈등이 확대 재생산된 것이지, 분열과 갈등이 합의제 헌정체제의 지체와 한계를 초래하는 것이 아니다.

이런 의미에서 제1장은 합의제 헌정체제가 갈등사회를 조정 관리하고 통합시키는 민주주의 공고화를 위한 제도적 매트릭스를 디자인하는 데 적실성을 갖는 것으로 상정한다. 이는 다수파에게 권력집중을 허용하는 다수제 헌정체제(majoritarian constitutional regimes)보다는 합의제 헌정체제가 권력분점, 즉 정책결정 과정에 참여하는 '다수의 최대화', '동등하고 효과적'인 정치참여의 제도화가 민주주의 공고화에 더 효과적이라는 레이파트 학파의 연구에 기반하고 있다(Lijphart 2012: 30; Topperwien 2004: 46-47). 하지만 레이파트 학파의 연구는 합의제 민주국가들에서 시공간별로 나타나는 합의제 헌정체제의 제도적 가변성과 역동성에 주목하지 않는 이론적 한계를 보였다. 따라서 제1장은 연합정치, 연정형 권력구조의 행정부-의회 협치 및 사회적 대화 등에 관한 이론적 논의를 시도한 후, 이를 바탕으로 레이파트 학파 연구의 '정태적'인 이론적 틀과 차별화하는 합의제 헌정체제의 이론적 동학 모형을 설계한다.

II. 합의제 헌정체제의 제도적 메커니즘

1. 민주주의 공고화와 헌정체제의 관계

민주주의는 사회에 존재하는 다양한 이익·가치 갈등을 전제한다. 따라서 갈등을 조정하기 위한 정교한 규칙과 규범을 필요로 한다(Rustow 1970: 362). 규칙과 규범은 갈등을 유발시킬 수 있는 사회의 다양한 가치를 조율하고 이익과 비용을 배분하는 제도이다. 결국 민주주의는 제도의 앙상블이다.

민주주의는 시민사회-시장(경제)사회-정치사회-국가 등 '부분체제들의 복합체'(a composite of partial regimes)이다(Schneider 1995: 221; Encarnacion 1997: 387-419). 민주주의의 부분체제들은 역동적으로 상호작용 한다. 어떤 부분체제도 다른 부분체제의 순기능적인 지원 없이는 정상적으로 작동할 수 없다. 부분체제 간 순기능적인 역동적 상호작용을 통해 이익·비용(손실)을 공정하게 배분하고 이익·가치 갈등을 해소하기 위한 규칙과 규범을 정치행위자들이 내면화·습관화해 갈 때 민주주의는 공고화된다. 한마디로 민주주의 공고화는 '갈등조정과 사회통합의 제도화'이다.

선거-정당-의회-행정부-이익단체 등이 작동하는 정치사회-국가라는 두 부분체제는 사회적, 정치적 갈등조정을 위한 규칙, 규범 및 절차의 클러스터를 통해 시민사회-시장사회의 정상적 작동 여부에 영향을 미친 핵심적인 제도적 변수이다. 이러한 정치사회-국가 사이의 권력관계를 규정·규율하는 제도의 세트가 헌정체제다. 즉 헌정체제란 선택과 결정을 내리는 권력의 배분에 관한 공식적 규칙과 규범이자 그것들이 작동하는 과정과 절차를 의미한다. 시민사회-시장사회에서 이익·비용의 차등적 배분과 가치관의 차이를 둘러싸고 발생하는 갈등과 분열은 정치적 성격을 띤다. 정치는 시민사회-시장사회의 다양한 이해관계와 욕구들을 공공정책으로 전환하여 갈등조정과 사회통합을 달성해 가는 과정이고 헌정체제가 그 과정에서 주요 역할을 수행한다(Crepaz 2002a: 170). 이는 한 국가의 헌정체제가 민주주의 공고화 과정에 직접적으로 영향을 미치고 있음을 의미한다. 따라서 헌정체제는 민주주의 공고화의 성패를 좌우하는 핵심 변수다.

헌정체제는 헌법적 권력구조와 선거제도-정당체제-이익단체로 구성된다. 헌법적 권력구조와 선거제도-정당체제-이익단체는 기능적으로 연결되는 제도적 체계다. 따라서 헌법적 권력구조 개혁만으로 또는 선거제도-정당체제-이익단체 개혁만으로 민주주의 공고화를 구축하는 것은 불가능하다(박명림 2008). 헌정체제가 기능적 연계성을 갖는 정치제도적 클러스터라는 점을 고려하지 않고 특정 한 부분 제도만을 끌어내어 이를 바꾸려는 접근방법으로서는 민주주의 공고화 프로젝트에 한계가 있을 수밖에 없다. 헌정체제는 상호작용하는 여러 부분 정치제도들의 세트이기 때문이다.

2. 합의제 헌정체제의 갈등조정-사회통합 기제

정치학적 관점에서 사회갈등을 조정 관리하는 데는 두 가지 방법이 있다. 하나는 비용과 손실을 부담하는 사회 내의 특정 집단·계층·지역에 보상패키지를 제공하는 방법이며, 다른 하나는 집단·계층·지역의 대표를 정책결정 과정에 참여시키는 방법이다. 보상패키지는 결국 이해관계자가 정책결정 과정에 참여할 수 있느냐 여부에 따라 그 실현이 좌우된다. 정책결정 과정에의 참여 정도는 권력독점의 다수제(웨스트민스터) 헌정체제냐, 아니면 권력분점의 합의제 헌정체제냐에 따라 차이를 보인다.

자유경쟁 원리에 따라 작동하는 다수제 헌정체제는 현실적으로 양대 정당이 정치사회-국가를 독과점적으로 지배하고 승자독식(winner-take-all)과 패자전실(loser-lose-all)을 초래하는 양극적 제로섬 게임으로 작동하며, 따라서 복합적인 갈등사회를 관리하고 통합하는 데 근본적 한계를 드러낸다. 반면 협치(governance)와 호혜성 원리에 따라 작동하는 합의제 헌정체제는 수평적 권력분점·공유의 제도화, 즉 국가의 정책결정 과정에 다수 거부권자(veto players)의 참여를 허용하는 제도적 조건이 다양한 사회이익을 대표하고 사회갈등 조정과 사회통합에 효과적인 것으로 가정한다(Powell 2000: 14-33). 국가정책 결정과정에 소수·약자·비주류를 대표하는 정치적 채널을 만들자는 것이 합의제 헌정체제의 문제의식이다(Birchfield and Crepaz 1998: 177-180; Crepaz 2002a: 177-183). 합의제 헌정체제는 나라에 따라 차이를 보이지만, 통상적으로 다수제 헌정체제와는 대조적인 제도적 장치들을 공유한다(Lijphart 2012: 2-4).

첫째, 합의제 헌정체제의 선거제도-정당체제 관계다. 다수제 헌정체제가 선호하는 승자독식 소선거구 단순다수대표제는 양당체제를 만들어내며, 단순다수대표제-양당체제는 중간층의 이익과 지역개발 프로젝트에 집중하여 재분배·복지 정책에 부정적 영향을 미친다. 반면 합의제 헌정체제의 비례대표제는 정당별 득표율에 따라 의회의석을 배분하여 이념적 스펙트럼을 확장하고 가치·정책 중심의 진보좌파-중도-보수우파 블록의 다당제를 형성한다.[2] 비례대표제-이념블록다당제는 지역 이권배분 프로그램보다는 연금수급자·노동자·빈곤층·저소득층·실업자 등 다양한 집단과 계층에게 혜택이 돌아갈 수 있는 보편

---

2) 서유럽 국가들은 종교 언어 인종 계급 지역 등 분절사회의 다양한 정치적 갈등구조 속에서 정치적 타협 기제로 비례제를 채택했다. 비례제가 소수자에게 대표권을 부여하여 국가와 정치적 안정에 잠재적인 위협이 되는 것에 대응하기 위해 고안된 것이다. 둘째, 민주화 과정에서 계급 타협 기제로서 비례제가 탄생했다. 노동계급은 투표권 확대를 통한 의회로의 진입을 위해, 자본 등 기득권 세력은 자신들의 지위를 보호하기 위해 각각 비례제를 선호했다(Lijphart 1991: 75).

적, 사회적 재정지출 정책프로그램 개발을 통해 사회통합에 효과적인 제도적 인센티브이다(Persson and Tabellini 2003: 82).

둘째, 합의제 헌정체제의 의회-행정부 관계다. 다수제 헌정체제의 승자독식 단순다수대표제-양당제는 단일정당 정부 구성, 패권적 거대 양당정치의 제로섬 게임으로 이어지며, 이로 인해 의회-행정부는 양극적 갈등관계를 촉발하여 입법효율성을 떨어뜨린다. 대조적으로 합의제 헌정체제의 비례대표제-이념블록다당제는 제도적으로 정부를 단독으로 구성하는 과반의석을 점유하는 패권정당을 허용하지 않기 때문에 2개 이상의 정당 간 집행권을 분점·공유하는 연립내각(coalition cabinet) 구성을 제도화한다. 이런 연합정치는 연정협약(coalition accord)을 통해 의회-행정부 관계를 조정하며, 따라서 행정부는 의회 다수파와 협력하여 입법효율성·생산성을 높이는 경향을 보인다.

물론 비례대표제가 '진보좌파 vs 보수우파' 두 블록구도로 양극화된 '블록 다당제'와 '블록 내 연정'(intra-bloc coalition)을 유인하는 사례가 없지 않다. 이 경우 승자독식 단순다수대표제-양당체제에서처럼 갈등적인 정당정치가 작동하며, 이로 인해 의회-행정부 관계는 갈등적 대립적이고 정책의 입법화 과정은 순탄치 않다. 그러나 비례대표제가 유인하는 피벗 정당체제(pivotal party system)에서는 통상 좌-우를 교차하는 정당 간 초(超)이념블록 연합정치가 제도화된다. 환언하면 선거와 내각구성에서 피벗정당은 총선결과 혹은 정책이슈에 따라 때로는 좌파정당, 때로는 우파정당과 번갈아 연합하고, 이를 통해 의회 과반의석을 형성하여 의회-행정부 협치(consociational politics)를 구축하며 정책·입법 과정의 균형추 역할을 수행한다(Strøm and Bergman 2011: 20).

비례대표제가 유인하는 이념블록 다당제, 연합정치 등 합의제 헌정체제의 하부구조가 제도화되는 경우 합의제 헌정체제의 상부구조인 정부제도, 즉 의회-행정부 관계를 규정하는 대통령제냐 의원내각제냐 아니면 분권형 대통령제(이원집정부제)냐 등의 권력구조는 결정적 주요 변수가 아니다(Lijphrt 2008: 80-81). 사실 대통령제는 미국을 제외하면 공간을 초월해서 특정 개인에게 권력이 집중되는 '제왕적 대통령'을 만들어 내고, 의원내각제는 시간을 초월하여 특정 집단에게 권력이 집중될 가능성이 높으며, 분권형 대통령제는 대통령-총리 간 권력충돌을 조정하는 문제를 안고 있다. 각 정부형태의 이런 제도적 한계로 인해 의회-행정부 간 갈등관계를 촉발하여 정책·입법과정을 마비시킬 수 있는 개연성이 상존한다. 이를 극복하는 제도적 처방은 비례대표제-다당제-연합정치의 제도화이며, 이는 모든 정부제도의 한계를 극복하고 행정부-의회 간 갈등관계를 조정·관리하는 기제로 작동한다.

셋째, 합의제 헌정체제의 이익집단-정부 관계다. 다수제 헌정체제는 노사 이익집단 간 경쟁적 이익표출과 분산적 협상에 토대를 둔 의사결정 시스템을 선호한다. 따라서 의회정치 외곽의 노사정 정책협의에 소극적이다. 설령 노사정 대화를 통해 정책협약(policy pacts)을 체결해도, 거대 양당이 독과점하는 의회는 대결정치로 인해 이를 입법화하는 데 실패한다. 결국 이익집단들은 사회적 협의체 참여를 기피하고 의회·정부를 상대로 경쟁적 갈등적 로비정치(lobbyist politics) 혹은 과격한 '길거리 정치'로 대응한다(Öberg *et al.* 2011: 374-382, 383-389; Rommetvedt *et al.* 2013: 467-468). 반면 합의제 헌정체제는 이익집단-정부 간 협의적 의사결정 방식인 노사정 파트너십 기제를 내장한다(Lijphart 2012: 170-173; Lijphart and Crepaz 1991: 235). 즉 정당 간 연합정치가 이익단체-정부 갈등관계를 조정하며 노사정 대화를 유인한다. 특히 노동과 자본을 동등하게 대표하는 정치적 공간, 즉 진보좌파-보수우파 간 초이념블록 정당연합은 노사정 협의를 통한 정책협약이라는 사회적 대타협을 유인한다. 정책협약의 입법과정은 정당연합-노사정 연합 연동을 견인하는 핵심고리이다.

요컨대 단순다수대표제-양당제-단독정부-경쟁적로비정치 등으로 이어지는 다수제 헌정체제의 제도적 패키지는 사회의 다양한 계층과 집단, 특히 시장경제의 실패자·낙오자·소수지역을 제대로 대표하지 못하는 '배제의 정치'(politics of exclusion)를 야기하여 갈등사회를 부추긴다. 반면 비례대표제-이념블록다당제-정당연합(연립정부)-의회·행정부협치-노사정대화 등 기능적으로 연계된 합의제 헌정체제의 제도적 조합은 특히 글로벌 시장경제의 충격에 위협받는 노동자·사회취약계층·소수지역에게도 정치적 의사결정 과정에의 동등한 참여·대표를 허용하는 제도적 인센티브와 '포용의 정치'(politics of inclusion)를 통해 사회갈등 조정과 사회통합을 견인하는 사회적 정치적 구심력을 갖는다.

단일이슈로 분열된 사회에서는 다수제 헌정체제가 갈등조정과 사회통합에 효과적일지 모른다. 그러나 다차원 이슈로 인한 복합적인 갈등사회에서는 합의제 헌정제체가 갈등조정과 사회통합 프로세스인 민주주의 공고화에 효과적이다. 다수제 헌정체제는 사회의 소수자와 약자와 비주류에 대한 배려와 참여에 대한 치명적인 제도적 결손을 갖는데 반해, 합의제 헌정체제는 국가정책결정 과정에 소수자와 약자와 비주류의 참여와 포용을 이끌어내려는 정치적 인센티브를 내장한다. 다수제 헌정체제는 단순다수 혹은 과반 지지를 확보하느냐 못하느냐에 따라 권력의 전부·전무를 결정하기에 극단적인 초갈등 사회와 양립할 수 없는 데 반해, 합의제 헌정체제는 지지도에 따라 권력지분이 결정되어 다층적 복합적 갈등사회의 지속가능한 민주주의 공고화를 구축하는 제도적 효과를 낳는다.[3)]

거부점이 소수이고 행정부로의 권력집중이 높은 다수제 헌정체제인 경우 야당 및 노조 등 일부 반대세력의 저항을 뚫고 특별한 견제 없이 정부의 일방적인 권위주의 방식으로 정책개혁이 추진되는 경향을 보인다. 반면 합의제 헌정체제의 공공정책 결정 과정은 동의와 합의를 필요로 하는 비토 행위자의 수가 많다. 따라서 합의제 헌정체제의 정부는 개혁정책의 입법과정을 단독으로 통제하기 어렵고, 야당·이익단체 등 가능한 많은 거부권 행사자를 포용하여 추진한다. 합의제 정부의 입장에선 비인기 정책개혁을 추진하는 경우 이에 따른 비판과 책임을 다수 비토권자들과 공유하고 공동의 이익을 도모할 수 있는 일종의 리스크 분산 전략을 구사할 수 있다.[4)] 다수 비토권 행사자들을 정책결정 과정

---

3) 레이파트 학파에 따르면 순수한 다수제 헌정체제 혹은 합의제 헌정체제는 존재하지 않는다. 실제로 글로벌화, 유럽화로 인해 서유럽 국가들의 합의제 헌정체제는 다수제 모델과 합의제 모델이 혼재하는 하이브리드 헌정체제 방향으로 이동하는 수렴화 경향을 보인다(Vatter *et al.* 2014: 904-905). 유럽통합이 진행하면서 극단적인 다수제 헌정체제와 극단적인 합의제 헌정체제에서 이탈할 가능성이 커지고 있다.

4) 신제도학파의 핵심 논지에 따르면, 제도가 공공 정책을 결정하고 변화시키는 데 독립변수 혹은 매개변수로 작용한다. 제도가 행위자의 정치적 선택과 변화를 유인 혹은 제약한다는 것이다. 이처럼 공공정책 변화를 정치제도로 설명하는 대표적인 이론 중 비토포인트론(veto point theory)이 있다(Tsebellis 2002). 정책결정 과정에서 다수 거부점(veto points)을 내장한 합의제 헌정체제는 정책변화 속도를 감소시키는 반면, 거부점이 소수인 다수제 헌정체제는 급속한 정책변화를 허용한다(Bonoli 2000. 43-48). 그러나 비토포인트론의 경험적 유용성에도 불구하고, 거부점과 같은 제도적 요인은 자동적으로 정책결정·변화 요인이 될 수 없다. 거부점이 소수인 다수제 헌정제제에서는 권력집중에 따른 갈등과 분열이라는 정치적 리스크가 상존하는 반면, 거부점이 다수인 합의제 헌정제제에서는 권력이 분산되는 만큼 책임성이 역시 분산되어 비인기 정책을 효과적으로 개혁할 수 있다. 예컨대 비례제-다당제가 유인하는 연립정부와 행정부-입법부로 이어진 수평적 권력분점 제도, 그리고 연방제에 입각한 중앙정부-지방정부, 양원제에 입각한

에 참여시켜야 하기 때문에 정책변화에 브레이크가 걸려 변화 속도가 감소하는 우려가 없지 않지만, 일단 합의된 개혁정책은 신속하게 실행될 수 있고, 온건하고 중도 실용주의적이다.

나아가 다수제 헌정체제는 집권당 단독으로 의회를 통제하여 노사정 정책협의 절차 없이 일방적으로 정책 추진이 가능하기 때문에 포괄적인 타협정치가 작동하기가 쉽지 않는 반면, 합의제 헌정체제는 권력분점 메커니즘을 내장하기 때문에 연정파트너 정당들, 노사정 등 다수 비토플레이들 간 '주고받는'(*quid pro quos*) 포괄적인 정책패키지를 산출하는 협상과 타협정치가 구조적으로 불가피하다(Lindvall 2010: 361). 합의제 헌정체제에서는 비토플레이어들이 정책이슈들을 연결해 패키지딜(package-deal)로 풀어가는 경우 합의를 통한 공동이익을 추구하기가 보다 용이해지고, 복수의 정책 아이템들이 의제로 협상 테이블에 상정됨으로써 교환(trade-offs) 기제가 작동할 수 있다(Lindvall 2010: 373).[5] 따라서 다수 비토플레이어들을 내장하는 합의제 헌정체제는 소수 비토플레이어를 내장하는 다수제 헌정체제보다 사회갈등을 조정하는 정책개혁 능력이 높다.[6] 바꿔 말하면 고통분담의 정치적 교환을 통한 공존전략을 선호하는 합의제 헌정체제가 경쟁과 사회적 배제 전략을 선호하는 다수제 헌정체제보다 사회통합적 정책개혁을 실현할 가능성이 높다.

상·하원 간 수직적 권력분점 제도 등 다수 거부점을 내장한 독일 합의제 헌정체제의 비인기 정책개혁은 다수제 헌정체제에서처럼 일방적인 권위주의적 방식이 아니라, 서로 양보를 통한 합의와 책임을 공유하는 정치적 리스크 분산 전략으로 추진된다.

5) 정치적 의사결정은 비토플레이어들 간 패키지 딜을 시도하지 않고 별개의 정책의제로 이뤄지는 경우 갈등과 분열을 초래하고 정책개혁 능력이 낮아질 것이다.

6) 레이파트 학파의 이론과는 대조적으로, 체벨리스(G. Tsebelis)의 비토플레이어 이론(the veto player theory)은 권력이 분산된 경우보다는 소수의 제도와 정당에 집중하는 다수제 헌정체제에서 정책개혁 능력이 높아질 것으로 가정한다(Tsebelis 2002). 이런 이론적 관점은 정당 및 제도적 비토플레이어가 소수이고 정당 간 이념적 거리가 적을 때 정책개혁 능력은 증가한다는 점을 시사한다. 그러나 비토플레이어 이론은 정부가 정책개혁에 반대하는 비토플레이들에 대한 보상 메커니즘을 작동시킬 수 있는 가능성을 고려하지 않고 있다(Lindvall 2010: 364). 보상책은 정책개혁 이득자의 양보를 끌어내고, 피해자에게 혜택을 준다. 예컨대 노동시장 영역에서 실업보상, 적극적 노동시장정책(ALMP) 프로그램 투자 등 실직자들을 위한 보상책이 수반되는 경우 노동자들은 고용안정성 축소와 노동유연성을 받아들일 수 있다. 이런 점에서 합의제 헌정체제가 정책개혁 능력을 감소시킨다는 비토플레이어 이론의 가정은 한계가 있다. 합의제 헌정체제는 효과적인 보상 기제를 활용하여 원하는 정책개혁을 효과적으로 성취할 수 있다.

Ⅲ. 연합정치론

1. 연합정치 사이클

연합정치(coalition politics)는 정당들이 각기 독자성과 정체성을 견지하며 다른 정당과 경쟁하면서도 공동의 목적을 달성하기 위해 서로 협력·제휴하는 정당연합(party coalitions)을 뜻한다. 연합정치는 정당들 간에 정책 어젠다에 대한 협력과 합의를 전제한다는 의미에서 무원칙한 '야합'과 다르며, 정당조직을 해체하고 다른 정당과 통합하는 '합당'과도 다르다. 연합정치는 특정 정당의 완승-완패를 허용하지 않고, 정당들 간 '수평적인 협치'를 통한 효율적인 입법화 프로세싱 전략이다. 따라서 연합정치는 대통령제·이원집정부제·의원내각제 등 권력구조 형태와 상관없이 행정부-의회 간 정책·입법 갈등을 조정하는 협치 기제이다.

연합정치는 갈등을 '공존 가능한 이견'으로 바꾸는 정치적 기예이다. 차이와 이견, 갈등을 대화와 타협과 협상을 통해 조정하는 것은 연합정치의 본질이고 규범이다. 연합정치는 다원주의를 위협하는 정치양극화를 해소하고,[7] 그래서 정치공동체를 분열과 해체로 이끄는 현상을 선제적으로 예방한다.

연합정치는 정치행위자들의 동기와 목적의식을 갖는 전략적 선택이고, 정당들 간의 전략적 상호작용 게임으로 형성되는 정치연합을 통한 갈등관리 메커니즘이다(Müller and Strøm. 2003: 4-5; Andeweg and Timmermans 2008: 281-285). 연합정치 사이클은 비례대표제, 이념블록 다당제, 연정협상, 연정협약(coalition agreements), 정부연합 혹은 입법연합, 연정의사결정(coalitional decision-making), 연정정책집행, 연정거버넌스(coalition governance), 연정종료로 이어지는 갈등조정(해소) 메커니즘으로 작동한다. 연합정치의 이런 라이프 사이클은 기능적으로 상호 연계되어 있다(Müller *et al.* 2008: 9-12).

첫째, 비례대표 선거제도는 어느 정당에게도 의회 과반의석을 허용하지 않고 이념블록 다당제 정치를 유인한다. 이념블록 다당제 하에서는 단일 정당이 의회에서 정치적 통제를 독점할 수 없는 만큼 정당 간 연합정치가 필요조건이

7) 정치양극화는 의견의 차이를 '옳고 그름'의 전선으로 치환하는 데서 비롯된다. 정치양극화가 줄어든다는 것 혹은 갈등을 제도화한다는 것은 옳고 그름 사이의 싸움이 아니라 '좀 더 나은 것' '좀 더 바람직한 것'을 추구하는 경쟁으로 전환한다는 것을 뜻한다(박상훈 2020).

다. 정당은 연합정치 게임에서 중요한 연정협상 행위자다. 정당의 중심성을 고려할 때 이념블록 다당제의 틀은 연정협상에서 중요한 맥락적 요소다. 따라서 이념블록 다당체제는 연합정치에서 주요 설명변수다. 동시에 비례제가 유인하는 연합정치는 합의제 헌정체제의 핵심 규범이다. 연합정치가 특정 합의제 헌정체제 국가에서 일단 진화하면 이 제도는 지속적으로 반복되는 경로의존성(path dependency) 경향을 보인다.

그런데 비례제 국가에서 투표자들은 특정 연합정치 구성을 선호한다. 이는 유권자들의 투표 행위, 특히 전략적 투표(strategic voting)에 영향을 미친다.[8] 기존 연구는 전략적 투표는 단순다수제에서 나타나는 반면, 비례제에선 투표가 바로 의석으로 전환되기 때문에 잘 나타나지 않는 것으로 주장한다. 소선거구 단순다수제는 다수당이 의석 극대화를 통해 단독정부를 구성하도록 투표자로 하여금 전략적으로 투표하게 하는 제도적 유인이 존재하는 반면,[9] 비례제에서는 진성투표(sincere voting)가 일반적 규범이기에 투표자들은 가장 선호한 후보·정당에게 투표한다는 것이다.

그러나 후속 연구는 전략적 투표가 비례제 하에서는 발생하지 않을 것이라는 기존 이론에 도전한다. 후속 연구에 따르면 비례제 하에서는 의석극대화(seat-maximizing) 전략적 투표와 정책극대화(policy- maximizing) 전략적 투표가 발생한다(Hobolt and Karp 2010: 302). 무엇보다 비례제에서의 전략적 투표는 정책극대화에 초점을 맞춘다. 정책극대화 전략적 투표의 기본 논리는 가장 선호하는 정책을 집행할 연립정부가 구성될 확률을 높이기 위해 선호하지 않는 정당에 투표하는 것이 합리적인 투표행위로 인식하는 데 있다. 이런 정책극대화 전략적 투표는 투표자가 향후 들어설 연립정부의 정책강령 실행에서 얻고자 하는 예상 효용성 극대화와 이해관계에 관심을 두고 있기 때문에 본질적으로 미래지향적인 전망투표(prospective voting)인 성격을 보인다.[10]

---

8) 전략적 투표란 투표자가 자신이 가장 좋아하는 후보·정당이 아닌 당선될 확률이 높은 후보나 정권 장악 가능성이 높은 정당에게 투표하는 것을 합리적인 결정으로 보는 경우를 말한다.

9) 최대 의석을 가진 다수당 단독정부를 유인하는 단수대표제에서의 전략적 투표는 의석극대화를 겨냥한다. 의석극대화 전략적 투표의 기본 사고는 투표자들이 사표가 되는 것을 피하기 위해 가장 선호하는 정당보다 오히려 경쟁력 있는 정당에 투표한다는 데 있다.

10) 회고투표(retrospective voting)를 행사하는 투표자는 선호한 연정구성을 염두에 두고 투표하지

비례제에서 세 가지 유형의 정책극대화 전략적 투표가 있다(Hobolt and Karp. 2010: 304). ① 진입장벽 통과보장(threshold insurance)이다. 즉 투표자가 선호한 연립정부 구성 확률을 높이기 위해 자신이 좋아하는 정당이 아닌 소연정 파트너(minor coalition partner)를 선택한다.[11] 바꿔 말하면 연정파트너로 예상되는 소수정당이 진입장벽에 걸려 의회에 진출하지 못하는 사태가 일어나지 않도록 해준다.[12] ② 투표자는 자신이 가장 선호한 정당이 연정에 참여할 가능성이 없다고 판단할 때 그 정당을 포기하는 대신 연정파트너 정당이 될 수 있는 정당들 가운데 가장 덜 나쁜 정당에 투표한다. ③ 정책극대화 전략적 투표는 균형화전략(balancing strategy)이다. 투표자는 연립정부의 정책이 자신이 추구하는 이해관계에 근접하도록 유도하기 위해 가장 선호한 정당이 아닌 정당을 선택한다. 정책결과를 중시하는 투표자들은 자신이 추구하는 정책지향성을 갖는 정당을 연정파트너로 지지한다. 투표자는 정책결과에서 예상 효용성을 최적화하기 위해 '균형화' 고려를 하여 연정파트너 간 권력 배분을 고려한다.

둘째, 연정파트너 정당들은 연정협상을 통해 연정협약을 체결한다. 연정협약은 연정파트너 정당들 간의 각료직·공직배분, 정책의제 설정, 연정갈등 조정양식, 의회지도부 구성, 의회투표연대, 의정활동 등 다양한 연정규율을 포함한다(Moury 2014: 114).[13] 연정협약의 목적은 연정 내 (정책)갈등을 제어하고, 정부정책을 조율하며, 연정파트너 정당 간 협력을 촉진하고, 행정부-의회 협치의 제도화를 견인하며, 국정 수행과정의 불확실성과 위험을 줄이는 데 있다(Muller and Strom 2008: 165; Moury 2014: 137). 동시에 연정관리 메커니즘으로서의 포괄적 연정협약은 내각각료와 파트너 정당들의 행위, 특히 내각(각료)의 정책결정을

않고 정책결과(policy outcomes)를 보고 투표한다.

11) 독일 선거에서 이런 유형의 전략적 투표가 이뤄지는 데, 일부 독일 투표자들은 소정당이 진입장벽을 통과하지 못하는 위험에 처했을 때 좋아하는 큰 정당보다는 오히려 연정 파트너가 될 수 있는 작은 정당에 전략적으로 투표한다.

12) 독일 연동형 비례제에서 정당이 의회에 진출하는 데 필요한 '5%의 진입장벽'은 잠재적 연정파트너 정당이 진입장벽을 넘을 수 있도록 유권자로 하여금 전략적 투표를 행사하도록 하게 한다. 예컨대 투표자가 기민당(CDU)·기사당(CSU)을 선호하지만 대신 소수정당인 자민당(FPD)에 투표하여 CDU/CSU와 FDP 간 중도우파 연정이 구성되도록 하게 한다.

13) 연정협약은 모든 것을 총망라할 수 없고, 어떤 연정파트너 정당이 후에 준수하지 않을 위험도 있다. 연정협약은 결국 불완전한 정치적 계약이고 연정파트너 정당들 간 협상에 의해 재조정될 수도 있다.

제약한다(Bäck *et al.* 2011: 450). 연정갈등(coalition conflict)이 발생할 경우 연정협약은 이를 조정·관리하는 거버넌스 메커니즘으로 작동한다. 그러한 메커니즘이 존재하지 않을 경우 연정 내 분쟁은 기존 헌법적 장치 혹은 정당 지도자들의 협상에 의해 조정된다.

특정 정당이 과반의석을 차지하여 지배적인 우위의 협상력을 가질 때(혹은 극단주의적 정당의 정치력이 강력할 때) 연정협약이 체결될 확률은 낮다. 권력의 비대칭성이 커서 정치력이 약한 연정파트너 정당이 지배정당을 견제할 수 있는 위치에 있지 않기 때문이다. 좌우 이념적 스펙트럼상의 중도정당(central party or median party)이 연정협상에서 지렛대 역할을 수행하며 연정파트너 정당으로 참여할 때 연정협약은 용이하게 체결된다(Strøm *et al.* 2008: 409-410; Müller and Strøm 2008: 191).[14] 중도정당은 연정파트너 정당 간 연정협약 체결에 도달하는 데 소요되는 거래비용(transactional costs)을 줄여 줄 수 있으며 연정협약의 안정적 작동에 기여할 수 있기 때문이다.

셋째, 비례제가 유인하는 입법연합(legislative coalitions)과 정부연합(government coalitions)이다. 연합정치는 소수정부가 의회에서 일상적으로 정책이슈 혹은 입법의제마다 야당의 지지를 모색하는 의회연합(parliamentary coalitions)일 수 있다.[15] 의회의 입법·정책연합은 입법과정에서 정당 간 연대투표가 이뤄진다. 그러나 보다 일반적인 연합정치는 행정부의 공직배분과 정책조율·교환 등을 포함하는 연정협약에 의해 구성되는 정부연합으로 나타난다.[16] 의회 과반의석을 구성하는 연정파트너 정당들이 내각과 행정부 기관의 통제를 공유한다. 입법연

14) 중도정당은 연합정치 구성에서 강력한 협상력을 갖고 때론 우파정당과, 때론 좌파정당과 연정을 구성하는 정당으로 정의된다(Andeweg 2011a: 149). 예컨대 네덜란드 의회는 중도적 입장을 취하는 두 개의 정당이 있다. D'66은 사회경제적 정책어젠다 차원에서 좌파정당과 우파정당에 거의 동등한 친화성을 가는 피벗정당(pivotal party)으로 작동했다. 또 기민당은 정당정치의 균형추 역할을 수행했다. 즉 사민당과 중도우파 정당 간의 정책갈등에 중립적 입장을 취하며 좌-우 정당을 번갈아 연정파트너를 선택하는 피벗정당의 이점을 살려 정부연합을 구성했다.

15) 소수정부는 정당체제 파편화 혹은 분극화로 인해 단독정부이든 연립정부이든 의회 의석의 50% 이하 수준의 통제력을 갖는 정부다.

16) 가치·이해의 차이와 다름으로 인해 갈등과 분열이 상시적으로 분출하는 다원적 사회에서 단일정당으로 구성되는 정부는 정치적 갈등을 해결하는 것이 아니라 되레 증폭시키다. 선거에서 승리한 집권당에 의해 정부권력이 독점되고, 야당이 정부의 정책결정·집행 과정으로부터 소외되면, 필연적으로 사회적·정치적 갈등이 확대 재생산될 수밖에 없다.

합은 반드시 정부연합으로 이어지지 않는 반면, 정부연합은 언제나 입법연합을 동반한다. 연합정치 구성과정에서 의원내각제와 대통령제는 중요한 차이가 있다. 의원내각제에서는 다수당이 연합정치, 특히 연립정부 구성에서 배제되는 경우도 발생하는 데 반해,[17] 대통령제에서는 연합정치 구성 주도자가 언제나 대통령 혹은 집권당이고 정부연합을 구성하는 경우 집권당을 포함시켜야 한다.

그런데 기존 연구들은 입법연합과 정부연합이 합의적 협력적 정책결정을 통해 민주적 대표성을 높이는 데 기여하지만. 정당 책임성 규명을 어렵게 한다고 주장한다.[18] 정책 책임성 소재를 분명히 하는 다수제 헌정체제의 단일정당 집권과는 달리, 연합정치의 정책 책임 소재는 정당 간 권력분점과 합의제적 의사결정 과정으로 인해 불분명해질 수 있다는 것이다. 사실 연합정치, 특히 연립내각이 다수 군소정당으로 구성되는 경우 투표자의 책임 소재 규명은 어려워질 수 있으며, 정부성과에 대한 회고투표는 단일정당 정부보다 연립정부에서는 더 취약해질 개연성이 없지 않다.

그러나 연합정치에 참여하는 모든 정당이 유권자들에게 동등하게 책임을 지는 것은 아니다. 메이저 연정파트너 정당의 각료직 점유율이 높을 경우는 사정이 다르다. 대통령 혹은 총리가 소속한 정당은 통상 각료직 점유율이 높아 사실상 연합정치, 특히 연립내각을 지배하고 있을 때 정부정책에 대한 투표자의 책임 소재 규명능력은 높아지며, 이 경우 투표자는 대통령 혹은 총리 소속 정당에 책임을 묻는 경향이 있다(Fisher and Hobolt 2010: 361). 대통령 혹은 총리 소속 정당은 다른 연정파트너 정당보다 회고투표 노출 정도가 크기 때문이다. 또 회고투표를 행사하는 경우 투표자는 연립내각에서 정당의 권력지분, 즉 각료직 점유율에 따라 연합정치의 책임을 차등적으로 물을 수 있다. 연립내각에서 어떤 정당의 대표성이 클수록 그 정당은 정책에 대한 영향력이 커 결정에 대한 책임성이 높다. 따라서 연립내각에서 정당의 각료직 점유율이 클수록 투표자는 정부실적에 대한 책임 소재를 규명하는 데 용이하다.

---

17) 의원내각제인 경우 종종 다수당이 연립내각에 배제되는 일이 발생한다.

18) 기존 연구들에 따르면 연정내각은 '양날의 칼'이다. 연정내각-의회 관계에서 정당 간 협력은 유권자들의 이익을 대표하는 정당의 능력을 증진하지만, 동시에 정당·의원의 업적에 대한 유권자들의 평가를 어렵게 한다. 특히 연정내각의 의사결정 과정의 투명성이 결여될 때 의원에 대한 회고적 전망적 책임성을 물을 수 있는 정도가 낮다.

마지막으로 연정 거버넌스는 연립정부 구성과 연정 종료 사이에 발생하는 연정관리(coalition management), 특히 연정협약에 따라 연정갈등을 관리하는 것을 뜻한다(Müller and Strøm 2008: 196). 내각 연정에 참여하는 정당은 각료직 배분에도 불구하고 거부권자(veto player)의 지위에 있다(Tsebelis 2002: 96). 따라서 연정갈등이 발생하고, 연합정치 참여 정당이 많을수록 갈등관리의 거래비용이 높아진다. 연립정부의 존속에 가장 위협적인 갈등은 정책갈등이다. 부처 간 정책갈등은 통상적으로 발생하는 데 반해, 정당 간 정책갈등은 보다 심각한 국면에 처할 수 있다(Andeweg and Timmermans 2008: 292-296). 부처 간 정책갈등은 정당 간 정책갈등으로 번질 수 있다. 갈등관리의 장은 세 차원, 즉 내각 내부, 내각 부처와 의회 지도자, 정당 간 지도자다. 연합정치 참여 정당들은 '비용-이익 계산'(cost-benefit calculation)에 근거하여 갈등해결의 장을 선택한다.

2. 연립정부

1) 고전적 연립정부 구성론의 한계

단일정당 정부냐, 아니면 정당 간 연립정부냐를 식별하는 몇 가지 조작적 기준(operational criteria)이 있다(Cheibub 2007: 72-73). 첫째, 장관직만이 고려된다. 차관직도 종종 연정구성 과정에 고려되지만 그들은 정부유형을 결정하는 데 중요하지 않다. 연정파트너 정당의 관심사는 장관직을 통해 부처 업무 전체를 관장하는 데 있기 때문이다. 둘째, 입법연합의 파트너 정당은 정부연합의 파트너 정당 자격이 될 수 없다. 따라서 설령 어떤 정당 소속 의원들이 입법과정에서 정부의 모든 프로젝트에 지지 투표를 던져도 그 정당은 정부 구성의 한 파트너라 볼 수 없다. 셋째, 의회 의석을 가진 정당만이 정부연합의 파트너가 될 수 있다. 연립정부란 정당의 권력자원(power resources)이 의회 의석 점유율에 의해 결정되는 만큼, 의석이 없는 정당이 설령 국정에 관여할 수 있을지라도 연립정부의 파트너가 될 수 없다. 넷째, 연립정부 구성에 정당의 개별 인사로 참여하는 경우 연립정부 구성이라 할 수 없다.[19] 연립정부에의 참여는 정당 인사 개별적 차원이 아니라 정당 차원에 이뤄진다. 다섯째, 선거연합이 자동적으로 정부연

19) 예컨대 미국 민주당 클린턴·오바마 행정부에 때때로 공화당 출신 인물이 참여했어도 공화당이 당시 민주당 행정부에 협력했다고 말할 수 없다.

합으로 전이되는 것은 아니다.

정당 간 연립정부 구성을 위한 연정협상에서 내각각료직 배분은 집권 연정에 참여하는 파트너 정당들에 주어지는 가장 중요한 보상이다. 다당연립정부(multiparty coalition government)는 합의제 헌정체제의 핵심 규범이다. 이런 연립정부 구성을 설명하는 기존 이론은 정당(정치인)들의 동기에 관심을 둔 두 시각이 있다. 즉 정부각료직(관직) 획득(office-seeking)에 관심을 갖는 이론적 시각, 그리고 정책 고려(policy-driven)를 중시하는 이론적 시각이다(Skjaeveland *et al.* 2007: 723; Dumont *et al.* 2011: 6-7). 우선 연립정부의 각료직 지향적 이론에 의하면 정당은 연립정부 구성 과정에서 각료직 배분의 극대화를 추구하려는 동기를 갖는다. 이를 위해 정당들은 과반의석 확보에 불필요한 정당이 자당에 배분될 각료직의 몫을 줄일 것이기 때문에, 연립정부를 구성할 때 의회 최소 과반의석을 확보하는 데 만족한다. 이는 양적각료배분(quantitative portfolio allocation) 모델로 진화한다. 즉 연립정부에 참여하는 각 집권 연정파트너 정당은 의석점유율에 비례하는 내각 각료직을 얻게 된다는 것이다. 이는 각료배분-의석점유율 간 비례성 원칙이 실현되는 이른바 갬손법칙(Gamson's Law)이다.

갬손법칙의 비례적각료배분(proportional allocation of portfolio) 규범에 의존할 경우 각 연정파트너 정당이 각료직 획득의 극대화를 보장받고, 연정협상의 거래비용을 최소화하는 데 도움이 된다. 하지만 경험적으로 각료배분은 완전히 비례성을 따르는 것은 아니며, 비례성 이탈이 발생한다(Falco-Gimeno and Indridason 2013: 239-242). 협상 주도 정당(*formateur*)이 연립정부 구성을 위한 협상 과정에서 압도적으로 더 많은 각료직을 확보할 수 있고, 협상력이 있는 소수정당이 의석점유율을 초과하여 비례성 이상의 각료배분을 받을 가능성도 있다. 이처럼 연정협상 환경의 불확실성과 복잡성은 협상 결과의 예측 불가측성을 야기한다.

연립정부 구성론에서 비례적 각료배분을 중시하는 이론은 정책 중심 이론에 의해 도전을 받았다. 정책선호를 중시하지 않는 연정파트너 정당은 각료직 획득 극대화를 노리지만, 정책 추구적인 연정파트너 정당은 자신에 매우 중요한 장관직을 얻을 수 있다면 비례성 원칙을 따르지 않는 각료직 배정을 수용하기 때문이다(Bäck *et al.* 2011: 467). 연립정부 구성의 정책 중심 이론적 시각은 정당은 좌-우 스펙트럼 연속선상의 어느 지점에 위치하고 이념적으로 인접한 정당 간 연합정치를 추구하려는 동기를 갖는다고 가정한다. 연립정부 구성이 총론적으로 이념, 각론적으로 정책선호에 관한 것이라면 유사한 이념적 정향을 갖고 정책 이질성이 되도록 적은 정당 간 연립정부 구성이 이뤄질 가능성이 높다는 것이다. 따라서 정당들은 이념과 정책 차원에서 가장 근접한 정당을 연정파트너로 추구한다.

이런 정책 지향 이론은 연립정부 구성 과정에서 '누가 무엇을, 왜 얻는가'(who gets what, and why) 하는 질적각료배분(qualitative portfolio allocation) 모델로 이어진다. 이 모델에 따르면 정책지향 정당은 연립정부 구성 과정에서 배정되는 각료직에 관한 뚜렷한 정책선호(policy saliency)를 갖는다. 그러므로 연립정부 구성을 위한 협상이 이뤄질 때 정당강령과 선거 정책공약(manifesto)에서 특정 각료직이 관장하는 정책이슈를 강조하는 정당은 그 장관직을 획득할 가능성이 높아진다는 것이다(Bäck *et al.* 2011: 442).[20] 양적 각료직 배분 모델의 가정과는 달리 각 정당은 특정 정책패키지에 관심을 갖고, 이를 실행하기 위한 특정 각료직을 선호할 것이기 때문이다. 한마디로 특정 정책선호를 갖는 정당의 특정 각료직 선호는 질적 각료직 배분에서 중요한 요소이다. 장관직은 어느 정도의 정책 자율성을 갖고 있다는 점을 고려할 때 어떤 정당이 특정 장관직을 획득하는 것은 그 정당이 선호한 정책을 결정 실행할 수 있게 해 준다. 정당은 정책을 투표획득 극대화 전략으로 활용하는 공직 추구자(office-seekers)이기 때문에 그 정책을 결정 실행하는 특정 각료직을 선호할 것이다(Bäck *et al.* 2011: 442). 실제로 각 정당은 자신의 이념적 지향과 가치에 따라 특정 정책영역을 다루는 장관직을 선호하는 경향을 보인다. 예컨대 좌파정당은 사회부·보건복지부·노동부 장관, 보수당은 내무·외교·국방부 장관, 기민당은 연정에 사회주의당이 부재할 때 사회부·보건복지부·노동부 장관, 자유당은 재정·경제·법무부 장관, 농민당은 농업부 장관, 녹색당은 환경부 장관을 차지한다..

그러나 연립정부 구성에 관한 전통적인 두 이론적 시각은 차이에도 불구하고 이론적으로 교집합 지점이 존재한다. '최소승리연정'(minimal winning coalitions) 가설이다(Machado 2009: 91). 최소승리연정은 연립정부가 과반의석을 지지 세력으로

20) 정당강령과 선거 정책공약이라는 공식 문건은 당 기구에 승인되고 전 당원에게 구속력을 갖기 때문에 당의 정책 우선순위를 파악하는 가장 신뢰할 만한 정보이다.

확보하면 그것으로 만족한다는 의미에서 '최소과반내각'(minimal majority cabinet)이라고 부르며, 따라서 1개의 정당이 연정에서 탈퇴하면 과반의석을 상실한다. 연정파트너 정당들은 자신들이 연립정부 구성에 공헌하는 정치적 자원의 정도에 비례하는 정치적 보상을 요구하는 경향을 보이기에, 연정에 참여하는 정당 파트너의 수를 줄이려는 유인은 항상 존재한다. 특히 연립정부 구성에 참여하는 소수당은 연정에 과반의석을 확보하는 데 불필요한 정당의 참여에 반대할 것이다. 내각에서 자당의 각료배분 몫이 줄어들기 때문이다(Lijphart 1984: 48). 또한 정당들은 정치연합에 참여하여 각료직 획득을 통한 정치적 보상을 극대화하려는 의도 못지않게 정당들 간의 이념적 다양성과 차이를 최소화하는 '최소승리' 연립정부 구성에 참여하려 한다. 연정파트너 정당들의 이념적 지향성이 동질적이면 선호한 정책의 영향력을 극대화할 수 있으며, 이를 위한 정당들 간 연정협상 과정이 수월해질 수 있기 때문이다. 고전적 연립정부 구성론의 이런 프레임워크에는 연정파트너 정당들이 연립정부 구성에 참여하는 정당의 수를 가급적 줄여 과반의석 확보에 만족하는 '최소승리' 연립정부에서 각료직 획득, 정책양보(policy concessions), 선호정책 영향력 및 예산배분 등 자신들의 몫을 극대화하고, 연정협상 과정에서 소요되는 정치적 비용을 최소화할 수 있다는 가설이 내재되어 있다.

그러나 고전적 연립정부 구성론의 '최소승리연정' 가설과는 달리 경험적으로 연합정치의 일탈 현상이 빈발한다. 전후 합의제 헌정체제를 지향하는 서유럽 국가들의 정부연합은 언제나 최소승리연정이 아니고, 연립정부의 약 절반은 연립소수정부, 연립과대규모정부, 대연정 정부 등의 유형으로 구성되었다(Lijphart 2012: 81-82, 95-97; Andeweg 2011b: 191-192). 고전적 연립정부 구성론은 왜 이러한 다양한 연립정부 유형이 등장하는지를 설명하지 못한다.

2) 연립소수정부, 연립과대규모정부, 대연정 정부

연립소수정부(minority or undersized coalition governments)는 의회 과반의석을 확보하지 못하는 연립소수내각이다. 연립과대규모정부(oversized coalition governments)는 의회 과반의석을 동원하는 데 불필요한 1개 이상의 잉여정당(surplus party)이 참여한 과잉다수연정(surplus majority coalitions)이며, 따라서 1개의 정당이 탈퇴해도 과반의석을 잃지 않는다. 대연정 정부(grand coalition governments)은 제1당과 제2당 간에 이뤄진 연립정부이다. 그렇다면 고전적 연립정부 구성론의 '최소승리 연립정부' 가설과는 달리 왜 연립소수정부, 연립과대규모정부, 대연정 정부가 구성되는가?

첫째, 연정협약에 따라 들어서는 연립소수정부는 연정협약의 순탄한 입법화를 위해 의회 과반의석을 확보해야 한다. 이를 위해 연립소수정부는 정부구성에 참여하지 않고 내각 외곽에 존재하는 군소정당들 중 이른바 지지정당(support party)의 협력을 얻어 의회 과반의석을 동원하는 '의회협약정치'(contract parliamentarism)를 작동시킨다(Bale and Bergman 2006: 422).[21] 한마디로 연립소수정부는 야당과 입법협약을 맺어 입법연합을 구성한다.[22] 연립소수정부의 연정협약과 입법협약은 정책 선호가 다른 정당 간 협력의 틀이다. 이를 통해 소수 연정 집권당과 야당은 의회-행정부의 협치 공간을 확장한다. 입법협약과 연정협약 간의 관계는 두 형태를 띤다(Christiansen and Pedersen 2014: 942). 하나는 입법협약은 연정협약의 입법화를 위한 협상 기제라는 점이다. 연립소수정부는 연정협약의 입법화에 대한 야당의 지지를 끌어내기 위해서 야당을 상대로 연정협약의 내용을 재협상하고 이를 입법협약으로 타결한다. 다른 하나는 입법협약은 연정협약에 대한 야당의 지지를 끌어내기 위한 반대급부 기제라는 점이다. 이 경우 연립소수정부는 야당과의 입법연합을 통해 연정협약을 입법화할 수 있지만 그 반대급부로 야당에게 일정 부분 입법의제 설정권을 양도해야 한다. 야당은 연립소수정부의 연정협약 지지의 대가로 연립소수정부의 정책양보, 즉 자신들이 선호하는 정책

21) 노르딕 국가들에선 사민당 단독소수내각과 의회과반 입법연합의 조합은 통상적으로 발생한다. 사민당 단독소수정부는 예컨대 스웨덴 정치에서 보편적 현상이다. 되려 과반연정(majority coalitions)이 예외적으로 등장한다. 스웨덴 사민당 단독소수정부는 자신의 정책에 협력하는 정당과 지지협약(support agreements)을 체결하여 의회 과반의석을 확보한다. 스웨덴의 이러한 합의제 정당정치는 제도화되고 있다(Bale and Bergman 2006: 430). 예컨대 스웨덴 Persson 사민당 소수정부는 의회에서 특정 5개의 정책영역에서 내각 각료직을 갖지 않는 녹색당과 좌파당의 지지를 받았다. 이는 정부 법안 통과를 가능케 한 의회과반연정이다. 물론 사민당 소수정부는 의회지지를 제공한 두 정당에게 상응한 반대급부를 제공했다.

22) 반면 연립과반정부는 일반적으로 입법협약을 체결할 필요가 없다. 독자적으로 연정협약을 입법화할 수 있기 때문이다. 그래서 야당들에게 정책 양보를 할 의지를 갖지 않는다. 과반연정협약(majority coalition agreements)은 의회 입법의제로 이어지는 정책 프로그램이고, 의회에서 추가적인 협상 없이도 집권연정 다수파에 의해 입법화된다.

을 반영하는 입법협약을 얻는다. 결국 입법협약은 연립소수정부와 야당 사이의 정책교환(policy exchange)의 산물이다. 예컨대 야당은 정부의 경제정책을 지지해주는 대가로 환경정책을 양보 받는다.

왜 군소정당은 연립소수내각에 참여하지 않으면서도 의회연합에는 참여하는가? 입법연합은 참여하는 군소 야당들에게 선거리스크 우려 없이 연립소수정부 정책에 영향을 미치고 정책적 반대급부 및 양보를 얻을 수 있는 기회를 준다. 이를 통해 소수 야당은 정치적 존재감을 강화하여 종국적으로 합의제 헌정체제의 발전에 기여한다. 즉 지지협약(support contract)은 군소정당으로 하여금 의회 입법차원의 연정파트너로 참여함으로써 자신을 지지하는 정치적 고객집단을 대변하는 정책패키지를 국정에 반영하고, 이를 통해 정치적 신뢰성과 책임성을 검증받게 해주는 정권견습 기회를 마련해 준다(Bale and Bergman 2006: 447-448).

둘째, 연립과대규모정부는 국가적 특수 상황을 관리하고 돌파하기 위한 전략적 기제로 작동한다(Jungar 2011: 136). 연립과대규모정부는 연정파트너 정당들이 정부관직 혹은 정책 영향력의 극대화를 바라고 있다는 가정에 근거한 이론적 시각에서 볼 때는 비합리적이다. 하지만 연정파트너 정당들이 소중히 여기는 다른 목표가 있다면 연립과대규모정부 구성이 합리적 행위가 될 수 있다. 연립과대규모정부는 서유럽 합의제 헌정체제 국가들에서 좌우 이념블록을 뛰어넘는 연정(ideologically unconnected coalition) 형태로 드물지 않게 출현한다. 예컨대 핀란드는 1995년 사민당(SPD)-국민연합당(NCP)-좌파연합(LWA)-스웨덴인민당(SPP)-녹색동맹(GL) 좌우 과대규모 '무지개 연정'(rainbow coalitions)을 구성했다. 네덜란드도 노동당(PvdA)-진보자유당(D66)-보수자유당(VVD) 좌우 과대규모 자줏빛 연정(purple coalitions, 1994~2002)을 구성한 바 있다.[23] 스위스인 경우 전후 줄곧 기민당(CVP)-사민당(SPS)-자민당(FDP)-스위스국민당(SVP) 좌우 연립과대규모내각을 채택하고 있다. 그렇다면 정당들은 기본적으로 각료직 배분 및 정책영향력이 극대화를 노리고 있음에도 불구하고 왜 연립과잉다수정부에 참여하는가?

연립과대규모내각에 대한 이런 의문은 기존 연립정부 구성론적 시각에서 볼 때 흥미로운 수수께끼 중 하나가 아닐 수 없다. 그것은 국가적 특수 상황론으

23) 네덜란드 자줏빛 연정 2기에서의 D'66 참여는 사실상 불필요 했음에도 불구하고 이념적 균형을 맞추기 위한 것이었다.

로 설명될 수 있다. 헌법의 제도적 절차, 헌법개정 등이 요구하는 가중다수결(qualified majority), 국가적 경제·안보위기 국면에서 국민통합이 절실히 요구되는 경우이다.[24] 또 연립과대규모정부는 '비난회피정치'(blame avoidance politics)로 작동한다. 특히 복지체제 축소, 노동시장 재편 등 비인기 정책개혁에 대한 정치적 책임을 가급적 다수 정당들에게 분산시키고, 차기 총선의 득표력 상실을 최소화하려는 전략을 위해서다. 또 정치적으로 민감한 정책의제인 노동시장의 유연성-안정성 정책조합을 견인하기 위해 좌-우 초이념블록 연립과대규모정부가 구성되는 경우가 있다(Andeweg 2011b: 197-198). 이러한 국가적 특수 상황이 특히 연정주도 정당(*formateur*)의 선거전략과 집권 가능성을 높이기 위해 잉여정당을 연정에 참여시키도록 한다. 이런 맥락에서 국가적 특수 상황과 과잉과반 연립정부 간 관계는 전략적 인과성을 갖는다(Jungar 2011: 136). 과대규모 연정내각은 정당 간 이념적 간극을 크게 완화해 주고, 정당들로 하여금 예정된 연정 구성 참여에 유리한 고지를 확보하기 위해 선거운동이나 의정할동 과정에서 다른 정당들을 격렬하게 공격하지 않도록 해 준다(Karvonen 2014: 103).

셋째, 대연정 정부 구성의 동기는 제1정당과 제2정당 간의 이념적·정책적 동질성 혹은 유사성에 연유하는 경우가 있지만, 통상 국가적 도전 속에서 중도좌파 메이저 정당과 중도우파 메이저 정당 간에 이뤄진다. 예컨대 전후 연합국 군대의 점령과 전후 복구라는 국가적 어려움 속에서 오스트리아는 1949~66년에 두 거대 좌·우정당인 사회당-국민당 대연정이 구성됐다. 1966~69년, 2005~현재(다만 2009~13년인 경우 기민·기사연합-자민당 연합)까지 구성된 독일의 기민·기사연합-사민당 대연정도 그 사례이다. 거대 양당 간 대연정 정부에선 정부의 대표성이 높아지고 정책정체(policy gridlock)가 줄어들 수 있다. 메이저 정당들의 공조와 협치를 통해 야당의 방해를 효과적으로 통제하고 정책개혁을 수행할 수 있는 것이다. 특히 독일 양원제인 경우 하원에서 '최소승리' 연립정부를 구성하더라도 상원에서 다수파를 동원하지 못하면 주요 정책개혁을 위해서는 비토세력(상원 다수당)과 추가적인 협상을 벌이지 않으면 안 된다. 이 경우 사

24) 국가적 위기상황은 정당 간 정치적 협력을 높이고 정치적 경쟁·대립을 진정시킨다. 즉 과잉과반 연립정부는 국민통합을 구축하기 위한 대응이다(Laver and Schofield 1991: 83). 예컨대 1990년대 경제위기(저성장·고실업) 국면에 직면한 핀란드는 무지개 연정을 구성했다.

실상 '비공식적' 대연정을 요구하며, 거대 양당이 양원을 모두 통제하므로 정책개혁 정체는 발생하지 않는다. 따라서 대연정 정부는 정치적 위기, 특히 복지국가 재편 등 비인기 정책개혁인 경우 거대 양당의 합의를 통해 난국을 돌파할 수 있는 장점이 있다.[25]

3. 블록 연합정치와 피벗 연합정치

연합정치는 이념적 스펙트럼상 크게 두 유형으로 구분할 수 있다(Strøm and Bergman 2011: 20, 30-31). 첫째, 블록 연합정치(bloc coalition politics)다. 이런 패턴의 연합정치는 웨스트민스터(다수제) 헌정체제의 정당체제와 유사하게 등장하는 블록 정당체제(bloc party system)에서 비롯된다. 정당체제의 이런 이념적 블록화는 양대 정당블록 간 양극적 정치경쟁을 촉발한다. 바꿔 말하며 블록 다당제 속에서 우파정당 블록과 좌파정당 블록 사이에 격렬한 선거경쟁이 전개되고 우파(단독·연립)정부 혹은 좌파(단독·연립)정부 형태로 전면적 정권교체가 이뤄진다.[26]

그런데 블록 연합정치 패턴이 발생하는 것은 유권자들의 투표행태에 기인한다. 합의제 헌정체제를 지향하는 일부 서유럽 국가들의 다당체제에서 유권자들의 투표성향은 블록 내(intra-bloc) 이동은 증가하는 반면, 블록 간(iner-bloc) 이동은 낮은 경향을 보인다(Hagevi 2015: 73, 88). 유권자들의 정당일체성(party identification)이 퇴조하고, 블록일체성(bloc identification)이 이를 대체하고 있는 것이다. 유권자들의

---

25) 그러나 대연정 정부는 양대 정당의 '정치적 카르텔'이 형성될 개연성이 있다. 즉 대연정 정부가 출범하면 야권에는 정치적으로 미약한 군소정당만 남게 되므로 사실상 야당 부재 현상이 야기되며 정책적 대안의 실종을 야기할 수도 있다. 또 대연정을 구성하는 양대 정당이 무소불위의 권력을 독과점할 수 있으며 양대 정당이 연정체제 내에서 갈등을 일으키는 경우 오리려 정책의 정체 내지 교착을 불러올 수도 있다. 더욱이 대연정 정부가 오랫동안 지속되어 '대연정 피로'가 누적되는 경우 좌우 극단적 정당들의 포퓰리즘 정치가 발호할 개연성이 있다.

26) 통념과는 달리 스웨덴·노르웨이 정당체제는 다당제이지만 이념적 좌우블록으로 양극화되어 있다. 예컨대 스웨덴 정당체제는 좌파정당블록(사민당·녹색당·좌파당)과 보수우파정당블록(중앙당·보수당·자유당·기민당) 간 양대 블록체제로 양극화되어 있다(Aylott and Bolin 2007: 631-632). 이로 인해 스웨덴 정당정치는 양극화된 경쟁적 블록정치로 작동하고 있다. 양극화된 경쟁적 블록정치에서는 정당체제의 파편화로 인해 소수정부를 야기하고, 이런 정치지형에서 의회는 정부와 야당 사이에 정책조정의 무대가 된다. 중도우파 블록이 분열된 국면에서는 스웨덴·노르웨이 사민당은 통상 단독정부를 구성하나, 소수정부인 경우에는 입법과정에서 이념적으로 근접한 군소정당들의 지원을 받아 의회에서 다수를 동원할 수 있다. 따라서 양국에선 사회주의블록 정당과 비사회주의블록 정당 간의 연정, 즉 이념블록 교차 연정(cross-bloc coalitions)은 좀처럼 구성되지 않는다(Aylott and Bergman 2011). 따라서 양국의 행정부-의회 관계는 양당제를 근간으로 하는 웨스트민스트 모델과 유사하게 나타나는 사례도 없지 않다.

블록일체성은 다당체제의 양극적 블록경쟁이 전개하는 블록정치(bloc politics)를 유발한다.

블록 정당정치(bloc party politics)에서는 우파블록 정당 간 혹은 좌파블록 정당 간 입법연합 혹은 정부연합이 구성되는 등 '블록 내 연정'(intra-bloc coalitions)이 일상화된다. 블록 정당정치의 정부유형은 비례제로 인해 어느 정당도 과반의석을 점유하지 못하는 정치지형에서 블록 연립과반정부, 블록 연립과대규모정부, 블록(단독·연립)소수정부 등으로 구성된다. 특히 과반의석에 미달하는 블록(단독·연립)소수정부인 경우 '블록 내 야당'과 입법연합을 추구한다(Arter 2004: 584-587; Bale and Bergman 2006: 422-425).[27] 예컨대 사민당이 단독소수정부를 구성하는 경우 좌파블록 정당을 입법연합 파트너로 선택하는 경향을 보인다(Aylott 2011: 314). 이처럼 좌우 이념적으로 양극화된 정당체제에선 연합정치 구성 공간이 매우 제한적이고 연합정치가 정당블록 내에서 이뤄지기에, 좌우블록을 뛰어넘는 연합정치가 구성될 가능성은 낮다(Indridason 2011: 696, 713).

결국 블록 연합정치는 좌우정당 간의 이념적 블록화와 양극적 경쟁, 행정부-의회 관계의 이념적 분극화와 정치적 갈등 현상을 촉발하며 합의제 정치와 연정 협치의 공간을 협소하게 한다. 물론 블록 연합정치는 상대적으로 책임성 소재를 분명히 하여 투표자들이 연합정치 교체를 쉽게 할 수 있다. 그러나 블록 연합정치는 정책결정이 블록정부에 의해 주도되는 과정에서 행정부-야당 사이의 충돌을 야기할 가능성이 높을 뿐만 아니라 이념적으로 편향적인 정책패키지를 산출할 공산이 크다.

둘째, 피벗 연합정치(pivotal coalition politics)다. 블록 정당체제의 안티테제는 피벗 정당체제(pivotal party system)이다. 피벗 정당체제에서는 연합정치의 핵심적 역할을 수행하는 피벗정당(pivotal party)이 존재한다.[28] 피벗정당은 때로는 좌파

---

27) 스웨덴 사민당은 행정부 차원에선 블록단독(소수)내각 구성을 보편화하지만, 의회 차원에선 좌파블록의 야당인 좌파당 혹은 녹색당과의 블록 입법연합(bloc legislative coalitions)을 추구한다(Bergman and Bolin 2011: 266). 물론 2014년 등장한 사민당-녹색당 연립소수정부는 보수우파 블록과의 협치를 모색했다. 그러나 스웨덴 정당정치의 이런 좌우 블록 간 협치 시도가 지속될지는 불확실하다.

28) 피벗정당(회전축 정당)은 좌·우 블록의 어느 특정 정당과 과도하게 연대하지 않고 연정파트너의 다변화를 통해 어떤 정당과도 좋은 관계를 맺을 수 있는 이른바 '피버팅'(pivotting: 중심 역할)을 수행한다.

정당과 때로는 우파정당과 연합한다. 피벗정당이 연정파트너를 바꾸지만 선거경쟁 결과로 인해 좌파블록 정당과 우파블록 정당 사이의 전면적 정권교체는 발생하지 않는다.

피벗정치는 당파성이 의원들의 의정 투표행태를 제약하지 않는다. 피벗 정당체제에서는 이념적으로 경직된 연합정치에 집착할 수 없다. 대신 피벗정당은 정책 교환과 조율을 통해 중도우파 정당 혹은 중도좌파 정당을 번갈아 과반 의석을 형성하면서 역동적으로 연립내각 구성과 입법·정책 연합과정을 주도하는 경향이 있다. 이러한 피벗 연합정치는 우파블록 정당, 중도블록 정당,[29] 좌파블록 정당 간에 이념적으로 교차하는 입법연합과 정부연합이 형성되는 이른바 '블록 간 연정'(inter-bloc coalitions)으로 작동한다. 환언하면 이념적 교차 파트너십(ideologically cross-partnership)에 의한 다양한 패턴의 초(超)이념블록(cross-bloc) 연합정치가 제도화된다.[30] 피벗 정당정치의 정부유형은 정당들 사이에 이념블록

29) 실용주의적인 중도정당(centrist party)은 좌파 혹은 우파 성향의 투표자들이 동등하게 포진하고 정책정향을 선택하는 투표의 분포에서 중간에 자리매김 되는 중위투표(median vote) 개념에서 이끌어진다. 중도정당은 좌-우 정책공간에서 중간에 포지셔닝되는 정당이며, 피벗정당은 특정 연정의 과반 성립 여부를 결정하는 정당이다. 따라서 중도정당과 피벗정당은 언제나 동일한 것은 아니다. 서유럽 중도정당들은 좌-우파를 아우르는 계급교차 연합정당(cross-class coalition parties)으로서, 내각구성과 정책·입법과정에서 때론 중도우파 정당을, 때론 중도좌파 정당을 연정파트너로 선택하는 등 '피벗정당'(pivotal party) 역할을 수행하는 경우가 있는데(Iversen and Soskice 2015: 186, 200-201), 중도-좌파 연정에서는 분배·복지 정치로 경도되는 좌클릭 경향을, 중도-우파 연정에선 효율성·성장 정치를 선호하는 우클릭 경향을 보인다.

30) 이념적으로 교차하는 초블록 연합정치는 각 블록 정당들의 정책전략이 전통적인 지지층 이익만을 추구하지 않은 정당 행태의 변화에 의해 촉진되고 있다. 전통적인 정당정치 접근법은 정당의 정책 선택이 사회 지지층에 근거한 이념적 정향에 좌우된다. 예컨대 권력자원론에 따르면 좌파정당들은 저소득층의 이익을 대표하며 재분배 정책을 증진하는 것으로 가정한다. 물론 정당 지지층의 선호와 정당의 정책 선택 사이의 밀접한 연계는 의심의 여지가 없다. 산업화 이래 좌우 정당들은 각각 노동과 자본에 기초하여 정책을 선택하는 것은 사실이다. 그러나 이런 전통적인 정당정지 이론의 가정은 뒤집히고 있다. 정당들의 정책선호는 좌파냐 혹은 우파냐 여부를 아는 것으로 충분하지 않다. 예컨대 복지제도 담론에서 좌-우파의 구별이 모호해졌는데, 전통적으로 노동계급을 대표하던 영국·독일 좌파정당은 과거 복지 확대를 주도했으나 영국 노동당 정부와 독일 슈뢰더 적·녹 연립정부는 복지 축소정책을 추구했다. 이는 정당들의 정책 선택과 지지층의 선호는 단선적이지 않다는 것을 함의한다. 오히려 정당이 작동하는 맥락이 중요하다. 정당경쟁의 지형이 정당의 정책 선택을 제약 혹은 유인한다. 새로운 이익에 부응하기 위한 신생 정당들(녹색당, 극우정당 등)이 등장하는 상황은 정치를 다차원적인 갈등공간으로 변화시킴으로써 정당체제와 정당경쟁 지형의 전환을 견인하고 있다. 정당들의 정책 선호는 여전히 지지층에 의해 추동되지만, 이제는 전략적이고 기회주의적이며 정태적이지 않다(Hausermann *et al.* 2012: 237). 그러므로 정당들의 정책 선호 가변성은 선거전략, 정당체제의 지형에 좌우된다. 예컨대 사민당은 급진좌파 정당과 경쟁해야 하는 경우 중도정당 혹은 우파정당과의 경쟁하는

을 뛰어넘는 연립과반정부, 연립과대규모정부, 대연정정부, (단독·연립)소수정부 등으로 나타난다. 소수정부인 경우 다른 이념블록의 야당을 입법연합 파트너로 택해 입법 실패율을 낮춘다(Rommetvedt *et al.* 2013: 465).

초이념블록 연합정치는 블록 연합정치와는 달리 이념적으로 다른 사회블록을 아우를 수 있다는 점에서 민주적 대표성을 확장한다. 특히 중위 투표자층도 중도정당 혹은 피벗정당에 의해 잘 대표되고 연합정치에 핵심적이기 때문이다. 물론 이념적으로 다양한 정당 간 연합정치는 정당들 간 정책합의를 끌어내기가 쉽지 않기 때문에 내각 안정성을 떨어뜨린다는 비판이 있다(Warwick 1994: 63). 그러나 초블록 연합정치는 좌우정당 간의 이념적 간극 축소, 경쟁-견제-협력 사이클, 행정부-의회 거버넌스를 가능하게 한다(Müller and Strøm 2008: 191; Müller *et al.* 2008: 22; Andeweg 2011a: 149). 무엇보다 통념과는 달리 이념블록을 초월한 연합정치는 동질적이고 유사한 이념블록 내 연합정치보다 행정부-의회 협치를 제도화하는 데 더 효과적인 메커니즘이다. 바꿔 말하면 초블록 연합정치에서 연정파트너 정당들 간 협상과 타협은 연정내각-의회 협치 공간을 확장하고, 어느 연정파트너 정당도 자신의 특정 이념적 정체성에 입각한 정책프로그램에 과도하게 집착할 수 없다. 초블록 연합정치는 사회적 균열구조에 바탕하고 있는 각 정당이 연립정부에 참여할 수 있는 공간이기에, 이념적 정책적 편향성을 탈피하고 이념연합과 정책연합을 통해 갈등조정과 국민통합을 이룩하는 데 기여한다.

나아가 정당체제의 양극적 구조를 가로지르는 초블록 연합정치는 블록 연합정치와는 달리 보다 포괄적인 정책스펙트럼을 통해 복지국가 확대·재조정, 노동시장 재편, 소득불평등 완화 등 정치적으로 민감하고 어려운 정책개혁을 효과적으로 추동하는 기제로 작동할 수 있다(Birchfield and Crepaz 1998). 이념적 지향성과 정책정향이 서로 다른 좌-우 파트너 정당들이 정책 교환·조율을 통해 정책개혁 피해자·반대자들에게 보상할 수 있는 유효한 인센티브를 제공할 수 있기 때문이다. 특히 소수 좌파정당이 참여하는 초블록 연합정치인 경우 개혁

경우보다 더 좌파정책을 표방할 것이다. 또 특수주의적(particularistic) 유권자-정당 연계에 근거한 정치는 전통적인 정당정치 접근법으로 분석될 수 없다. 정당경쟁론과 정당-유권자 연계론 등 새로운 이론적 접근은 전통적인 정당정치 이론에 도전한다. 환언하면 정당들의 정책과 전략은 좌파-우파와 같은 이념적 틀이 무의미할 정도로 변화하고 있으며, 정당들의 이런 정책 선호 가변성과 유동성은 이념블록을 뛰어넘는 연합정치를 보편화시키는 데 기여하고 있다.

피해자들의 이해관계를 고려할 가능성을 높인다. 중위투표자 논리를 중시하는 거대 좌파정당들과는 달리 소수 좌파정당들은 상대적으로 취약집단들의 이해관계 보호에 보다 적극적인 경향을 보이기 때문이다. 단독정부를 구성할 수 있는 정치력을 갖는 거대 정당들은 개혁 피해자들을 보상하는 데 인색하지만, (초블록) 연합정치를 구성할 수밖에 없는 정치력이 약한 정당들은 정책개혁 과정에서 보다 절제된 신중한 스탠스를 취한다.[31] 이는 정치적으로 난해한 정책개혁이, 거부권자(veto players)들이 다수인 초블록 연합정치에서 쉽지 않다는 통념과는 달리 왜 초블록 연합정치에서 더 순탄하게 진행되는가 하는 이유를 설명해준다(Knotz and Lindvall 2015: 593).[32] 이는 연합정치 패턴이 정부의 이념적 정향보다 정책개혁에 더 중요하다는 점을 시사한다.

Ⅳ. 연정형 권력구조론

1. 의원내각제와의 비교시각에서 본 대통령제

1) 린츠학파의 프레임: 대통령-의회 충돌

대통령제는 의원내각제와 구조적 차이를 보인다. 즉 의원내각제는 행정부-의회의 상호의존(mutual dependence)과 권력융합 체제인데 반해, 대통령제는 행정부-의회의 상호독립(mutual independence)과 견제-균형 체제이다(Linz 1994: 64; Linz and Stepan 1996: 181). 린츠학파(Linzian school)의 프레임에서 볼 때 의원내각

---

31) 스웨덴·노르웨이·덴마크 등 노르딕 국가들의 사민당 단독정부는 노동시장의 아웃사이더(실업자·저소득층)의 이익을 보호할 것으로 예상된다. 하지만 1990년대 이후 연립정부보다는 단독정부를 구성했던 노르딕 국가들의 사민당들은 노동시장의 인사이더-아웃사이더 간 선택의 딜레마에 직면했을 때, 중위 투표자 논리에 충실하면서 노동시장 인사이더들의 선호에 더 관심을 보였다. 그들 국가의 사민당은 예상과는 달리 개혁 피해자들인 노동시장 아웃사이더에 대한 보상정책에 인색한 것이다. 따라서 2000년대 이후 아웃사이더들은 사민당보다는 극우정당을 지지하는 경향을 보인다. 그 결과 사민주의가 지배했던 노르딕 정치가 보수당과 포퓰리즘 극우세력 득세에 의해 우경화되는 조짐마저 일고 있다. 노르웨이·덴마크에 이어 핀란드와 스웨덴도 우경화 경향을 보인다. 예컨대 스웨덴의 '스웨덴민주당'(Sweden Democrats, SD)은 2010년 총선에서 최초 의회에 진출했고, 핀란드의 '진정한 핀란드인당'(True Finns)은 2011년 총선에서 약진했다.

32) 실제로 핀란드, 스위스처럼 많은 비토플레이어와 비토지점(veto points)을 내장한 합의제 헌정체제의 초블록 연합정치는 유의미한 연금개혁 입법을 채택했다(Immergut and Anderson 2007: 24). 반면 영국, 프랑스 등 비토플레이어와 비토지점이 소수인 다수제 헌정체제 국가들의 블록정치는 유권자들의 저항에 부딪쳤을 때 논쟁적인 연금개혁을 철회했다.

제는 행정부-의회 협치 메커니즘을 갖는 반면, 대통령제는 권력분립이 행정부-의회 경쟁·갈등 메커니즘이 작동한다. 의원내각제는 집권유지를 위해 의회의 '과반지지'를 획득해야 한다. 따라서 의원내각제에서 의회 과반지지를 얻지 못한 소수정부(minority government)는 존속할 수 없다. 의원내각제의 소수정부는 과반지지를 얻기 위해 의회 입법연합을 구성하거나, 아니면 조기 총선으로 이어진다. 대조적으로 대통령제는 '과반지지필수' 명제는 존재하지 않는다. 대통령제는 의회 과반의석 지지를 받을 수 없는 소수파 대통령(minority president)이 자주 등장하며, 이 경우 국정 의사결정 과정에 원심력이 작용하고 대통령-의회 간 교착상태가 빈번하게 발생하다.

의원내각제의 소수정부는 입법연합이라는 행정부-의회 거버넌스 메커니즘을 내재하고 있다(Valenzuela 2004: 13). 반면 대통령제는 서로 권력분립이 이뤄지고 각기 고정 임기를 갖는 대통령과 의회가 존재하기 때문에, 여소야대의 소수파 대통령인 경우 의회 과반지지를 얻는 행정부를 보장하는 헌법적 장치는 없다. 바꿔 말하면 대통령이 의회 소수지지를 받을 수밖에 없는 여소야대의 소수정부를 구성하면, 이를 타개하는 헌법적 교정 장치가 존재하지 않는다. 한마디로 대통령제는 행정부-의회 충돌을 해소하기 위한 헌법적 메커니즘을 결여하고 있다. 이 때문에 소수파 대통령의 행정부-의회 교착상태는 대통령으로 하여금 초헌법적 수단에 호소하게 하는 사태로 몰아간다. 결국 대통령제의 소수정부는 대통령-의회(야당) 충돌이 일상화되는 통치불능(ungovernability) 상태로 인해 종국적으로 헌정체제의 불안정과 붕괴를 야기한다(Linz 1994: 7; Jones 1995; Mainwaring and Scully 1995: 33; Ackerman 2000: 645; Samuels and Eaton 2002: 22; Shugart and Haggard 2001: 82). 이는 대통령제의 치명적인 아킬레스건이다. 이처럼 대통령제와 헌정체제 불안정 간에 인과관계가 존재한다는 주장은 린츠학파의 연구에 근거한다.

린츠학파에 따르면 의원내각제와는 대조적으로 대통령제는 연합정치의 제도화를 유도하는 인센티브가 거의 부재하거나 약하다(Linz 1994: 19; Mainwaring and Scully 1995: 33; Linz and Stepan 1996: 181). 의원내각제는 정책 일관성을 유지하는 정당들 간 협력과 합의를 촉진하는 연합정치와 조응할 수 있는 반면, 대통령제의 작동 논리는 갈등적인 정당정치를 유발한다는 것이다(Valenzuela 2004: 16).

이처럼 대통령제가 연합정치 구성의 유인을 결여하고 있는 데는 세 가지 이유가 있다. 첫째, 대통령은 임기가 의회 지지에 의존하여 진퇴가 결정되지 않기 때문에, 자신이 소속한 집권당 이외의 다른 정당의 협력을 모색할 필요성에 적극적이지 않다. 둘째, 전국 단위 선거구에서 국민직선으로 선출되는 대통령은 전국민적 국가적인 이해관계를 대표하고, 독자적인 권위와 대중적인 위임과 정당성을 갖고 있다고 믿는다. 때문에 대통령은 야당을 협력 파트너로 보기보다는 소모적이고 비생산적인 존재로 인식하고 단독 권력의지와 통치능력을 과신하는 경향을 보인다. 셋째, 대통령제 정치는 제로섬 게임과 승자독식(winner-take-all)-패자전몰(loser-lose-all)의 성격을 드러내고, 대통령 권력이 1인에 의해 장악되어 연합정치를 구성하는 권력분점을 선호할 유인이 낮다. 결국 정당 간 연합정치와 포지티브섬(positive-sum)적 정책조정 게임으로 작동하는 의원내각제 정치와는 달리 대통령제 정치는 연합정치와 제도적 기능적으로 부조응 관계에 있다.

린츠학파에 따르면 의원내각제에서는 다당제인 경우 정당들은 서로 협력할 인센티브를 갖고 입법연합 혹은 정부연합 구성에 적극적으로 참여하며, 정부의 연정파트너 정당들이 행정부-입법부 협력관계를 견인한다. 야당들도 어느 때인가는 정부구성에 한 파트너로 참여할 수 있는 가능성과 기회가 항상 열려 있기 때문에 정부의 연정파트너 정당들과 충돌을 자제한다. 한마디로 다당제-의원내각제인 경우 연합정치가 제도화된다. 반면 대통령제는 그런 인센티브가 결여되고 있다. 대통령제 하에서 의회 다당제가 형성되면 대통령이 의회 과반지지를 받지 못해 행정부-의회 협치는 더욱 어려워지고, 정당체제 간 이념적 양극화가 심화되어 연합정치의 제도화가 어렵다(Jones 1995: 6). 다당제적 대통령제(multiparty presidential regimes)의 소수정부는 대통령(행정부)-의회 충돌로 인해 대통령 국정프로그램과 행정부 정책의제의 입법화 과정이 순탄치 않고 비효율적이다. 의원내각제에서는 행정부가 의회 과반의석을 확보하지 못할 때 합의정부(consensual government), 즉 정부연합 혹은 입법연합이 출현하는 반면, 대통령제의 소수정부는 행정부가 갈등정부(conflictual government)로 전락한다(Jones 1995: 38). 대통령제는 의원내각제의 총리(내각) 불신임투표제와 총리의 의해해산권과 같은 행정부-의회 갈등을 해결하는 헌법적 장치가 존재하지 않기 때문에 과반 의석의 지지를 얻을 수 없는 여소야대의 소수파 대통령은 정책프로그램의 입법과정에서 행정부-의회 갈등과 교착을 돌파하기 위해 초헌법적 출구를 찾으려는 유혹을 갖는다. 의회를 우회하며, 예컨대 포고권(decree power)을 발동할 것이며, 이 과정에서 대결정치를 야기하고 수평적 책임성(horizontal accountability)을 희생시키는 등 민주적 정당성을 크게 훼손시킬 것이다.

요컨대, 연합정치와 조응하는 의원내각제와는 달리 대통령제는 연합정치를 견인할 인센티브가 존재하지 않으며, 따라서 대통령(행정부)-의회 충돌 사태를 피해 갈수 없다. 이것이 대통령제의 소수정부를 바라보는 린츠학파의 이론적 프레임의 핵심이다.

2) 연정대통령제의 대통령(행정부)-의회 협치

대통령제가 헌정체제의 불안정과 위기를 야기한다는 린츠학파식 관점의 뿌리에는 대통령제가 대통령(행정부)과 의회의 권력분립과 독립성 때문에 연합정치 구성을 견인하는 인센티브가 결여되어 있다는 사고가 깔려 있다. 그러나 대통령과 의회의 분리 선거에 따른 '이중 정통성'(dual legitimacy)과 권력분립이 이뤄지는 대통령제도 대통령(행정부)-의회 거버넌스가 가능하다. 그 조건은 연합정치다. 대통령은 집권당이 소수파로 인해 입법과정을 통제하지 못할 때 다른 정당들과 각료배분과 정책을 교환·조율하며 연합정치를 구성할 수 있다. 다시 말하면 의회 과반의석을 확보하지 못한 소수정부가 등장할 때 대통령제는 의원내각제와 분권형 대통령제에서처럼 정부연합 혹은 입법연합과 조응하며 작동할 수 있다(Cheibub and Limongi 2010: 44). 이 경우 대통령제는 연정대통령제(coalitional presidentialism)로 변형된다.

연립정부 구성은 대통령제에서 결코 비정상이 아니다. 의회 신임을 받을 필요 없이 다당제적 대통령제 하에서 연립정부가 빈번하게 구성되고 있다. 연정대통령제가 헌정체제의 작동 양태로 제도화될 수 있는 것이다. 그럼에도 대통령제의 연합정치는 의원내각제의 연합정치보다 주목을 받지 못했다. 비교정치의 정부연합 연구는 의원내각제 국가에만 국한되었으며, 대통령이 의회와 독립된 고정된 임기를 갖기 때문에 대통령제에서는 연합정치를 형성할 유인이 존재하지 않는다고 가정한다. 그러나 연립정부가 의원내각제의 특징이라는 가정은 이론적으로나 경험적으로 타당하지 않다. 대통령제에서 집권당이 단독으로 의회 의석 과반수를 얻지 못하는 정치지형에서 소수파 대통령은 원만한 입법과정에 필요한 과반의석 확보를 위해 연립정부 형성을 모색한다(Cheibub *et al.* 2004: 574). 소수정부일 때 연합정치는 대통령제, 의원내각제, 분권형 대통령제 등 권력구조 형태와 관계없이 동일한 이유로 등장한다. 행정부와 입법부가 참여하는 국정·입법 과정은 사실상 권력구조에 상관없이 유사하기 때문이다. 이런 인식은 행정부-입법부 관계를 바라보는 린츠학파의 고전적인 패러다임에 도전하는 함의가 있다.

린츠학파의 주장에 따르면 대통령제의 연립정부 구성은 의회에 진출하는 정당체제가 분화될수록 어려워진다(Mainwaring and Scully 1995: 33; Valenzuela 1998: 124). 그러나 경험적으로 의회 정당체제 분화는 되레 연합정치 구성을 촉진하는 인센티브를 강화한다. 이 현상은 의원내각제, 분권형 대통령제, 대통령제 등 권력구조와 상관없이 두드러진다. 의회의 정당체제 분화가 클수록 연립정부가 출현할 가능성이 높아진다(Cheibub 2007: 80-82). 다수당의 의석 점유율이 증가하면, 연립정부가 출현할 확률이 감소하는 반면, 유효정당 수가 증가(정당체제 분화)는 집권당의 의석점유율을 낮춰 연립정부가 출현할 확률 증가를 가져온다(Power 2010: 25). 물론 연립정부 구성의 빈도는 의원내각제와 분권형 대통령제보다 대통령제에서 낮은 것은 부인할 수 없다. 그러나 대통령제에서 어떤 정당도 의회 과반의석을 차치하지 못하는 소수정부인 경우 연합정치는 통상적으로 구성된다. 이런 맥락에서 대통령제는 의원내각제와 분권형 대통령제와의 제도적 상이성에도 불구하고 연립정부 구성의 차이에선 정도의 문제이지, 본질적 것이 아니다.

린츠학파가 상정하고 있는 전통적인 행정부-입법부 관계 모델의 관점에서 보면, 많은 입법의제 설정권과 정책결정권을 부여받은 강력한 대통령 정부는 그러한 권한을 입법부에 반하여 행사할 것이다. 통상 대통령제는 법안비토권, 포고권, 긴급권, 법안 제출권, 예산권 등 광범위한 입법권을 대통령에게 부여한다. 린츠학파에 따르면 제왕적 대통령은 연합정치 구성을 시도하려는 동기를 갖지 않고, 입법권을 행사하여 의회 과반 세력에게 자신의 선호 정책을 강제하며 의회와 충돌하고, 종국적으로 헌정 위기를 초래한다. 그러나 제도적으로 제왕적 대통령과 헌정체제의 정상적 작동이 양립 불가능하다는 린츠학파의 관점은 설득력이 약하다. 경험적으로 제왕적 대통령인 경우에도 의회와의 충돌과 통치력 위기를 야기하는 것은 아니다. 예컨대 브라질, 우루과이, 칠레 등 남미 탈권위주의 국가들의 헌법이 부여한 대통령의 강력한 의제설정권이 대체로 정부의 입법 효율성을 높이는 요인으로 작용했다(Cheibub and Limongi 2010: 46).

종종 최악의 제도적 디자인으로 운위된 브라질 '1988년 헌정체제'는 비례제-다당제-연합정치-제왕적대통령제로 이어지는 제도적 매트릭스를 통해 연정대통령-의회 거버넌스를 제도화했다. 주지하듯 브라질 대통령제는 지역 간 경제 발전 수준이 다른 연방제, 진입장벽이 없는 개방형 비례제로 인해 극단적인 정당체제 파편화,[33] 집권당의 과반의석 미달, 다당제-대통령제 조합, 당 정책에 대한 주지사의 영향력 등 대통령의 통치능력을 약화시키는 헌정체제의 원심적 요인들이 많아 통치불능 상태를 초래할 소지가 크다. 따라서 1990년대 중반까지 브라질 헌정체제는 비효율적이고 역기능적인 것으로 인식되었다.[34]

그러나 1990년대 후반 들어 카르도소(F. H. Cardoso) 대통령은 중도정당과 보수정당들이 참여하는 다당 연합정치를 작동시키기 시작했고, 그 후 룰라(Luiz Inacio Lula) 대통령 또한 좌파에서 중도우파에 이르기까지 이념적 스펙트럼이 다양한 정치연합을 구축했다. 특히 룰라 연정대통령 하에서 행정부-의회 협치가 최상으로 작동했다는 것은 잘 알려진 사실이다. 1995년 이후 브라질 연정대통령들은 하원에서 70%에 가까운 의원들의 지지를 회득하는 것이 관행으로 자리 잡았다(Figueiredo 2007: 190). 브라질 의회연합은 법안 통과에 필요한 의석 이상의 잉여 의석이 발생하는 '과대규모'(oversized)일 뿐만 아니라 이념적 거리가 먼 정당 간 연합이다. 브라질 연정대통령들은 자신의 입법의제를 지지해 주는 연합정치를 작동시킨 것이다(Cheibub and Limongi 2010: 46). 따라서 연정대통령과 의회는 끊임없이 협상을 추구해야 할 권력관계를 형성한다. 이런 권력관계 속에서 브라질 연정대통령들은 헌법에 보장된 입법권을 통해 입법 어젠다 설정에 직접적으로 영향을 미쳤다.[35] 브라질 대통령의 의제 설정권은 압도적이고, 따

33) 브라질 개방형 비례제는 정치인들이 선거과정에서 정당이익보다는 정치인 개인의 이익을 우선시하는 정치문화를 조성했다.

34) 브라질 다당제적 대통령제는 1987~93년에 저성장, 고인플레이션, 고실업 등 저조한 경제실적을 보였다.

35) 브라질 헌법이 대통령에 부여하는 가장 두드러진 권한은 행정포고권(executive decree)을 통한 대통령의 입법권이다. 행정포고권은 의회 동의 없이 대통령으로 하여금 입법의제를 설정하도

라서 의회는 본질적으로 반응적이다. 1985년 민주화 이후 85%이상의 법안이 집행부에 의해 도입되었으며 의회의 입법 효율성은 높다.[36)]

브라질 헌정체제는 다당제-대통령제 제도적 조합이 유인하는 연정대통령제가 대통령(행정부)-의회 협치를 제도화하며 의원내각제처럼 작동할 수 있는 가능성을 말해주는 사례이다(Power 2010: 23). 이는 대통령제에서 행정권은 분점될 수 없고, 정당 간 연합정치는 구성될 수 없다는 린츠학파의 프레임과 정면으로 상반된다. 연정대통령제의 소수파 대통령은 의원내각제의 총리처럼 입법전략을 위해 연정관리를 주도한다(Raile et al. 2006: 6-7). 첫째, 연합정치 규모다. 소수파 대통령은 집권당이 과반의석을 차지하지 못한 점을 인지하고, 정부구성에 몇 개의 정당을 참여시킬 것인가를 결정해야 한다. 둘째, 연정파트너 정당의 이념적 성향이다. 소수파 대통령은 좌우 스펙트럼상 유사한 정당들만으로 구성된 동질적 연합정치냐, 아니면 이념적 성향이 다른 정당들이 참여하는 이질적 연합정치냐를 선택해야 한다. 셋째, 연정파트너 정당들 간에 각료직을 배분하는 권력분점이다. 소수파 대통령은 연정파트너 정당의 의석점유율과 내각각료 점유율을 비례적으로 할 것이냐, 아니면 불비례적(각료직이 특정 정당에 유리하게 배분)으로 할 것이냐를 선택해야 한다.[37)]

연정대통령제는 다당제 속 소수파 대통령의 통치능력(특히 대통령의 의회지지 확보 능력)을 보장하는 데 목적을 둔 대통령제의 자기조절적 시스템을 통해 대통령-의회(야당) 간의 상시적 충돌 사태라는 소수파 대통령 문제를 극복하기 위한 정부제도이다(Power 2010: 28). 환언하면 연립내각을 통한 권력분점의 연정대통

록 한다. 또 브라질 연정대통령들은 예산배정을 통해 자신의 정책의제에 지지하는 의원에게 보상하는 반면, 그렇지 않는 의원들에게는 예산 배분을 중단한다. 이런 예산배분 정치(pork-barrel politics)는 대통령의 가장 효과적인 무기 중 하나이다(Raile *et al.* 2006: 12). 하지만 브라질 대통령의 과도한 선심성 예산배분 정치는 언제나 비판의 대상이 되고 있다.

36) 브라질 대통령들은 연정파트너 정당지도자들의 도움으로 각 소속 정당들의 의원들을 압박하고, 정당 지도자들은 정부가 발의한 법안에 대해 정치적 지지를 보낸 의원들이 그 대가로 정부의 정책결정 과정에 영향력을 발휘하고 예산배정 등 여러 자원에 대한 접근이 가능토록 한다.

37) 룰라 연립정부의 이념적 스펙트럼은 좌파로부터 우파에 이르기까지 다양했고, 연정 규모도 과잉비대화된 연정이었다. 의석 점유율과 내각각료 점유율 간 비례성이 높은 카르도소 연합정치와는 달리 룰라 연합정치에서는 의석점유율과 내각각료 점유율 간의 비례성이 낮았다. 이런 낮은 비례성은 연정파트너 정당들의 불만을 야기했다. 룰라 대통령의 높은 불비례성은 연합정치의 관리라는 측면에서 볼 때 현명치 못했다(Raile et al. 2006: 26).

령제는 정책·입법연합을 구축하여 행정부(대통령)-의회 협치 공간의 확장으로 입법효율성을 높일 수 있다. 이렇게 해서 연정대통령제는 다수제적 대통령제(majoritarian presidentialism)를 합의제적 대통령제(consensual presidentialism)로 변형시키는 정부제도이다.

이런 의미에서 대통령제의 소수정부가 정부 법안 통과의 비효율성, 대통령(행정부)-의회 갈등, 초헌법적인 통치수단 의존 등과 같은 린츠학파의 우려는 이론적 근거가 충분하지 않고 경험적으로 관찰되지 않는다.

2. 분권형 대통령제

1) 작동원리와 유형

전통적으로 유럽국가들 중 입헌군주국들은 의원내각제를 발전시킨 반면, 공화국들은 분권형 대통령제(semi-presidential system)를 발전시켰다. 분권형 대통령제는 유럽에서 가장 지배적인 정부제도이고 세계적으로도 55개 국가 이상에서 채택하고 있다. 특히 1990년대 이후 민주화 이행(제3 민주화 물결) 과정에서 많은 신생민주주의, 탈사회주의 국가들도 분권형 대통령제를 헌법적 권력구조의 틀로 선택했다. 총리(내각)-대통령-의회 권력분점에 입각한 분권형 대통령제는 대통령제와 의원내각제의 하이브리드형 권력구조이다(Shugart 2005: 324-325). 대통령제는 국민직선 대통령이 국가수반과 정부수반을 겸직함으로써 주어진 임기동안 행정부를 지도한다. 의원내각제는 군주 혹은 간선 대통령이 국가수반이고 의회가 선출한 총리가 의회에 책임지는 정부수반으로서 내각운영을 주도한다. 이런 의미에서 대통령제와 의원내각제를 혼합한 분권형 대통령제의 기본원리는 통상적으로 전국민적 정통성에 기반을 두고 국민통합과 국가안전을 추구하는 초당파적 실권 대통령(국가수반)과 의회 신임에 의존하는 당파적 실권 총리(정부수반)가 공존하는 권력분점의 정부제도로 작동한다. 환언하면 분권형 대통령제는 초당적인 직무수행을 요구하는 외정과 비상국정은 국가수반인 대통령에게, 의회 다수파에 기초한 당파적 직무수행이 불가피한 평시내정은 정부수반인 총리에게 맡기는 양두제로 작동한다.

분권형 대통령제는 이런 기본적인 작동원리를 내장하기에 몇 가지 정치적 효과를 기대할 수 있다. 무엇보다 국가수반과 정부수반의 분리, 외정권과 내정권의 분리, 비상국정권과 평시국정권의 분리 등 국가권력의 분점이 이뤄지기 때문에 대통령제의 제왕적 권력이 해소될 수 있다. 또 내정에서 의원내각제와 유사한 책임정치 효과를 기대할 수 있다. 총리(내각)는 의회의 신임 여부에 의존하기 때문이다. 나아가 분권형 대통령은 내정에서 해방된 초연한 입장에서 국민통합, 위기관리, 외교안보 관리 능력을 발휘할 수 있다.

그러나 분권형 대통령제는 제도적으로나 행태적으로 그 실제 유형이 다양하다(Elgie 2009: 263). 분권형 대통령제는 정치적 진공 상태에 존재하지 않고 총선결과, 의회 정당정치 동학 등 다른 요소들의 영향을 받으며 역동적인 가변성을 보이기 때문이다. 환언하면 분권형 대통령제의 헌법적 총리-대통령-의회 권력관계는 실질적 총리-대통령-의회 권력관계와 일치하지 않다. 이는 분권형 대통령제는 전형적인 모형을 갖지 않고 다양하게 변형될 수 있음을 뜻한다(Elgie 2009: 263). 이런 맥락에서 분권형 대통령제의 다섯 가지 유형이 상정될 수 있다(Shugart 2005: 333; Tsai 2008: 68).

첫째, 대통령중심(president-dominant) 분권형 대통령제다. 대통령이 긴급명령권, 법안 거부권 등 상당한 헌법적 권력을 갖고, 총선결과로 획득한 의회 과반의석을 통제할 수 있을 때 총리(내각)은 대통령에 종속되며, 입법권도 사실상 대통령에 의해 주도된다.[38] 총리(내각)는 임명권자인 대통령과 불신임권을 가진 의회 다수당에 이중으로 법적 정치적 책임을 진다. 둘째, 총리중심(premier-dominant) 분권형 대통령제다. 이 경우 대통령은 실질적 권력을 갖지 않고 상징적 지도자로 존재하며, 다수당에 의해 선출된 총리가 의회에게만 책임을 지며 입법권 행사를 주도한다. 셋째, 의회중심(parliament-dominant) 분권형 대통령제다. 이는 내각이 소수정부이고, 야당이 대통령과 정부를 견제하는 의회 과반의석을 점유하는 경우 의회가 실질적으로 입법권 행사를 주도한다. 넷째, 동거정부(cohabitation) 분권형 대통령제다. 이 경우 대통령이 강력한 헌법적 권한을 갖지만 의회 과반의석을 통제하지 못하고, 의회 다수파에 의해 선출된 총리가 대통령 소속 정당과 다른 정당 출신일 때 대통령의 정치력은 크게 약화되며, 사실상 총리

38) 대통령중심 분권형 대통령제에서 의회는 형식적으론 최고의 입법기관이지만 반드시 사실상의 입법권(*de facto* legislative power)까지 갖는 것은 아니며, 입법권 행사는 엄밀히 말하면 대통령과 의회가 경합한다.

와 의회가 입법권 행사를 비롯한 국정을 주도한다. 다섯째, 권력균형(balance-of-power) 분권형 대통령제다. 이는 '강력한 대통령 vs 강력한 의회 모델'이다. 이 경우 대통령과 의회는 동등한(대칭적) 권력을 갖고 입법권을 둘러싸고 경합한다. 다시 말하면 대통령이 긴급명령권, 법안비토권, 총리지명권, 의회해산권을 갖고 의회에 대면하는 반면, 의회는 단순 과반으로 대통령의 법안비토권을 기각하고 긴급명령을 폐기하는 등 대통령을 견제하는 강력한 권한을 갖는다.

앞선 세 유형의 분권형 대통령제는 상대적으로 행정부-입법부 간 정치적 교착 상태가 덜하다. 대조적으로 공동정부 분권형 대통령제는 대통령-총리 충돌, 권력균형 분권형 대통령제는 대통령-의회 충돌을 각각 유발하고 이로 인해 국정교착, 헌정체제 붕괴까지 몰고 올 가능성이 없지 않다. 특히 대통령-의회 간 권력균형 분권형 대통령제는 어느 정당 혹은 어느 연정도 의회 과반의석을 통제할 수 없을 때 발생하는 데, 대통령과 의회는 최종적인 입법권을 놓고 경쟁·충돌하며 정치적 교착상태에 봉착한다. 이런 권력균형 분권형 대통령제의 전형은 바이마르공화국,[39] 러시아 제1공화국[40] 사례가 있다.

---

39) 독일은 군주정이 붕괴하고 막스 베버의 혼합형 정부형태론에 입각하여 바이마르헌법(1919~33)의 분권형 대통령제를 세계 최초로 도입했다. 바이마르헌법은 대통령에게 의회 해산권, 총리 임면권, 총리 권고에 따른 각료 임면권, 국가위기와 사회불안 시 비상대권 등 강력한 권한을 부여했다. 그러나 바이마르헌법은 역시 의회에도 총리(내각)불신임권, 대통령 긴급명령 폐기권 등 대통령 권한과 맞먹는 권한을 부여했고, 이를 통해 의회는 대통령의 행정 조치를 폐기하는 선제적 권한을 행사할 수 있었다. 대통령은 비상 긴급권을 행사함으로써 최종적인 입법권을 행사할 수 있었으며, 의회가 비상 긴급명령을 중지시키면 대통령은 의회 해산권을 발동하여 새로운 총선을 치를 수 있었다. 이런 정치적 악순환은 실제 1930년 7월 대통령의 예산에 관한 비상 긴급권을 발동했을 때 발생했다. 또 의회가 법안 통과를 지연시키면 대통령은 의회 법안을 대신해 비상 긴급조치 발동을 할 수 있었으며, 이에 의회는 대통령의 비상조치를 중지시키고, 대통령은 의회 해산권을 통해 보복할 수 있었다. 바이마르공화국 사례는 '강력한 대통령 vs 강력한 의회' 형태로 나타난 권력균형, 즉 대통령과 의회가 상호 견제권을 갖고 최종적 입법권을 둘러싸고 다투면 심각한 정치적 충돌상태로 인해 헌정체제 붕괴로 이어질 수 있음을 경고한다(Pasquino 2007: 16). 바이마르 헌법은 실제 14년 동안 20회에 걸친 정권교체가 이뤄질 정도로 정치불안 현상을 보이며 나치정권으로 이어졌다. 이런 이유에서 바이마르공화국 분권형 대통령제는 흔히 헌법학자들에 의해 분권형 대통령제의 실패 사례로 지적되고 있다.

40) 러시아 제1공화국(1991~93)도 '강력한 대통령 대 강력한 의회' 간 대치하는 분권형 대통령제로 분류할 수 있다. 예컨대 1993년 옐친 대통령은 민영화 긴급명령을 발표하자, 의회는 이를 중지시키는 조치를 취했으며, 대통령은 2차 긴급명령권을 행사하는 등 악순환이 반복되며 대통령과 의회가 입법 전쟁을 치른 것이다. 이 사례는 헌법이 대통령과 의회에 거의 동등한 권한을 부여하면 입법권을 둘러싼 정치갈등·교착이 발생하기 쉬움을 입증한다.

2) 제도적 디자인론적, 정치상황론적 시각의 한계

연구자들은 총리(내각)-대통령-의회 간 권력을 분점하는 분권형 대통령제의 장점으로서 의회 다수파에 의존하는 제도적 유연성을 인정한다(Pasquino 1997; Sartori 1997). 그러나 그들 대부분은 총리-대통령-의회 간 제도적 갈등 및 교착 가능성을 분권형 대통령제의 치명적 약점으로 거론한다(Linz 1994; Skach 2005). 문제는 그런 장점 혹은 약점이 어떤 조건에서 분권형 대통령제의 존속과 안정에 영향을 미치는가 하는 점이다. 이 문제에 접근하는 선행 연구들은 대체로 두 부류가 존재한다. 한 부류는 제도적 디자인론(institutional design theory)에, 다른 부류는 정치상황론(political circumstance theory)에 각각 초점을 맞춘다.[41]

제도적 디자인론은 제도적 권력배분 차이가 분권형 대통령제의 존속과 안정에 영향을 미치는 주요 변인으로 가정한다(Shugart and Carey 1992; Protsykh 2005; Elgie and Moestrup 2007). 제도적 디자인론에 따르면 분권형 대통령제는 크게 두 유형으로 단순화할 수 있다. 하나는 '대통령중심 분권형 대통령제'다. 이 경우 대통령은 배타적 외정권(외교·국방)은 물론 내정권(조각권·의회해산권·고위공직자 임면권 등), 특히 입법권(법안제출권·법안비토권·예산권·포고권·국민투표권 등)을 갖고 국정을 사실상 주도하기에 대통령제에 근접한다. 그러나 이 경우도 대통령에 대한 총리의 헌법적·정치적 독자성은 보존된다는 점에서 대통령제와는 본질적으로 다르다. 대통령중심 분권형 대통령제에서는 대통령과 의회에 내각교체권을 부여하기에, 총리(내각)는 대통령·의회 모두에 책임을 진다. 다른 하나는 '총리중심 분권형 대통령제'다. 이는 조각권을 갖고 총리(내각) 불신임권을 갖는 의회에만 책임을 지는 총리(내각)가 내정권과 외정권을 주도한다는 점에서 의원내각제에 근접한다. 그러나 이 경우 대통령이 단순 의전적 존재가 아니라 일정 부분 실질적인 헌법적 권한을 갖기에 순수 의원내각제와 차이를 보인다. 제도적 디자인론이 상정하고 있는, 그러한 두 유형의 분권형 대통령제를 비판적으로 평가하면 다음과 같다.

첫째, 제도적 디자인론은 헌법상 권력 균형추가 대통령에 경도되는 대통령중심 분권형 대통령제인 경우 대통령은 헌법적 권한을 동원하여 총리와 의회를 무

41) 분권형 대통령제에 영향을 미치는 요인은 경제상황, 사회구조, 역사적 유산 등도 있으나 여기서는 이를 논의하지 않는다.

력화하고, 일방적 권위주의 통치를 밀어붙이는 초대통령제(hyper-presidentialism)로 변형된다고 주장한다(Colton and Skach 2005; Linz 1994: 48). 따라서 대통령의 헌법적 권력이 클수록 헌정체제의 안정적 작동을 위협하는 리스크는 높아진다. 특히 대통령과 의회 모두에 총리(내각) 해임권을 부여하는 경우 대통령과 의회가 경쟁적으로 정부를 교체할 수 있기 때문에[42] 총리-대통령-의회 간 충돌로 인해 통치력 위기, 국정·입법교착, 종국적으로 헌정체제 붕괴 위험을 야기할 수 있다(Shugart 2005; Elgie and Schleiter 2009). 한마디로 제도적 디자인론은 대통령중심 분권형 대통령제의 총리-대통령-의회 권력분점 기제의 안정적 작동 가능성이 낮다는 데 합의가 이뤄지고 있다.

그러나 제도적 디자인론은 대통령의 헌법적 권력과 실질적 권력(*de facto* power)의 사이에 반드시 단선적 관계가 존재한 것은 아니고, 총선 결과로 형성된 정당정치 지형에 따라 달라지는 분권형 대통령제의 제도적 가변성을 간과하고 있다.[43] 물론 제도적 디자인론이 가정한 것처럼 대통령의 헌법적 권한은 분권형 대통령제 작동을 분석하는 데 주요 변수다. 하지만 대통령중심 분권형 대통령제에서 헌법적 권력이 약한 대통령도 총선결과로 획득된 의회 과반의석을 통제할 수 있는 정치지형에선 강력한 실질적 정치력을 갖는 반면, 헌법적 권력이 강한 대통령이라도 의회 과반의석을 동원할 수 없고 단지 소수파의 지지를 받는 경우엔 대통령의 실질적 정치력은 약해 질 수 있다. 따라서 대통령의 헌법적 권력만으로는 분권형 대통령의 정치동학을 제대로 포착할 수 없다. 결국 대통령중심 분권형 대통령의 실질적 정치력과 헌법적 권력 간의 관계는 의회의 정치지형에 따라 달라진다.[44]

더욱이 대통령중심 분권형 대통령제의 대통령-총리(내각), 대통령-의회 관계

---

42) 이는 주인-대리인 관계론(principal-agent theory)에 의해 설명이 가능하다. 총리중심 분권형 대통령제의 정부는 의회만의 대리인인 것과는 달리 대통령중심 분권형 대통령제의 정부는 대통령과 의회의 대리인이기 때문에, 정부는 대통령과 의회라는 두 독립적인 주인에 책임을 진다(Magni-berton 2013: 223).

43) 프랑스 제5공화국 대통령중심 분권형 대통령제인 경우 대통령 소속정당이 다수당이 되지 못하는 여소야대 정국에서 대통령의 정치력은 크게 축소되었고 국정주도권이 사실상 총리로 넘어가 의원내각제에 근접했다. 반면 대통령과 총리가 동일 정당에 소속한 여대야소 정국일 경우 대통령은 국정을 사실상 주도하는 슈퍼 대통령이 되었다(Keeler and Schain 1997: 95-97).

44) 바이마르공화국 분권형 대통령제 실패는 진입장벽을 두지 않았던 비례대표제가 만들어낸 양극적 다당체제(polarized pluralism)가 그 주요 요인들 중 하나로 작용했다.

는 정당경쟁 동학(the dynamics of party competition) 패턴에 좌우되며 변화한다. 이런 이론적 관점은 냉전 시기 핀란드 정초헌법(founding constitution)의 대통령중심 분권형 대통령제의 외교안보 정책과정에서 검증된다. 당시 핀란드 대통령들은 연합정치를 구성하여 합의제 국가정책의 조정자 역할을 수행했다(Nousiainen 2000: 343). 예컨대 중앙당 출신 빠시끼비(J. K. Paasikivi) 대통령(1946~56)은 핀·소조약 체결과정에서(Karsh 1986: 269)[45] 좌우 연립정부 구성을 통해 대통령-총리 정책갈등, 대통령-의회 입법갈등을 조정했다. 즉 사민당 출신 총리가 이끄는 다당 연정내각은 대통령의 핀·소조약 체결과정을 초당파적으로 뒷받침했고, 의석 점유율 80%에 근접하는 정치력으로 의회의 순탄한 비준동의 절차를 밟았다. 핀란드 정초헌법 사례는 대통령중심 분권형 대통령제의 총리-대통령-의회 충돌, 국정교착, 헌정붕괴 사태를 주장한 제도적 디자인론에 의해 제대로 설명될 수 없다.

이런 의미에서 제도적 디자인론이 대통령중심 분권형 대통령제의 대통령이 의회의 입법과정과 내각의 의사결정 과정에 개입하는 등 권위주의적 초대통령제로 흐를 위험성이 상존한다고 가정하는 것은 경험적 근거가 충분하지 않다. 핀란드 대통령중심 분권형 대통령제에서 긴장과 갈등이 나타나기도 했지만 총리-대통령-의회 충돌로 인한 국정마비도 헌정붕괴 위기도 발생하지 않았다. 따라서 대통령중심 분권형 대통령제의 초대통령제화 리스크는 하나의 가능성으로 존재하지만 과장돼서는 안 된다. 합의제 헌정 모델의 관점에서 볼 때 대통령중심 분권형 대통령제가 어떤 정당연합 패턴과 연계하며 총리-대통령-의회 간 정책갈등이 조정됐는지가 중요하다. 환언하면 대통령중심 분권형 대통령제도 대통령 소속정당과 총리 소속정당 사이의 정당연합이 제도화되어 있는 경우 총리-대통령-의회 협치 가능성이 존재하고, 갈등이 발생해도 이를 최소화할 수 있다.

둘째, 제도적 디자인론은 총리중심 분권형 대통령제인 경우 대통령은 국가의 의전적 존재에 불과하고, 의회에게만 책임을 지는 총리가 의원내각제에서처럼 내정은 물론 외정까지도 주도하기 때문에, 대통령-총리-의회 충돌이 없고 안정적 작동이 가능하다고 가정한다(Shugart and Carey 1992; Elgie and Schleiter 2009;

---

45) '핀·소 우의·협력·상호원조'(FCMA, 1948~91년) 조약은 냉전 시 핀란드 외교안보 정책의 초석이었다(Arter 2016: 375).

Elgie 2016). 총리중심 분권형대통령제는 대통령-총리(내각)-의회 권력분점을 성공적으로 견인하고 정치적 갈등을 보다 성공적으로 조정할 수 있다는 것이다. 그 이유는 총리중심 분권형 대통령제는 의회 다수파와 의견을 달리하는 대통령으로 하여금 총리-의회와 타협하도록 할 수 있다는 점이다. 정부는 의회의 신인에 의존하기 때문에 대통령 단독으로 의회 다수파 지지 없이 정부교체에 영향을 미칠 수 없고, 다수파 의사에 반하여 친대통령 정부가 등장할 수도 없다. 따라서 총리중심 분권형대통령제의 총리-대통령-의회 간 정치적 갈등이 헌정위기로 비화되는 상황을 선제적으로 제어할 가능성이 높다.

그러나 이런 제도적 디자인론의 가정은 총리중심 분권형 대통령제도 정당정치 패턴 차이에 의해 크게 영향을 받는다는 지점을 간과하고 있다. 만일 좌파(단독·연립)정부 혹은 우파(단독·연립)정부로 번갈아 교체되는 블록 정당정치와 조합되는 총리중심 분권형 대통령제의 행정부-의회는 충돌할 개연성이 커질 수 있다.

실제 오스트리아 총리중심 분권형 대통령제에서[46] 국민당 우파단독정부(1966~70), 사민당 좌파단독정부(1970~82), 국민당-자유당 우파연립정부(2000~07)에서 의회-행정부 간 이념적 양극화와 정치적 갈등으로 입법교착이 빈발했다. 대조적으로 핀란드 '2000년 헌법'의 총리중심 분권형 대통령제에서[47] 총리-대통령 관할권 분쟁이나 정책·입법 교착은 관찰되지 않는다. 핀란드 2000년 헌법은 총리-대통령-(의회) 간 외교안보·EU 정책권 공유를 제도화했는데, 이로 인해 적어도 이론적으론 대통령과 총리의 소속정당이 다른 경우 총리-대통령-의회 충돌 리스크가 상존한다. 하지만 핀란드 대통령은 군통수권자로서 특히 EU 외교안보 정책에 영향력을 행사하는 과정에서, 2000년 헌법상 EU 업무를 주도하는 총리(내각)와의 충돌에 따른 국정위기는 발생하지 않았다. 이는 총리중심 분권형 대통령제와 연계하는 핀란드 정당정치 패턴, 곧 좌우 이념블록을 넘나드는 연합정치에 연유한다. 이런 의미에서 정당 간의 이념블록을 교차하는 연합정

46) 오스트리아 정부형태는 의원내각제에 근접하나, 대통령이 정치적 비상상태 시 총리 제청에 따라 의회해산권, 군통수권 등을 행사할 수 있다는 점에서 의원내각제 국가가 아니고 총리중심 분권형 대통령제 국가다.

47) 핀란드 정초헌법의 대통령중심 분권형 대통령제는 소련해체(1991)와 EU가입(1995) 등을 계기로 대통령-총리-의회 간 권한조정 형태로 권력구조를 개편(1987·91·94·99년)하는 누적적 단계적 헌법개혁의 절차를 밟았고, 특히 1999년 개헌을 통한 이른바 '2000년 헌법'을 변곡점으로 '총리중심 분권형 대통령제'로 전환되었다(Paloheimo 2003: 220).

치(cross-bloc coalitions)는 총리중심 분권형 대통령제의 대통령-총리(내각)-의회 협치 공간을 확장하는 매개고리로 작동한다. 이는 총리중심 분권형 대통령제의 총리-의회 협치는 제도적 디자인론이 상정하는 총리중심 분권형 대통령제 자체 때문이 아니라 이념블록 교차 연합정치에 의해 견인되고 있음을 함의한다.

한편, 총선결과로 등장하는 분권형 대통령제의 동거정부(cohabitation) 혹은 분할소수정부(divided minority government)의 리스크를 가정하는 정치상황론이다.[48] 첫째, 대통령 소속정당이 총리 소속정당과 서로 다르고 내각에 참여하지 않는 동거정부 분권형 대통령제는 대통령-총리 정책·입법권 충돌로 국정교착을 야기한다고 주장한 정치상활론적 연구들이 있다(Pierce 1991; Linz 1994: 55; Kirschke 2007: 1390; Fernandes and Magalhaes 2016: 63). 그들 연구에 따르면 의회 다수파가 대통령에 반대하는 정당의 단독정부 혹은 정당 간 연립정부를 구성하는 경우 대통령-총리 충돌을 촉발할 가능성이 높다. 동거정부, 즉 대통령이 국민 직선이고 총리가 다른 과반 정당(연합)의 신임에 의존한 경우 헌정 리스크에 봉착할 수 있다는 것이다. 사실 동거정부 하에서 대통령은 행정부 내에서 고립된다. 이 경우 정치적 상황론은 대통령은 의회 다수당의 의사를 존중하고 공존할 수 있겠으나, 대통령과 총리가 타협하지 않는 국정교착, 대통령 정책의제의 입법교착으로 최악의 경우 헌정위기 사태가 발생할 수 있다고 경고한다(Linz 1994: 55). 한마디로 동거정부는 분권형 대통령제의 대통령-총리 권력분점 기제를 안정적으로 작동시킬 수 없다. 실제 소수당 대통령과 다수당 총리로 구성된 프랑스 좌우 동거정부(1986~88, 1993~95, 1997~2002)는 대통령-총리 충돌을 드러냈다.[49] 따라서 정치적 상황론의 가정은 경험적으로 타당한 것처럼 보인다.

그러나 정치상황론은 정당정치 패턴의 차이에 따라 동거정부의 대통령-총리 관계가 달라질 수 있다는 점을 간파하지 못했다. 프랑스 분권형 대통령제는 동거정부 당시 양극적 다당체제와 조합되었다. 바꿔 말하면 프랑스 정당정치 패턴은 전통적으로 좌우 정당 간 이념적 정치적 양극화를 보이는 블록정치

48) 정치상황론은 분권형 대통령제의 대통령-총리 관계가 의회 정당정치 지형에 따라 변화할 수 있음을 외면한 제도적 디자인론의 약점을 극복하고 있다.

49) 1기 동거정부에선 대통령-총리 충돌이 잦았고 2·3기엔 대통령-총리 공존 규칙이 부분적으로 만들어지기도 했지만 갈등조정이 안정적으로 제도화되지는 않았다(Tsai 2008: 73-75).

(bloc politics)였고, 이는 당시 동거정부의 대통령-총리 갈등을 조정하는 기제로 작동하지 못했다.[50] 대조적으로 좌파 대통령과 우파 총리(우파연정 내각)이 병존한 핀란드 동거정부(1991~94, 2007~11)에서 대통령-총리 충돌은 발생하지 않았다. 이는 좌우블록 정당들 간에 불가능한 정당연합이 없을 만큼 연정유연성(coalitional flexibility)을 보인 핀란드 정당정치에서 비롯된다(Karvonen 2014: 66). 모든 좌우 정당들은 이념블록을 초월하여 연정파트너로 참여할 정치공간이 항상 열려 있어 상대방을 격렬하게 공격하는 충돌을 자제한다. 핀란드의 초블록 연합정치는 동거정부의 좌파대통령-우파총리(우파연정내각) 갈등을 조정하며 국정교착 가능성을 선제적으로 해소했다. 핀란드 합의제 헌정체제 작동 사례에 비춰 볼 때 동거정부 분권형 대통령제와 헌정체제 위기 사이에 인과관계가 존재하고, 동거정부의 대통령-총리 충돌이 불가피하다는 정치적 상황론의 가정은 경험적으로 충분히 검증되지 않았다(Elgie 2008: 63).

둘째, 대통령도 총리도 어떤 정당도 정당연합도 의회 과반의석을 차지하지 못하는 분할소수정부 분권형 대통령제에 관한 정치상황론적 연구들이 있다(Skach 2005·2007; Kirschke 2007: 1390).[51] 그들 연구는 소수파 대통령과 소수정부의 결합은 이원행정부로 인해 효과적인 통치가 훼손될 수 있다고 주장한다. 분할소수정부는 입법연합과 내각이 수시로 교체되고 대통령의 지속적인 국정개입 등으로 정치적 불안정 상황으로 이어질 수 있다는 것이다(Skach 2005: 17-18; Kirschke 2007: 1390). 한마디로 분할소수정부에서는 분권형 대통령제의 총리-대통령-의회 권력분점 기제가 안정적으로 작동할 수 없다.

하지만 분권형 대통령제 하에서 분할소수정부가 등장할 가능성은 높지 않으며, 분할소수정부와 헌정체제 위기 사이의 명료한 인과관계도 찾을 수 없다(Elgie 2008). 특히 좌우 이념블록을 뛰어넘는 입법연합이 보편화된 경우 분권형 대통령제의 분할소수정부가 헌정위기를 야기했던 사례는 없다. 핀란드 대통령

---

50) 프랑스 정치세력은 좌우 동거정부를 비정상적인 상황으로 인식하고, 2000년 대통령 임기를 7년에서 의회와 동일하게 5년(대선·총선 주기 일치)으로 단축하는 원 포인트 개헌에 합의하여 동거정부 출현 가능성을 축소했다. 만일 프랑스 정당정치가 핀란드 정당정치처럼 좌우 이념블록을 교차하는 협치를 제도화했다면 대통령-총리 갈등을 제도적으로 조정하여, 사실상 승자 권력집중의 대통령제에 근접하는 개헌을 시도할 필요가 없었을 것이다.

51) 분할소수정부는 대통령 정당이 내각에 참여하지만 내각구성 정당(연합)이 의회 과반의석에 미달한 정치적 상황이다.

중심 분권형 대통령제가 1959~61년 경험했던 중앙당 출신 소수파 대통령과 중앙당 단독소수정부가 결합된 정치상황은 국정교착·마비로 이어지지 않았다. 당시 소수파 대통령은 의회 다수 좌파블록(사민당·핀란드인민민주연맹 등)을 견제하는 헌법상 법안 비토권을 행사할 수 있었으나, 의회는 단순 다수에 의해 대통령의 비토권을 기각하고 재의결할 수 있었기 때문에, 입법과정에서 대통령의 정치력과 법안 비토권은 크게 제약되었다. 게다가 단독소수정부는 의회 다수파 좌파블록으로부터 불신임투표의 위협에 노출되었다. 따라서 당시 핀란드 소수파대통령-소수정부는 이를 돌파하는 전략으로서 의회 차원에서 좌파세력과의 초블록 입법연합을 통해 총리-대통령-의회 관계를 조종했다. 이런 사례는 좌우 초블록 입법연합이 소수파대통령-소수정부 분권형 대통령제의 불안정성 가능성을 선제적으로 해소할 수 있음을 함의한다. 결론적으로 분권형 대통령제의 분할소수정부가 헌정체제를 훼손한다는 정치상황론의 주장은 경험적으로 보편 타당성을 갖지 않다.

3) 분권형대통령제-연합정치 연계

전통적인 분권형 대통령제 연구는 대통령-총리(내각)-의회 간 헌법적 권력관계를 병렬적 정태적(static)으로 분석하는 데 집중한다. 그러나 헌법적 권한관계만으로는 분권형 대통령제 동학을 제대로 포착할 수 없다. 특정 국가의 분권형 대통령제는 정치적 진공상태에서 작동하지 않기 때문이다. 무릇 헌법적 권력구조는 정당정치와 기능적으로 연결되어 정책을 결정·집행한다. 따라서 분권형 대통령제의 실질적 작동 양태는 정책프로세스에 참여하는 정당정치와 연동시켜 접근하지 않으면 그 인과적 분석(causal analysis)과 설명이 불가능하다. 정당정치 패턴은 분권형 대통령제 동학에 거의 독립변수적인 심대한 임팩트를 투사하기 때문이다. 결국 분권형 대통령제의 작동 양태는 어떤 정당정치 패턴과 어떻게 연계하는가에 따라 상당한 차이를 보인다.

이런 관점에서 여기서는 앞서 논의한 선행연구들과 차별화하기 위해 합의제 헌정체제의 다이내믹한 정책과정을 분석할 수 있는 새로운 이론적 틀을 설정한다. 이를 위해 제1장은 블록 연합정치와 초블록 연합정치라는 X축과, 대통령중심 분권형 대통령제와 총리중심 분권형 대통령제라는 Y축을 서로 교차시켜 합의제 헌정체제의 (정책)동학을 분석하기 위해 이론적으로 연계 가능한 4가지 가설을 설정한다.

첫째, 대통령중심 분권형 대통령제와 블록 연합정치가 연계하는 합의제 헌정체제는 대통령의 권위주의 통치 혹은 좌우블록 충돌을 보이는 다수제 헌정체제의 작동 양태로 변형된다. 이 가설을 정당화하는 논리적 근거는 다음과 같다. ㉠ 대통령·총리가 동일정당에 속하고 과반의석을 점유하거나 혹은 블록 내 야당들과 연립과반·과대규모정부를 구성하는 경우 대통령은 국내외 정책의제권·입법권 등 국정 전반을 사실상 주도하며, 총리-의회를 위계적으로 통제할 수 있다. ㉡ 대통령 소속정당이 소수파이고 이념적으로 다른 다수파 (단독·블록연립) 내각에 참여하지 않는 동거정부인 경우 총리의 정치력이 커져 대통령-총리 이념충돌, 정책·입법교착이 발생할 수 있다. ㉢ 대통령 소속정당이 참여하는 내각이 과반의석에 미달한 (단독·블록연립)분할 소수정부인 경우 대통령은 과반의석 확보를 위해 블록 내 야당(들)과 정책·입법연합을 형성하거나, 아니면 자신의 정책의제를 관철하기 위해 의회해산·포고권 등 헌법적 권한을 행사하려 한다 (Elgie 2008: 72). 이런 상황은 좌우 이념충돌과 대통령-의회 충돌을 야기하는 다수제 헌정체제의 양극적 블록정치를 보이며 국정교착과 헌정위기로 이어질 수 있다.

둘째, 블록 연합정치와 총리중심 분권형 대통령제가 연계하는 합의제 헌정체제는 총리(내각)-의회(야당) 이념적 갈등과 정책·입법 갈등을 야기하는 다수제 헌정체제의 작동 양태로 변형된다. 이를 정당화하는 논리적 근거는 다음과 같다. ㉠ 블록 연립과반·과대규모내각이 형성되는 경우 총리는 반대 블록 야당들과의 협력하려는 합의제 전략 대신 그들을 배제하고 자신의 정책효과 극대화를 시도하려는 다수제 전략을 선호한다. 이는 집권 연립정당 블록과 반대 야권블록 사이의 양극적 경쟁을 촉발하며 총리(내각)-의회 충돌을 야기한다. ㉡ (단독·블록연립)소수정부인 경우 총리는 블록 내 야당들과의 정책·입법연합을 선호하고, 집권블록 밖의 야당들을 정책·입법 과정에서 배제하려는 경향을 보인다. 이로 인해 총리-의회(야당) 충돌이 발생한다. ㉢ 블록 연합정치인 경우 우파정당 블록은 더욱 우경화되고, 좌파정당 블록은 더욱 좌경화되어 감에 따라 각 블록 내 정당들의 이념적 간극은 좁아지지만, 정당블록 간 이념적 간극은 커진다. 의회 공간에서 발생하는 정당정치의 이런 좌우 이념적 블록화는 다수제 헌정체제의 양극적 양당정치 현상과 유사하게 나타나며, 결국 총리(내각)-야당 이념적 분극화, 정책·입법 교착, 헌정위기로 이어질 수 있다.

셋째, 대통령중심 분권형 대통령제와 이념블록 교차 연합정치가 연계하는 합의제 헌정체제는 대통령 주도 총리-대통령-의회 협치에 의해 작동한다. 이를 정당화하는 논거는 다음과 같다. ㉠ 이념블록이 서로 다른 대통령과 총리의 소속정당이 참여하는 초이념블록 연립과반·과대규모정부가 구성되는 경우 대통령의 정책의제는 의회에서 좌우 연정파트너 정당들의 과반의석 이상의 지지를 얻는 견고한 정치력을 동원하여 대통령-의회 충돌 없이 입법과정을 추진할 수 있다. ㉡ 총리가 이끄는 좌우 초블록 다당 연정내각은 이념연합-정책연합을 견인하며 대통령 주도 정책·입법과정을 유효하게 지원하는 정치적 기제로 작동한다. ㉢ (단독·초블록 연립) 소수정부인 경우 대통령은 과반의석 확보를 위한 초블록 정책·입법연합을 추진하여 대통령-의회 협치를 유인할 수 있으며, 특히 국가적 위기에 대한 대응전략을 둘러싼 의회와의 충돌이 예상될 때 의회 해산 등 헌법적 비상 권한을 통해 선제적으로 위기를 피할 수 있다. ㉣ 대통령은 정국불안(잦은 내각교체 등)이 국가위기로 비화하는 사태를 제어할 수 있는 헌법적 권한(의회해산 등)을 갖기 때문에, 정국불안이 헌정위기로 이어질 가능성은 높지 않다.[52] ㉤ 결국 대통령중심 분권형 대통령제의 정책과정을 실질적으로 작동시키는 좌우 초블록 연합정치는 대통령과 총리의 소속정당이 다른 경우에도 대통령 주도 총리-대통령-의회 간 국정갈등 조정과 거버넌스 공간을 확장하는 정치적 동력이다.

마지막으로 초블록 연합정치와 총리중심 분권형 대통령제가 연계하는 합의제 헌정체제는 총리 주도 (대통령)-총리-의회 협치에 의해 작동된다. 이를 정당화하는 논거는 다음과 같다. ㉠ 초블록 연립과반·과대규모정부인 경우 총리는 좌우 정당 간 정책의제 설정권·입법권 분점·공유를 통해 정책의 이념적 편향성

52) 물론 내각수명은 정치안정을 나타내는 지표이다. 하지만 단기 내각이 반드시 연합정치 위기를 의미하지 않는다(Karvonen 2014: 7). 내각해산으로 인해 총리 교체, 연정파트너 정당과 각료배분의 변화 등이 발생해도 초블록 연합정치가 제도화되는 조건에선 단기 내각이 헌정위기로 비화되지 않는다.

을 방지하며 총리(내각)-의회 관계를 조정할 수 있다. ㉡ 대통령-총리 간 정책 관할권 공유에 따른 정책선호 차이는 대통령·총리, 좌우 연정파트너 정당 지도자들이 참여하는 연정위원회(coalition commission)에 의해 협상·조정되며, 여기서 합의된 결정은 내각에서 의결되고, 이는 좌우 과반·과대규모 의석 지지를 얻어 의회의 순탄한 입법화로 이어진다. ㉢ (단독·초블록연립)소수정부인 경우 총리는 의회에서 다른 이념블록 야당과의 정책연합을 통해 의회 입법화에 필요한 과반 의석을 확보하며 (대통령)-총리-의회 협치를 견인할 수 있다. ㉣ 연정파트너 정당들 간 정책협상은 통상 스몰딜·빅딜·패키지딜 스킬에 따른 정책교환·조율로 합의에 이르기에, 특정 정당이 자신의 정책의제에 과도하게 집착할 수 없으며, 이런 협상 스탠스는 (대통령)-총리-의회 관계를 조정하는 데 기여한다. ㉤ 결국 총리중심 분권형 대통령제의 정책과정은 초블록 정당연합이 견인하는 총리 주도 (대통령)-내각-의회 협치를 통해 작동한다. 특히 대통령-총리 정책권이 분점·공유 되는 경우 대통령과 총리의 소속정당이 달라도 외치와 내치 간 경계 모호성에 따른 대통령-총리 간 관할권 분쟁과 정책갈등에 따른 국정교착을 야기하지 않는다.

V. 사회적 대화론

1. 정치적 시장조정 메커니즘

전통적으로 서유럽 국가들의 합의제 헌정체제의 정치경제적 핵심 과제는 민주주의를 통해 자본주의 시장경제의 횡포와 변덕을 규율하는 조정시장경제(coordinated market economy)를 창출하는 데 있다. 조정시장경제는 자본주의 시장경제가 유발하는 사회경제적 이슈를 둘러싼 이익갈등과 가치갈등을 해결하기 위한 국가와 사회의 개입·조정을 요구한다. 특히 신자유주의 시장경제는 실업·비정규직·근로빈곤층·영세자영업자·저소득층 등 시장의 아웃사이더를 양산하는 데, 이 경우 시장조정 기제를 마련할 수 있을 때 시장경제는 지속가능하다. 정치적 시장조정 기제란 조정시장경제의 제도화를 견인하는 의사결정 시스템이다.

시장조정 기제를 내장하는 기존 정책결정 패러다임에는 두 가지가 있다(Alford 1985: 145-158). 첫째, 국가주의 패러다임이다. 이는 경쟁 원리에 다라 작동하는 이익·시민결사체·정당·의회 중심의 정책 산출을 비효율적인 것으로 보고 소수의 관료·권력엘리트 간 협상에 의해 이뤄지는 위계적 수직적 정책결정이 공공재 산출에 효과적인 방식으로 인식한다. 그러나 국가경영자들이 언제나 공익수호자가 되는 것은 아니며, 이기적인 지대추구자(rent-seeking)일 우려가 상존한다. 따라서 권력자·관료 중심의 톱다운(top-down)식 정책결정 방식은 시장경제의 정책 이해관계자 간의 이익·가치갈등 조정 메커니즘으로서의 한계를 드러낸다. 둘째, 다원주의 패러다임이다. 이는 공공정책 과정을 이익·시민결사체 간의 '자유경쟁적 이익표출과 분산적 그룹협상 과정'으로 이해한다(Cohen and Rogers 1992: 411-414). 그러나 다원주의적 정책결정 방식에서 이익·시민결사체는 의회·정부의 정책과정에 경쟁적으로 이익표출만 시도할 뿐, 실질적 참여는 제도화되지 않는다.

그렇다면 국가주의와 다원주의의 한계를 극복하는 대안적 정책결정 패러다임은 무엇인가? 사회적 합의주의(social corporatism)다. 사회적 합의주의 패러다임에서 공공정책은 정부와 이익·시민결사체 간 협력과 호혜성(reciprocity)의 원리가 작동하는 정치적 교환(political exchange)이고 '이익·가치 조정'(intermediation of interests and values)으로 인식된다(Regini 2003: 254). 특히 자본주의 시장경제에서 발생하는 자본-노동 간 갈등이 시장경제를 위협한 경우 사회적 합의주의는 이익·시민결사체-정당-의회-정부 사이의 연합적 구조를 통해 노동-자본-국가 간 상생협력을 견인하는 정치적 시장조정 메커니즘이다. 이 점에서 사회적 합의주의는 국가주의와 다원주의를 '부분적 대체, 부분적 보완'(part substitute of and part supplement to), 즉 변증법적으로 지양(Aufhebung)하는 대안적인 의사결정 패러다임이다(Hirst 1994: 15-21; Ebbinhaus and Hassel 2000: 47-48).

사회적 합의주의와 유사한 개념은 사회적 대화(social dialogue)다. 사회적 대화는 시장조정 기제로서 시장의 실패와 국가의 실패 가능성을 전제하고 '정부와 시장에서 거버넌스로'(government and market to governance)의 의사결정 패러다임 이동을 뜻한다. 거버넌스란 시장경제의 다양한 이해당사자들 간 협력과 파트너십을 통해 이익·가치갈등을 조정하는 수평적 정책네트워크(policy network) 관리다. 정책네트워크란 시장경제의 이해관계자들 간 의사결정권의 분점·공유를 의미한다. 이런 맥락에서 볼 때 사회적 대화는 "정책의 이해관계자(이익·시민결사체·정당·정부 등) 간에 사회경제적 이슈를 둘러싼 토론·협상·타협이 이루어지는 정책협의와 정책교환·조율을 통해 이익·가치 갈등조정을 제도화해 가는 사회경제적 거버넌스(socio-economic governance)"다(Cawson 1985: 24-27; Compston 2002: 3-5; Hassel 2003: 710). 통상적으로 법안의 의회 제출 전 단계에서 노사정 정책협의와 정책(이익)교환을 통해 정책협약(policy pacts)이 맺어진다(Avdagic *et al.* 2011: 3-4).

시장경제의 이해당사자 집단들을 적극적으로 사회경제적 정책결정 과정에 참여시키는 이해관계의 투입기제로서의 사회적 대화 정치가 작동할 때, 조정시장경제는 제도화될 수 있다. 정부가 공공 사회경제 정책을 하향식으로 밀어붙일 때 정책 이해관계자들과의 충돌과 갈등은 필연적이다. 노사이익·사회집단은 자신들의 이해관계와 지향가치에 영향을 미치는 정책결정의 라운드 테이블에 참여하기를 열망한다. 사회적 대화는 이 열망을 충족시키는 정치적 시장조정 메커니즘으로서 시장경제의 이해당사자 간에 상충하는 이익·가치 갈등을 조정하고 정책 실효성을 높이는 유효한 민주적인 의사결정 시스템이다.

그러나 사회적 대화는 언제나 안정적으로 작동하지 않고, 시공간별로 다양하게 변동한다. 하나는 사회적 대화의 정체·퇴조이다. 이는 노사(정) 간 정책협의와 정치적 교환이 중단되고 정책협약을 맺고자 하는 사회적 파트너들의 의지나 능력이 부재한 상태다(Woldendorp 2011: 28). 사회적 대화의 정책결정이 정체·퇴조하면 이익단체들은 점점 경쟁적 갈등적으로 정부와 의회에 대한 로비정치(lobbyist politics)를 전개하며 이익관철을 시도한다. 의회로비와 정부로비를 결합하는 이익단체들의 행동전략은 특히 의회에 대한 행정부의 정책통제력이 약화하는 상황에서 선택하는 가장 유망한 접근이다(Rommetvedt *et al.* 2013: 467-468; Öberg *et al.* 2011: 374-382, 383-389). 결국 행정부가 의회 입법정치를 통해 정책과정을 주도함으로써 사회적 대화를 대체하며 일방적인 정책결정을 통해 이를 이익단체들에게 강제한다.

다른 하나는 사회적 대화의 회생·제도화다. 즉 사회적 대화가 위기·정체에서 탈피하여 복원되거나 노사(정) 간 의사결정의 절차적 기제로서 안정적으로 작동하는 현상이다. 물론 이 경우에도 사회적 대화와 로비정치가 교차하는 현상이 나타난다. 정부·의회를 상대로 한 로비정치는 노사정 정책협의 과정에 참여하지 않는 이익단체(corporatist outsiders)에겐 노사정 대화의 대체적 성격(substitute)인데 반해, 노사정 정책협의 과정에 참여하는 이익단체(corporatist insiders)에겐

보완적 성격(supplement)을 갖는다(Rommetvedt *et al.* 2013: 469).

2. 정치경제론적, 정치사회론적 시각의 한계

먼저 정치경제론은 서유럽 국가들의 사회적 대화 과정을, 유럽통화연맹(EMU) 제약과 유로(Euro) 위기에 대응하는 조정전략으로 가정한다(Hassel 2009; Brandl and Traxler 2005; Hancké and Rhodes 2005; Glassner and Keune 2010).[53] 유럽화(Europianization)의 압력과 사회적 대화 수요 사이의 인과관계를 중시하는 관점은 1990년대 이후 아일랜드·네덜란드·스페인의 사회적 대화의 정책조정이 일정 부분 유로존 가입 조건의 충족 전략이었다는 점에서 정당화될 수 있는 이론적 유효성을 갖는다.

그러나 정치경제론의 인식 틀은 마스트리히트 시대의 스웨덴(특히 1990년대 이후)·오스트리아(2000~07)에서 왜 사회적 대화가 퇴조·정체하고, 대신 사회적 파트너를 배제한 채 정부와 의회에 의해 시장경제 조정이 추진됐는가를 설명할 수 없다. 또 EMU의 압력이 사회적 대화 과정에 임팩트를 가하는 주요 결정 변인이라면 두 강소국 간에 왜 노동시장 정책조정 양태의 차이를 보였는지 설명하기 어렵다.[54] 이런 한계들을 고려할 때, 정치경제론의 이론적 가정은 제한적 설명능력을 가질 뿐 보편화될 수는 없다. 무엇보다 정치경제론은 사회적 대화 과정은 이와 연계하는 국내 정당정치의 역할을 배제하면 제대로 설명될 수 없다는 관점에 명확한 문제의식을 보이지 않았다.

물론 일부 정치경제 연구들은 선거경쟁의 압력을 받는 정당정부가 정치적 지지 동원전략 차원에서 이익단체들에게 사회적 대화의 정책협약 체결을 발의·권고하는 동기를 분석한다(Vis 2009; Hamann and Kelly 2011; Avdagic *et al.* 2011; Ahlquist 2010). 이런 연구들은 서유럽 국가들의 정당정부가 이익단체들과 왜 시장경제 정책조정권을 공유했는지를 이해하는 데 도움이 된다. 하지만 그들 연구는 선거전략을 넘어선 시장경제 정책조정 정치동학, 즉 연합정치-사회적대화 관계의 동태적인 변화 과정을 주목하지 않았다. 사회적 대화의 노사정 정치

53) 유럽의 경제·통화 통합을 위한 마스트리히트(Maastricht) 조약(1992년)은 EMU 준비로서 수렴기준(convergence criteria, 재정적자의 GDP 60% 이하 및 국가부채의 GDP 3% 이하)을 규정했다.

54) 1990년대 이후 노조-사민당 정치력이 상대적으로 강한 스웨덴의 사회적 대화는 퇴조하여 사실상 다원주의정치로 대체된 반면, 오스트리아 사회적 대화는 안정·정체·회생 사이클을 보였다.

연합은 정당 간 정치연합 맥락에서 이해돼야 한다는 중요한 지점을 간과한 것이다. 사회적 대화는 외부 경제적 압력을 흡수하는 정책자율성(policy autonomy)에 기초한 사회협약을 이끌어내며, 사회협약의 입법화 과정은 정당연합 정치와 긴밀하게 맞물리며 그 성패를 좌우한다. 바꿔 말하면 사회협약은 노사정 협의를 거쳐 의회 입법화 경로를 거치는 과정에서 정당정치와 사회적 대화 사이의 제도적 기능적 연계를 유도한다.

한편, 신조합주의론(neo-corporatism theory), 권력자원론(power resource theory) 등 정치사회론은 노조조직력(포괄성·독점대표권·집권적의사결정체계), 좌파정치력(노조-좌파정당 연대, 좌파정당의 의석·각료점유율 및 집권) 등 구조적 조건이 사회적 대화 정치의 작동 여부를 좌우하는 주요 변수로 가정한다(Molina and Rhodes 2002: 316-317; Jensen 2011: 169). 실제로 케인즈주의 복지국가 시절에 행정부의 좌파적 당파성과 노조가 강한 나라에서 임금인상자제-복지확대를 맞교환하는 등 노사 이익을 조정하는 사회적 대화의 안정적 작동 확률이 높았다.

그러나 이런 정치사회론적 관점은 노조조직력-좌파정치력이 상대적으로 취약한 핀란드·아일랜드·네덜란드는 왜 사회적 대화 정치를 작동시킬 수 있었던 반면, 상대적으로 노조조직력-사민당정치력이 강력한 스웨덴(특히 1990년대 이후)·오스트리아(2000~07)의 노사 이익조정 방식이 왜 사회적 대화 정치에서 의회-행정부 정치로 이동했는가를 설명하지 못한다. 이는 노조조직력-좌파정치력 등 구조적 조건(비록 촉진 변수로서 과소평가할 수는 없지만)이 더 이상 사회적 대화 작동의 전제 혹은 결정적 설명 변수가 될 수 없음을 함의한다. 따라서 노조-좌파정당 연대가 취약한 국가에서도 노사정 관계를 사회적 대화의 정책협의의 틀로 전환할 수 있다. 심지어 스웨덴에서 보듯, 노조-사민당 연대 혹은 좌파정당 집권이 되레 사회적 대화를 퇴조시켰고, 대신 의회·행정부가 노사 이익갈등 조정의 중심축이 되어 감에 따라 노조의 대(對)의회·정부 로비정치를 촉발시켰다(Allern *et al.* 2007; Anthonsen *et al.* 2011: 125-126).[55]

---

55) 스웨덴의 탈사회적 대화는 보수우파 정당과 긴밀하게 연계하는 사용자연합에 의해 주도되었다. 스웨덴의 의회 정당체제 파편화와 정부정책에 대한 의회 견제력 강화는 행정부가 이익단체들의 다양한 요구를 충족시키는 것을 어렵게 한다. 세계화로 인한 정부정책 자율성이 제약을 받고 정부의 대의회 정책통제력이 약화되는 상황에서는 이익단체 또한 정부가 참여하는 사회적 대화보다는, 특히 정당과 의회를 상대로 하는 로비정치에 의존하는 경향을 보인다(Öberg *et*

이처럼 정치사회론의 가정과는 달리 글로벌화·유럽화 이후의 사회적 대화 정치는 노조-좌파정당집권과의 인과관계가 약하고, 따라서 좌파정부는 사회적 대화 정치에 우호적이라는 정치사회론적 가정은 재고돼야 한다. 동시에 사회적 대화의 작동 과정에서 정당 간 연합정치가 노조조직력-좌파정치력 등 권력자원의 조건을 대체할 수 있다는 인식이 필요하다(Iversen and Soskice 2009: 452). 이런 의미에서 사회적 대화 정치에 인과적 임팩트를 투사하는 주요 변수는 정치사회론이 상정하고 있는 '구조적 조건'이 아니라 '정당정치 패턴'이다.

3. 사회적대화-연합정치 연계

사회적 대화는 정책결정 과정에 노사 이익단체의 동등한 참여를 허용하는 제도적 메커니즘이다. 연합정치는 정책결정 과정에 정치적 다수파와 소수파의 동등한 참여를 허용하는 제도적 메커니즘이다. 결국 사회적 대화와 연합정치의 본질은 의사결정권의 분점·공유이다. 다시 말하면 사회경제 영역에서 사회적 대화는 이익단체-정부 간 권력분점·공유이며, 정치영역에서 연합정치는 정당 간 권력분점·공유이다. 사회적 대화는 노사(정) 갈등을 조정하는 합의제 노사정 정치의 제도이며, 연합정치는 정치적 갈등을 조정하는 합의제 정당정치의 제도이다. 이런 관점에서 레이파트 학파는 사회적 대화와 연합정치 간 제도적 친화성과 구조적 유질동상(isomorphism)을 이론화하고, 사회적 대화를 합의제 헌정체제의 핵심 제도적 클러스터에 편입했다(Lehmbruch 1984·1993; Crepaz and Bircjfield 2000: 205-206; Powell 2000; Lijphart and Crepaz 1991; Crepaz and Lijphart 1995; Crepaz 2002b: 158-159; Lijphart 2012: 33-37, 170-173; Doorenspleet and Pellikaan 2013).[56] 그들

al. 2011: 391).

56) 사회적 대화 차원에서 제기되는 사회경제적 이슈들이 정당의 통제를 받으며, 역으로 의회·정부 영역에서 다뤄지는 사회경제적 이슈들 또한 사회경제적 이익·시민단체의 통제를 받는다. 이러한 정책결정의 동시성은 제도적·인적 차원에서 나타난다. 제도적 측면에서 연정파트너 정당들은 입법초안을 검증하기 위해 관련 이익·시민단체를 의회 상정 이전 단계의 법안조율 과정에 제도적으로 참여시킨다. 또 연정파트너 정당과 이익·시민그룹을 연계하는 인적 중복을 통하여 유관 이익·시민그룹의 의사결정 과정에 연정파트너 정당의 대표를, 또는 연정파트너 정당의 정책결정 과정에 유관 이익·시민그룹의 대표를 각각 제도적으로 참여시킨다. 실제로 이익그룹과 정당은 공동정책조정위원회, 협력협약, 공동 선거운동, 공동회의, 이익단체 대표의 정당회의 참여, 정당 대표의 이익단체 회의 참여 등에 의해 연계되며 실질적인 상호작용이 작동한다(Rasmussen and Lindeboom 2013: 272-276). 이 같은 제도적·인적 연계는 사회적 대화와 연합정치가 유기적 친화성 속에서 작동하는 것을 뜻한다.

연구에 따르면 사회적 대화와 연합정치는 구조적으로 병행·발전한다. 이를 통해 사회경제적 타협이 정치적 타협으로 전환되고, 역으로 정치적 타협이 사회경제적 타협을 촉진한다. 한마디로 사회적 대화와 연합정치는 제도적 친화성과 상보성(institutional affinity and complementarity)을 갖는다.

이런 레이파트 학파의 이론적 틀은 선행 정치경제 연구들의 이론적 한계를 극복하고 있다는 점에서 유의미하다. 앞서 지적한 것처럼 대부분의 선행 정치경제 연구들은 글로벌화·유럽화의 압력과 사회적 대화 사이의 인과관계를 중시한 나머지, 사회적 대화의 정책동학이 정당정치의 역할을 배제하면 제대로 설명될 수 없다는 이론적 관점에 명확한 문제의식을 갖지 않았다. 사회적 대화는 정당연합 맥락에서 이해돼야 한다는 중요한 지점을 간과한 것이다. 이런 의미에서 사회적대화-연합정치 간 제도적 친화성을 상정한 레이파트 학파의 이론적 공헌은 괄목할 만하다.

그러나 레이파트 학파의 이론적 틀과는 달리 사회적 대화와 연합정치의 관계는 제도적으로 항상 친화적이지 않고 때론 충돌한다. 사회적 대화가 안정적으로 작동한 국가에서는 통상 의회 혹은 내각 영역에 연합정치가 작동하는 반면, 정당연합이 제도화된 정치지형이지라도 언제나 사회적 대화가 안정적으로 작동한 것은 아니다. 이런 관점에서 볼 때 사회적 대화가 합의제 헌정체제의 본질적인 기제로 인식돼야 할 이론적·경험적 근거는 없으며(Keman and Pennings 1995: 279; Giuliani 2016: 25, 32), 모든 패턴의 연합정치가 자동적으로 사회적 대화의 안정적 작동을 유인하는 것은 아닌 것이다. 이런 의미에서 사회적 대화와 연합정치의 관계는 합의제 헌정체제를 채택한 국가들에서 시공간별 제도적 가변성을 보인다. 스웨덴 보수우파 연정(1991~94, 2006~14), 핀란드 중도우파 연정(1991~94, 2007~11), 오스트리아 국민당-자유당 연정(2000~07)은 사회적 대화를 약화·정체시켰고 행정부·의회 주도로 노사 이익갈등을 조정했다. 반면 핀란드 좌우 초블록 연정(1994~2007), 오스트리아 사민당-국민당 좌우 대연정(2007~17), 1990년대 이후의 아일랜드 이념블록 교차 연정은 사회적 대화를 견인했다. 이런 경험적 사례는 연합정치-사회적대화 관계는 정태적·획일적이지 않고 동태적으로 변화한다는 점을 함축한다. 특히 정당연합이 자동적으로 사회적 대화의 안정적 작동을 유인하지 않으며, 따라서 두 합의제 의사결정(consensual decision-making) 시스템의 단선적 획일적인 인과관계는 존재하지 않는다. 연합정치는 사회적 대화의 필요조건이지 충분조건은 아니며, 연합정치 패턴에 따라 사회적 대화는 정체·회생을 반복하며 다양하게 변동한다. 이런 동태적인 인식틀은 사회적대화–연합정치 간 제도적 친화성을 '정태적'으로 바라보는 레이파트 학파의 이론적 관점에 도전하는 창의적 함의가 있다.

물론 정당정치-노사정정치 관계의 다양성을 통찰한 후속 레이파트 학파의 연구들이 있다(Giuliani 2016; Anthonsen and Lindvall 2009). Giuliani는 정당정치와 사회적 대화의 관계에 관한 레이파트 연구의 단순성과 모호성을 지적하고 양대 개념 간의 복합적인 인과 메커니즘에 대한 이해의 심화가 필요하다고 지적한다. 그러나 그는 사회적 대화와 연합정치가 교차하는 다양한 연계 유형을 구체화하지는 않았다. 대조적으로 Anthonsen and Lindvall은 정당정치가 이념적 양극화로 경쟁하는 경우 사회적 대화는 퇴조하는 반면, 좌우 연합정치에선 사회적 대화는 안정적으로 작동할 수 있다고 주장했다. 정당경쟁 패턴이 사회적 대화의 퇴조·안정을 설명하는 변수라는 이론적 메시지를 통해, 양 제도 간 관계를 단선적·정태적으로 상정한 초기 레이파트 학파의 이론적 한계를 극복한 것이다. 이는 연합정치 패턴이 사회적 대화의 동태적 변화(퇴조·정체·부활)를 유인하는 임팩트로 작용할 수 있음을 함의한다. 즉 블록 연립(과반·소수·과대규모)정부, 초블록 연립(과반·소수·과대규모)정부, 혹은 대연정 정부 등 다양한 정당정부 유형은 사회적 대화의 변동에 영향을 미치는 인과관계를 보인다는 것이다. 그러나 Anthonsen and Lindvall의 연구는 블록연합정치-탈사회적대화 간, 초블록 연합정치-사회적대화 간 연계가 이론적으로 왜 타당한가에 대한 설득력 있는 논리적 근거를 제시하지 않았다. 이 같은 레이파트 학파의 이론적 한계를 극복하기 위해 여기서는 연합정치 유형을 사회적 대화의 동태적 변화를 유인하는 주요 변수로 상정하고, 다양한 유형의 사회적대화–연합정치 간 인과관계를 설명하는 논리적 근거를 개발한다.

여기서 레이파트 학파의 연구와 차별화하기 위해 블록 연합정치와 초블록 연합정치를 수평축으로, 사회적 대화와 탈사회적 대화를 수직축으로 하여 이를 상호 교차시키면, 이론적으로 상정 가능한 4개의 가설, 즉 블록 연합정치와 탈사회적 대화 간 연계, 초블록 연합정치와 사회적 대화 간 연계, 블록 연합정치와 사회적 대화 간 연계, 초블록 연합정치와 탈사회적 대화 간 연계 등이 상정될 수 있다. 그러나 제1장은 앞 2개 연계 가설만을 선별한다.[57)]

첫째, 블록연합정치-탈사회적대화 연계 가설이다. 이 가설의 핵심은 블록 연합정치가 사회적 대화를 정체 퇴조시키며 노사정 긴장과 의회-행정부 갈등을 야기한다는 점이다. 우선 좌파 혹은 우파 연립과반·과대규모정부는 노동과 자본을 동등하게 대표하는 데 한계를 드러내고, 노사 어느 한쪽에 우호적인 정책 정향을 선호하는 경향을 보인다. 노사 이익단체 또한 각기 우호적인 블록정부 혹은 의회 내 블록정당에 경쟁적 갈등적으로 압력·로비정치를 통해 이익을 관철하려는 유혹을 갖고 사회적 대화의 정책교환에 미온적이다. 블록 소수정부인 경우 과반의석 확보에 필요한 의회 입법연합 파트너로서 '블록 내 야당'을 선호하고, 이런 블록 입법연합 지형은 노사 이익단체를 동등하게 대표하기 어려워 노사 갈등을 초래한다. 우파블록 소수정부는 노동을, 좌파블록 소수정부는 자본을 협상테이블로 견인하는 자율적 정책 인센티브를 제공하기가 쉽지 않기에, 정책조정 정치공간은 사회적 대화 정치에서 행정부-의회 정치로 이동한다. 이 경우 노사 이익집단은 특히 소수정부-야당 간 블록 입법연합이 맺어지는 의회에 대한 경쟁적 갈등적 압박·로비정치를 통해 이익관철을 시도한다.[58)]

나아가 블록 연합정치는 좌우 정당블록 간 양극적 갈등, 의회-행정부 이념적 분극화와 정치적 대립을 촉발해 사회적 대화 정치를 견인하는 데 실패하며, 설령 사회적 대화를 통한 정책협약이 체결된 경우에도 그 입법과정이 좌우 정당

57) 그 이유는 다음과 같다. 먼저 블록연정-사회적대화 연계는 세계화 이전의 사민당 단독(소수)정부는 좌파블록 내 야당과의 입법연합, 노조-사민당 동맹을 구축하고, 이에 따라 좌파세력의 권력자원에 정치적 위협을 느낀 사용자단체를 사회적 대화 테이블에 견인할 수 있었다(예: 스웨덴·노르웨이). 그러나 세계화 이후 블록연정-사회적대화 연계는 경험적으로 존재하지 않는다. 예컨대 전통적인 조합주의 국가인 스웨덴의 경우 세계화 이후엔 사용자단체(SAF)의 권력자원 강화와 경직적인 사회적 대화의 정책협의에 대한 회피로 인해 사민당 단독(소수)정부의 블록 입법연합 정치는 되레 사회적 대화에 부정적으로 작용했다(Anthonsen *et al.* 2011). 다음으로 초블록연정-탈사회적대화 연계도 경험적으로 존재하지 않는다. 다만 예외가 있을 수 있다. 초블록 연립정부는 정책과정에서 연방정부·주정부, 연방상·하원 등과 같은 다수 제도적 거부권자(veto players)와의 복잡한 정책협상을 진행해야 하는 조건에선 노사와의 추가적 협상을 피하고(탈사회적 대화), 의회정치를 선호한다(Hamann and Kelly 2011: 140-148).

58) 스웨덴·노르웨이 등 노르딕 국가들에서 소수정부-야당 간 입법연합이 보편화되고 있는데, 이는 의회정치의 부활, 특히 야당의 정치적 영향력 증대를 의미하는 징표이다. 이로 인해 공공정책에 영향력을 행사하고자 하는 이익단체들의 행동전략이 의회로비로 바뀌고 있다(Rommetvedt *et al.* 2013: 465).

블록 충돌로 인해 교착 상태에 빠질 수 있다. 또 연합정치의 좌우 양극적 블록화 현상은 노사(정) 간의 이념·이익 갈등으로 이어지는 데, 특히 사회적 대화 정치에 대한 블록 야당들의 반대로 인해 의회와 사회적 대화가 충돌하는 경우 노사 이익단체는 사회적 대화 정치를 거부한다. 결국 블록 정당정치로 인해 사회적 대화 정치가 정체·퇴조하는 합의제 헌정체제의 정책과정은 노사 등 사회적 파트너들의 참여를 배제하고 불록 연합정치가 형성되는 행정부-의회 주도로 진행된다. 이 경우 합의제 헌정체제는 정상적인 경로를 이탈하며 사실상 다수제 헌정체제의 작동과 큰 차이를 보이지 않는다.

둘째, 초블록연합정치-사회적대화 연계 가설이다. 이 가설의 핵심은 이념블록을 뛰어넘는 연합정치는 노사정 협치(tripartite governance)와 의회-행정부 협치의 연동을 유인한다는 데 있다. 우선 좌우 이념블록을 교차하는 연립과반·과대규모정부가 구성되는 경우 이는 상대적으로 노동과 자본을 동등하게 대표하는 정치공간이고(Andeweg and Timmermans 2008: 281-285; Andeweg 2011b: 197-198), 특정 이익집단에 편파적 특혜를 제공할 수 없다. 따라서 노사 이익집단은 사회적 대화 정치에 우호적이다. 또 이념블록 교차 연립과반·과대규모정부는 행정부-의회 협치를 유인하며 사회적 대화를 통해 맺어진 정책협약의 입법과정을 순항시킨다(Müller and Strøm 2008: 191; Müller *et al.* 2008: 22; Andeweg 2011a: 149).[59] 정책협약의 입법화가 효율적으로 이뤄지는 프로세스는 연합정치와 사회적 대화 정치를 친화적으로 연동시키며, 정책에 대한 책임을 연정파트너 정당과 노사 이익집단 간 분산·공유케 하여 그들의 정치적 리스크(정당의 선거실패, 이익단체·집행부에 대한 비판 등)를 최소화한다(Andeweg 2011b: 197-198; Hering 2008: 179-180).[60]

더욱이 좌우 연립과반·과잉규모정부는 과반의석 이상의 견고한 정치력을 동

59) 통념과는 달리 이념 동질적인 연합정치에선 행정부-의회 간 이념적 분극화로 인해 입법과정이 비효율적인 데 반해, 이념 이질적인 연합정치는 행정부-의회 협치를 유인해 입법 효율성을 높인다.

60) 신제도학파 거부점론(veto points theory)의 제도결정론적 편향성을 비판한 피어슨(P. Pierson)을 비롯한 한 연구그룹에 따르면, 정치적 저항을 야기하는 비인기 '복지·노동시장 재편정치'는 정당·정치인들의 지지획득전략(credit-claiming strategy)인 '사회권 확대 정치'와는 근본적으로 다르며, 비판·책임을 공유·분산하는 '비난회피정치'(blame avoidance politics)를 요구한다(Pierson 2001; Hering 2008; Giger and Nelson 2010; Ahlquist 2010: 572). 그 연구그룹은 거부점론과는 달리, 권력분점에 따른 다수 제도적 거부점을 내장한 합의제 정치모델이 비난회피정치를 통해 복지·노동시장 재편 과정에서 발생하는 저항·반발을 최소화한다고 주장한다.

원하여 정책·입법 통제권을 행사하며 노사정 협치 기제의 안정적 작동을 견인하는 데 기여하는 정책적 인센티브를 제공할 수 있다. 노사 이익단체도 행정부·의회를 상대로 하는 경쟁적 갈등적 로비정치보다는 반대급부를 제공할 수 있는 좌우 연립과반·과대규모정부의 보상적 정책능력을 신뢰하고 사회적 대화의 정책교환에 참여하는 동기를 갖는다. 나아가 단독·초블록연립 소수정부인 경우 정치력이 취약해 통치불능(ungovernability)에 직면할 수 있기 때문에 다른 블록 야당과의 입법연합을 통해 노사를 동등하게 대표하는 입법지형을 만들고, 사회적 파트너들과의 책임공유, 정책정당성 제고 전략으로 사회적 대화의 사회협약정치(social pact politics)를 선호한다(Avdagic 2010; Baccaro and Simoni 2008: 1342).

결국 이념블록이 교차하는 연합정치와 사회적 대화 정치가 맞물리는 합의제 헌정체제는 정책과정에 좌우 정당, 노사정 등 비토플레이들의 동등한 참여를 허용하고, 정책 이해관계가 등가적으로 투입될 수 있는 정치공간을 제공하는 기제로 작동한다. 사회적 대화 정치는 노사정 이익을 등가적으로 교환하는 정책협약을 맺고, 이는 노사를 정치적으로 대표하는 좌우 정당들의 이념블록 교차 연정협치(coalition governance)에 의해 순탄한 입법화 경로로 이어지는 경향을 보인다.

Ⅵ. 이론적 모형

1. 합의제 헌정체제의 양대 제도적 중심축

헌정체제는 공공정책 결정·집행권을 구성·배분하는 헌법적, 법률적 규칙·규범·절차다(Power 2000: 11; Belmont *et al.* 2002: 4). 환언하면 헌정체제는 기능적으로 연결되는 선거제-정당체제-권력구조-노사정관계로 구성된 제도적 세트다. 이런 관점에서 제1장은 합의제 헌정체제의 제도적 틀을 설계했다. 즉 비례제-다당제-연합정치-행정부·입법부협치-사회적대화로 이어진 권력분점의 제도적 체계다. 이는 행정부-의회 협치(권력구조), 정당연합, 사회적 대화[61] 등

61) 사회적 대화, 조합주의정치(corporatist politics), 사회적 협의(social concertation)는 개념적 차이에도 불구하고 개념적 교집합이 존재한다. 즉 정당·의회 정치와 맞물리는 노사(정) 간 이익갈등 조정 기제이다(Baccaro and Simoni 2008).

기능적으로 연계되는 3각 제도적 축으로 집약될 수 있다. 이런 합의제 헌정체제의 지향가치 패키지는 단독정부보다는 연립정부를, 의사결정권 독점보다는 분점을, 경쟁·완승·패권보다는 공존·상생·평화이다(Lijphart 2012: chap. 16; Birchfield and Crepaz 1998: 177-181; Crepaz and Birchfield 2000; Crepaz 2002a: 177-183). 환언하면 합의제 헌정체제는 국내적 대외적 다종다양한 갈등의제 해결을 위해 정당연합과 행정부-의회 협치라는 수평적 정치연합 그리고 노사정 대화라는 수직적 정치연합이 동시적으로 작동하는 경로를 통해 민주주의와 공화주의와 평화주의의 이상적 결합에 기여한다.[62]

그런데 합의제 헌정체제는 특정 권력구조를 선호하지 않고, 행정부-의회 관계가 연합정치에 의해 조정되는 연정형 권력구조를 지향한다. 따라서 합의제 헌정 모델의 관점에서 볼 때 권력구조의 택일적 논쟁은 무의미하며, 대통령제·의원내각제·분권형 대통령제 중 특정 권력구조가 합의제 헌정체제의 정부제도로 선택돼야 할 이유는 없다. 앞서 논의했듯이 심지어 헌법상 (제왕적) 대통령제도 비례제-다당제-연합정치와 조응하며 합의제 헌정체제로 작동될 수 있는 가능성이 존재한다(Cheibub 2007: 82-86; Power 2010: 25). 물론 대통령제는 거대 양당체제(혹은 양극적 다당체제), 승자독식 정치로 작동하여 연합정치의 제도화를 유인할 인센티브가 상대적으로 약하고, 결국 대통령-의회 충돌과 입법교착을 유발 할 개연성은 상존한다(Cheibub and Limongi 2010: 42). 그렇다고 분권형 대통령제 혹은 의원내각제가 바로 합의제 정부제도로 치환될 수는 없다. 특정 다수당이 단독으로 의회와 행정부(대통령 혹은 총리·내각)를 장악하는, 프랑스 분권형 대통령제와 영국 의원내각제를 권력분점의 합의제 정부제도로 인식하는 것은 오류이다. 따라서 비례제가 유인하는 다당제-연합정치와 조합되었을 때, 비로소 분권형 대통령제인 경우 대통령-총리(내각)-의회 간 권력분점-협치, 의원내각제인 경우 총리(내각)-의회 간 권력분점-협치라는 그 제도적 실효성을 기대할 수 있다. 이런 의미에서 대통령제, 의원내각제, 분권형 대통령제 중 어느 정부제도도 비례제-다당제-연합정치-사회적대화와 제도적으로 조응할 수 있는 연정형 권력구조가 될 수 있다.

62) 합의제 헌정체제의 핵심 메커니즘인 정치연합은 승자와 패자의 구분 없이 모든 세력과 집단이 함께 살아가는 다이내믹한 정치적 기예이자 가능성의 예술이다.

이런 맥락을 토대로 합의제 헌정체제의 양대 제도적 축이 설정될 수 있다. 첫째, 연합정치-연정형권력구조 연동이다. 합의제 헌정체제의 제도적 첫 단추인 비례제는 특정 정당의 단독 과반의석을 허용하지 않는 좌우 스펙트럼의 이념블록 다당제와 연합정치를 유인한다.[63] 연합정치는 통상 정당 간 정책·입법 의제설정권(agenda-setting power)·결정권을 분점·공유한다. 연정형 권력구조는 행정부-의회 간 권력분점의 정부제도이며, 이를 실질적으로 작동시키는 기제는 정당 간 연합정치다. 연합정치 패턴은 연정형 권력구조의 행정부-의회 갈등 정도에 영향을 미친다. 이는 연정형 권력구조의 행정부-의회 관계는 연합정치 패턴에 따라 차이를 보인다는 점을 함축한다. 따라서 연정형 권력구조의 행정부-의회 간 정책갈등의 제도화는 연정형 권력구조 자체에 의해서가 아니라, 연정형 권력구조와 연계하는 연합정치 패턴에 의해 좌우된다.

둘째, 연합정치-사회적대화 연동이다. 사회적 대화는 노사정 정책협의(policy concertation)와 정책교환에 의한 사회경제 이익조정 제도이고(Avdagic *et al.* 2011: 3-4; Regini 2003: 254), 통상 그 외곽 공간에서 좌우블록다당제-연합정치와 맞물려 작동한다. 좌우 다당제는 비례제에 의해 매개되어 노사단체와 연계하며 이익-지지 교환관계를 형성한다(Cusack *et al.* 2010; Iversen and Soskice 2006). 따라서 연합정치는 노사 등 사회블록의 정치대표체계로 작동하면서 사회적 대화에 인과적 임팩트를 투사한다(Martin and Swank 2008).[64] 사회적 대화는 통상 정당연합이라는 조건에서 작동하는 반면, 연합정치는 언제나 사회적 대화를 유인하지 않는다. 이 점에서 사회적 대화의 안정적 작동 여부는 연합정치 패턴에 의해 영향을 받는다.

2. 합의제 헌정체제 동학 모형

앞서 제기한 논점들을 토대로 합의제 헌정체제의 다이내믹한 (정책)프로세스를 검증하는 데 유효한 이론적 모형이 설계될 수 있다 <그림 1-1>. 첫째, 행정

63) 비례제는 정당정치의 종(縱)적 차원에선 사회적 다양성에 기반한 가치·정책 중심의 좌우 이념블록 다당제, 횡(橫)적 차원에선 연합정치를 제도화하는 '권력분점' 유인형 선거제도다.

64) 득표율-의석점유율을 근접시키는 비례제는 통상 노사단체들과 좌우정당들을 종적으로 연계시키고, 초블록 연합정치가 구성되는 경우 노사를 동등하게 대표하여 노사 파트너십을 유인하는 경향을 보인다. 역으로 노사 파트너십은 초블록 연정의 안정적 작동에 기여한다. 결국 초블록 연합정치와 사회적 파트너십 사이에 상호보완적인 인과관계가 존재한다.

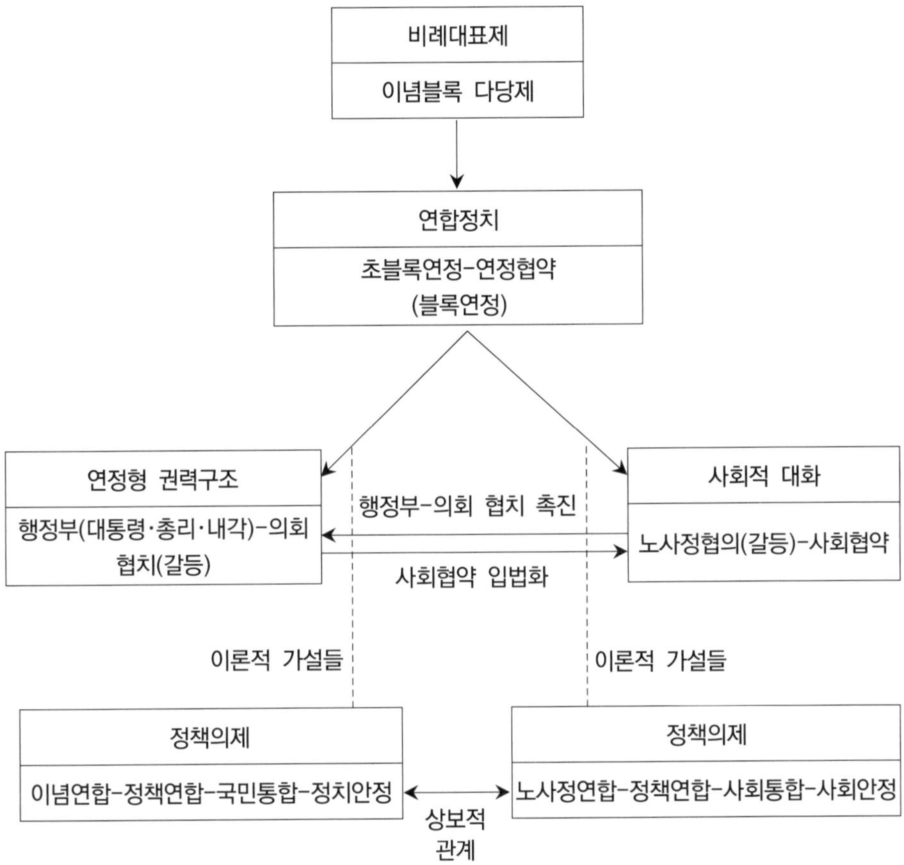

▌그림 1-1▐ 합의제 헌정체제 동학 모형

부-의회 간 정책결정권을 분점·공유하는 연정형 권력구조, 정당 간 정책결정권을 분점·공유하는 연합정치, 노사정 간 정책결정권을 분점·공유하는 사회적 대화는 합의제 헌정체제의 3각 제도적 축이다. 무엇보다 비례제-이념블록다당제가 유인하는 연합정치는 합의제 헌정체제 동학의 핵심축(linchpin)으로 작동한다. 환언하면 연정협약에 따라 작동하는 연합정치는 연정형 권력구조의 행정부-의회 관계 및 사회적 대화의 노사정 관계의 변동을 견인하며 임팩트를 투사한다.

둘째, 연정형 권력구조와 블록 연합정치와 탈사회적 대화가 맞물리는 경우 합의제 헌정체제의 경로이탈 현상이 나타날 수 있다. 즉 좌-우 블록 연합정치는 행정부-의회 이념적 양극화와 정치적 충돌을 야기해 정책·입법 교착, 헌정위기로 비화될 수 있다. 동시에 좌파블록-우파블록 간 이념적 양극화에 따른 행정부-의회 갈등을 촉발하는 블록 연합정치는 사회적 대화와 충돌하며 노사(정) 갈등을 야기한다. 결국 연정형권력구조-블록연합정치-탈사회적대화가 조합하는 합의제 헌정체제는 경로이탈, 즉 다수제 헌정체제로 변형될 가능성이 높다.

셋째, 연정형 권력구조와 초블록 연합정치와 사회적 대화는 제도적으로 친화적이고 기능적으로 조응하며 합의제 헌정체제를 안정적으로 작동시킨다. 초블록 연합정치와 연동하는 연정형 권력구조는 행정부-의회 협치를 제도화하며, 이는 노사(정) 사회협약의 입법과정을 순항시킨다. 동시에 초블록 연합정치와 연동하는 노사정 대화 정치는 좌우 파트너 정당 간 연합정치의 안정적 작동에 기여하며 행정부-의회 협치를 촉진한다. 결국 초블록 연합정치와 연정형 권력구조가 연동하는 합의제 헌정체제의 (정책)동학은 이념연합 → 정책연합 → 국민통합을 구축하며, 초블록 연합정치와 사회적 대화가 연동하는 합의제 헌정체제의 (정책)동학은 노사정연합 → 정책연합을 통해 사회갈등을 조정한다. 요컨대 연정형 권력구조와 초블록 연합정치와 노사정 사회적 대화가 유기적인 상호보완 관계로 연동하는 합의제 헌정체제 동학은 국민통합과 사회통합을 견인한다.

합의제 헌정체제는 정책개혁 반대·피해 집단에게 보상할 유효한 인센티브를 갖고, '주고받는'(*quid pro quos*) 협상과 타협을 통해 정책 비토플레이들 간 이익균형과 등가적 정책교환·조율이 이뤄진다(Knotz and Lindvall 2015: 587, 591).[65] 이에는 두 가지 기제가 작동한다. 첫째, 합의제 헌정체제에선 어느 연정파트너 정당도 단독으로 의회를 통제할 수 있는 정치력을 갖지 않기 때문에, 포용적인 의사결정(inclusive decision-making)을 지향하는 강한 동기를 갖고 포괄적인 정책개혁 패키지를 창출할 가능성이 커진다. 둘째, 합의제 헌정체제는 정당 간 정치적 합의와 이익단체-정부 간 사회적 합의를 통해, 특정 정당과 특정 이익단체의 이익에 편향적이지 않는 포괄적인 정책개혁 패키지를 산출한다. 따라서 합의제 헌정체제는 정치적으로 민감하고 논쟁적인 정책개혁에 대한 저항을 최소화하며 광범위한 지지를 얻을 수 있다. 개혁 피해자·반대자들이 보상 받을 수 있다고 확신하기 때문이다.

---

65) 예컨대 합의제 헌정체제의 연립정부는 실업급여 기간 단축과 공공교육훈련 프로그램(실업자 숙련도 향상, 일자리 창출 등) 지출 확대를 연계하는 포괄적인 정책패키지를 내놓는 경향을 보인다.

제2장

독일·오스트리아 합의제 헌정체제 동학: 복지체제·노동시장 재편

Ⅰ. 서론

독일은 역사적 맥락에서 사회갈등과 분열로 얼룩졌다. 프로테스탄트-가톨릭 종교갈등, 자유주의-사회주의 이념갈등, 북부-남부 지역갈등, 권위주의통치, 바이마르공화국의 원심적 정치(centrifugal politics), 파시즘독재, 분단국가로 점철되었다. 옛 서독 정치인들은 이런 복합적인 사회갈등과 정치적 분열의 조정과 반노동적 통치 청산, 특히 분단국가 위기관리 등을 위해 합의제 헌정체제를 구축했다.[1] 오스트리아도 이념진영 간 내전, 파시즘독재, 나치독일합병, 승전국분할점령 등으로 점철되었다. 이런 국가적 파국 속에서 오스트리아 정치인들은 제2차 대전 이후 정치적 공존이 불가능한 극단적인 이념적 '진영의식'을 보인 사회블록을 포용하기 위해 전략적으로 합의제 헌정체제를 선택했다(Luther and Müller 1992: 8-9). 이처럼 국가적 위기관리와 대응을 위해 양국은 경쟁-완승-권력독점의 원리에 따라 작동하는 다수제(웨스트민스터) 헌정체제보다는 권력분점

1) 독일 헌정체제는 합의제 모델이냐, 다수제 모델이냐, 깔끔하게 이분법적 분류로 인식하기에는 적절하지 않다는 점에서 유별난 사례다. 독일 헌정체제는 한편으로 양극적인 경쟁이 작동하는 정당체제를 보이고, 다른 한편으로 권력분점과 협치를 지향하는 정당정치 패턴이 공존하기 때문이다. 독일 다수제 모델의 요소는 연방하원 제1투표방식인 소선거구 다수대표제, 연방하원의 과반지지에 의한 총리 선출 및 총리에 대한 '건설적 불신임' 투표결정, 연방하원과 주의회에서 선출된 대표자로 구성된 연방회의(Bundesversammlung)의 과반에 의한 연방대통령 선출 등이다. 독일 헌정체제의 합의제 모델에는 즉 협의주의(consociationalism)-중위(meso)·미시(micro)사회적파트너십-연방주의 간에 긴밀한 관계가 존재한다. 이런 점에서 독일 헌정체제는 합의제 모델의 협력-상생 원리와 다수제(웨스트민스터) 모델의 경쟁 원리라는 이중구조가 절묘하게 혼재하는 협상민주주의(negotiated democracy) 모델, 준(準)합의제 모델, 하이브리드 모델 등으로 지칭되고 있다(Lehmbruch 2002: 176-178).

-협치-공존의 원리에 따라 작동하는 합의제 헌정체제를 제도화했다.

양국 합의제 헌정체제는 권력집중을 막고 권력분점-협치에 기초한 정책협상과 타협을 유도하는 제도적 체계로 구성되어 있다. 즉 수평적 권력분점 매트릭스와 수직적 권력분점 매트리스로 조합되어 있다. 이로 인해 정책개혁 과정에 영향을 미치는 다수의 제도적 비토점(veto points)과 비토플레이어(veto players)가 존재한다. 이러한 제도적 틀은 정책개혁 과정을 제약한다. 이런 문제인식을 갖고 제2장은 독일·오스트리아 합의제 헌정체제의 주요 제도적 축은 무엇이고, 이것이 복지·노동시장 재편과정에서 어떻게 작동했는가를 살펴보고자 한다. 무엇보다 양국 합의제 헌정체제의 연방제-양원제 패턴 및 연합정치 패턴이 사회적 대화의 변화패턴에 어떤 차별적인 인과적 임팩트로 작용했는가를 비교분석한다.

레이파트 학파(Lijphart school)는 합의제 헌정체제의 제도적 틀을 제시했다. 즉 비례제-다당제-연합정치-입법부·행정부균형-사회적대화로 이어진 수평적 권력분점제도이며, 연방제-양원제로 이어진 수직적 권력분점 제도이다(Lijphart 2012). 레이파트 학파에 따르면, 정당 간 연합정치는 노사(정) 간 정책협의에 입각한 사회적 대화와 제도적 친화성을 갖는다(Lijphart 2012: 33-37, 170-173; Keman and Pennings 1995: 273-274).

그러나 레이파트 학파의 연구와는 달리 연합정치-사회적대화 사이에 항상 제도적 친화성이 존재하는 것은 아니다. 즉 사회적 대화가 제도화된 국가는 통상 내각 혹은 입법 차원의 연합정치가 작동하는 반면(오스트리아), 연합정치가 제도화된 국가에서 언제나 사회적 대화의 정책협의가 작동한 것은 아니다(독일). 이 같은 이론적 퍼즐을 해명하기 위해 제2장은 두 가설적 명제를 제시한다. 첫째, 합의제 헌정체제의 연방제-양원제 패턴 차이는 사회적 대화의 변화 패턴에 상이한 인과적 임팩트를 가한다. 둘째, 합의제 헌정체제의 연합정치 패턴 차이는 노사정 정책협의 변화 패턴에 상이한 인과적 임팩트를 가한다. 이러한 두 가설적 명제는 상호 경합 혹은 충돌이 예상되며, 따라서 연방제-양원제 패턴 혹은 연합정치 패턴 중 어느 제도적 변수가 사회적 대화의 변화에 지배적인 인과적 임팩트로 작용했는가에 관한 국가별 차이를 규명하는 것은 흥미로운 연구가 될 것이다. 따라서 제2장은 이를 독일·오스트리아 합의제 헌정체제 동학과정의 경험적 분석을 통해 검증할 필요성을 갖는다.

국내외 선행연구(김성수 2011; 홍성대 외 2009; Boyle 2009; Busch 2009; Carlin and Soskice 2009; Dyson and Saalfeld 2010; Haberland and Stiller 2010; Eichhorst and Marx 2011; Obinger and Tálos 2010; Heinisch 2012; Schulze and Schludi 2007)들은 공통적으로 복지·노동시장 재편정치를 추동하는 양국 합의제 헌정체제 동학의 정책인풋사이드(input-side), 즉 수직적 권력분점 제도인 연방제-양원제 틀 속에서 정당정치-노사정정치가 구체적으로 어떻게 맞물려 작동했는가에 주목하지 않았다. 따라서 제2장은 양국 합의제 헌정체제의 연방제-양원제 제약 속에서 정당정치-노사정정치가 어떤 관계로 작동하면서 정책개혁 프로세스가 진행되었고 그 유사점과 차이점이 어떠했나를 비교분석한다.

독일·오스트리아는 게르만유럽(Germanic Europe)을 대표하는 합의제 헌정모델 국가이며(Lijphart 2012: 251), 합의제 헌정체제를 통해 사회적시장경제-기민주의복지체제를 구축했다.[2] 그러나 양국은 글로벌화·유럽단일시장화의 충격·압박에 대응하기 위해 종래의 복지확대-노동시장보호 정책조합의 재조정 프로젝트를 착수했다. 특히 1990~2009년 사이에 역동적으로 복지·노동시장을 재편하는 정책개혁을 시도했다. 그런데 양국은 유사한 합의제 헌정체제에도 불구하고 정책개혁 전략은 달랐다. 독일의 정당정부(party government)는 사회적 대화보다는 의회 입법정치를 선호했던 반면,[3] 오스트리아의 정당정부는 일시적인 탈사회적 대화 현상이 나타나기도 했으나 통상 사회적 대화로 접근했다. 앞서 제기한 두 가설적 명제에 따르면 양국의 그 같은 상이한 정책개혁 전략은 합의제 헌정체제의 제도적 틀의 차이에서 비롯된다. 그렇다면 양국 합의제 헌정체제의 복지·노동시장 재편정치 과정은 연방제-양원제 패턴 및 연합정치 패턴의 차이

2) 양국 사회적 시장경제는 경제성장을 위한 임금차등화의 시장적 소득정책과 사회적 불평등을 완화하기 위한 소극적 노동시장정책(PLMP, 관대한 사회보험) 사이의 조합이 노사(정) 사회적 대화의 정치교환을 통해 형성되고 이의 정상적 작동을 정당 간 연합정치가 견인했다. 양국 사회정책 모델은 비스마르크형 보수주의(기민주의) 복지레짐(conservative welfare regime)이다. 이는 질병·산재·실업·노령 등 사회적 위험에 대처하는 사회보험 모델에 입각하고, 복지혜택의 정도가 직업과 소득수준에 따른 개인의 부담금에 의해 결정되는 방식으로 차별화되고 있다. 따라서 사민주의 복지국가보다 재분배 효과가 낮다.

3) 독일 노사(정) 정책협의는 산업별·기업별·사업장별에선 지속되고 있으나 매크로레벨(macro-level)에선 퇴조했다.

가 사회적 대화의 변동에 어떻게 상이한 인과적 임팩트를 가했는가를 비교분석하는 데 유의미하다. 독일·오스트리아 사례를 선정한 이유이다.

제2장은 레이파트 학파의 이론적 틀과 차별화할 수 있다는 점에서 중요하다. 그들의 연구는 연합정치-사회적대화 간의 제도적 친화성을, 합의제 헌정모델 국가의 보편적 현상으로 가정한다. 그러나 그들의 연구는 사회적 대화 변동이 합의제 헌정체제의 제도적 틀에 따라 차별성을 보인다는 사실을 간과한다. 제2장은 정책개혁 과정에서 보인 노사정 정치 변화의 차이가 연방정부-주정부 간, 연방상원-연방하원 간 등 양국 헌법적 권력관계의 제도적 제약의 강약(패턴)과 연합정치 패턴의 차이에서 연유하는 것으로 인식한다. 제2장의 이러한 인식 틀은 레이파트 학파의 이론적 틀에 도전하는 연구관점이라는 점에서 의미가 있다.

제2장의 구성은 다음과 같다. Ⅱ장은 이론적 가설을 설정한다. Ⅲ장은 독일·오스트리아 합의제 헌정체제의 제도적 축, 즉 연방제-양원제와 이에 맞물린 정당정치와 노사정 정치의 차별성을 비교분석한다. Ⅳ장은 양국 복지·노동시장 재편과정에서 합의제 헌정체제의 수직적 권력분점 정도의 영향을 받는 연합정치 패턴이 노사정 정책협의에 어떻게 인과적 임팩트를 가하는지 비교분석한다. Ⅴ장은 분석결과를 비교평가하고 이론적·한국적 함의를 이끌어낸다.

Ⅱ. 이론적 가설

합의제 헌정체제의 정당정치-노사정정치는 진공상태가 아니라 수직적 권력분점제도의 제약 속에서 작동한다. 따라서 유사한 합의제 헌정체제에서도 수직적 권력분점 제도가 어떻게 설계되어 있느냐에 따라 정당정치-노사정정치의 관계에 차이를 낳는다(Amingeon 2002: 149-150). 환언하면 합의제 헌정체제의 수직적 권력분점 제도, 즉 연방정부-주정부 간, 연방상원-연방하원 간 권력관계가 정당정치-노사정정치의 관계에 영향을 미친 주요 제도적 변수이다. 그런데 합의제 헌정체제의 연방제-양원제는 두 모델이 있다(Lijphart 2012: 175-186, 190-198). ① 협력적연방제-균형적양원제이다. 즉 연방정부-주정부는 기능적인 상호의존·협력 기제가 작동하도록 행정권·재정권·입법권을 분점·공유하며, 연방하원-연방상원은 균형적으로 입법권을 분점·공유한다. 특히 연방상원은 주(정부)의 이익에 반하는 법안에 대해 거부권을 행사하며, 따라서 입법과정은 상원-하원 간, 상·하원의 다수당 간, 연방정부-상원야당 간 등 복잡한 협상-공치(co-governance) 기제의 작동을 요구한다. ② 연방정부우위연방제-연방하원우위양원제이다. 즉 연방정부는 거의 배타적으로 행정권·재정권·입법권을 행사하며, 주정부는 연방정부의 결정사안에 대해 단지 집행업무만 수행하고 주의회 권한도 제한적이며, 입법과정은 연방상원의 거부권이 존재하지 않기 때문에 사실상 연방하원에 의해 주도된다.

비례제-다당제가 유인하는 연합정치는 두 패턴이 있다. ① '블록 연합정치'(bloc coalition politics)이다. 즉 의회-내각에서의 우파블록 정당 간 혹은 좌파블록 정당 간 '블록 내 연정'(intra-bloc coalition), 의회-행정부 관계의 이념적 분극화 현상이다. ② 초이념블록 연합정치이다. 즉 좌우정당 간 '블록 간 연정'(inter-bloc coalition), 의회-행정부 관계의 갈등조정 등의 현상이다(Andeweg 2011a: 149). 한편, 노사정 정치 변화 패턴이다. ① 노사정 정책협의의 약화·퇴조 패턴이다. 즉 노사정 간의 정치적 교환(political exchange)이 중단되고 대신 로비정치(lobbyist politics) 현상을 보이며(Woldendorp 2011: 28), 전문가·관료 중심의 비상설 정부주도 협의체가 작동하고, 결국 정부의 일방적 정책개혁이 진행된다. ② 사회적 대화의 제도화이다(Compston 2002: 3-5). 이는 노사(정) 정책협의가 위기·정체에서 복원되거나 노사(정) 간 의사결정의 절차적 기제로서 안정적으로 작동하는 현상이다.

연방제-양원제 패턴을 한 축으로 하고 사회적 대화 변동을 다른 축으로 설정할 때 이론적으로 가능한 4유형의 조합 가설이 상정될 수 있으나[4] 여기서는 독일·오스트리아 합의제 헌정체제의 복지·노동시장 재편 정치과정의 분석에 적실성 있는 두 이론적 가설을 선별·설정한다.

첫째, 협력적연방제-균형적양원제-탈사회적대화 간 조합 가설이다. 헌법이 주정부에 연방정부에 대한 독립적인 행정권·재정권·입법권을 부여하고, 연방

---

4) 협력적연방제-균형적양원제-사회적대화, 협력적연방제-균형적양원제-탈사회적대화, 연방정부우위연방제-하원우위양원제-사회적대화, 연방정부우위연방제-하원우위양원제-탈사회적대화 등이다.

하원의 법안에 제동을 거는 연방상원의 거부권을 보장하는 제도적 조건에서 연방정부는 노사의 정치교환 참여를 유인할 정책자율성에 제약을 받아 정책개혁 드라이브를 주도하지 못한다. 주정부(혹은 주의회), 연방상원, 야당 등 다수 제도적 거부권자와의 복잡한 정책협상을 진행해야 하기 때문이다. 따라서 연방정부는 정책개혁 과정에서 노사와의 추가적인 지루한 협상을 회피하고 의회 입법정치를 선호하며, 결국 노사정 정책협의는 의회-행정부에 대한 노사의 로비정치 혹은 정당 간 협상 방식으로 대체된다.

둘째, 연방정부우위연방제-연방하원우위양원제-사회적대화 간 조합 가설이다. 연방정부-주정부 간, 연방하원-연방상원 간 수직적 권력분점 정도가 낮은 제도적 조건에서는 연방정부에 대한 제도적 제약이 약해 연방정부의 정책자율성은 상대적으로 높으며 노사정 정책협의는 안정적으로 작동한다. 연방정부의 높은 정책자율성은 이익단체들의 노사정 정책협의에의 참여를 견인할 수 있는 능력을 강화시키기 때문이다. 또 연방정부는 비토권을 행사하는 헌정체제의 제도적 거부권자가 소수이기 때문에 사회적 파트너들과 정책개혁의 책임공유를 통한 정치적 리스크의 최소화 전략으로 사회적 대화 정치를 선호하는 경향을 보인다.

한편, 연합정치 패턴을 한 축으로 하고 노사정 정책협의 변화패턴을 다른 한 축으로 설정할 때 이론적으로 가능한 4유형의 조합 가설이 상정될 수 있으나,[5] 여기서는 독일·오스트리아 정책개혁 과정의 분석에 적실성 있는 두 이론적 가설을 선별·설정한다.

첫째, 블록연합정치-탈사회적대화 간의 조합 가설이다. 블록 연합정치는 노사정 정책협의를 불안정·퇴조시키고, 대신 로비정치를 촉발하는 경향을 보인다. 좌파연립 정부 혹은 우파연립 정부 등 블록 연합정치는 노동과 자본을 동등하게 대표하지 못하고 어느 한쪽에 일방적으로 우호적 정책정향을 선호하며, 따라서 노사 이익단체들은 갈등관계를 드러내고 노사정 정치교환을 회피한다(Anthonsen and Lindvall 2009: 172-173). 또 블록 연합정치는 의회-행정부 관계의 이념적 분극화와 갈등을 촉발하여 노사정 정책협약의 의회입법화가 쉽지 않으며, 사회적 대

5) 블록연합정치-사회적대화, 블록연합정치-탈사회적대화, 초블록연합정치-사회적대화, 초블록연합정치-탈사회적대화 등이다.

화도 노사갈등으로 인해 정체되거나 의회와의 마찰을 피하지 못한다.

둘째, 초이념블록연합정치-사회적대화 간의 조합 가설이다. 정책개혁 과정에서 좌우 이념블록을 교차하는 소연정·대연정은 노사정 정책협의의 안정적 작동을 유인한다.[6] 초블록연정은 노동과 자본을 동등하게 대표하는 정치적 공간을 확대하고 특정 이익집단에게만 편파적으로 특혜를 줄 수 없으며, 따라서 이익집단을 노사정 정책협의체로 견인하는 인센티브로 작동한다. 또 좌우 대연정 내각은 초(超)과반 의석을 동원하여 대(對)의회 정책통제권을 행사할 수 있고 이익단체들의 노사정 정책협의체 참여를 견인할 수 있는 정책자율성을 갖기 때문에, 이익단체들은 반대급부를 제공하는 행정부의 보상적 정책능력을 신뢰하고 노사정 정책교환을 수용한다.

Ⅲ. 합의제 헌정체제의 제도적 축

1. 연방제-양원제

독일 합의제 헌정체제의 수직적 권력분점은 연방과 주 간에 이뤄지는 입법과 집행 과정이 기능적으로 상호의존 관계로 나타난다.[7] 연방과 주 간은 물론이고 주 간에도 정책협의와 협력이 유기적으로 이뤄지고 있다.[8] 연방수상과 주지사 간, 연방정부와 주정부의 행정부처 간 회동, 연방·주합동위원회 등 연방과 주 간 상호협상 제도를 통해 결정된 안건들은 연방상원이나 주의회의 승인을 받도록 돼 있다. 이 같은 협력적 의사결정 시스템은 비록 합의에 이르는 진입장벽은 높지만 협상과 협력에 의한 공동결정이 이뤄져 집행과정에서의 저항과 갈등을

6) 소연정은 의회과반 확보에 만족하고 그 이상의 불필요한 어떤 정당도 연정에 참여시키지 않는다는 의미의 '근소 과반연정'(bare-majority coalition)인 반면, 대연정은 의회의 제1당과 제2당 간 연정(정부연합 및 의회연합)을 뜻한다(Lijphart 2012: 81-82, 95-97). 그리고 소연정 및 대연정은 입법연합(legislative coalition) 및 정부연합(government coalition)이 동시에 작동하는 연합정치를 지칭한다.

7) 입법의 경우 연방만이 법을 제정할 수 있는 영역(외교·국방·통화·관세·통상·국적·이민·철도·항공 등), 연방과 주가 경합적으로 입법할 수 있는 영역, 연방이 원칙적 테두리를 정하고 구체적 사항은 주에 위임하는 위임입법 영역(교육·경찰·문화예술 등) 등으로 나눠 있다. 독일의 연방제-양원제에 관해서는 Schmidt 2007: 40-46, 56-65; 선학태 2005: 189-193을 참조.

8) 독일 합의제 헌정체제는 '협력적 연방제'를 채택하고 있다. 이는 연방과 주의 독자성이 강하고 업무영역이 비교적 뚜렷이 구분되는 미국의 '대립적 연방제'와 대조를 보이고 있다.

줄일 수 있다. 바꿔 말하면 연방정부와 주정부 간에 정책결정권의 분점·공유를 통해 중앙과 지역 간, 지역과 지역 간의 이해관계가 조정 관리되고 사회통합이 이뤄진다.

독일 연방제는 입법권의 균형적 분점에 근접하는 상·하 양원제와 조합돼 있다.[9] 연방하원과 연방상원 간 정책·입법 협의를 수행하는 양원조정위원회가 존재한다. 연방상원은 주정부를 대표하여 연방정부의 정책·입법 과정에 영향력을 행사한다.[10] 특히 각 주의 재정이나 행정권에 관련되는 법안 등 연방헌법에 규정된 일정한 법률은 반드시 연방상원의 동의를 필요로 한다. 이 장치가 연방상원의 비토권이다. 독일 상원의 비토권은 상원의 정당구성이 연방정부의 정당구성과 다를 때 그 진가를 발휘한다. 즉 연방내각에 참여하지 않는 야당이 상원의 다수당인 경우 상원의 비토권 행사 때문에 연방정부는 상당히 어려운 정치적 난관에 봉착한다. 이 경우 연방정부를 구성하는 정당은 연방상원의 다수당인 야당(들)과의 정치적 타협이 불가피해진다. 이런 까닭에 정상적인 국정 수행을 위해서 연방 집권연정 여당은 야당(들)과 대화와 소통을 하지 않으면 안 된다.

따라서 연방상원의 거부권은 연방정부를 견제하면서 주정부의 이익을 옹호할 수 있는 강력한 제도적 안전망이다. 총선으로 인해 하원의 정당 의석 분포가 급격하게 변하는 경우에도 연방차원의 의사결정 과정의 변동이 최소화돼 입법 과정이 안정적으로 작동된다. 이 때문에 상대적으로 인구가 적어 하원 의원수가 적은 주도 정치적 피해를 볼 우려는 없다. 또 연방하원에서 다뤄지는 법안

9) 연방상원 의원(보통 주의원 혹은 주정부 행정각료)은 각 주의 인구에 비례해서 주의회에 의해 추천되면 최종적으로 주정부에 의해 임면된다.

10) 독일 연방상원 의원은 토론이나 표결과정에서 정당의 이익보다 소속 주의 이익을 우선시한다. 주의 이익을 관철시키기 위해 같은 정당이 집권한 주끼리 연합하는 것이 보통이지만, 다른 정당이 집권하는 주들과도 연합이 이뤄지곤 한다. 이 때문에 연방정부는 다른 정당이 집권한 주와는 말할 나위 없고, 같은 정당이 정권을 잡고 있는 주와도 사전에 긴밀히 정책협조를 구해야 안정인 국정 수행이 가능하다. 이런 메커니즘은 연방정부의 일방통행식 국정운영을 막고 연방정부와 주정부 간의 협상과 타협을 이끌어내는 데 도움이 된다. 특이한 점은 독일 연방상원 의원들은 표결과정에서 의원 개인의 자유의사에 따라 표를 던지는 게 아니고 소속 주정부의 위임이나 지시에 따른다는 사실이다. 이 때 연방상원에서 각 주는 주가 보유한 표결권 수를 일괄적(한 묶음)으로 행사한다. 이러한 투표 방식은 약간 비민주적이라는 비판이 있을 수 있지만 독일 상원을 미국 상원보다 더 강력한 주 대표기관으로 만드는 장치라 할 수 있다. 연방상원의 결정사항에 대한 투표권은 각 주의 인구비례에 따라 차등을 두고 있다. 즉 인구 200만 명 이하인 주는 3표, 200만 명 이상인 주는 4표, 600만 명 이상은 5표, 700만 명 이상은 6표를 행사한다.

논의는 연방상원의 거부권을 의식해 무리하게 진행되는 일이 없다. 연방 입법과정에서 상원의 승인을 요구하는 입법 분야의 비율이 약 40% 정도에 달하기 때문에[11] 연방상원의 거부권은 하원의 입법과정에 제동을 걸 수 있으며, 따라서 연방정부의 국정운영은 연방상원, 그리고 이에 의해 대표되는 주정부의 동의와 협조에 의존할 수밖에 없다. 결국 독일 헌정체제에서 연방정부의 일방통행식 국정 드라이브는 존재하지 않는다.

독일과는 달리 오스트리아 합의제 헌정체제의 수직적 권력분점 제도는 연방정부 우위 연방제와 연방하원(국민의회) 우위 양원제가 결합되고 있다. 즉 연방정부는 거의 배타적으로 행정권·재정권·입법권을 행사하며, 주정부는 연방정부의 결정사안에 대해 단지 집행업무만 수행하고 주의회 권한도 제한적이다. 특히 입법과정은 매우 예외적인 경우를 제외하고는 연방상원(연방의회)의 거부권이 거의 작동하지 않기 때문에 사실상 연방하원에 의해 주도된다. 따라서 오스트리아 연방상원은 독일 상원과는 달리 정치적 영향력의 비중이 떨어진다.[12] 물론 연방하원에서 법률안이 의결된 이후 그것이 발효되기 위해서는 연방상원의 동의가 필요하다. 그러나 연방의회가 동의하지 않는 경우 국민의회는 재의결하여 연방의회의 결정을 무효화할 수 있다. 이처럼 연방의회는 법안통과를 지연시킬 수 있으나 완전히 저지할 수 없다. 요컨대 오스트리아 합의제 헌정체제에서 연방정부-주정부 간, 연방하원-연방상원 간의 수직적 권력관계는 비대칭적(asymmetrical)이다(Norris 2008: 167; Lijphart 2012, 201-202). 따라서 독일 정당정치와는 대조적으로 오스트리아 정당정치는 정책개혁 과정에서 연방제-양원제의 제약을 거의 받지 않는다.

2. 총리 우위 대통령-총리-의회 권력분점

독일·오스트리아 헌정체제는 수직적 권력분점인 연방제-양원제와 맞물려 있는 총리 우위 대통령-총리(내각)-의회 간 권력분점의 합의제 제도적 앙상블이다.

---

11) 2006년 독일 기본법 개정은 연방 입법과정에서 상원의 승인을 요구하는 입법 영역(상원의 비토권 대상)을 55%에서 약 40%로의 축소했다. 대신 독일 기본법은 환경법과 공공서비스법의 일부 등을 포함한 16개 입법권 영역을 주 의회로 이양하는 조치를 담았다.

12) 오스트리아 입법부는 하원인 국민의회와 상원인 연방의회로 구성된다. 국민의회 의원은 국민직선으로 선출되나 연방의회 의원은 주의회로부터 파견된다.

양국 헌법은 대통령-총리-의회 관계를 규율한다. 우선 독일 정부제도는 일반적인 통념과는 달리 순수 의원내각제가 아니다. 의회의 총리(내각) 불신임권과 총리의 의회해산권 간 균형적 견제 메커니즘이 작동하는 순수 의원내각제의 본질적 요소에서 이탈하고 있다. 독일 연방총리는 사실상 의회 불신임으로부터 자유로운 존재다. 따라서 독일 헌정체제는 총리민주주의(Kanzlerdemokratie)라 해도 과언이 아니다. 이 같은 행정부-의회 관계는 '건설적 불신임투표제'(konstruktives Mißtrauensvotum)에 근거한다. 즉 하원은 후임 총리를 선출한 후 비로소 현직 연방총리에 대한 불신임을 제기할 수 있는 제도다.[13] 하원은 이 시도에 실패하면 해산된다.

독일의 건설적 불신임제는 스위스 집정부제에서 수입했다. 스위스의 정부형태는 연방내각인 연방협의회(Federal Council)라는 합의체가 국가원수이고 행정수반이며 7인의 집정관(각료)이 돌아가며 1년 임기의 대통령직을 수행하는 집단적 대통령제(collegial presidency)이다. 연방협의회를 구성하는 집정관은 양원 합동회의에서 임기 4년으로 일단 선출되면 의회는 집정관에 불신임을 발의, 해임할 수 없으며(Klöti 2001: 22-29; 선학태 2005: 87, 312), 이를 통해 의회에 대한 내각의 독립성이 보장된다. 이 같은 스위스 집정관제와 유사한 독일 연방총리는 의회로부터 상당한 독립성을 갖고 연방대통령 및 의회와의 관계에서 우위 현상을 보인다.

첫째, 연방하원과 주의회가 선출한 선거인단(하원의원과 동수)으로 구성된 연방회의(Bundesversammlung)에서 5년 (중임) 임기로 선출되는 간선 연방대통령이 존재한다(Slomp 2011: 362). 그는 군통수권·계엄권을 갖지 않고 초당파적 입장에서 국민을 도덕적, 정신적으로 통합하는 상징적인 구심점이다. 하지만 연방대통령은 국가를 대표하는 국가원수로서 연방의회의 동의절차를 전제로 외국과 조약을 체결하는 등 제한적 외교권을 행사한다. 또 연방대통령은 연방하원에서의 다수당 대표를 정부수반인 연방총리로 추천한 후 연방하원이 연방총리로 선출하면 그를 총리로 임명한다. 그러나 연방대통령은 법률을 서명·공포하지만

---

13) 건설적 불신임투표제에 따라 총리가 교체된 경우는 1982년 자민당이 사민당과의 연정으로부터 탈퇴하고 기민당과 동조하여 기민당의 당수인 헬무트 콜(H. Kohl)을 후임 총리(1982~98)로 선출한 후 슈미트(H. Schmidt) 총리(1974~82)에 대한 불신임안을 통과시킨 사례가 있다.

총리가 주도하는 연방정부-연방의회의 정책·입법과정에 직접적인 영향력을 행사할 수는 없다.

둘째, 연방총리는 연방대통령에게 연방각료의 임명과 해임을 제청할 수 있는데, 연방대통령은 대부분 이를 받아들인다. 연방총리만이 의회에 책임을 지고 연방하원의 불신임 대상이 되며, 연방각료들은 순수 의원내각제에서와는 달리 연방하원이 아니라 연방총리에 책임을 지고 총리의 진퇴와 정치적 운명을 같이 한다. 따라서 연방하원은 개별 각료에 불신임을 제출할 수 없고 내각은 총리에 대한 건설적 불신임투표에 의해 집단적으로 해산될 뿐이다(Moury and Ferguson 2014: 37). 또 총리는 국정의 비상상황에서 의회지지를 공고화하기 위해 연방하원에 신임투표를 요구할 수 있는데, 이 경우 연방하원의 재적의원 과반지지를 얻지 못하면 총리는 반드시 사임할 의무는 없고 대통령에게 하원해산 혹은 의회 비상상태 선언을 요청할 수 있다(Saalfeld 2003: 36-37).[14] 그러나 대통령의 연방하원 해산권은 재적의원 과반수 찬성으로 새로운 연방총리를 선출하는 경우 자동 소멸된다.

셋째, 연방총리는 순수 의원내각제에서와는 달리 의회해산권을 갖지 않으며 연방대통령에게 그것을 건의할 뿐이다. 바꿔 말하면 독일 연방하원 해산은 총리의 단독 재량권에 속하지 않고 총리의 제청에 따라 연방대통령에 의해 실행된다. 연방하원이 제기하는 총리에 대한 '건설적 불신임' 퇴진도 연방대통령을 통해서만 가능하다. 또 정치적 의사결정 과정에서 총리-의회 충돌이 발생할 경우 대통령은 비상상태 선언 등 이 위기를 조정하는 역할을 수행한다(Schmidt 2007: 37). 결국 독일 총리-의회의 상호 견제와 갈등은 연방대통령을 통해서 중재·조정된다. 따라서 독일 연방대통령은 비록 간선으로 선출되지만, 서유럽 입헌군주국들의 의원내각제에서 '군림하나 통치하지 않는' 국왕 이상의 헌법적 존재이다.[15]

독일 정부제도는 건설적 불신임제에 의해 의원내각제의 약점인 잦은 내각교

14) 총리의 신임투표 요구권은 5차례 행사되었는데, 예컨대 2005년 9월 연이은 선거참패에 대응하는 슈뢰더(G. Schröder) 총리(1998~2005)가 의회에 신임 여부를 물어 불신임을 받아 사임하고 조기 총선이 치러졌다.

15) 주지하듯 유럽 입헌군주국의 의원내각제는 예외 없이 통치권은 없으나 누구도 범접할 수 없는 전통적 존엄성(dignity)의 위상으로 숭배되고 초당적으로 군림하는 국왕이 존재한다. 국왕은 국정혼란이 국가혼란으로 비화되는 것을 막아주는 구심력 역할을 수행한다.

체에 따른 정치불안을 피할 수 있다는 점에서 순수 의원내각제가 아니며, 동시에 총리가 연방하원에서 선출되고 이에 책임을 진다는 점에서 의원내각제의 요소를 갖는다. 무엇보다 독일 정부제도에서 연방대통령은 헌법적으로나 정치적으로 가벼운 존재가 아니며, 국정혼란이 국가혼란으로 비화되는 것을 막아주는 초당파적인 구심력 역할을 수행하는 실질적인 권한을 갖는다. 종합하면 독일 정부제도는 간선 대통령과 권력이 분점되는 총리의 대(對)의회 우위 이원집정부제(dual executive system)에 근접한다(Schmidt 2007: 26-40; 선학태 2005: 181-182).

한편, 오스트리아 정부제도는 대통령-총리로 이원화된 전형적인 분권형 대통령제이다.[16] 국민직선인 연방대통령은 6년 임기로 국가수반이다. 오스트리아 연방헌법은 연방대통령에게 총리·각료임면권, 의회해산권, 군통수권·외교권, 헌법재판소 소장 임명권, 긴급명령권 등을 부여하고 있다. 단지 헌법적 규정만을 고려하면 오스트리아 연방대통령은 상당한 헌법적 정치권력을 보유한다. 그러나 대통령의 이런 헌법적 권한은 총리의 제청 혹은 의회 동의를 통해서만 행사할 수 있는 점에서 매우 '제한적'이며, 따라서 대통령은 국정참여와 정치력 발동에 제약이 따른다. 더욱이 오스트리아의 역대 연방대통령은 실제론 '역할포기'(Rollenverzicht), 즉 제한적으로 주어지는 헌법적 권한의 행사마저 자제하고 대외적으로 국가를 대표하는 데 치중하는 대통령문화의 전통을 보여 오고 있다(Pelinka and Rosenberger 2000: 116; Müller 2003: 89-90). 요컨대 오스트리아 대통령은 국가수반으로서 상징적 역할을 수행한다(Müller 1999: 23-26).

대조적으로 의회 과반을 통제하는 총리는 내각을 통할하며 입법권 행사를 주도한다. 전반적인 일반 내정권은 물론이고 사실상 국방권·비상대권까지 행사한다. 외교권인 경우 비록 연방헌법은 연방대통령에게 대외적 대표권을 부여했으나, 실제로는 EU 정상회의에 참석하는 등 오스트리아를 대외적으로 대표한 헌법기관은 총리다(Pelinka 1999: 491). 이처럼 연방대통령의 권한행사 유보로 총리가 외교·안보 정책권(외정권)과 내정권을 포함한 모든 국정주도권을 행사한다. 결국 오스트리아 정부제도는 헌법적으로나 실질적으로 대통령제적 특색이 약

16) 오스트리아는 1919년 공화제와 의원내각제를 동시에 도입하였으나 정국불안이 가중되어 1929년 사회주의 진영과 가톨릭 진영 간의 정치적 타협으로 분권형 대통령제 개헌을 단행했다. 이 헌법은 독일 나치의 합병으로 잠시 폐기되었다가 전후 다시 부활했다.

한 총리우위의 권력구조이며, 사실상 의원내각제처럼 작동한다.

그러나 정부구성·운영에서 대통령 권한행사가 전무하는 것으로 인식하는 것은 오해다. 대통령은 법안 거부권을 보유하지 않지만 서명·공포한다. 또 대통령은 통상 하원 다수당 지도자를 정부수반인 총리로 임명하고 총리의 제청과 의회 동의를 얻어 각료 임면권을 행사한다. 특히 선거결과가 모호한 경우 연방대통령은 정부구성 과정에서 상당한 권한을 행사할 수 있고, 총리를 포함한 정부구성을 주도할 인사(*formateur*)를 지명한다(Müller 2003: 90).[17] 또 연방대통령은 정치적 비상사태 시 총리 제청에 따라 의회해산권, 군통수권 등을 행사하는 등 역할포기를 철회하고 실질적으로 헌법적 권한행사를 할 가능성은 언제나 열려 있다. 이 점에서 오스트리아의 국민직선 연방대통령은 '군림하나 통치하지 않는' 서유럽 입헌군주국 의원내각제의 국왕과 같은 존재는 아니다. 따라서 오스트리아 정부제도는 의원내각제가 아니고 총리중심 분권형 대통령제이다(Tsai 2008: 70-71). 그렇다고 오스트리아 정부제도에서 대통령에 대한 총리우위 현상이 희석된 것은 물론 아니다.

3. 소연정과 대연정

독일·오스트리아는 정당국가이다. 합의제 헌정체제의 정당정치는 연방정부-연방하원, 연방상원-주정부의 구성 및 운영을 주도한다. 양국 합의제 헌정체제의 제도적 인과 메커니즘의 출발 지점인 비례대표제는 '정당 간 교차파트너십'(cross-partnership) 사이클을 유인한다.

제도적 매트릭스는 정책결정 과정을 제약하는 비토지점(veto points)과 비토플레이어(veto players)로 작용한다. 독일 헌정체제의 정책결정 과정은 연방정부-연방하원-연방상원-주정부-주의회 간의 촘촘한 경쟁-협상 사이클로 작동한다(Schulze and Jochem 2007: 662-666). 다수 제도적 거부점을 내장한 독일 합의제 헌정체제는 정당들에게 복잡한 협상 패턴을 강제한다.

독일 합의제 헌정체제의 작동을 주도한 양대 메이저 정당인 기민·기사연합과 사민당은 오른쪽엔 자민당,[18] 왼쪽엔 녹색당·좌파당 등 소수정당을 연정파트

---

17) 예컨대 1999년 총선결과 사민당이 다수당이고 자유당이 국민당을 압도하여 제2당이 되었을 때 연방대통령은 정부구성권을 국민당 대표에게 요구했다.

너로 선택하는 소연정(minimal winning coalition), 아니면 대연정(grand coalition)을 구성한다.[19] 독일 연합정치는 행정부-의회 관계를 조정한다(Moury and Ferguson 2014: 43-44). 연합정치가 체결하는 연정협약(coalition agreements)은 연합정책(coalition policy) 등을 포함하는 연정관리(coalition governance)를 위해 체결된다.[20] 연정관리 기제는 연정파트너 정당 간의 정책갈등을 조정하는 연정위원회(coalition committee)에 의해 작동한다. 결국 연정협약-연정위원회는 독일 합의제 헌정체제의 의사결정 제도적 중심축인 내각-의회 간 정책갈등을 줄이고 협력 공간을 확장하여 입법과정의 효율적인 진행을 유도한다.

독일 합의제 헌정체제의 정당정치는 협력적연방제-균형적양원제의 제약 속에서 작동한다. 하원과 상원의 다수당이 다른 경우 독일 기본법은 하원 및 연방정부의 운영을 주도하는 연정집권당과 상원 및 주정부의 운영을 주도하는 다수당(야당) 사이의 비공식적 대연정(informal grand coalition)을 제도적으로 강제한다(Dyson 2006: 111). 환언하면 입법과정은 하원(집권당)과 상원 다수당(야당) 사이의 비공식적 대연정, 연방정부-주정부 간 잠재적 대연정이 형성되지 않는다면 연방정부의 단독 국정운영 드라이브는 사실상 불가능하다. 비공식적 대연정의 정

---

18) 1983년 녹색당이 의회 진출하기 전까지의 2.5 정당체제 지형에서 자민당은 대체로 흑-황(Black-Yellow) 혹은 적-황(Red-Yellow) 연합정치를 구성하며 양대 메이저 정당 간의 피벗 정당의 역할을 수행했다. 하지만 기민·기사연합, 사민당, 자민당, 녹색당, 좌파당 등 현재의 유동적인 5당체제에선 여러 정당이 그 역할을 수행할 수 있다. 사민당과 기민·기사연합의 득표율이 56.8%를 기록하는 등 기존 거대 정당들의 지지율이 급격히 하락하고 있다. 전통적인 사회균열이 잠식되고 사회그룹과 유권자들이 사회적 이념적으로 다양화·이질화됨에 따라 유권자들의 정당일체성(party identification)이 느슨해지고 있다.

19) 현재의 독일 유동적인 5당체제로 인해 대연정은 이제 예외적인 사례가 아니라 통상적인 연정 유형이 되고 있다. 연방 대연정은 이제 자동적으로 연방상원의 안정적인 과반 의석을 보장받지 못한다. 주 수준에서 이뤄지는 대연정은 주 의회 선거에서의 득표율과 의석율에서 각각 50%대에 머물러 있다. 이러한 대연정은 사실상 최소승리연정으로 전락하고 있다. 예컨대 2017년 9월 총선결과로 기민당-사민당 대연정의 득표율은 53.5%로 과반의석을 간신히 넘는 수준이었다. 두 당의 합이 70%에 육박했던 2005년(69.5%)과 2013년(67.2%) 때와 비교하면 '대연정' 이름이 무색할 정도이다. 이는 기존 정치에 대한 불신에 따른 양당정치의 퇴조 현상에 기인한다.

20) 예컨대 2018년 기민·기사연합-사민당 대연정은 노동시장 유연화, 부가세 인상, 사회보장 축소, 재정적자 감축 등 4가지 핵심 사안을 합의한 연정협약을 체결했다. 당시 기민당은 근로자 해고를 쉽게 하고, 고령화에 따른 연금재정 악화를 막기 위한 연금자가부담률과 은퇴연령을 높여 재정 지출을 줄이는 데 주력했다. 사민당은 기민·기사연합에게 노동시장 유연화에 합의해주는 대신 연봉 25만 유로 이상의 소득자에게 부과하는 부유세를 인상했다. 기민당과 사민당이 정책교환을 한 것이다.

책갈등은 연방 상·하원의 합동조정위원회(Joint Mediation Committee)에 의해 조정된다. 합동조정위원회는 입법과정에서 집권당-야당 간 비공식적 대연정, 연방정부-주정부 간 협력을 통해 상·하원 간 정책갈등을 해결하기 위한 타협안을 이끌어낸다(Schmidt 2007: 85). 이처럼 독일 헌정체제는 사실상 대연정에 의해 작동한다.[21]

독일 대연정은 연방상원의 강력한 거부권에서 비롯된다. 하원과 상원의 다수당이 다른 경우 합의정치(consensual politics)는 연방내각 내 그리고 연방상원에서 연방정부와 주정부 간에 패키지딜 타협으로 작동되어야 한다. 연방상원의 거부권이 연방정부와 주정부 간 협상을 강제하기 때문이다. 주 연정을 구성하는 소수 정당들까지도 연방 법안을 비토하여 연방 의사결정을 위협, 심지어 봉쇄할 수 있다. 이 경우를 고려하면 독일 합의제 헌정체제는 사실상 비공식적인 과대규모연정(oversized coalitions), 심지어 모든 정당의 연합으로 작동한다고 해도 과언이 아니다. 따라서 독일은 대연정 국가 이상의 연정국가이다.

나아가 독일 정당체제의 분절화와 파편화는 주 수준에서 연합정치의 유동성을 높이고 있다(Tropp 2010: 299). 연합정치가 이념블록이라는 측면에서 다양해지고 있는 것이다. 예컨대 양대 메이저 정당 간 대연정, 사민당-녹색당 적녹 연정, 사민당-좌파당 적적 연정, 기민당-자민당-녹색당 '자마니카'(Jamanica) 연정, 사민당-자민당-녹색당 '신호등' 연정 등이다. 무엇보다 통일 이후 주 수준에서 이념적 정당블록을 가로지르는 연립정부의 수가 크게 증가했다. 이로 인해 연방상원에서 이뤄지는 연방정부와 주정부 간 협상은 독일 헌정체제를 합의제 모델 방향으로 더욱 이동시키고 있다(Kropp 2010: 293). 이처럼 주 수준에서 양극적 정당경쟁의 이념적 갈등 라인을 가로지르는 연정이 구성되면 이는 장기적으로 이념과 정책 스펙트럼을 통합하는 연방정부의 모델이 될 수 있다.

그러나 독일 합의제 헌정체제의 다수 비토지점과 비토플레이어는 때때로 정책개혁 과정의 동력과 입법 회로를 제약하고 책임소재를 불분명하게 하며 유의

21) 독일 대연정의 큰 장점은 기민·기사연합당과 사민당 단독정부 때 나타나는 이념적으로 편향적인 정책보다는, 합의 가능한 중도로 정책이 수렴된다. 또 대연정은 합의 전까지는 진통이 있지만 합의 후에는 틀에 맞춰 입법과 예산이 순조롭게 통과되면서 국정운영이 예측 가능하고 일사천리로 이뤄지는 장점이 있다.

미한 정책개혁을 지체시키는 정치적 비용·비효율을 야기한다. 특히 독일 합의제 헌정체제의 정치적 인풋-아웃풋 간극(input-output gap)을 확대하는 원인으로 작용한다(Schmidt 2007: 183). 즉 정치적 인풋의 과잉현상이 정책결정 능력을 떨어뜨리며, 정책적 아웃풋의 질과 양을 훼손할 여지가 있다. 이로 인해 유권자들은 사회경제적 욕구를 충족하지 못하고 정치적 좌절을 경험한다. 이처럼 정치적 인풋-아웃풋 간극은 독일 헌정체제의 긴장을 조성한다.

그러나 정치적 인풋-아웃풋 간극이 독일 헌정체제를 마비시킬 정도의 위기를 야기한 것은 아니다. 제도가 정치적 선택과 정책을 결정하지는 않기 때문이다. 입법과정에 참여하는 좌우 정당들의 협력에 의해 정치적 인풋-아웃풋 간극을 줄이고 있으며, 결국 독일 헌정체제의 정치적 의사결정 제도는 지속적으로 갈등조정과 문제해결의 전제조건으로서 협력-공존-합의 정치를 이끌어내고 있다. 환언하면 독일 합의제 헌정체제는 다수 비토플레이어들이 존재함에도 불구하고 정책개혁 과정에서 촘촘한 협상기제의 지속적 작동을 통해 고도의 제도적 탄력성과 적응력을 견지한다. 특히 독일 정당정치는 공식적 비공식적 대연정, 과대규모연정, 연정협약, 연정위원회 등 연정협치(coalition governance)에 입각한 수평적 정책조정 기제와 연방정부-주정부 간의 수직적 정책조정 기제의 작동으로 유의미한 정책개혁을 추진했다(Dyson and Saalfeld 2010: 281).

한편, 오스트리아 합의제 헌정체제의 작동을 주도한 양대 메이저 정당인 사민당과 국민당은 사회를 블록화시킨 진영(Lager) 간 이념적 균열을 반영하는 구심적 경쟁(centripetal competition) 속에서 대연정 구성을 보편화했다. 사민당-국민당 간 정책갈등은 연정위원회에 의해 관리된다. 연정위원회의 결정은 무리 없이 의회를 통과한다(Schulze and Schludi 2007: 561-562, 576-587). 결국 오스트리아 합의제 헌정체제의 의회-행정부 관계는 대연정에 의해 조정된다.

그러나 오스트리아 합의제 헌정체제가 사민당-국민당 대연정에 의해서만 작동한 것은 아니다. 1980년대 후반 이후 양대 메이저 정당에 대한 대중지지가 퇴조하는 반면, 녹색당의 의회진출 및 자유당의 약진 현상이 뚜렷했다(Plasser and Ulram 1999: 32).[22] 사민당·국민당 중심의 패권적 양당체제는 와해되고 사민

---

22) 양대 메이저 정당 득표율은 전후 줄곧 95% 안팎이었으나 1995년 총선에선 60%, 2006년 총선에선 55%대 등 급락세를 이어갔다. 이는 자유당의 득표력이 상승한 결과인데, 자유당은 1986년

당-국민당 대연정과 야당(자유당·녹색당) 간의 갈등이 심화된 것이다. 이런 정치지형 속에서 1999년 총선결과로 사민당-국민당 대연정은 국민당-자유당 소연정(2000~07)으로 교체되었다. 국민당-자유당 소연정은 사민당·녹색당 중심의 좌파적 야당블록과 양극적으로 경쟁했으며(Müller and Fallend 2004: 818), 결국 국민당-자유당 소연정이 초래한 오스트리아 정당정치의 블록화는 행정부-의회 간 정치적 분극화와 갈등을 야기했다.

그러나 오스트리아의 전통적인 합의제 정당정치는 복원되었다. 2007년 제3기 사민당-국민당 대연정이 부활한 것이다. 그러나 사민당-국민당 간 연정갈등으로 인해 제3기 대연정이 붕괴되고 2008년 조기총선 결과로 제4기 사민당-국민당 대연정이 재부활했다. 대연정 회생이 가능했던 것은 자유당이라는 극우정당의 득세에 대한 우려를 사민당·국민당이 공유했기 때문이다(Luther 2009: 1058-1060). 제4기 대연정의 정치적 기반은 과거 의회권력을 독과점한 1·2기 대연정의 정치력에 크게 미치지 못했으나, 그럼에도 의회의 안정적 과반의석을 동원할 수 있어 정책개혁의 입법화에 큰 장애가 없었다.

오스트리아 사민당-국민당 좌우 대연정은 거대 양당이 정부구성에 참여함으로써 정부의 대표성을 높이며, 의회의 안정적 의석을 동원하여 정책개혁의 입법과정을 효율적으로 통제했다. 복지재편-노동시장구조조정 등 비인기 정책개혁인 경우 거대 양당 간 합의를 통해 정책개혁에 따른 정치적 책임·리스크를 분산·공유시킬 수 있었다.[23]

결론적으로 독일·오스트리아 합의제 헌정체제의 정당정치는 통상 소연정 혹은 대연정을 통해 의회-행정부 관계를 조정하나 차별성이 존재한다. 즉 독일 소연정은 연방제-양원제의 제약으로 인해 사실상 대연정 혹은 과대규모연정으로 작동했던 반면, 오스트리아 소연정은 연방제-양원제의 제약에서 벗어나 다수제 헌정체제의 양극적 양당정치와 유사하게 작동했다. 무엇보다 독일과는 대조적으로 오스트리아 연합정치는 정책개혁 과정에서 연방제-양원제의 제약을

9.7%에서 1999년 27%, 2008년 28.2% 등 급증세를 보였다.

23) 그러나 오스트리아 대연정은 거대 정당 간 '정치적 카르텔'의 고착화를 유발했고, 이로 인해 야권에는 정치력이 취약한 군소정당만 남게 되므로 실제로는 야당 부재현상과 정책적 대안의 실종을 초래했다. 특히 권력부패·횡포에 따른 만성적인 '대연정 피로'(grand coalition fatigue)가 누적되었으며, 이는 극단적인 포퓰리즘 세력이 발호하는 원인을 제공했다.

거의 받지 않았다. 바꿔 말하면 입법과정은 연방상원의 거부권이 작동하지 않고 사실상 연방하원에 의해 주도되었다.

4. 사회적 대화 정치

독일·오스트리아의 합의제 헌정체제의 또 다른 축은 시장경제를 조정하는 조합주의적 협치(corporatist governance)라는 제도적 인프라이다(Bonatti and Fracasso 2013: 1029). 우선 독일 노사 결사체는 임금·근로시간에 관한 독점적 단체협상권을 헌법적으로 보장 받았다. 정부는 법적으로 단체협상 과정의 외곽에 있고 사회적 파트너들의 협상자율권(Tarifautonomie)이 보장된 것이다(Kitschelt and Streeck 2004: 6). 그러나 독일 매크로레벨 사회적 대화는 사실상 해체되었다.[24]

물론 글로벌화의 압력과 충격에 대응하기 위해 1996년 12월 노사 대표가 수상 관저에 모여 수상이 주제하는 '방갈로 토의'(Bungalow discussion)라는 매크로레벨 정책협의가 작동하기도 했다(Leaman 2002: 145). 여기서 임금억제-노동유연화-일자리창출-적극적노동시장정책(ALMP)-실업급여삭감 등 공급중심의 의제가 합의되었다. 그러나 '방갈로 토의'는 노사정 간 단순한 논의의 미팅이지 노사정 협의체가 아니다. 또 독일 정부는 통독 이후 기록적으로 치솟는 실업과의 전쟁을 시도할 목적으로 1996년 노사정 협의체인 '일자리 연대'(Alliance for Jobs)를 작동시켰으나 별다른 성과는 얻어내지는 못했다(Bispinck and Schulten 2000: 190). 개별 이익단체들은 의회와 정부를 상대로 하는 로비활동을 전개했다.

역대 정부의 신자유주의적 정책개혁이 진행됨에 따라 노동운동은 사민당과의 긴장이 크게 증가했다. 노조 측도 독일 산업관계를 주도했던 금속노조(IG Metall)가 2000년대 초반 들어 내부 개혁파와 새로 탄생한 공공부문 노조 등의 도전을 받으면서 노조운동의 내부 긴장이 확연해졌다(Schulze and Jochem 2007: 670). 게다가 1990년대 들어 대기업을 대표하는 독일산업연맹(BDI)이 중소기업을 대표하는 독일사용자단체연합(BDA)의 강령에 이의를 제기함에 따라 사용자 진영 내부의 분열을 드러냄으로써 사용자들은 통일된 행위자로 활동할 수 있는 능력을 상실했다. 이러한 구조적 조건으로 인해 정책개혁 과정에서 이익그룹의

24) '협주행동'(Concerted Action, 1967~74)이라는 매크로레벨 노사정 정책협의체가 작동했다 (Leaman 2002: 142).

역할은 제한적이었다.[25)]

이런 구조 하에서 독일 사회적 파트너십은 급속한 분권화를 경험한다. 즉 노동의 대(對)자본 권력자원이 약해져 단체협상이 거시적 수준보다는 산별수준으로, 산별수준보다는 사업장단위의 공동결정으로 이동한다(Heinisch 2000: 92-93; Carlin and Soskice 2009: 94). 사용자연합은 자신들의 권력자원을 이용하여 노동시장 유연성, '일을 통한 복지'(workfare) 등을 추진하며 산업관계를 산업별, 지역별, 규모별로 차별화하고 있다(Menz 2006: 84-88). 특히 협상의 중심 공간이 산업별에서 직장평의회(works councils)로 이동했다. 사업장의 공동결정은 공식적으로 노조에서 독립적이므로 직장평의회는 자유롭게 사업장 수준의 타협을 이끌어낸다. 기업별 협상과 협약이라는 미시적 사회적 대화를 통해 '사업장 협약'을 체결하는 트렌드를 보이고 있다.

결국 '협주행동' 이후 독일의 매크로레벨 사회적 대화의 정책협약은 거의 체결되지 않았다. 대신 사회적 대화의 독일식 변형인 '위원회정치'(commission politics)가 등장했다(Dyson and Padgett 2006: 5-7). 정부주도로 구성된 '위원회'는 주요 이익단체들의 영향력을 감소시키고 단지 정부의 가이드라인에 따라 정책개혁 권고안을 작성하고 이를 공론화시켰을 뿐이다.

한편, 독일 노사정 정치와는 달리 오스트리아는 노사정 협치의 제도화를 경험했다. 오스트리아에는 '임금·물가균등위원회'(the Parity Commission for Wages and Prices)라는 중앙 정책협의 기구가 존재했는데, 이는 당초 임금억제 및 물가조정에 관한 협의 공간으로 출발했으나 후에는 사회·경제정책 전반에 관한 노사정 거버넌스의 제도적 포럼으로 진화했다(Traxler 1998: 240-241). 나아가 이익단체 대표들은 정부의 각종 위원회와 의회 상임위원회의 심의과정에 참여하여 법안준비 및 입법과정에 자신들의 이익을 관철한다(Schulze and Schludi 2007: 565-566). 많은 법안은 연방하원에 의해 이뤄지기보다는 '의회 이전 단계'에서 이익집단-관료 간 토론을 통해 합의된다. 따라서 하원은 단지 이익단체 간 합의된 법안을 추인하는 절차인 경우가 많았다(Crepaz 2002b: 163; Müller 2006: 12). 오

---

25) 독일의 노조조직율은 1980년 32%에서 2004년 23%로 떨어졌다. 그러나 2004년 단체협약 적용율이 구 서독 지역에선 68%이고 구 동독지역에선 53% 수준이다(Menz 2006: 85; Carlin and Soskice 2009: 72).

스트리아 사회적 대화는 정책개혁 과정에서 습관적 일상적으로 작동했기 때문에 복지·노동시장 재편 및 임금조정에 관한 공식적 협약 체결이 불필요했다.

오스트리아 사회적 대화는 구조적, 전략적, 제도적 조건에 연유한다(Traxler 1998: 245-258; 선학태 2006: 200-202). 첫째, 노동을 대표하는 연방노동회의소(BAK)와, 중소자본을 대표하는 연방경제회의소(WKÖ)에 근로자와 사업주는 의무적으로 회원이 되는데, 이 강제성은 조직의 대표성과 정치적 영향력을 보장한다. 둘째, 이익집단들의 독점적 대표권과 중앙집중적 의사결정 구조는 조직의 강력한 협상력과 집행력의 바탕이다(Tálos 2006: 430). 특히 오스트리아노동조합총동맹(ÖGB)은 산하 13개 산업별 노조의 단체협상·행동에 대한 실질적 통제력을 행사하며 국가정책에 결정적인 영향을 미쳤다(Blaschke 2006: 150). 셋째, 양대 메이저 정당은 노동과 자본 간 사회적 타협의 제도화를 유도했다. 특히 ÖGB-사민당은 이념적·인적·재정적·조직적인 협력네트워크를 구축했고, 이에 기초한 노조는 자발적인 임금억제 전략으로 정책파트너십의 작동을 견인했다. 넷째, 정부는 노조의 자발적 임금억제에 따른 경제적 손실을, 사회복지 확충을 통해 보전해 주었다.

그러나 1990년대 후반 이후 오스트리아 사회적 대화는 점차 약화되는 경로를 보였다. 이에는 몇 가지 요인이 작용했다(Pelinka 2002: 323). 첫째, 생태·평화·반핵 등 '녹색정향' 그리고 젊은 세대의 개인성·경쟁성·창의성 등 가치정향이 공동이익과 연대를 추구했던 정책파트너십을 위협했다(Crepaz 2002b: 161). 둘째, 노조조직률이 1980년 52%에서 2003년 34%로 하락했으며 글로벌 경쟁 및 EU 가입으로 ÖGB와 연방노동회의소, 연방경제회의소 등 정상조직들은 중앙수준의 합의사항을 산하 회원단체들에게 설득하기가 점차 어려워졌다(Müller 2006: 6). 셋째, 양대 메이저 정당의 지지도 하락에 따른 정치적 반사이익을 얻어 갔던 자유당·녹색당은 의회정치 훼손 등을 내세우며 노사정 정책 파트너십에 비판적이었다(Tálos and Kittel 2002: 41). 그러나 이러한 징후에도 불구하고 오스트리아 사회적 대화는 여전히 주요 정책을 협의하는 제도로 작동한다. 사회적 대화의 틀에서 사회적 파트너들은 정당들과의 수직적 네트워크, 상호 간의 수평적 네트워크를 구축하여 의회의 입법과정에 영향력을 행사하는 강력한 플레이어이다.

결론적으로 독일의 매크로레벨 사회적 대화는 퇴조하고 대신 로비정치, 단체협상의 분권화 및 정부주도 위원회정치로 전환된 반면, 오스트리아는 경로 약화 징후에도 불구하고 여전히 제도화된 사회적 대화 국가이다.

Ⅳ. 합의제 헌정체제의 정당정치-노사정정치 연계

1. 독일 정책개혁 전략

1) 기민·기사연합-자민당 소연정 정부와 탈사회적 대화

콜(H. Kohl) 수상이 이끄는 기민·기사연합-자민당 연립정부(1982~98) 하에서 독일통일과 세계화에 따르는 대량실업·재정악화에 대응하기 위한 노사정 정책협의 분위기가 성숙했다. 즉 1996년 1월 금속노조는 임금억제와 일자리창출을 교환하는 '일자리 연대'(Alliance for Jobs)라는 정책협의체 구성을 제안했고 공급중심의 플랫폼을 표방했던 소연정 정부와 사용자측이 이를 받아들였다. '협주행동'(1967~77)이 해체된 이후 18년 만에 독일 사회적 대화가 부활한 것이다. 그러나 '일자리 연대'는 사용자연합의 규제완화(초과근무 사용) 요구와 소연정 정부의 해고보호 완화 및 병가수당 축소 계획에 저항하는 노조의 탈퇴로 성과 없이 단명으로 끝났다(Ebbinghaus and Hassel 2000: 50, 55). 특히 독일산업연맹(BDI)은 사회적 대화는 더 이상 산업평화에 유효하지 않음을 내세우고 중앙단체협상 대신 기업별 협상을 선호했다.

콜 소연정 정부가 통독의 경제사회 문제해결을 위해 시도한 다수의 개혁조치들이 연방상원의 다수를 차지했던 사민당·녹색당의 제동에 의해 무산되었다. 예컨대 1997~98년 사이에 시도된 콜 정부의 전면적인 세제개혁이, 실업문제를 쟁점화하려는 사민당이 다수를 차지한 연방상원의 거부권으로 실현되지 못했다. 블록 연합정치로 작동했던 콜 소연정 정부는 복지개혁·노동시장재편 등 정책개혁을 위해 필요했던 상원의 다수당인 좌파블록의 사민당·녹색당의 협력을 이끌어내지 못했으며, 따라서 '개혁정체'(reform gridlock) 현상이 발생했다(Eichhorst and Marx 2011: 77).

이 상황에서 저부담-고급여 연금구조는 주요 정책개혁 의제로 부상했다. 따라서 콜 소연정 정부는 'Blüm위원회'의 권고에 따라 1997년 연금급여체계에 인구학적 변수가 반영된 이른바 '1999 연금개혁법'(Blüm II)을 채택했다.[26] 연금개혁안이 연방하원에 상정되어 기민·기사연합에 의해 통과된 반면, 사민당과 민사당은 기권했다. 연금개혁안은 상원을 지배한 야당인 사민당과의 중재과정을 거친 뒤에 최종 통과되었다(Schulze and Jochem 2007: 685-686). 이 같은 콜 정부의 연금개혁 과정은 노사정 정책협의가 와해되고 대신 정당경쟁에 의해 주도됐음을 뜻한다. 연금개혁안은 임금대체율 삭감(70% → 64%), 급여수령 연령 상향조정, 급여수령 자격강화 등을 포함한다. 1998년 총선에서 기민연은 이 같은 개혁으로 인해 값비싼 정치적 대가를 치러 사민당에게 정권을 내주는 굴욕을 치렀다.

요컨대, 콜 중도우파 소연정 정부의 정책개혁은 블록정치로 인해 좌파블록의 협력을 얻지 못해 정체 현상을 보였거나, 혹은 상원의 다수당인 사민당의 비토권 행사 가능성이 상존하는 상황에서 사회적 대화라는 노사와의 지루한 협상보다는 정당 간 입법정치를 통해 진행되었다. 특히 통독 이후 적어도 거시적 레벨의 독일 노사정 대화 정치는 약화·해체되는 뚜렷한 징후를 보였다(Schmidt 2005: 13). 이 현상은 독일 정당블록 간의 경쟁적인 정당정치와 무관치 않다(Lehmbruch 2003: 147). 콜 중도우파 소연정 정부에서 연정파트너인 자민당이 정책개혁을 사회적 대화 방식으로 접근하는 데 반대하고 의회에서 이를 해결할 것을 주장했고, 기민·기사연합은 이를 받아들였다. 이는 결국 우파블록 연합정치가 사회적 대화를 선호하지 않았음을 뜻한다.

2) 사민당-녹색당 소연정과 정부 주도 위원회정치

좌파정부가 통상 노조가 참여하는 사회적 대화의 정책협의를 선호한다는 점을 고려할 때 슈뢰더(E. Schröder) 사민당-녹색당 좌파 소연정(1998~2005)은 사회적 대화를 작동시킬 가능성이 높아졌다. 실제로 적-녹 소연정은 1998년 '일자리·훈련·경쟁력 강화를 위한 연대'(Alliance for Work, Training and Competitiveness)라는 노사정 정책협의체를 부활시켰다(Schmidt 2005: 12). 이를 통해 '신중도'(*die*

26) 콜 정부는 앞서 노사 대표가 배제되고 관료·전문가·정치인만으로 구성된 'Blüm위원회'의 권고에 기초하여 1989년 11월 연금개혁안(Blüm I)을 입법화했다(Schulze and Jochem 2007: 676-682).

Neue Mitte)라는 ‘제3의 길’을 추진하고자 했다.

그러나 슈뢰더 소연정 정부의 ‘일자리 연대’는 노사 간 이해 차이와 정당경쟁의 논리에 지배되어 가시적 성과를 내지 못했다(Streeck and Trampusch 2006: 69; Dyson 2006: 117-120). 노조는 우호적인 사민당이 집권한 정국에서 직접 사민당과의 정치적 의사소통 창구를 통해 자신의 요구를 관철하고자 했다. 반면 사용자 측은 적-녹 좌파연정에 이념적 거부감을 드러내고 1999년 사민당이 주의회 선거에서 연속 패배하여 상원에서 다수를 차지한 기민연의 거부권 행사를 기대하고 좌파정부의 ‘일자리연대’에 참여하고 싶은 인센티브가 사라졌다. 결국 노사 모두가 참여를 주저하는 ‘일자리연대’는 붕괴되었으며, 그 저변에는 ‘사민당 vs 기민연’ 중심으로 대결하는 이념블록 정당정치와 노사 간 이해차이가 맞물려 작용했다.

복지국가 재편과 구조적 실업 문제가 주요 정치적 이슈로 떠오름에 따라 적-녹 소연정 정부는 사회적 대화 대신 정당정치 전략을 통해 정책개혁을 시도했다. 상원의 다수당인 기민연과의 협상을 통해 필요한 정책개혁의 입법화를 단행하고자 한 것이다(Kitschelt and Streeck 2004: 29-30). 이에 따라 2002년 적-녹 소연정은 노동시장개혁을 위한 하르츠위원회(Hartz Commission)와 사회보장제의 현대화를 위한 ‘뤼룹위원회’(Rürup Commission)를 설립했다(Dyson 2006: 126-127, 122-123, 129-130). 우선 2003년 3월 하르츠위원회는 포괄적인 사회경제 개혁안을 담은 ‘어젠다 2010’을 적-녹 연립정부에 권고했다. 노동계(DGB)와 사민당 내 강경 좌파의 집단적인 반발 속에 사민당·녹색당 의원들만의 찬성으로 하원을 통과했다. 그러나 적-녹 소연정은 상원의 다수당인 야당 기민·기사연합의 거부권 행사 가능성을 우려하여 상·하원 합동조정위원회에서 기민연의 입장을 수용하지 않으면 안 되었다. 이에 따라 적-녹 소연정의 원안이 수정된 ‘어젠다 2010’은 2003년 10월 조정위원회의 협상이 마무리되어 상원을 통과했다. 결국 슈뢰더 적-녹 연립정부는 상원에서 연정집권당-야당 간 비공식적 대연정을 통해 정당정치의 교착상태를 돌파하고 ‘어젠다 2010’라는 대대적인 정책개혁을 이끌어내는 데 성공했다(Lehmbruch 2003: 165-166). 한편, 2003년 8월 뤼룹위원회는 ‘연대’ 중심에서 ‘고용’ 친화적으로 사회정책(연금제) 패러다임을 전환했다. 그러나 적-녹 연립정부는 이를 상원 과반을 점유한 기민·기사연합과의 ‘비공식적 대연정

회담'을 통해 2004년 봄 입법화했다.

'어젠다 2010'의 핵심 내용은 노동시장 유연성, ALMP 강화, 기업경쟁력 강화, 사회보장체제 재편, 규제철폐 등 사용자 측의 이해를 반영하는 공급중심의 정책개혁 패키지이다(Streeck and Trampusch 2006: 70-71; Boyler 2009; Eichhorst and Marx 2011: 78). 그 설계과정은 독일 헌정체제의 작동 절차라는 측면에서 두 가지 해석이 가능하다. 첫째, '어젠다 2010'의 채택 과정은 사회적 대화 방식 대신 정당 간 합의제적 의사결정 방식(비공식적 대연정)에 의해 주도되었다. 특히 당시 상원의 다수당인 기민연의 거부권 행사 가능성은 상·하원 조정위원회의에서 개혁 원안을 수정하도록 했다. 둘째, 두 위원회는 DGB와 BDA가 배제된 정부 주도의 정책협의체라는 점에서 노사정이 동등하게 참여하는 사회적 대화 철학과의 단절을 뜻한다. 이 지점에서 정책개혁안의 정당성과 대표성이 결여되었다는 비판을 면키 어렵다. 결국 슈뢰더 적-녹 좌파연정이 표방한 신중도의 제3의 길은 '어젠다 2010'을 분기점으로 노동시장 유연화와 사회지출 감축 등 사실상 신자유주의 정책으로 더욱 경도되었다.[27] 이는 2005년 적-녹 연립정부의 정권 재창출 실패의 원인이다.

결론적으로 적-녹 소연정의 노동시장개혁과 복지체제재편 과정에서 독일 사회적 대화는 작동하지 않았다. 그 이유는 주정부의 이해를 대변하는 연방상원, 야당 등 다수 제도적 거부권자들과의 복잡한 협상을 해야 하는 제도적 조건에

27) 슈뢰더의 적-녹 좌파연정이 노동시장 유연화와 사회지출 감축을 시도한 것은 전통적인 정당정치 이론으로는 설명될 수 없다. 전통적인 정당정치 이론은 집권당과 정책산출 간의 단선적인 관계를 가정한다. 특히 권력자원론에 따르면 의회 의석 및 내각 각료 점유로 측정된 좌파정당의 정치력이 복지국가 확대를 가져오고, 저임금 노동자와 노동계급을 대표하며 재분배 복지정책을 선호하는 것으로 가정한다(Pontusson and Rueda 2008: 127-168). 하지만 이런 가정의 설명력은 약화되고 있다. 좌파정당들이 복지국가와 재분배 정책만을 더 이상 선호하지 않고, 우파정당들이 재분배 정책 축소만을 지향하지 않는다. 사민당 이외에도 국가-교회 균열에서 비롯된 기민당도 복지국가 확대에 큰 영향을 미쳤다. 최근에는 극우정당들도 복지국가를 수호한다. 게다가 극우정당들은 지지층에 따라 정책선호가 차이를 보이기도 한다. 프랑스·독일 극우정당들의 지지층은 과거 좌파정당 지지층인 낙후된 지방과 저소득층으로서 복지·분배를 선호하는 반면, 이탈리아 극우정당의 지지층은 부유한 북부지역으로서 감세·규제완화 등 친기업적 성향을 보인다. 이는 정당들의 정책전략이 자신들의 전통적인 지지층 이익을 더 이상 추동하지 않는다는 증거들이다. 이런 점에서 정당들의 정책선호는 비록 여전히 지지층에 의해 추동되지만, 정태적이지 않고 전략적이고 기회주의적으로 변화할 수 있다. 환언하면 정당들의 정책행태는 좌파-우파 이념적 틀이 무의미할 정도로 변화하고 있다. 슈뢰더 적-녹 좌파연정의 복지체제 재편 정책은 이런 관점에서 이해될 수 있다.

서 적-녹 소연정 정부가 노사와의 복잡한 추가적인 협상을 시도할 필요성을 갖지 않았기 때문이다. 그 정치적 공간을, 정부주도 위원회정치와 정당정치(비공식적 대연정)가 채웠다.

3) 기민·기사연합-사민당 대연정과 탈사회적 대화

메르켈(A. Merkel) 기민·기사연합-사민당 대연정(2005~2009) 정부의 정책담론은 평등과 사회정의에 모아졌으나, 사회경제 개혁프로젝트는 사회적 대화보다는 정당 간 의회 입법정치에 의존하여 '하르츠개혁'의 연장선상의 혹은 미세한 조정으로 추진되었다. 대연정 파트너인 기민·기사연합-사민당의 정책정향은 중도화하면서 이념적·정책적 간극이 희석됐기 때문이다. 우선 대연정은 연정협약에 따라 국가재정 안정화를 추진했다. 그러나 양당 간에 방법론의 차이가 있었다. 기민연 출신 총리는 정부지출 축소를 주장한 데 반해, 사민당 출신 재무장관은 정부수입 증대를 내세운 것이다. 따라서 양자는 정책조율·교환을 시도했다. 즉 지출축소에서는 주택소유자에 대한 보조금과 통근자에 대한 세금우대 조치를 폐기했고, 수입증대에서 기민연은 사민당이 제안한 부유세를 수용했으며, 사민당은 기민연이 부가가치세율을 16%에서 19%로, 연금보험료율을 19.5%에서 19.9% 등으로 인상 조정하자는 제안을 수용했다(김상철 2015: 116). 이를 통해 증대된 재원은 재정공고화를 위해 실업보험 분담금 인하에 사용되었다.

대연정은 연방정부의 재정적 덫이었던 법적연금보험제 개혁에 착수했다. 그러나 연금은 정치적 사회적으로 매우 민감한 문제였다. 따라서 대연정은 연금급여를 인하하지 않는 대신 적-녹 연정 당시 뤼룹위원회의 권고를 수용하여 연정협약에서 연금수령 연령을 65세에서 67세로 상향조정할 것을 합의했고, 2012년에 시작해 2029년에 종료하는 방식의 점진적 추진으로 개혁의 가닥을 잡았다. 연금수령 연령 인상은 연정파트너인 사민당 내 좌파, 녹색당·좌파당과 노조는 반대했다. 그러나 대연정은 2006년 연정협약에 기초한 법안을, 연방하원의 초과반(72.7%)을 동원하여 압도적으로 통과시켰고, 이 법률은 기민·기사연합-사민당 대연정으로 구성된 주정부에 의해 통제되던 연방상원(52% 과반)에서도 2007년에 무난히 통과되었다(Haverland and Stiller 2010: 434-435). 또 대연정은 건강보험의 재정안정화를 주요 의제로 상정했다. 이에 따라 대연정은 2006년 10월 타협안에 합의했고, 의사·병원·의사협회·정책전문가·일부주의 격렬한 반대 속에서 하원의 초과반 의석과 상원의 과반의석 동원으로 2007년 2월 건강보험 개혁법을 통과시켰다. 건강보험 개혁안은 보험의 유연성·투명성 제고, 2009년 정부가 운영하는 건강기금(*Gesundheitsfonds*) 도입을 골자로 했다. 건강보험 개혁은 의료조합과 의료서비스공급자 사이, 공적 건강보험과 민간 건강보험 사이에 경쟁요소를 도입하여 의료비용의 절감을 시도했다.

요컨대 메르켈 좌우 대연정 정부 하에서 본 연구의 이론적 가설과는 달리 사회적 대화의 정책협의는 작동하지 않았다. 노동과 자본을 동등하게 대표하여 이들을 노사정 정책협의체로 견인할 수 있는 좌우 대연정 정부였음에도 정책개혁 과정은 사회적 대화 대신 기민연·사민당이 지배하는 의회정치로 이동했다(Dyson and Saalfeld 2010: 279). 이는 다수 제도적 거부권 행사자를 내장한 독일 헌정체제의 복잡한 협상 시스템에 기인한다. 대연정 정부는 정책개혁 과정에서 연방하원·상원의 과반의석을 통제할 수 있어 양대 연정파트너 정당에게 '연금 67' 입법화에 따르는 선거 비용·리스크를 분산하고 책임을 공유시킬 수 있었다(Haverland and Stiller 2010: 439, 441). 대연정 정부의 건강보험 개혁도 사회적 파트너들과의 타협에는 이르지 못했으나 연정 내 갈등, 연정-주들 간 갈등 조정을 통해서 가능했다. 이러한 맥락에서 독일의 공식적 대연정은 노사정 정채협의를 생략하고 유의미한 개혁을 추진하는 데 우호적인 정치지형을 제공했다.[28] 2009년 총선에서 사민당은 하르츠개혁·연금67 등 신자유주의적 개혁의 원죄로 선거참패를 경험했다.

2. 오스트리아 정책개혁 전략

1) 사민당-국민당 대연정과 사회적 대화

독일과는 달리 오스트리아 사민당-국민당 대연정 정부(1986~2000)는 법안 거부권을 갖지 않는 상원과 협상해야 하는 제약 없이 사회적 대화의 이익조정과

---

28) '어젠다 2010' 실행 결과 한편으론 경제정체·재정적자·대량실업 등 독일모델 위기를 촉발하는 구조적 문제들이 대연정 이후 크게 완화 조짐을 보였고 독일경제의 경쟁력이 향상되는 반면, 노동시장 양극화-저임금-소득불평등이 높아졌다(Eichhorst and Marx 2011: 81-82).

정책합의를 이루는 데 유리한 정치지형이었다. 각기 노동과 자본을 정치적 기반으로 한 사민당과 국민당 간 정치연합이 노사 간 공조와 협력을 유인하는 정치적 인센티브로 작용했기 때문이다. 실제로 1992년 남녀연금수령연령 균등, 1993년 공적연금체계-사적연금체계 균등 등 일련의 연금개혁 과정에서 대연정 정부는 전통적인 사회적 대화를 작동시켰다(Schulze and Schludi 2007: 576-579, 595-596). 대연정은 의회의 절대 다수의석을 점유하여 입법과정에 대한 정부의 통제를 강화하고 있었기 때문에 사회적 대하의 연금개혁안은 무난히 입법화로 이어졌다.

그러나 사민당-국민당 대연정과 노사정 대화의 정책개혁은 야당인 자유당·녹색당의 반발을 촉발했다. 자유당·녹색당은 사민당·국민당 중심의 카르텔 정치, 사회적 대화를 비판했다. 이로 인해 사민당-국민당 연립정부와 야권블록 간의 갈등이 격화되었으며, 양대 블록화는 의회-행정부 간 긴장을 야기했다. 그 결과 사회적 파트너십이 의회와 충돌 양상을 드러내기 시작했다. 특히 의회-행정부 관계에서 야권블록의 정치력이 강화되고 의회가 정치의 중심으로 이동하여 상대적으로 사회적 대화의 공간이 좁아졌다. 건강보험 기여금 인상, 실업보험의 소득대체율축소, 노동시장 유연화 등 일련의 정책개혁이 사민당-국민당 대연정 주도로 진행됐던 반면, 전통적으로 강력했던 노사 이익단체들의 영향력은 약화되었다(Obinger and Talos 2010: 109-113).

그렇다고 사민당-국민당 대연정 하에서 오스트리아 사회적 대화가 소멸된 것은 아니다. 대연정 정부는 사회적 파트너들과 사전 협의 없이 1994~97년의 연금개혁을 발표했으나, 정치적 비용(지지층 이탈)을 우려하고 노조의 압력을 수용하여 연금개혁에 양보하지 않을 수 없었다. 따라서 연금개혁안은 양대 메이저 정당 간 그리고 노조와의 합의를 통해 상당히 완화된 형태로 이뤄졌고 최종적으로 의회 입법화 절차를 밟았다(Tálos and Kittel 2002: 47). 이 사례에서 드러난 것은 대연정 정부가 사회적 파트너들에 대한 의존도를 줄이고, 대신 정책개혁 주도성을 높이려는 시도가 감지되기도 했으나, 그럼에도 결국 노조 압박에 굴복하여 노사정 합의를 통해 연금개혁의 폭을 축소했다는 점이다.

이처럼 사회적 대화의 지속적 작동에 힘입어 적어도 1990년대까지의 오스트리아 복지국가는 사민당-국민당 대연정의 사회정책 재편에도 불구하고 경로

의존적(path-dependent)이었다(Heinisch 2012: 140). 재정균형을 위한 복지축소 조치는 포괄적 패키지딜의 일환으로서 복지확대 조치에 의해 보상되었다. 복지확대 조치는 부모휴가 도입, 교육목적에 따른 결근휴가, 성평등 임금대체율 도입, 여성실업보상의 차별조항 폐기, 남녀 이주민에 대한 긴급 사회부조 자격 부여 등이다.

결론적으로 독일과는 달리 오스트리아 합의제 헌정체제의 연방정부우위연방제-하원우위양원제 간 제도적 조합은 정책입안과 법안통과에 제동을 거는 비토권을 내장하지 않는다. 따라서 연방제-양원제의 제도적 제약이 부재한 맥락에서 오스트리아 사민당-국민당 대연정 정부의 사회적 대화는 일시 의회와 충돌하는 징후를 노출했지만 크게 훼손되지는 않았다. 좌우 대연정 정부는 노동과 자본을 동등하게 대표하는 정치적 공간을 확대하고 이익집단을 정책협의체로 견인하는 인센티브를 제공했다.

2) 국민당-자유당 소연정과 사회적 대화 정체

1990년대에 들어 오스트리아 합의제 헌정체제가 권력독과점의 패권적 양당체제에서 권력분점의 경쟁적 다당체제로 변모했다. 우익 포퓰리즘 자유당의 정치적 상승세는 그러한 정치적 동력화의 드라마틱한 시그널이었다. 이런 정치지형 속에서 국민당-자유당 소연정 정부(2000~07)가 들어섰다. 앞선 사민당-국민당 대연정과 야당블록(자유당·녹색당) 사이에 발단되었던 오스트리아의 양극적 정당정치가 국민당-자유당 중도우파 연립정부와 야당좌파블록(사민당·녹색당) 사이의 이분법적 갈등으로 변모했으며, 이것이 의회-행정부 간 이념적 분극화 현상을 촉발했다. 오스트리아의 양극적 정당블록 간 정치경쟁이 다수제 헌정체제의 양당정치와 유사해진 것이다. 이러한 정당정치 지형 속에서 의회-행정부 갈등관계로 인해 오스트리아 사회적 파트너십은 약화·정체되었다(Müller 2006: 11).

국민당-자유당 소연정 하에서 사회적 파트너십의 퇴조는 그간 자율적으로 관리되던 오스트리아 합의제 헌정체제의 주요 축인 '사회보장행정집행위원회'(Executive Committee of the Social Security Administration)의 개혁과정에서 드러났다(Crepaz 2002b: 168-169; Heinisch 2003: 105). 2001년 봄 국민당-자유당 소연정은 ÖGB와 연방노동회의소를 비롯한 노동의 저항을 뚫고 27개 보험기금을 관리하는 집행위원회의 사민당 출신 위원장을 퇴임시키고 그 자리에 자유당 대표로 대체했으며, 사회보장제를 당사자 자율행정에서 정부관리 주도로 하는 개혁 조치를 입법화했다. 또 국민당-자유당 소연정은 연방노동회의소와 노조의 간부 '겸직 불허 조항'(incompatibility clause)을 포함하는 법안을 일방적으로 통과시켰다. 이 사건은 사회적 파트너와 국민당-자유당 소연정 사이의 권력관계 변화를 보여 준다. 즉 종전에는 정부에 거의 강제되다시피 했던 사회적 파트너들의 법안 제안들은 이젠 국민당-자유당 소연정에 의해 무시되었고, 노조와 사민당이 사실상 주도했던 사회보장행정집행위원회에 자유당의 대표 참여는 한 시대의 종언을 의미했다.

국민당-자유당 소연정은 일련의 고강도 정책개혁을 일방적으로 추진했다. 오스트로-케인즈주의(Austro-Keynesianism)와 단절하는 신자유주의적 정책패러다임의 일환으로서 비스마르크형 사회정책의 경로이탈이 진행된 것이다. 즉 1980년대까지 주류를 형성했던 탈상품화(de-commodification)라는 전통적 복지국가 경로는 보편주의와 낮은 수준의 탈상품화를 결합하는 자유주의 복지국가 형태의 재상품화(re-commodification)로 이동했다.

우선 국민당-자유당 소연정 정부는 사회적 대화를 우회하여 2000년 일방적으로 은퇴연령 인상, 조기은퇴페널티 강화, 미망인·홀아비연금 수령요건 강화 등을 포함하는 연금개혁의 입법화를 단행했다(Schulze and Schludi 2007: 589). 소연정 정부는 2000년 실업급여의 소득대체율 인하(57.9% → 55%), 실업보험을 위한 연방보조금 폐지, 2004년 소극적노동시장(PLMP) 지출 축소 등을 일방적으로 시도했다(Seeleib-Kaiser *et al.* 2009: 38). 또 소연정 정부는 2002년 재편된 새 노령연금제는 62~68세 사이에 유연하게 퇴직할 수 있는 자유를 부여했으며, 완전 연금급여를 받는 데 필요한 기여금 납부 기간을 40년에서 45년으로 연장했다. 소연정 정부는 전례 없는 노동의 반발과 파업을 무시하고 새 노령연금 법안이 비록 상원에서 몇 주간 유보되었지만 2003년 국민의회-연방의회(Bundesrat) 통과로 입법화되었다(Heinisch 2012: 143-144). 고용 및 노동시장정책에서도 비스마르크 모형에서 경로이탈이 발생했고, 이로 인해 2000~06년 사이 파트타임 근로자의 비율이 1997년 14.7%에서 2006년 21.1%로 급증했다. 나아가 2005년 연금제도가 국가중심의 공공복지체계가 기업복지, 민간복지 등 다층화(multi-pillarization)

체제로 변화했다. 따라서 연금제도의 재분배적 성격이 약화되었다. 연금은 개인의 보험료 납부실적에 근거하여 산정되었고, 이런 연금 산정방식은 노동시장의 인사이더(정규직근로자)와 아웃사이더(비정규직근로자·장기실업자) 간 이중구조를 유발했다. 이 같은 일련의 사회정책 개혁정치는 국민당-자유당 소연정에 의해 주도되었고 사회적 대화는 사실상 정체되었다.

따라서 국민당-자유당 소연정 하에서 연정집권당 단독으로 통과된 법률의 비중이 급증했다(Müller and Fallend 2004: 823-824). 이러한 블록정치는 사회적 대화와 충돌했다. 노조는 국민당-자유당 정부에 강한 거부감을 표출했던 반면, 사용자단체는 우호적인 국민당-자유당 정부에 로비정치로 통해 자신들의 이익을 관철시켰다. 따라서 국민당-자유당 정부 하에서 노사 모두 사회적 대화에 참여 의사가 없었다. 결국 국민당-자유당 소연정 하의 오스트리아 헌정체제는 양대 정당블록의 양극적 경쟁 양상을 드러냈으며, 이분법적 블록 정당정치는 노사정 연합과 협치를 무력화시켰다.

요컨대 국민당-자유당 소연정 정부의 사회정책 개혁과정에서 오스트리아의 전통적인 합의제 헌정체제는 좌우 정당블록 간의 제로섬적인 대립정치로 퇴행했고, 노조의 비토권을 우회하기 위해 사회적 대화의 정책결정을 이탈했다. 환언하면 중도우파 블록의 소연정 정부는 노동과 자본을 동등하게 대표하기는커녕 되려 반노동적인 정책개혁을 통해 노사 이익단체 간 갈등관계를 촉발하고 사회적 대화의 정치교환 기제를 정체시킨 원인이었다. 그 결과 다음 총선에서 특히 자유당은 살아남을 수 없을 만큼 정치적으로 값비싼 대가를 치렀고, 부활한 대연정 정부의 정책개혁은 중도주의적 정향으로 회귀했다.

3) 제3·4기 대연정과 사회적 대화 회생

제3기 사민당-국민당 대연정(2007~08)이 부활됨에 따라 오스트리아 합의제 헌정체제의 작동은 회생했다. 즉 좌우 정당블록 간 공존정치가 앞선 '국민당·자유당 vs 사민당·녹색당'이라는 양대 이념블록 간 경쟁하는 다수제 정치를 더 이상 지속불가능하게 했다(Heinisch 2012: 145). 좌우 메이저 정당 간 대연정 정부는 사회적 파트너십의 회생을 견인하는 정치적 동력으로 작용했다. 사용자단체와 노동단체의 후견자 역할을 각각 수행하는 국민당과 사민당이 정치적으로 연합하여 노사정 간의 대화를 견인할 수 있었다. 제3기 좌우 대연정 정부의 정책개혁 동기는 앞선 국민당-자유당 중도우파 소연정 정부에서 채택된 복지국가 재편 조치에서 파생된 부정적 영향을 완화하고자 하는 데서 비롯되었다. 경제와 노동시장 영역에서 공급중심 정책경로는 여전히 불변상태에 있었지만, 인플레이션과 인구변화 등 사회경제 문제에 의해 촉발된 개혁조치들은 주로 장기적인 케어와 빈곤완화에 초점이 맞춰졌다.

그런데 국민당과의 대연정에 반대하는 사민당 내분으로 2008년 대연정은 잠시 붕괴되었다. 이 와중에서도 사회적 파트너들은 일련의 노사정 타협안을 내놓았고, 이를 정책합의가 쉽지 않았던 양대 정당에 정책개혁 해법으로 제시했다. 노사 이익단체들은 대연정 붕괴로 서로 소원해진 사민당-국민당의 관계와는 달리 긴밀한 협력패턴을 유지할 수 있었다. 이론적 차원에서 노사정 정책결정 전략은 정당 간 정책갈등을 조정하는 공간을 제공한다. 실제로 사민당과 국민당 간의 이념적 차이가 존재하는 맥락에서 사회적 파트너 간의 강력한 협력파트너십은 좌우 양대 정당으로 하여금 중도지향의 정치적 스펙트럼으로 협상과 타협을 가능하게 해 주었으며, 따라서 사회적 파트너들은 양대 정당 간의 '중재자' 역할을 수행했다. 한마디로 사회적 대화의 파트너십 전략은 정당연합의 주요 인과적 견인차로 작용했다

2008년 조기 총선결과로 사민당-국민당 대연정(2008~17)이 재부활했다. 제4기 대연정은 별다른 연정갈등이 발생하지 않았는데, 이는 양당이 합의제 정치에 대한 집착이 강한 실용주의적 리더들에 의해 주도되었기 때문이다(Luther 2009: 1059-1960). 이에 따라 제4기 사민당-국민당 대연정은 기존의 공급중심 경제의 기본 틀과 노동시장 정책의 기조를 유지하면서 이전 국민당-자유당 소연정이 결행한 연금개혁으로 인해 심화된 사회적 불평등의 완화와 신자유주의적 정책개혁의 희생자·낙오자를 보상하려는 통합노력에 박차를 가했다. 국민당-자유당 소연정의 신자유주의적 사회정책이 사민당-국민당 대연정 정부에 의해 사회적 형평성 차원에서 완화 내지 보정된 것이다.

경제사회정책 관련 입법과정에서 제4기 사민당-국민당 대연정은 노사정 거버넌스를 복원하는 노사정 정책협의를 작동시켰다(Obinger and Tálos 2010: 118). 이 같은 사민당-국민당 대연정과 노사정 협의 사이의 연동과정은 유연안정성

(flexicurity) 정책조합을 조정했다. 즉 경제의 공급측면 지향과 노동시장 정책을 유지하는 가운데 신자유주의적 개혁의 충격을 완화하고 그 폐해를 줄이기 위한 복지국가를 확장했다. 예컨대 자유근로자를 실업보험에 받아들여 정규근로자와 동등한 대우를 받게 했고, 자영업자도 실업보험에 포함되었다. 또 양육비 증진을 위해 정부보조금 5%를 인상했고 이를 영구적으로 필요로 하는 정신 장애인에게도 연장했으며 가족수당도 확대했다. 사회부조가 2010년 9월 독자적 생존 혹은 제3자 지원을 받을 수 없는 사람들에게 지원하는 기본보충안정소득(basic supplemental security income)으로 전환됐다. 이로써 오스트리아 사회정책의 새로운 장이 펼쳐졌다.

이처럼 오스트리아 합의제 헌정체제의 작동을 주도하는 사민당과 국민당은 본질적으로 복지국가 친화성을 견지하면서 사민주의와 기민주의의 도그마에 집착하는 이념적 편향성에 경도되지 않았고 균형과 조화를 추구했다. 이 같은 제4기 사민당-국민당 대연정의 공급(성장)-수요(복지) 간 균형적인 정책기조는 사회적 정책파트너십의 제도적 틀에 연유한다. 제4기 대연정 기간에 여전히 사회적 대화의 정치교환이 작동하는 많은 공식적·비공식적 포럼이 작동했다. 좌우 대연정 내각이 초과반 의석을 동원하여 대(對)의회 정책통제권을 행사할 수 있었기 때문에 이익단체들은 반대급부를 제공하는 행정부의 보상적 정책능력을 신뢰하고 사회적 대화의 정책교환에 참여한 것이다.

V. 결론: 요약 및 이론적 한국적 함의

독일·오스트리아 합의제 헌정체제의 의사결정 과정에는 제도적 정치적 차원에서 다당 경쟁, 소연정·대연정, 연방상·하원, 연방정부-주정부, 사회적 파트너 등 제도적 비토플레이어와 공치(co-governing)세력이 다수 포진해 있다. 독일의 경우 합의제 헌정체제의 공치제도와 제도적 비토플레이어들은 만장일치 혹은 적어도 2/3 찬성과 같은 절대 다수제적 의사결정-갈등해결 방식을 요구한다.[29]

29) 독일정치에서 어떤 정당도 과반 투표·의석 이상을 얻는다는 것이 제도적으로 불가능하다는 점에서 2/3 다수 지지는 집권당과 야당 간의 협력을 전제하는 사실상 '과대규모 연정'(oversized coalition)이다. 따라서 2/3 다수결 원칙은 독일 헌정체제의 구조인 협의주의와 '대연정'을 강화한다(Schmidt 2002).

2006년 독일 연방제 개혁이 연방상원의 동의를 필요로 하는 법안의 비중을 줄였지만 독일 헌정체제는 포괄적인 다층적 협상 시스템이다. 환언하면 다수제 의사결정(majoritarian decision-making)은 사실상 불가능하고 복잡한 수평적 수직적 협상 시스템으로 작동한다. 따라서 독일 합의제 헌정체제의 정책개혁-갈등 조정 과정은 다수 공치세력과 비토플레이어의 '견제와 균형' 기제와 포지티브섬적 게임(positive-sum game) 방식으로 작동했다.

대조적으로 오스트리아 합의제 헌정체제는 연방제-양원제가 작동하고 있음에도 불구하고 실질적으론 상대적으로 비토지점이 많지 않다(Schulze and Schludi 2007: 594). 연방제-양원제 간 제도적 조합은 정책입안과 법안통과에 제동을 거는 비토권을 갖지 않기 때문이다. 환언하면 연합정치-사회적대화 연동이 비토지점으로서의 연방제-양원제를 정치적으로 압도했기 때문이다. 그런데 오스트리아 정당체제가 의회권력 독과점의 패권적 양당체제에서 권력분점의 경쟁적 협력적 다당체제로 변모하면서 우파정당 블록과 좌파정당 블록 간의 이념적 양극화와 경쟁으로 인해 행정부-의회 충돌이 촉발되고, 이것이 사회적 대화 정치를 정체시키는 원인으로 작용하는 등 다수제 헌정체제와 유사한 특징이 발생했다. 그래서 오스트리아 헌정체제의 탈오스트리아화, 다수제 모델화를 우려하는 주장이 제기되었다(Pelinka 2009: 7-14). 하지만 오스트리아 합의제 헌정체제는 일시적으로 중도우파 연정에 의한 경로이탈적 현상을 보였지만, 다시금 좌우 이념블록 교차 대연정과 사회적 대화를 연동시키는 경로의존적 궤도로 복원되었다. 한마디로 오스트리아 헌정체제는 재오스트리아화(Reaustrification) 경로로 진입했다.

독일·오스트리아 합의제 헌정체제 동학은 서로 다른 현상을 보였음에도 불구하고 정책개혁 과정에서 차이점과 유사점을 동시에 보였다. 첫째, 양국의 수직적 권력분점 제도의 차이가 사회적 대화에 영향을 미쳤다. 주정부의 연합체인 연방상원의 거부권이라는 수직적 정책조정 기제를 내장한 독일 합의제 헌정체제의 복잡한 협상시스템은 사회적 대화에 노사 참여를 유인할 연방정부의 정책자율성을 제약했고, 연방정부로 하여금 사회적 파트너들보다는 상원의 다수당과의 협상을 통해 정책개혁을 추진토록 유도했다. 따라서 독일 매크로레벨 사회적 대화 정치는 실패했거나 정부주도 위원회 개혁안의 의회 입법화로 대체되었다. 반면 법안통과에 제동을 거는 상원의 거부권 부재로 유의미한 수직적 정책조정 기제가 부재한 오스트리아 합의제 헌정체제의 연방정부는 이익단체들의 사회적 대화 정치 참여를 견인할 수 있는 자율적 정책능력을 발휘했고, 이익단체들도 행정부의 반대급부적 정책능력을 신뢰하고 사회적 대화의 정책협의를 선호했다. 이 같은 맥락은 제2장의 가설, 즉 합의제 헌정체제의 수직적 권력분점 제도의 차이가 정당정치-노사정정치 관계의 차이를 낳는 주요 변수임을 검증해 주고 있다.

둘째, 독일·오스트리아 합의제 헌정체제에서 노사정 정치는 정당정치 패턴의 영향을 받았다. 우선 독일의 경우 기민·기사연합-자민당 중도우파 소연정 정부와 적-녹 좌파 소연정 정부 하에서 사회적 대화가 일시적으로 작동하는 듯 했으나, 사회적 대화에 조응하지 않는 블록 연합정치로 인해 실패했으며, 오스트리아의 국민당-자유당 중도우파 소연정 정부 하에서도 연합정치의 블록화가 전통적인 사회적 대화의 정체를 초래하는 원인으로 작용했다. 결국 양국 블록 연합정치 하에서 정책개혁은 정당정치가 작동하는 의회로 이동하는 뚜렷한 징후를 보였다. 양국의 경험적 사실은 우파정당 간 혹은 좌파정당 간 블록 연합정치는 사회적 대화의 정책협의를 정체·퇴조시킨다는 제2장의 이론적 가설과 일치함을 뜻한다.

그러나 양국의 좌우 대연정 정부 하에서 노사정 정치는 차별성을 보였다. 독일의 기민·기사연합-사민당 대연정에선 사회적 대화 정치가 정체됐던 반해, 오스트리아 사민당-국민당 대연정에선 사회적 대화 정치가 작동했다. 독일의 좌우 대연정인 경우 노동과 자본을 동등하게 대표하며 사회적 대화 정치를 견인할 수 있는 정치지형이었음에도 노사정 간 정책합의에 대한 상원 동의가 보장되지 않는 상황에서 연방 대연정 정부는 주정부와 이를 대표하는 상원과의 협상에 주력했고, 사회적 파트너들과의 추가적인 협상이라는 정치적 부담을 회피했다. 동시에 연방하원·상원의 과반 의석을 통제할 수 있었던 독일 좌우 대연정 정부는 사회적 대화 정치에 의존하지 않고서도 정치적 비용이 큰 정책개혁을 추진할 수 있었다. 결국 노사정 협상은 연방정부와 상원 야당(다수당) 간 협상 혹은 정부주도 위원회로 대체되었다. 반면 오스트리아 좌우 대연정 정부는 양대 정당이 각기 노동과 자본을 정치적 기반으로 했기 때문에 노사 정책파트너십을 유인하는 정치적 인센티브로 작용했으며, 의회의 초과반 의석 점유를 통해 노사(정) 합의의 의회 입법과정에 대한 통제권을 행사할 수 있었다. 이러한 맥락에서 볼 때 제2장이 제시했던 초블록연합정치-노사정정책협의 간의 연동 가설은 독일 사례에선 적실성을 갖지 않는 반면, 오스트리아 사례에선 경험적으로 검증되었다.

수직적, 수평적 정책조정 기제의 차별성을 내재하고 있음에도 독일·오스트리아 합의제 헌정체제의 정책개혁은 중도지향적이었다. 물론 독일의 적-녹 소연정 정부와 오스트리아의 국민당-자유당 소연정 정부 하에서 다소 광범위하게 신자유주의적으로 경도하는 정책개혁 시도가 없지 않았다. 그러나 거시적으로 보면 양국 합의제 헌정체제의 정책개혁은 전통적인 사회경제 모델인 사회적시장경제-비스마르크형복지국가의 경로의존성과 경로이탈성이 공존하는 야누스적 얼굴(Janus-faced)을 보인다. 즉 비스마르크 복지모델의 경로이탈이 진행되었던 반면, 비스마르크적 복지국가 유산이 강화되었다.[30] 환언하면 시장자본주의와 복지자본주의라는 양극단 사이의 중도 실용주의적 '제3의 길'을 추구하며 이해관계 세력의 저항과 경제사회 위기를 돌파·관리하는 갈등조정 시스템으로 작동했다. 무엇보다 양국 사회적시장경제-기민주의복지국가의 지속성은 강하다. 이는 포괄적 전면적 개혁을 거의 불가능하게 하거나 혹은 정치적으로 값비싼 비용을 치르게 하는 구조적 제도적 요인에 연유한다. 그 구조적 제도적 변수는 강력한 비토플레이어들이 존재하는 양국 합의제 헌정체제의 작동이다. 양국 합의제 헌정체제는 기본적으로 광범위하거나 급진적인 정책개혁을 허용하지 않고 점진적 단계적 정책개혁을 요구한다.

이상과 같은 맥락에서 볼 때 양국 합의제 헌정체제 동학 연구가 던지는 이론적 메시지와 한국적 함의는 다음과 같다. 첫째, 레이파트 학파의 이론적 틀과는 달리 연방정부의 자율적 정책능력에 제약을 가하는 연방제-양원제 패턴이라는

30) 정책개혁에도 불구하고 오스트리아 비스마르크 복지모형에 경로의존적 요소가 존재한다. 즉 가족정책은 남성부양자 모델에 기초하고 관대한 현금급여와 장기간 육아휴가의 조합에 기초했다. 건강보험도 대체로 경로의존적이다. 독일과는 달리 사적보험 도입 가능성이 없었고 여러 질병기금 간 경쟁을 도입하지도 않았다. 복지국가 재정 측면에서도 비스마르크적 유산은 유지되었다. 오스트리아의 역대 정부는 사회보장 지출 축소를 통해 일반예산 건전화를 꾀해 왔으나 연금제도에 대한 정부 기여금은 되레 증가해 왔다.

수직적 정책조정 기제는 연합정치라는 수평적 정책조정 기제보다 사회적 대화의 정책협의에 더 지배적인 인과적 임팩트로 작용한다.

둘째, 수직적 수평적 정책조정 기제의 내장으로 인한 합의제 헌정제체의 복잡한 협상시스템이 작동하는 경우 레이파트 학파의 이론적 틀과는 달리, 연립정부는 의회 입법정치를 선호하고 사회적 대화의 정책협의의 공간을 용인하지 않는 경향을 보인다.

셋째, 합의제 헌정체제의 초블록연합정치-노사정정책협의 간 연동 기제는 연정파트너 정당 간, 사회적 파트너 간에 정책개혁의 정치적 책임을 공유하고 정치적 리스크를 희석시키는 '비난분산정치'(blame dispersion politics)를 통해 갈등관리·조정에 효과적이다.

넷째, 복지국가 축소·재편 정치(politics of retrenchment or restructuring)는 자본주의 황금기의 복지확대 정치(politics of welfare expansion)와 다르다. 복지(재분배)확대 정치는 노조와 좌파정당의 영향을 강조하는 권력자원론의 설명 능력이 있다. 반면 복지 축소·재편인 경우 '비난회피정치'(blame avoidance politics)가 필요하다. 바꿔 말하면 복지축소·재편 정치는 복지 수혜 유권자들의 반발과 저항에 대응하기 위해 다당 집권연정을 통해 정책개혁의 책임소재 불명료화(obfuscation), 보상적 반대급부 등 비난회피 전략이 필요하다.[31)]

마지막으로 독일·오스트리아 합의제 헌정체제는 정책개혁 갈등을 조정하는 제도적 인풋사이드 기제로 작동했다는 점에서 한국 합의제 헌정공학(consensual constitutional engineering)의 방향타를 제공한다. 환언하면 복지·노동시장 개혁정책 콘텐츠가 무엇이어야 하고 어떠해야 하는 아웃풋사이드보다는, 선차적으로 이를 견인하는 한국 합의제 헌정체제 동학의 요건이 무엇이고 이를 어떻게 디자인할 것인가를 탐색해야 한다는 점이다.

---

31) 복지 재편정치는 비난회피전략이 필요하다는 이론적 메시지에 대한 반론이 있다. 즉 복지국가 축소·재편 정치가 되레 지지획득 전략(credit-claiming strategy)이 될 수 있다는 것이다(Giger and Nelson 2011). 하지만 복지국가 축소·재편의 선거 영향은 당파성(partisanship)에 따라 다르다. 자유당과 보수당 등은 사회정책 축소에 비난회피전략이라기 보다는 오히려 득표에 도움이 되는 지지획득 전략인데 반면, 좌파정당에게는 유권자들의 지지를 잃을 가능성이 있어 비난분산 전략이 필요하다.

제3장

핀란드 분권형 대통령제: 대통령-총리-의회의 외교안보 정책

Ⅰ. 서론

유럽국가들의 중요한 정부제도 중 하나인 분권형 대통령제는 국민직선 대통령과, 의회에 의해 진퇴가 결정되는 총리(내각)으로 구성된 이원적 권력구조이다. 그러나 분권형 대통령제의 유형은 다양하다. 오스트리아처럼 총리 중심의 분권형 대통령제 국가가 있는데 반해, 프랑스처럼 대통령 중심의 분권형 대통령제 국가도 있다. 핀란드 분권형 대통령제의 대통령-총리 권한관계는 오스트리아식 '총리 우위' 분권형 대통령제와 프랑스식 '대통령 우위' 분권형 대통령제와 차별성을 보인다. 그러면 핀란드 분권형 대통령제는 헌법상 대통령-총리 권한관계를 어떻게 배분하고, 현실정치 과정에선 실질적으로 어떻게 작동하는가?

연구들에 따르면 분권형 대통령제 국가에서 발생한 헌법적 갈등은 대통령-총리 사이의 권한·정책 분쟁이다. 대통령-총리 공동 국정운영 과정에서 대통령의 '외치권'과 총리의 '내치권' 간 경계가 언제나 명료하게 구분되는 것은 아니기 때문이다. 작금 제왕적 대통령제의 대안으로 논의되고 있는 분권형 대통령제가 청와대를 비롯한 여권에 의해 불신을 받은 까닭이다. 대통령-총리 권한분점, 특히 외교정책권 공유를 헌법적으로 제도화한 핀란드 분권형 대통령제도 예외가 아니다. 이는 유럽연합(EU) 회원국인 핀란드의 외교안보 정책이 사실상 EU 차원에서 조정되고 영향을 받는 데서 연유한다.

그렇다면 핀란드 분권형 대통령제의 외교안보 정책결정 프로세스는 실제로 어떻게 작동했는가? 대통령-총리 협치(governance) 시스템으로 작동했는가, 아니면 대통령-총리 충돌로 인해 국정교착을 초래했는가? 특히 대통령과 총리의 소속정당이 다른 경우 외교안보 정책갈등으로 헌정위기로 비화되었는가, 아니면 정치적 조정 기제에 의해 헌정붕괴 사태가 효과적으로 제어되었는가? 이 물음들은 경험적 검증을 요구한다. 따라서 본 연구는 핀란드 분권형 대통령제의 대통령-총리 간 외교안보 정책과정을 분석하고, 이로부터 한국형 분권형 대통령제 논의과정에 던지는 제도적 정치적 함의를 이끌어내는 데 목적을 둔다.

분권형 대통령제에 관한 선행 연구들은 대통령-총리 간 헌법적 권력관계를 병렬적 정태적(static)으로 분석하고 있다. 그러나 분권형 대통령제의 대통령-총리 간 공식적 권력관계는 그 실제 작동과정에서 의회의 정당정치 지형에 따라 다양한 양태를 보인다. 대통령과 총리의 헌법적 권한과 그들의 실질적(*de facto*) 정치력 사이에 단선적 정태적 관계가 존재하는 것은 아니기 때문이다. 분권형 대통령제 관한 대부분의 국내외 선행 연구들은 이 주요 지점을 놓치고 있다. 따라서 제3장은 특정 분권형 대통령제 국가에서 대통령-총리(내각)-의회 간 헌법적 권한관계와 실제적으로 연출되는 정책과정 사이에 어떤 차이가 존재했는지를 분석할 필요성을 갖는다.

더욱이 외교안보 정책권을 둘러싼 대통령-총리 간 갈등 혹은 협치 현상을 경험적으로 분석한 선행 연구는 별로 축적되지 않았다. 특히 핀란드 분권형 대통령제의 역동적인 외교안보 정책과정에 관한 유의미한 선행 연구는 매우 빈곤하다. 핀란드는 식민지, 독립, 내전, 전쟁, 그리고 냉전적 제약 등으로 점철된 실로 파란만장한 비극적인 역사적·지정학적·외교안보적 위기의 궤적 속에서도, 분권형 대통령제를 통해 국가적 난국을 효과적으로 관리·극복했다. 핀란드 경험은 역사적 지정학적 리스크를 숙명적으로 안고 한반도 평화·통일국가를 성취해야 하는 분단국가 한국의 정부제도를 설계하는 데 함의하는 바가 적지 않다. 핀란드 분권형 대통령제 동학을 연구해야 하는 소이이다.

그런데 대통령-총리 간 헌법적 권한배분 변수만으로는 분권형 대통령제 동학을 제대로 포착할 수 없다. 무릇 분권형 대통령제의 실질적 작동 양태는 정당정치 동학과 연동시켜 접근하지 않으면 그 인과적 분석(causal analysis)과 설명이 불가능하다. 환언하면 정당정치의 작동 패턴은 분권형 대통령제 동학에 거의 독립변수적인 심대한 임팩트를 투사한다. 실제로 분권형 대통령제 동학은 어떤 정당정치 패턴과 어떻게 연계·조응하는가에 따라 상당한 차이를 보인다. 이런 관점에서 본 연구의 전략은 핀란드 분권형 대통령제의 대통령-총리(내각)-의회 관계가 어떤 패턴의 정당경쟁·연합(inter-party competition or coalitions)과 맞물려 어떻게 외교안보 정책을 조정했는지 추적하는 방법이다.

제3장의 연구 내용은 다음과 같다. Ⅱ장에서 핀란드 정초헌법(founding constitution)은 왜 대통령의 권한 강화, 특히 배타적인 외교안보 정책 관할권을 용인한 '대통령중심 분권형 대통령제'(president-dominant semi-presidentialism)를 선택했던 반면, '2000년 헌법'은 왜 그리고 어떻게 대통령-총리-의회 권한분점과 EU 정책 관할권 공유의 제도화가 이뤄졌는지를 분석한다. Ⅲ장은 분권형 대통령제의 대통령-총리-의회 협치를 유인하는 핀란드 초(超)블록 연합정치가 어떤 패턴으로 형성되었고, 다당 연립정부의 합의제 의사결정 기제는 어떻게 작동했는가를 분석한다. Ⅳ장은 분권형대통령제-정치연합-국민통합-대외평화공존으로 이어진 '핀란드화 경로'의 다이내믹스를 분석한다. 이를 위해 우선 냉전구조 속 소련 군사위협에 대응하는 대통령 주도 중립 외교안보 정책과정이 정당정치에 의해 어떻게 뒷받침됐는지를 분석한다. 다음 소련 해체와 EU 가입 후 핀란드의 EU 외교안보·국방 정책과정이 대통령-총리 간 헌법적 외교정책권 공유에 따른 협치 기제로 작동했는지, 아니면 대통령-총리 충돌 사태로 이어졌는지를 추적한다. Ⅴ장은 '핀란드화 경로'의 한국적 함의를 끌어낸다. 이는 분권형대통령제-연합정치-비례제 제도적 친화성, 남한 합의제 헌정체제와 남북한 평화공존의 상관성, 합의제 외교안보 정책결정 패러다임 등 세 측면에서 논의된다.

Ⅱ. 역사적 배경: 제도의 진화

1. 정초헌법의 대통령 권한 강화: 배타적 외교안보 정책권

핀란드는 스웨덴과 러시아의 틈새에 낀 지정학적 리스크를 숙명적으로 안고 역사적으로 고난의 길을 걸었다.[1] 여기에 급진좌파(공산주의)와 우파(자유주의·보

1) 스웨덴은 19세기 초반까지, 제정러시아는 붕괴(1917년) 이전까지 각각 핀란드를 식민지로 지배했다. 1917년 러시아 볼셰비키 혁명의 소용돌이 속 권력 공백을 틈타 핀란드는 비로소 독립했고(1917년), 2차 대전 후 대외적 중립을 선언했으나 군사 강국 소련의 통제권에 들어갔다. 핀란드는 현재도 러시아의 잠재적인 군사위협 속에서 외교안보상 대국인 러시아의 심기를 건드리

수주의)는 1918년 정국 주도권을 쟁탈하려는 이념적 내전을 전개했다. 이런 국가적 정치사회적 위기에 대응하려는 핀란드의 제도적 처방은 국가안보와 정치 안정을 추동할 강력한 행정권한을 갖는 대통령이 필요하다는 담론으로 표출되었다. 이에 따라 핀란드 정초헌법(1919년)은 외치(외교·국방·안보)를 전담하는 대통령과, 의회(Eduskunta)에 책임지며 내치권을 갖는 총리(정부)로 구성된 '대통령 중심 분권형 대통령제'를 설계했다.[2] 대통령에게 총리(내각)와 의회보다 더 강력한 권한을 부여한 것이다. 이 정부형태는 당시 사회주의 노동운동을 저지하기 위해 강력한 행정권을 선호한 보수주의 세력과 의회민주주의를 선호한 자유주의 세력 간 대타협의 산물이다(Jyranki 2007: 287).

대통령-총리 권력관계에서 대통령은 정부(총리·내각)구성을 주도했다. 패권정당이 없는 파편화된 정당체제로 인해 정부구성 협상과정에서 대통령의 재량권은 강화됐다.[3] 또 대통령은 의회 다수파 혹은 총리와의 협의없이 의회해산과 총선실시를 명할 수 있는 헌법적 권한을 통해 의회를 통제했다. 정초헌법에 따르면 내각은 의회 불신임 투표로 해체되고, 내각이 사직서를 제출하는 경우 대통령은 국회의장과 원내정당 대표들과 토의한 후 내각 퇴진을 단행한다. 하지만 정치적으론 정초헌법 이래 대통령은 헌법적 근거 없이 의회의 사전 불신임 투표 없이도 장관 해임은 물론 내각 퇴진을 불사하는 사례가 발생했다. 그밖에도 대통령의 헌법적 권한은 입법권, 행정권, 사법권을 포괄했다.[4] 이런 대통령 우위 분권형 대통령제 하에서 총리 역할은 의회와 대통령의 정책의제들이 정상적으로 실행되고 있는지를 감독하는 일상적인 정치에 그쳤다. 요컨대, 정초헌법 하에서 핀란드 대통령은 정부와 의회를 초월하는 권력 중심축으로 부상했다.

지 않고 때론 국익을 양보하며 국가의 생존전략을 세워야 하는 운명에 처해 있다는 부정적 시각이 존재한다. 한마디로 '러시아 트라우마'에서 자유롭지 않다는 것이다.

2) 노르딕 국가들 중 덴마크·스웨덴·노르웨이 등 스칸디나비아 3국은 입헌군주정에 입각한 의회민주주의를 채택한 반면, 핀란드는 분권형 대통령제에 기반한 민주공화국을 수립했다.

3) 정부 구성과정에서 대통령은 몇 명의 대표 정치인들과만 협상했고 원내정당들의 의견을 우회했으며, 이는 때론 의회-대통령 긴장을 야기했다. 대통령이 임명한 정구구성 협상 주도자(*formateur*)는 연정파트너 정당, 정부 정책프로그램, 각료배분에 관한 협상을 시도했다.

4) 대통령은 정부 법률안제출권, 법률안 거부권, 법률안 비준권, 외교권, 군통수권, 비상대권(선전포고권·계엄선포권 등), 대법원장을 비롯한 사법기관장 인사권, 고위공직자(검찰총장, 대사, 중앙은행장, 군 참모총장, 대학총장 등) 임명권, 특별사면권 등과 같은 헌법적 권한을 가졌다≪표 3-1 참조≫.

대통령의 헌법적 정치적 권한 강화는 2차 대전 후 냉전적 세계정치 지형 속에서 소련의 점증하는 군사위협에 대응하는 외교안보 위기에서 비롯되었다. 핀란드의 국가적 핵심 목표는 국민통합이었고, 대통령은 국익과 국가안보를 지키는 중심에 섰다. 냉전 시기의 역대 대통령들은 소련과의 평화공존 관계 유지를 핀란드 국익을 위해 고려해야 하는 외교안보 정책의 우선순위로 인식했다. 대통령에게 권력을 집중시켰던 소이이다. 대통령 리더십은 초당파적으로 대소 외교안보 정책을 전담하며 주도해야 했다. 따라서 외교안보 정책권은 형식적으로나 실질적으로 총리(내각)과의 협력 없이도 독자적으로 행사할 수 있는 대통령의 배타적인 헌법적 권한으로 제도화되었다(Eliasson 2004: 3).

실제로 전후 핀란드 대통령들은 국내정책을 총리-내각에 맡기는 대신 대외문제에 집중했고 중요한 외교안보정책 결정을 지시했으며, 국내정책과 외교안보정책 간 갈등이 발생한 경우 외교안보정책에 우선순위가 주어졌다. 외교안보정책에 영향을 주는 대내정책에서도 시민들은 외교안보정책에 충분히 정통한 대통령 리더십에 신뢰감을 보냈다. 그렇기에 대외문제는 대통령의 전담 영역으로 정당화되었다(Jyranki 2007: 292).

2. '2000년 헌법'의 대통령-총리 권한분점과 외교·EU 정책권 공유

1990년대 들어 대통령 권한을 축소하고 총리 권한을 강화해야 한다는 담론이 확산됐다.5) 그 배경에 우선 소련 해체에 따라 외교안보상의 위기를 명분으로 대통령 주도 외교안보정책이 더 이상 필요하지 않다는 인식이 깔려 있다. 둘째, 핀란드가 EU 회원국(1995년)이 된 이후 대(對)EU 정책결정 과정에서 의회에 책임을 지는 총리-내각의 역할이 강화될 명분이 축적되었다. 셋째, 정당블록 간 연합정치의 능력이 향상되고 그 패턴이 유연성을 보임으로써 입법정치와 내각 구성·운영이 안정화돼 대통령의 국정개입 공간과 필요성이 줄어들었다.

이에 따라 핀란드 분권형 대통령제에 의원내각제적 특징을 강화하는 헌법개

---

5) 특히 께꼬넨(U.K. Kekkonen) 대통령(1956~81년)의 권위주의적 통치 스타일에 따른 대통령의 과도한 권력집중에 대한 비판적 여론이 형성되었다. 핀란드 께꼬넨 시대는 프랑스 드골 시대와 비견되었다. 드골헌법의 분권형 대통령제는 핀란드 권력구조를 기초로 만들어졌다. 특히 대통령 소속정당이 의회 과반을 차지했을 때 프랑스 대통령은 총리 임명은 물론이고 외교군사 정책뿐 아니라 국내 정책에서도 우월적인 위상에 있었다.

정이 잇따랐다. 예컨대 1991년 개정된 헌법은 의회해산과 조기총선 실시를 통해 정부를 퇴진시킬 수 있었던 대통령의 헌법적 권한을 삭제했다. 즉 대통령은 의회의 불신임 투표 혹은 총리 제청 없이는 정부를 퇴진시킬 수 없고, 총리 제청 없이 의회 해산과 조기총선 실시도 행사할 수 없도록 했다. 나아가 1995년 핀란드의 EU 가입에 따라 EU 문제에 대한 대통령-총리(내각) 권한관계가 헌법적으로 어떻게 재조정돼야 하는지가 매우 중요한 개헌의제로 부상했다.

1995년 사민당 주도 연립정부 하에서 원내정당들의 대표로 구성된 의회 헌법위원회(Constitutional Law Committee)는 대통령 권력을 축소하는 개헌프로젝트에 착수했다.[6] 그간 축적된 헌법개정 내용들을 집대성하고 추가적으로 새 내용을 담은 헌법적 프레임워크를 수립한 것이다. 1999년 6월 헌법개정안이 의회에서 만장일치로 가결되고, 2000년 발효된 신헌법은 원칙적으로 구헌법의 총리(내각)-대통령 행정권 분점이라는 틀을 유지하면서 각 헌법기관의 독자적인 권한을 규범화했다. 그러나 대통령 권한은 상당히 총리-내각 혹은 의회로 이양됐고 <표 3-1 참조>, 대통령의 의사결정 과정이 총리(내각)와 장관과 긴밀하게 연계하는 방식으로 변화했다. 결국 핀란드 정초헌법의 대통령중심 분권형 대통령제는 '2000년 헌법'을 변곡점으로 대통령 권한을 축소하는 대신 총리가 전반적인 내정을 관장하는 의원내각제의 전형적인 행정부 수반이 되는 구조로 개편되었다. 한마디로 '대통령중심 분권형 대통령제'가 '총리중심 분권형 대통령제'로 전환된 것이다(Paloheimo 2003: 220).

그러나 2000년 헌법은 권력구조 개편에도 불구하고 대통령의 고유 권한을 제도화했다. 대통령은 대외적으로 국가를 대표하는 국가수반(원수)으로서 의회 동의를 얻어 외국과 체결된 조약을 비준하고, 전쟁·종전·평화 여부를 결정하며, 특별사면권을 갖는다. 또 대통령은 군통수권자로서 행정부와 협의하여 국방정

6) 핀란드 헌정사의 역설 중 하나는, 중앙당과 국민연합당 등 두 메이저 정당들은 순수한 의원내각제로의 전환을 선호했던 반면 1990년대 후반 들어 전통적으로 헌법의 대통령제 요소를 날카롭게 비판했던 사민당(예컨대 1982~94년 동안 재임한 사민당 출신 꼬이비스또(M. Koivisto) 대통령은 대통령 권한 축소와 의회·내각 중심 국정운영을 추진했음)은 되레 대통령 권한을 존속시키려는 정당인 것처럼 보였다는 사실이다. 사민당의 이런 태도 변화는 정부형태를 인식하는 가치 차원이라기보다는, 대통령 권력정치에 대한 집착에 기인한다. 1982년 이래 대통령직을 사민당이 지속적으로 차지했다는 점에 비춰 볼 때 그런 해석이 가능하다.

▌표 3-1▐ 핀란드 분권형 대통령제의 대통령-총리(내각)-의회 권한배분 변화

권 한	구헌법 (1919~1980)	구헌법 (1990년대)	2000년 헌법
일반 행정권	대통령	대통령/내각	총리-내각
조각권(정부구성)	대통령	원내정당들의 의견 청취 후 대통령	의회. 대통령의 형식적 임명권
내각 해임권	의회/총리 혹은 대통령 의회해산 시	의회/총리	의회/총리
의회 해산권 및 조기총선실시권	대통령	총리 제청 후 대통령	총리 제청 후 대통령
법안제출권·행정 입법권	대통령	대통령	총리(내각)
입법권: 의회 법률안 비토권	대통령	대통령 비토권에 대한 의회 기각권	대통령 비토권에 대한 의회 기각권
입법권: 긴급명령권	대통령/내각	대통령/내각	총리(내각)
비상대권(선전포고·계엄선포)	대통령	대통령	대통령(의회동의)
비(非)EU 외교권	대통령	대통령	정부와 협력 속 대통령 지도
EU 외교권	-	총리(내각)	총리(내각). 대통령-총리 외교안보 정책권 공유
군통수권	대통령	대통령	대통령
고위공직자 임명권	대통령 포괄적 인사권	대통령 인사권 축소. 총리(내각) 인사권 확대	대통령 인사권축소. 총리(내각) 인사권 확대

출처: Paloheimo 2003: 225.

책권, 군동원령, 군참모총장 임명권 등을 행사한다. 사정감독원장(Chancellor of Justice), 검찰총장, 사법기관장(대법원장·행정법원장·고등법원장), 중앙은행장, 대사 파견(영접)권 등 고위공직자에 대한 대통령의 임명권은 비록 2000년 헌법에서 다소 축소됐음에도 여전히 정부와 의회, 국가관료제에 대한 강력한 견제 장치로 작동한다(Raunio 2004: 146). 이처럼 핀란드 대통령은 상당한 독자적인 고유 헌법적 권한을 갖고, 이를 실질적으로 유효하게 행사한다.7) 따라서 핀란드 분권형 대통령제는 대통령(군주)이 의전적 존재에 머물러 있는 전형적인 의원내각

제와 명료하게 차별화된다.[8]

2000년 헌법은 정부(총리·내각)구성 협상권을 대통령에서 원내정당들에 부여했다. 관행적으로 국회의장이 정부구성 협상의 교착상태를 통보할 경우만이 대통령의 독자적 역할이 주어진다. 통상적인 경우 총리는 대통령에 의해 지명되지 않는다. 대통령은 단지 메시지 전달자, 즉 국회의장이 원내정당들과 협의를 통해 (정부의 구성·정책프로그램과 함께) 내정한 총리 후보자(통상 다수당 대표)를 대통령에게 전달하면 대통령은 그를 의회에 통보한다. 의회는 총리 후보자를 의회 재적의원 과반 이상의 지지로 총리로 선출하고, 대통령은 그를 총리로 임명한다(헌법 61조). 만일 총리 후보자가 의회 과반 지지를 얻지 못하면 동일한 절차를 밟는다. 또 대통령은 총리 제청에 따라 장관을 임명하고, 의회의 불신임 투표 혹은 총리 제청 없이는 정부를 퇴진시킬 수 없다.[9] 결국 내각의 진퇴는 의회 내 정당 간 협상, 의회 불신임 및 총리 제청에 의해 진행되고 있으며, 대통령은 형식적 절차에 개입할 뿐이다.

2000년 헌법 66조에 따르면 총리는 정부 활동을 지시하고 정부 소관 업무에 관한 문제의 준비 및 검토를 감독한다. 총리가 사임하면 내각은 퇴진한다. 총리의 각료 해임권을 인정하지 않는 구헌법과는 달리 2000년 헌법(제64조)에서 총리는 장관 해임안을 대통령에게 제청할 수 있는 권한을 가지나, 공식적으로 행사된 적은 별로 없다. 2000년 헌법은 대통령의 의회해산권 행사의 전제로 총리 동의를 요구했던 1991년 개정된 헌법규정을 그대로 명문화했다. 즉 총리가 정당한 사유를 명시하여 제청하는 경우 대통령은 국회의장과 원내정당들과 협의하여 의회해산권을 발동하고, 조기 총선 실시를 명할 수 있다(헌법 26조).[10] 이는 의회의 무

---

7) 또 1991년 개헌을 통해 대통령 선출 방식은 300명 선거인단에 의한 간접선거에서 국민직선 결선투표(1차 투표에서 과반 득표자가 없으면 최다 득표자 2인을 대상으로 2차 결선투표)로 전환됨으로써 되레 대통령의 정치적 위상을 강화했다.

8) 유럽 입헌군주국의 내각제는 보통 통치권은 없으나 누구도 범접할 수 없는 전통적 존엄성(dignity)의 위상으로 숭배되고 초당적으로 군림하는 국왕이 존재한다. 국왕은 국정혼란이 국가혼란으로 비화되는 것을 막아주는 구심력 역할을 수행한다.

9) 1991년 이래 총리는 개별 장관 임면을 대통령에게 제청할 수 있지만 실제로는 연정파트너 정당의 동의 없이 개별 장관을 임면할 수 없다.

10) 프랑스 대통령은 총리 및 양원 의장의 의견을 청취한 후 하원 해산권을 발동할 수 있다. 오스트리아 대통령도 헌법상 총리 제청으로 하원해산권을 발동할 수 있으나, 실질적으로 이를 행사한 사례는 없다.

능력이나 비정상에 따른 국정혼란이 국가혼란으로 비화하는 사태를 막기 위한 헌법적 장치로 볼 수 있다. 하지만 이제 의회 해산권은 총리 동의를 전제하고 있다는 점에서 사실상 총리 수중에 들어갔다는 해석이 가능하다(Raunio 2004: 149).

법안 발의자는 정부이다. 정부가 의회에 제출할 법안을 국무회의(Council of State)에서 확정하면 대통령은 정부 법안을 의회에 제출한다. 대통령은 정부 법안에 이견이 있는 경우 이를 정부에 반송할 수 있다. 그러나 정부는 그 법안을 재검토해 대통령 서명 없이 의회에 제출할 수 있다(헌법 58조). 따라서 이런 법률안 제출과정은 입법의제 설정권을 정부에 부여하는 의원내각제의 전형이다. 바꿔 말하면 총리-내각이 법률안 제출권을 갖고 입법주도권을 행사한다.[11)]

의회는 정부법안 수용 여부(accept or reject)를 단순 과반으로 의결한다.[12)] 대통령은 의회에서 가결된 법률안을 3개월 이내에 확정하여 법률로 공포하거나 대법원 혹은 최고행정법원에 그 법률의 위헌 여부를 물을 수 있다. 대통령이 서명하지 않고 거부권을 행사하면 법률안은 의회로 반송된다.[13)] 만일 의회가 법률안을 변경 없이 재의결하면 대통령 서명 없이도 법률로 확정된다(헌법 77조). 따라서 대통령의 법률안 거부권은 의회에 의해 기각될 수 있다는 점에서 제한적이다(Raunio and Wiberg 2008a: 586). 국가재정 법률에서는 대통령은 비토권을 행사할 수 없다(헌법 83조). 결국 입법과정에서 대통령은 헌법적 정치적으로 깊숙이 관여하지만 최종적으론 내각이 입안한 법안과 의회 의결을 존중할 수밖에 없다.

무엇보다 대통령에게 배타적 외교정책권을 부여한 구헌법과는 달리 2000년 헌법의 외교정책 조항(93조)은 대통령-정부, 그리고 행정부-입법부 사이의 권한 관계를 재조정했다.[14)] 대통령의 배타적 대외정책 권한을 축소한 대신 총리(내

---

11) 의원내각제가 대통령제와 구분되는 특징 중 하나는 내각이 법률안 제출권을 갖고 사실상 입법을 주도한다는 점이다. 의원내각제적 요소를 갖는 분권형 대통령제 국가의 경우도 의원의 입법권은 매우 취약한 대신 내각이 입법주도권을 행사하고(권력융합제적인 특징), 광범위한 사항을 행정입법으로 처리한다. 그 강도는 프랑스가 가장 강력하다(전진영 2017).

12) 1992년까지는 의원 1/3(67/200)이 법률안 의결을 다음 총선까지 연기할 수 있었는데, 이는 정부와 야당 간의 의견 차이를 좁혀 포용적인 합의제 의사결정에 기여했다. 하지만 2000년 헌법은 이를 폐기했다.

13) 프랑스 대통령은 의회 의결 법률안이 정부로 이송되면 15일 이내에 거부권을 행사할 수 있다. 오스트리아 대통령은 법률안이 헌법에 부합하지 않는 경우가 아니고서는 정치적 이유로 법률안 거부권을 행사할 수 없다(전진영 2017).

14) 헌법 93조 1항: 핀란드 외교정책은 정부와 협력하여 대통령이 지도한다. …… 대통령은 의회

각)의 외교정책 관할권과 의회의 입법 역량을 강화했다. 대통령은 일반 외교정책 관련 이슈가 의제로 상정될 때 개입한다. 즉 대외무역 증진, 전통적인 외교정책 문제 등 EU를 통해 다뤄지지 않는, EU 밖 국가들과의 외교관계에 초점을 맞춘다. 대통령은 이런 일반 외교정책을 정부와 협력하며 지도한다. 이는 대통령이 모든 주요 외교정책을 정부와 함께 결정해야 한다는 것을 뜻한다. 또 대통령은 의회 동의를 얻어 전쟁과 평화의 문제를 결정한다. 반면 총리-내각(정부)은 EU 차원의 결정에 대해 의회 동의를 얻어 국내적 준비에 책임을 지는 등 EU 관련 정책과정을 주도하며 지휘 감독한다. 하지만 총리-내각도 EU 외교안보 영역에선 군통수권자인 대통령과 긴밀히 협력해야 한다(Raunio 2012: 577). 조약개정·체결 비준은 의회 동의를 전제한 대통령의 권한에 속하지만, 조약개정·체결과 외교정책에 관한 대외 협상을 진행하거나 혹은 자국 외교정책에 관한 입장을 외국과 국제기구에 통지하는 것은 외무장관의 몫이다. 나아가 헌법은 의회(외무위원회, FAC)에게 EU 외교안보 관련 이슈를 심의하고(제96조), 모든 외교문제에 관한 정보접근권을 부여했으며(제97조), 입법·예산 뒷받침을 받아야 하는 국제의무에 관한 동의권을 인정했다(제94조). 핀란드 의회는 이런 헌법적 권한을 통해 외교안보 정책과정에 깊숙이 참여한다.

요컨대 '2000년 헌법' 하의 핀란드 분권형 대통령제는 대통령-총리-의회 외교·EU 정책권 공유를 헌법적으로 제도화하고 있다. 따라서 핀란드 분권형 대통령제의 외교·EU 정책 관할권은 이를 대통령에 부여한 국가(프랑스·폴란드)와[15] 정부에 귀속시키는 국가(오스트리아·아일랜드·포르투갈)와 차별화되고 있다<표 3-2>.

동의를 얻어 전쟁과 평화의 문제에 관해 결정한다. 2항: 정부는 EU 결정에 대한 국내 준비에 책임을 지고 의회 동의가 필요하지 않는 경우 EU 결정에 수반되는 국내 조치를 취한다. 의회는 헌법에 명시되는 경우 EU 결정에 대한 국내적 준비에 참여한다. …… 주요 외교정책을 외국과 국제기구에 통보하는 건 외무장관의 책임이다.

15) 프랑스는 EU 회원국들 중 대통령에 외교정책에 대한 지배적 관할권을 허용하는 유일한 분권형 대통령제 국가이다. 외교·EU 정책은 대통령과 총리가 동일 정당에 소속된 경우 대통령은 주도적 역할을 수행하며(Leuffen 2009), 동거정부 하에서도 대통령의 관할 영역이다. 정부는 EU 관련 국내정책에서 주요 행위자로 참여하지만 대통령은 외교정책, EU정책, 안보정책, 조약개정에 책임을 진다. 그러나 정부는 타국 정부와의 회의에서 주요 협상자로 나선다. 대통령과 총리는 분할정부 하에서도 프랑스 대표단을 이끌고 유럽이사회에서 프랑스를 대표한다. 전반적으로 이런 대통령-정부 역할분담은 기능적으로 큰 문제를 야기하지 않는다. 행정부 내 조정과정의 제도화가 대통령과 총리 간 협력을 촉진하기 때문이다. 다만 시락과 조스팽 공동정부(2000)에서 양자 간 영향력과 리더십 간 갈등이 있었다.

▌표 3-2▌ 주요 EU 분권형 대통령제 국가들의 외교·EU 정책 권한

EU회원국	외교정책 권한	EU문제 권한	조약 협상 및 비준
오스트리아	총리-내각	총리-내각	총리·내각 협상 대통령 비준
불가리아	총리-내각	총리-내각	총리·내각 협상 대통령 비준
핀란드	대통령-총리(내각) 공유	총리-내각. 대통령-총리 CFSP 공유. 대통령 조약체결·개정	총리·내각 협상 대통령 비준
프랑스	대통령	총리-내각. 대통령CFSP·조약체결·개정	총리·내각 협상 대통령 비준
아일랜드	총리-내각	총리-내각	총리-내각
폴란드	대통령-내각 공유 속 총리 주도	총리-내각 대통령-총리CFSP· 조약체결·개정권 공유	총리·내각 협상 대통령 비준
포르투갈	총리-내각	총리-내각	총리·내각 협상 대통령 비준
루마니아	대통령-총리(내각) 공유	총리-내각	총리·내각 협상 대통령 비준

출처: Raunio 2012: 572

Ⅲ. 분권형 대통령제와 합의제 정당정치의 연동

1 개방형 비례제-초(超)이념블록 연합정치

분권형 대통령제가 헌정체제의 상부구조이면, 선거제도-정당정치는 헌정체제의 하부구조이다. 헌정체제의 하부구조는 상부구조의 작동 양태에 영향을 미치는 핵심 변수이다. 환언하면 선거제도에 의해 규율되는 정당정치 패턴은 분권형 대통령제의 대통령-총리(내각) 관계 및 정책결정 프로세스에 영향을 미치는 독립변수라 해도 과언이 아니다. 이런 관점에서 볼 때 핀란드 분권형 대통령제의 대통령-총리(내각)-의회 간 헌법적 권력분점 관계의 실질적 동학은 비례제 선거제도가 유인하는 의회 합의제 정당정치 패턴에 의해 좌우된다.

핀란드 정당체제는 노동-자본-농민 등 노르딕 국가들의 전형적인 3극 계급

구조를 반영하는 이념적 스펙트럼상 좌파-중도-우파 블록의 다당제이다(Raunio and Wiberg 2008b: 303-305). 좌파연맹(LWA, 구공산당), 사민당(SDP), 중앙당(Ce, 구 농민당), 자유인민당(LIB), 국민연합당(CON, 보수당) 등 5개의 주요 정당과 녹색 동맹(GL), 스웨덴인민당(SW), 기민당(CD) 등을 비롯한 5여개의 군소정당이 의회에 진출해 있다. 핀란드 정당체제의 특이한 현상은 스웨덴어 사용집단을 대표하는 스웨덴인민당과 농민을 대표하는 중앙당이 정치적 스펙트럼의 중간에 자리매김하는 중도정당(centrist party)으로서 상당한 정치력을 갖는다는 점이다.

핀란드의 의회 정당체제는 노르딕 국가들 중 가장 파편화돼 있다. 이는 '개방형 정당명부 비례제'에 기인하는 데,[16] 유권자들은 권역별 당원 투표에 의해 작성된 후보명부 중 선호한 후보에 투표하며, 일정한 유효투표를 얻은 정당에게만 의석이 배분되는 '배제조항'이 존재하지 않다. 그렇기에 어느 정당도 의회 과반의석을 점유하지 못하고, 다른 노르딕 국가들의 사민당과 같은 지배정당이 아예 존재하지 않는다. 냉전 시기의 구헌법 하에서 정당체제의 파편화는 내각 구성 협상과 입법과정에 대한 대통령의 재량권을 강화했으며(Raunio and Wiberg 2008a: 586), 분절화된 원심적인 다당체제에 내재한 정치적 불안정성은 대통령의 강력한 권한에 의해 완화되었다.

하지만 총선에서 어느 정당도 25~30% 이상의 득표율을 점유하지 못하는 파편화된 핀란드 다당체제의 이념적 정치적 다양성이 되레 정당 간 협의기제(consociational mechanism) 작동을 촉진하는 기반이기도 하다. 특히 중도좌파와 중도우파는 극우와 극좌 간 충돌을 완충하며 정치시장을 유연화시켰다. 좌우 정당들은 대내적으로 지정학적 리스크에 대응하기 위한 국민통합을 지향하는 정치연합을 형성하는 정치적 전통을 세웠고, 이를 통해 대외적으로 대통령의 외교안보 정책결정 과정을 뒷받침했다. 이는 핀란드 연합정치가 사회안정과 대통령중심 분권형 대통령제의 정치적 인프라로 작동했음을 의미한다.

물론 1970년대까지의 핀란드 정당정치는 좌우 이념적 간극이 컸고, 이로 인

16) 핀란드 비례제인 경우 정당명부 작성 과정이 분권화됨에 따라 의원들에 대한 중앙정당 지도부의 통제권이 약하다. 지역 직능 성별 쏠림 현상을 교정하기 위해 권역별 지방당 집행부는 정당명부 후보자의 1/4를 교체한다. 중앙당은 선거운동 자료, 메시지 등을 지방당에 지원하고, 선거자금은 후보지원단의 책임(민간 기부금 마련 등)진다.

해 대통령 중심 분권형 대통령제 시대엔 내각이 단명하고 불안정했던 게 사실이다(Raunio and Wiberg 2008a: 588). 하지만 1991년 헌법개정에 따른 대통령 권한 축소로 국정 정책과정에서 점차 정당의 역할이 강화됐고,[17] 글로벌화와 EU 관련 이슈가 주요 정치적 어젠다로 부상하자 정당 간 이념적 긴장이 온건화돼 이념블록을 뛰어넘는 안정적인 연정내각 구성이 보편화되었다(Raunio and Wiberg 2008b: 309-312).[18] 2000년 헌법을 변곡점으로 대통령의 정부구성 개입이 형식적 절차에 그치고, 내정에 대한 영향력이 줄어들자 정당 간 연합정치가 내각구성과 국정·입법 활동을 주도했다. 무엇보다 외교안보 정책권이 더 이상 대통령 전권이 아니고, 안정적으로 제도화된 연합정치에 의해 매개되는 대통령-총리(내각)-의회 공유·협치 영역으로 재편되었다.

1980년대부터 사민당, 중앙당, 국민연합당 등 세 메이저 정당 중 두 정당이 이념블록을 넘나들며 2~3개의 소수정당과 연립정부를 구성하는 것이 핀란드 정당정치의 관행이다. 이런 유연한 정당정치는 전통적인 이념블록 경계가 허물어져 정당 이념이 수렴화돼 가는 현상에 기인하며,[19] 따라서 연립정부는 이렇다 할 내부 갈등 없이 놀라울 정도로 안정적이다.[20] 외교안보 정책갈등에 따른 정치적 사회적 통합이 주요 정치의제로 상정되면 사민당-보수당 좌우 연정, 소득분배와 복지국가 등 사회경제 정책이슈가 주요 정치의제로 부상하면 사민당

---

17) 정당의 대표자가 총리를 맡는 경우가 늘어났고, 대통령과 총리의 소속정당이 동일한 경우 정당 운영은 대통령이 아닌 총리에 의해 주도됐다(Shen 2011: 9).

18) 보수정당을 상징하는 국민연합당은 냉전 시기엔 연립정부 구성에 단 세 번(1958·62·64년) 참여했을 뿐이었으나, 냉전 종언 이후엔 거의 모든 연정에 참여했다. 이는 정당들의 이념적 경직성이 유연화되고 있음을 뜻한다.

19) 정당 이념이 수렴화되어 감에 따라 정치경쟁이 정당 지도자들의 이미지로 전개된다. 선거경쟁, 투표행태가 인물 중심으로 되고, 정당 내에서 정당 지도자들의 자율성이 고양되고 있다. 총리는 다른 연정파트너 정당들의 지도자보다 소속정당 내에서 훨씬 강력한 지위를 갖는다. 그러나 총리 소속정당은 헌정체제가 총리 중심 통치로 경도되는 트렌드 속에서 총선에서 더 값비싼 정치적 대가를 치를 우려도 없지 않다.

20) 1983년 이래 모든 정부는 4년 임기를 채웠고 내부 정책갈등으로 조기 퇴진하는 사례는 없었다. 유일한 예외는 2003년 총선 이후 집권한 중앙당-사민당-스웨덴인민당 연정내각이 단명으로 끝났을 뿐이다. 또 소정당이 정책갈등으로 연정내각에서 이탈한 사례가 있다. 즉 1990년 예산안에 대한 견해 차이로 농촌당, 내각의 친EU 태도에 따른 1994년 기독교민주당, 핵원전 건설에 따른 2002년 녹색동맹 등의 이탈이다. 그러나 이런 이탈이 총리의 사임을 초래하거나 연정내각의 안정을 위협하지 않았다. 의회 불신임투표 혹은 대통령 선거(대선) 결과로 물러난 정부는 없다.

-중앙당 중도좌파 연정 혹은 중앙당-보수당 중도우파 연정이 구성된다. 핀란드의 이런 정당 간 유연한 연합정치는 정부구성에서 대통령의 적극적 역할을 불필요하게 했다.

1980년대 이후 핀란드 정당정치는 예외적으로 소수내각, 최소승리내각을 구성하기도 했지만 연립과반내각(majority coalition cabinets) 혹은 연립과대규모내각(oversized coalition cabinets)을 하나의 패턴으로 보편화하고 있다. 정당은 기본적으로 각료배분 및 정책영향력의 극대화를 노리는 속성에도 불구하고 특히 연립과대규모내각 구성을 제도화하는 것은 대외정책에 대한 대중적 저항과 책임을 다수 정당들에게 분산·공유시키는 전략이 될 수 있다(Jungar 2011: 136).

부르주아 연정 등 블록내각이 예외적으로 출현하기도 했지만 역대 대부분의 내각은 좌우 정당들이 공동으로 참여하는 이념블록 교차 연정(cross-bloc coalitions)으로 구성된다(Raunio 2011: 121). 이런 초이념블록 내각에 통상 사민당, 중앙당, 국민연합당 등 세 메이저 정당들 중 두 정당과 소수정당들이 참여하는 데, 1995년 이래 좌우 정당을 포괄하는 '무지개 연정'(rainbow coalitions)으로 진화했다.[21] 또 중앙당과 스웨덴인민당은 중위의원(median legislators)들을 컨트롤하고 유연한 중도주의적 지향성을 보이면서 때론 우파정당 혹은 좌파정당, 때론 좌우 정당 모두와 번갈아서 연정을 구성하는 피벗정치(pivotal politics)의 역할을 수행하며 좌우 간극을 좁혔다(Aylott 2011: 303-304). 특히 소수정당인 스웨덴인민당의 반항구적인 연정파트너의 지위는 스웨덴어 사용 소수자의 권리를 보호하는 기제로 해석될 수도 있지만, 실제로는 그 정당의 유연한 이념적 지향성에 연유한다.

핀란드 초이념블록의 피벗 정당정치는 대통령-총리(내각)-의회 거버넌스 공간을 확장하는 동력이며, 각 정당은 자신의 특정 이념적 정향에 입각한 정책프로그램에 과도하게 집착하지 않는다(Kangas 2007: 253). 사실 핀란드의 정당 간 입법정치(legislative politics) 구조에는 정치적 반대와 견제를 제기하는 다수의 거부지점(veto points)이 존재한다. 이로 인해 정당정치가 교착상태에 빠질 때 정당 간 긴장과 갈등을 관리하는 조정자 역할은 대통령과 총리 등 연정파트너 정당

21) 예컨대 사민당-좌파연맹-녹색동맹-국민연합당 과대규모 '무지개' 연정(1995～2003), 국민연합당-사민당-녹색동맹-좌파연합-기민당-스웨덴인민당 과대규모 '무지개 연정'(2011～14) 등이 구성됐다.

지도자들이 참여하는 이너서클에 의해 수행된다.

결론적으로 핀란드 정당정치는 내각구성과 입법과정에서 초이념블록의 연합과반·과대규모정치를 추구한다. 이런 패턴의 연합정치는 분권형 대통령제의 대통령-총리(내각)-의회 간 분권-협치 기제가 일상적으로 작동하게 하는 연결고리이다. 이는 핀란드 헌정체제의 분권-협치는 분권형 대통령제 그 자체 때문이 아니라 (초)블록 연합정치에 의해 견인되고 있음을 함의한다. 특히 좌우 이념블록 교차의 정당연합(inter-party coalitions)에 기반을 둔 핀란드 연립 공동정부는 통상 3~5개 정당들이 참여하기 때문에, 안정적 의회 의석(보통 60% 이상의 점유율)을 동원할 수 있는 정치력을 구사한다.

제도화된 초블록 연정은 대통령·총리의 소속정당이 다른 경우에도, 분권형 대통령제의 아킬레스건으로 회자되는 대통령-총리 권력충돌을 완화·해소하고, 대통령-총리(내각)-의회 협치·공치(co-governing) 공간을 확장한다. 대통령과 총리가 동일 정당에 소속되지 않아도 연정에 참여하면 분권형 대통령제의 정책갈등을 조정하여 정치적 공존과 공동 국정운영이 가능하다. 요컨대, 핀란드 헌정체제에서 초블록 연합정치는 분권형 대통령제의 대통령-총리 협치, 대통령-의회 협치, 총리-의회 협치를 유인하는 정치적 하부구조로 작동한다.

2. 다당연립정부-의회의 합의제 의사결정

분권형 대통령제의 중심축은 정당정부이다. 정당정부는 유권자들을 대표하는 정당이 각료배분은 물론 정책결정 등 정부운영을 수행하고 통제한다(Schleiter and Morgan-Jones 2009: 666). 이런 의미에서 볼 때 핀란드 분권형 대통령제의 실질적 국정운영은 다당 연립정부(multi-party coalition governments)에 의해 주도된다. 다당 연립정부는 합의제 의사결정(consensual decision-making) 방식으로 작동한다. 다수파의 극대화 원리에 입각한 합의제 의사결정 프로세스는 의제설정권(agenda-setting power)과 의사결정권이 다수당과 소수당 간에 분점·공유된다.

사실 핀란드는 일반 통념과는 달리 전통적으로 강력한 행정부 우위의 헌정체제이다. 특히 대통령중심 분권형 대통령제 시대의 핀란드 국정운영 방식은 엘리트주의와 합의제 모델이 교차했다(Raunio 2011: 139-140). 이 원칙은 중요한 대외정책 결정과정에서 두드러지게 관철되었다. 첨예한 냉전체제 하에서 소련 군사위협 등 외교안보상의 위기에 대응하고, 소련과의 우호관계를 유지해야 할 국가적 절박성이 고양되었던 상황에서 헌법상 배타적 대외정책권을 부여 받은 대통령 주도의 신속한 대소 외교안보 정책결정·실행이 필요했다. 따라서 주요 외교안보 정책이 대통령중심의 톱다운 방식으로 결정되곤 했다.

그렇다고 핀란드 대통령중심 분권형 대통령제의 의사결정 과정이 합의제 관행을 완전히 배척한 것은 아니다. 냉전 시기의 외교안보 정책 결정·이행 과정에서 대통령들은 소속정당과 이념정향이 다른 총리와 초블록 연립과반·과대규모정부를 결성하여 공동 국정운영을 수행했기 때문에, 외교안보 정책에 대한 3~4개 좌우 연정파트너 정당들의 지지를 받는 정치력을 동원할 수 있었다. 총리가 이끄는 다당 연정내각은 연정파트너 정당들의 이념적 스펙트럼 다양성과 내각규모의 포괄성에도 불구하고, 냉전 시기 소련의 군사위협에 대응하고자 하는 범국가적인 공동목표인 국민통합을 우선시하며 대통령 주도 외교안보정책 결정을 초당적으로 뒷받침했다. 그리고 당시의 대통령들은 보통 대통령직 앞서 총리직·의원직을 수행한 이력을 경험했기에 내각 및 의회와의 소통이 원활했고, 총리가 후임 대통령을 이어받는 정치연합의 계승적 연속성은 외교·안보·평화 부문의 지속적인 통합정책을 가능하게 했다.

글로벌화 이후 핀란드 정당정치는 연립과반내각 혹은 연립과대규모내각 구성을 하나의 패턴으로 자리매김했고(Raunio 2011: 123-124), 이런 다당 연립정부는 구심력이 작용하는 합의제 의사결정 패러다임을 제도화했다. 다당 연립정부 구성에 거의 통상적으로 번갈아 참여하는 사민당, 중앙당, 국민연합당 등 메이저 정당들은 실용주의적 정책스탠스를 취하며 합의제 의사결정 방식에 적극적이었다. 다당 연립정부의 내각회의는 대통령에 의해 주재되는 경우와 총리에 의해 주재되는 경우가 있다. 대통령 주재 내각회의는 대통령에게 부여한 헌법적 권한 업무, 예컨대 의회에 제출할 정부 법안, 의회에서 가결된 법률비준, 고위공직자 임명, 외교안보·국방정책 등을 결정한다. 총리 주재 내각회의는 EU정책을 비롯한 일반 대내외 행정 관련 업무 일체를 결정한다.

핀란드의 다당 연립정부는 1990년대 중반부터 국가적 사회적 정책의제의 폭주로 합의제 의사결정 방식에 입각한 내각협치(cabinet governance)를 분권화했다(Paloheimo 2003: 233). 즉 내각 정책결정은 전체 내각회의 외에도 재정정책위원회, 경제정책위원회, 외교안보정책위원회, EU위원회 등 4개의 법정 각료위원회(ministerial committees)를 통해 수평적으로 진행된다. 다당 연립정부의 의사결정 분권화는 정책조정 필요성을 제기했다. 이에 따라 총리는 재정정책·경제정책·EU이슈 각료(장관)위원회를 주재하고, 대통령은 외교안보정책 각료위원회를 주재한다. 2000년 헌법 이후 대통령의 모든 결정은 공식적으로 정부(총리-내각)의 의사결정과 연계되는데, 대통령이 주재하는 외교안보정책 각료위원회는 대통령이 정부 각료와 회의하는 핵심 외교안보 정책결정 기구이다. 외교안보 정책결정 전에 대통령은 회의에 참석하는 장관들의 의견을 확인하고, 장관들 간 논쟁이 있는 경우 대통령 의견이 중요하다. 한마디로 대통령은 외교안보 정책결정을 지도하지만 총리-내각, 특히 외교안보정책 각료위원회와 협력해야 한다. 각료위원회와 부처 차원에서 이뤄지는 정책결정 수가 증가하는 반면, 전체 내각회의에서 결정되는 정책이슈는 줄어드는 추세다.

내각회의와 각료위원회가 정부의 의사결정 과정을 주도한다. 각료위원회는 사전 정책의제를 조율하고, 이를 전체 내각회의에 상정하는 절차를 통해 내각 의사결정 과정의 효율성을 기한다. 하지만 내각의 중요한 의제설정과 정책결정 준비는 총리와 연정파트너 정당들의 지도자들로 구성된 이너서클의 토의를 통해 이뤄진다(Raunio 2011: 137). 이너서클은 각료위원회와 부처실무단 회의에 참여하며 감독 역할을 한다. 보통 메이저 연정파트너 정당들의 지도자들 간 정책협상이 이뤄지는 경우 다른 소수 연정파트너 정당들의 협상력은 제한적이다. 정책협상은 통상 연정파트너 정당들 간 스몰딜·빅딜·패키지딜로 이뤄지기 때문에 이 과정에서 대통령·총리는 세련되고 정교한 협상스킬을 발휘해야 한다(Raunio and Wiberg 2008b: 315-316).[22] 장관들은 자신의 고유 권한 영역에서 자율권을 행사하나 그들의 개별 국정활동도 정치적 중요한 문제에선 연정파트너 정당들의 지도자들 간 합의에 의해 크게 제약을 받는다.[23]

---

22) 핀란드 다당 연립정부에서는 정치적 리더쉽이 양당체제의 리더쉽과는 다르다. 'politician'이 아니라 'statesman'이 돼야 한다. statesman이 되기 위해서는 양당체제-단독정부에서와는 달리 소속정당의 지지뿐만 아니라 여러 정당들로부터 존경을 받아야 한다.

23) 다당 연립정부의 합의제 의사결정 과정에서 장관들은 언제나 역할의 교차 압력에 직면한다. 즉 한편으론 내각에서 소속정당을 대표하는 정책스탠스를 증진시켜야 하고, 다른 한편으론 연정파트너 정당들의 다른 의견과 조율하며 내각 정책을 결정해야 한다.

총리실은 정부가 출범할 때 의회와 협의하여 확정한 정부 국정프로그램이 잘 이행되고 있는지 점검하며 내각 내 정책갈등을 모니터링·조정하는 컨트롤타워이다. 특히 부처의 의사결정을 조정하고 부처 내 혹은 부처 간 의견충돌이 발생한 경우 조정자 역할을 수행한다. 정책갈등 조짐이 발생하면, 총리실장으로부터 이를 보고받은 총리는 연정파트너 정당 지도자 회의 혹은 내각 전체 회의를 소집한다. 핀란드 정부제도의 의원내각제화가 진행됨에 따라 내각의 의사결정 과정에서 총리 주도의 정책갈등 조정 역할은 더욱 강화되고 있다. 특히 총리의 EU 정책조정 역할은 총리실과 장관 간의 쌍방 관계를 강화한다. 총리는 정부 의사결정의 의제를 직접 통제할 수는 없으나 각료위원회-내각회의 네트워킹을 조정함으로써 정부 정책의제를 간접적으로 통제한다.

소련 해체와 EU 가입 이후 핀란드의 EU정책 결정과정이 대통령 중심에서 정부-의회 중심으로 이동했다(Raunio and Wiberg 2001: 66). 특히 2000년 헌법으로 공공정책 결정과정에서 대통령의 역할은 내각안정 지원과 사회적 정치적 조정에 초점이 맞춰진 대신 다당연립정부-의회 연계가 강화된 것이다(Nousiainen 2003: 249). EU 관련 정책결정·조정 과정에서 총리-내각이 주도하지만, 의회도 주요 행위자로 참여할 수 있는 권한을 부여받았다. 총리-내각의 유럽 문제에 대한 영향력이 확대되어 감에 따라 의원들의 국내문제에 대한 통제권도 강화되고 있다. 의회 내 상원과 같은 역할을 위해 도입된 대위원회(Grand Committee)는 의회 EU 위원회의 역할로 활동한다. 또 의회 외무위원회(FAC)는 EU 공동의 대외·안보 정책을 심의하며, 다른 상임위원회들은 자신들의 소관 영역 관련 EU 문제들을 조사해 대위원회에 보고한다. 이 현상은 국내 어젠다와 EU 어젠다가 중첩되고, 의사결정 과정에서 다당연립정부, 특히 내각EU위원회-의회 상호작용이 작동하는데서 비롯됐다. EU정책은 내각 EU위원회와 야당을 포함한 의회 내 정당들 간에 조정된다. 이런 합의제 의사결정 과정은 EU와 다른 회원국들과의 협상과정에서 정책의 일관성과 통합성을 담보한다.

총리-내각은 일반 외교문제와 유럽이사회 회의에 관한 정보를 의회와 외무위원회에 통보한다. 의회의 모든 상설위원회는 EU 이슈 처리에 참여하며, 대통령과 정부의 EU 외교정책과 대외정책을 정밀 조사·심의한다. 특히 EU 공동외교안보정책(CFSP) 업무를 관장하는 외무위원회는 유럽이사회에 참석하는 대통령과 총리 등 핀란드 대표자 활동을 면밀히 감시하고, EU 결정을 국내화하는 정책결정 과정에 참여한다. 의회는 다당 연립정부의 모든 정보에 무제한 접근할 수 있기 때문에 EU 관련 내각 활동을 면밀히 모니터링한다. 의회와 외무위원회의 가장 중요한 논의의제는 국가안보와 국방 이슈인데, 정책이슈 결정과정은 연정파트너 정당들 간에 서로 감시·견제하고 치열한 토론을 거치는 합의제적 방식으로 진행된다(Raunio 2016: 325).

또 의회는 항상 과반의석 이상의 안정적 연합정치로 작동하기 때문에, 대부분의 EU 관련 국내 법률을 큰 논쟁 없이 원만히 통과한다. EU 관련 모든 정보는 야당도 공유하고, 국내 EU 관련 정책에 관한 폭넓은 의회 합의를 도출하기 위해 EU 이슈를 처리하는 데 모든 정당 그룹들이 참여하기 때문이다. 이런 포용적 의사결정 관행은 정책의 정당성과 연속성을 촉진한다. 게다가 어느 정당도 단독으로 내각을 구성할 수 없고 의회 과반을 동원할 수 없기 때문에 다른 정당 협조 없이 국내 EU정책을 단독으로 변경할 수 없다(Raunio and Wiberg 2001: 71-72).

요컨대, 핀란드 분권형 대통령제를 실질적으로 작동시키는 다당 연립정부의 합의제 의사결정 구조는 정초헌법 시대의 '대통령 중심 협치'(presidential governance)가 축소되는 대신 2000년 헌법 이후 '총리 중심 협치'(premier-centered governance) 강화로 재편되었다. 총리협치는 내각회의-각료위원회-부처실무단-이너서클-의회 네트워킹 속에서 내각협치-부처협치-의회협치와 유기적으로 연결하며 작동한다(Paloheimo 2003: 234). 다당 연립정부의 이런 촘촘한 합의제 의사결정 기제는 대통령과 총리를 견제하는 장치인 동시에 그들의 외교정책 결정 프로세스를 유효하게 지원하는 제도적 인프라로 작동한다.

그렇기에 핀란드 분권형 대통령제의 대통령-총리(내각)-의회 간 갈등이 공개적으로 노출된 경우는 매우 드물다. 그들 권력기관은 끊임없이 협상하기 때문이다(Raunio and Wiberg 2008b: 319). 다당 연립정부와 의회 입법과정에서 집권 연정파트너 정당들과 그 지도자들이 거의 모든 협상에 참여하고 대화와 타협, 스몰딜·빅딜·패키지딜의 기예가 정치의 본질적인 스킬로 자리잡은 합의제 정치가 일상적으로 작동한다(Raunio and Wiberg 2008a: 591-592). 다당 연립정부의 국정운영 과정에서 합의제 정책결정의 대표성·책임성은 정당 간에 공유·분산된다.[24] 이런 정당정치는 소수당의 의사를 반영하여 합의를 이끌어내는 '포용의 정치'(politics of inclusion)로 작동하기 때문에 정치적 갈등을 조정하고, 정치적으로 민감한 외교안보 정책이슈가 주요 국정의제로 부상할 경우 '비난분산정치'(blame dispersion politics)로 작동하며 정치적 대타협을 이끌어내는데 유효하다.

Ⅳ. 외교안보 및 국방정책 프로세스

1. 냉전시기의 중립 외교안보 정책 사례

강대국 패권 경쟁 속에서 진행되는 약소국들의 외교안보 정책 결정·추진 과정에 임팩트를 투사하는 변수는 두 가지다. 하나는 지정학적 입지에 따른 전략적 가치를 둘러싼 강대국 간 첨예한 이해 대립이고, 다른 하나는 정치적 이해와 의견을 달리하는 국내 정치사회 세력 간의 갈등을 조정하는 정치제도에 입각한 정치적 리더십이다.

이런 견지에서 냉전 시기 핀란드 외교안보 정책과정에 영향을 미친 핵심 변수는 우선 지정학적 리스크와 대소 관계이다(김진호 2009). 2차 대전 중 독일과 소련의 패권 쟁탈전, 특히 전후 지리적으로 접경한 소련의 군사위협은 핀란드에겐 국가안보를 좌우하는 사활적인 이슈였다. 따라서 핀란드 외교안보 정책의 요체는 대소 우호 및 중립 평화공존에 있었다.[25] 둘째, 핀란드의 국내 정치제도

24) 민주적 대표성이라는 시각에서 볼 때 연정내각은 '양날의 칼'이다. 대통령-총리(내각)-의회 관계에서 연합정치에 의한 정당 간 협력은 지지층의 이익을 대표하는 정당의 능력을 증진하지만, 대표자(의원)의 업적에 대한 유권자들의 평가를 어렵게 한다. 특히 연정내각의 의사결정 과정의 투명성이 결여되고 있다는 점을 고려할 때 의원에 대한 회고적 전망적 책임성을 물을 수 있는 정도가 낮다는 비판이 있다(Raunio 2011: 126).

25) 핀란드는 1917년 러시아에서 독립한 후 국가의 생존능력에 대한 회의론이 확산되는 가운데 중립정책이 최선의 선택으로 인식되었다. 2차 대전 이후 북유럽 국가들의 외교·안보·평화 정책 결정과정에 영향을 미친 핵심 변수는 소련의 군사위협이 상존한 지정학적 위기로 인해 친서구적인 요인과 친소적인 요인이 공존하는 이른바 노르딕 밸런스(Nordic Balance)이다. 핀란드 중립 외교정책도 지역 특유의 세력균형, 곧 노르딕 밸런스라는 맥락에서 형성됐다(김진호 2009: 107~111). 핀란드 중립은 '편승적 중립'(bandwagoning neutrality)으로 불리는데, 이는 어떤 국가와도 외교적 편향성, 군사적 협력, 동맹관계를 갖지 않음으로써 자국의 안보를 보장하는 일반적 의미의 '중립'과는 달리 자국을 위협하는 적대국가인 소련과의 동맹을 통해 그 위협에서 벗어나는, 곧 소련에의 편승을 기반으로 한다. 스위스와 오스트리아는 국제법을 근거로 주변 이해관계 국가들로부터 중립국 지위를 인정받았고, 스웨덴은 외교정책으로 중립을 표방했다. 그러나 핀란드는 소련과의 상호원조조약을 체결하여 소련의 군사위협에서 벗어나고자 했다는 점

와 정치적 리더쉽이다. 앞서 논의한 것처럼 핀란드 구헌법은 대통령에게 광범위한 권한, 특히 배타적 외교·국방권을 부여하는 '대통령중심 분권형 대통령제'를 채택했다. 이런 헌법적 대통령 권한은 핀란드의 외교안보 정책 결정·실행 과정의 지속성과 일관성을 담보한 버팀목이었다. 핀란드 외교안보 정책 과정을 추동·발전시켰던 동력은 빠시끼비(J. K. Paasikivi) 대통령(1946~56년)과 께꼬넨(U. K. Kekkonen) 대통령(1956~81년)의 외교적 비전과 역량 등 대통령의 정치적 리더십이었다.[26] 두 대통령의 외교정책과 국내정치 목표는 핀란드-소련 관계의 긴장완화와 갈등조정을 일상적으로 관리하고 소련의 신뢰를 통해 국가생존을 추구하는 데 있었다(Karsh 1986: 267).

2차 대전 후 국제 냉전질서가 형성되는 기간(1944~48년)에 핀란드는 소비에트화한 동유럽과는 달리, 강대국의 이해와 갈등을 적절하게 조정하며 국가적 독립·안보를 유지하는 중립 외교정책을 채택했다. 소련 측에게도 핀란드는 사활적인 전략적 정치적 군사적 이해가 걸린 순망치한의 완충국가로 인식되었다. 따라서 소련은 핀란드가 친서방 블록에 편입되는 것을 자국 안보에 대한 중대한 위협으로 보았다(강명세 2007: 26). 실제로 2차 대전 중 핀란드는 독일에 협력하여 나치 독일의 소련 침공에 교량역할을 했고, 이에 소련은 핀란드에 두 차례 걸쳐(1939~40년, 1941~44년) 군사적 행동을 감행했다. 소련의 군사위협에 전전긍긍하는 핀란드 국내 정치적 분위기가 고조되는 상황에서 '핀·소 조약' 체결이 필요하다는 공감대가 확산되었고, 급기야 1948년 '핀·소우의·협력·상호원조'(FCMA, 1948~92년) 조약 체결이 타결됐다. 핀·소 조약에 따르면, 핀란드는 군사공격을 받아 스스로 요청을 하는 경우에만 소련의 군사원조를 받으며, 소련에 적대적인 동맹이나 연합에 가입하지 않는다는 의무를 갖는다(Karsh 1986: 269).

조약 협상이 체결로 이어지는 과정의 저변에는 '빠시끼비 대통령의 외교안보 구상'이 관철됐다. 즉 소련의 전략적 이해와 핀란드의 국가안보가 양립할 수 있는 해결책을 찾아야 한다는 외교 비전이다(김진호 2003: 244-245). 핀·소 조약 체

에서 중립국가 위상이 모호하다.

26) 두 대통령은 본래 보수우파 반소계의 인물로서 대통령 당선 앞선 정부에서 총리직을 지낸 바 있다. 그들은 대통령이 된 후 핀란드의 독립·안보·평화를 위해서는 소련과의 우호적인 관계가 필수적인 요소로 인식했다.

결을 분수령으로 양국의 신뢰와 우호관계가 돈독해질 수 있는 변곡점이 마련됐다. 물론 핀·소 조약 체결을 둘러싸고 핀란드 국내에서 여러 의구심들이 표출됐다. 조약을 근거로 소련이 핀란드 영토에 군사기지를 설치하여 핀란드를 동구권에 편입시키거나, 소련의 요구에 따라 핀란드 군대를 외국에 파병할 수도 있다는 등 우려 섞인 비판들이 분출했다. 한마디로 핀·소 조약은 핀란드가 소련 방위체제에 편입되는 증거라는 것이다.

하지만 핀란드의 정당연합-분권형대통령제는 핀·소 조약에 대한 우려와 비판을 진정시킨 제도적 정치적 동력으로 작용했다. 당시 중앙당 출신 빠시끼비 대통령은 사민당(득표율 26.3%) 주도 좌파연합(20%)-중앙당(24.2%)-스웨덴인민당(7.7%) 좌우 연립정부를 결성하여 의석 점유율이 80%에 근접하는 과대규모 정치력을 동원할 수 있었다(Raunio 2011: 114, 122).[27] 이로써 대통령은 이념연합-정책연합에 바탕하여 핀·소 조약에 대한 국민적 동의와 지지를 끌어들이는 사회통합을 촉진할 수 있었다. 무엇보다 당시 정당정치가 마르크스·레닌주의를 표방한 좌파연합과의 공동 연립정부를 구성하는 정치적·이데올로기적 유연성을 보인 것은 핀란드 내정에 대한 공산국가 소련의 신뢰를 축적하고, 이념적 다양성을 용인하는 핀란드 민주주의를 공고화하는 데 공헌했다. 빠시끼비 대통령은 대외적으론 소련과의 대결을 피하기 위해 소련의 전략적 안보 이익을 고려해야 하는 불가피성을 충분히 인지하고 있었음에도 국내적으론 언론자유, 선거정치, 의회정치 등 서구민주주의에 입각한 정치체제에 관한 소련의 간섭을 배제하는 확고한 스탠스를 취하고 있었다.

대통령 소속 중앙당과 총리 소속 사민당이 연립정부를 구성했기에, 핀·소조약을 둘러싸고 대통령-총리 권한분쟁은 물론 대통령-의회 입법갈등은 발생하지 않았다. 당시 외교안보 정책은 헌법상 대통령의 배타적 관할권에 있었으며, 빠시끼비 대통령의 대소 외교안보 구상이 연정협상을 통해 타결된 다당 연정협약에 충분히 반영되었기 때문이다. 또 대통령은 집권 연정파트너 정당들의 의석 점유율이 80%에 근접하는 정치력을 동원할 수 있었던 상황에서, 핀·소조약

27) 1944~48년 사민당-좌파연합-중앙당-스웨덴인민당이 연립정부, 1948년 7월 사민당 소수정부, 1950년 3월 중앙당-자유당-스웨덴인민당 소수정부가 출현했다. 이하 핀란드 정당 득표율과 연립정부의 의석점유율은 Raunio 20011: 114(표 4.1), 122~124(표 4.3)을 참조.

에 대한 의회 비준동의 절차는 반발·저항 없이 순탄하게 진행됐다. 게다가 빠시끼비 대통령은 핀·소 조약이 주권평등에 근거하고, 핀란드 군대의 강제적인 외국파병은 없으며, 핀란드에게 자국 영토를 방위하는 것 외의 아무런 의무가 부과되지 않았다는 논리로 핀·소 조약에 대한 반대 여론을 설득하는 리더십을 과시했다. 더욱이 핀란드 의회의 헌법위원회(Constitutional Law Committee)도 핀·소조약에 따라 소련 원조의 필요성은 양국에 의해 공통으로 승인되어야 한다고 했고, 핀란드 영토 내 외국군(소련군)의 권리 관련 사항은 반드시 의회 승인을 얻어야 한다는 것을 의결했다.

그런데 소련은 2차 대전 중 나치 독일의 소련 침공에 군사적 통로가 된 핀란드에 대한 역사적 악몽을 쉽게 잊지 못했고, 이것이 조약체결 이후에도 불신의 앙금으로 남았다. 그래서 냉전 시대 줄곧 핀란드 외교안보 정책은 소련을 자극하지 않는 전략을 통해 서방 중심 협력체제에 참여하지 않는 중립화에 초점을 맞추었다. 예컨대 소련과의 전쟁으로 경제가 황폐화되었던 핀란드는 유럽경제 재건을 위한 마셜플랜 참여를 거부했고[28] NATO 가입을 포기했는데, 핀란드의 이런 외교정책 자율성 제약은 소련의 신뢰를 얻기 위한 고육책이었다. 하지만 핀·소조약에도 불구하고 소련은 줄곧 핀란드의 중립 의지를 의심하며 핀란드 국내정치에 개입했다. 이런 핀·소관계의 불안정을 타개하는 데 께꼬넨 대통령의 리더십이 주효했다.

께꼬넨의 중립 외교정책은 1958년 말의 '밤서리'(Nightfrost) 사건과[29] 1961년의 '각서위기'(Note Crisis) 사건을 지혜롭게 외교적으로 조정하는 데서 빛났다(Karsh 1986: 272-274). 우선 소련의 핀란드 내각구성을 방해한 '밤서리' 사건이다. 당시 핀란드는 사민당(득표율 23.2%) 주도 중앙당(23.1%)-자유인민당(5.9%)-스웨덴인민당(6.8%)-국민연합당(15.3%) 좌우 연립과대규모내각(의석점유율 70%)을 구성하고 있었다. 소련은 반소적 성향의 사민당을 달갑지 않게 생각했다. 1958년 총선에서 소련에게 우호적인 핀란드의 좌파연맹(FPDU)이 사민당과 동일한 득

---

28) 1947년 미국은 서유럽에 대한 소련 공산주의 확산을 봉쇄하기 위해 마셜플랜(Marshall Plan)에 참여하도록 핀란드 정부에 제의했다. 그러나 핀란드는 소련의 의구심을 피하기 위해 수백만 달러의 원조를 거절했고, 이를 통해 빠시끼비 외교정책에 대한 소련의 믿음을 강화했다.

29) 밤서리의 의미는 소련과 핀란드의 관계가 마치 밤사이에 내린 서리처럼 급속하게 얼어붙었다는 소련 공산당 총서기 흐루시초프가의 표현에서 따온 것이다.

표율(23.2%)을 차지했음에도 연립정부 구성에서 배제되자, 소련은 사민당 주도 연립정부에 대한 불만을 표명한 것이다. 이는 소련의 명백한 핀란드 내정간섭이었다. 그런데 당시 중앙당 소속 께꼬넨 대통령은 헌법적 권한을 활용하여 사민당 주도 연립정부 해체를 단행했다. 총리(내각)·의회와의 협의 절차가 생략된 채 대통령의 카리스마적 리더십이 작동한 것이다. 께꼬넨 대통령의 신속한 연립정부 해체 조치는 첨예한 냉전체제 속 군사위협의 존재였던 소련과의 불편한 관계에 따른 핀란드 국가안보·평화위기를 선제적으로 예방하기 위한 전략이었다.

또 핀란드 중립외교를 다시 기로로 몰아간 사건은 '각서위기'였다. 베를린 문제(1961년)를 둘러싼 동서 진영 간의 긴장이 고조된 당시, 소련은 NATO를 핀·소 양국에 대한 공동 군사위협으로 간주하고, 이를 방어한다는 명분을 내걸며 1948년 핀·소 조약 제2조에 의거하여 핀란드 정부에 군사적 협의를 압박한 '각서'를 전달했다. 당시 소련은 대선에서 소련 이익에 비우호적인 사민당 출신 대통령 후보 당선 가능성과 북유럽에서의 NATO 영향력 증강에 우려를 표명했다. 소련의 군사협의를 요청받은 께꼬넨 대통령은 '각서'에 대한 의회의 반발을 예측하고, 1961년 11월 선제적으로 대통령의 헌법적 의회 해산권을 발동하는 비상조치를 취했고, 곧바로 소련 흐루시초프와 건곤일척의 담판을 벌렸다. 그 회담에서 께꼬넨 대통령은 소련의 '각서' 압박·실행이 NATO군과의 충돌을 유발할 가능성에 심각한 우려를 표명하고, 소련에 대한 집요한 설득으로 소련의 핀란드에 대한 군사협의 압박 각서를 철회시켰다. 소련이 핀란드를 통제하는 지렛대로 사용될 소지가 있었던 핀·소조약의 '협의' 규정은 소련의 군사행동을 지연시키고 압력을 완화하는 기제로 작동했다. 소련도 께꼬넨 대통령의 국내정치적 비상조치와 핀란드 중립 의지에 신뢰를 보냈다. 이로써 핀란드와 소련의 우호관계와 핀란드의 외교안보·평화체제가 지속적으로 유지될 수 있었다.

'밤서리' 사건과 '각서위기' 사건을 이처럼 원만하게 해소해 준 제도적 기반은 대통령에게 헌법상의 배타적 외교안보 위기관리 권한을 부여한 핀란드 분권형 대통령제이다. 께꼬넨 대통령은 초강대국 소련의 군사적 위협·압박에 외교적으로 대응하기 위한 헌법적 권한을 행사했다. 즉 반소적 성향의 사민당 주도 연립정부를 해체하고, 소련의 군사위협에 대한 반발에 따른 정국혼란의 진앙지가 될지도 모를 의회를 해산하는 등 외교안보 위기관리를 위한 대통령의 헌법적 권한의 비상 카드를 꺼내들어 외교안보적 쟁점을 타결한 것이다.

그러나 정치적 대가는 만만치 않았다. 연정 붕괴로 인해 핀란드 정당정치에서는 흔치 않는 중앙당 단독소수정부(의석점유율 24%) 등장이라는, 께꼬넨 대통령에겐 매우 불리한 정치지형이 형성된 것이다. 이로 인해 께꼬넨 대통령은 극심한 여소야대 소수파 대통령 지위를 무려 3년 3개월이나 감당해야 하는 정치적 위기국면을 맞았다. 하지만 핀란드 정당정치는 다시금 전통적인 연합정치로 복원되었다. 께꼬넨 대통령은 1962년 사민당을 비롯한 좌파블록을 배제하고 소속정당 중앙당(득표율 23%)이 주도하는 자유인민당(6.3%)-스웨덴인민당(6.4%)-국민연합당(15%) 우파 과반연정을 구성했다. 더욱이 그 후 께꼬넨 대통령의 잔여 재임 기간, 핀란드 정당정치는 거의 줄곧 좌-우 연립과반·과대규모정부를 구성했다. 정당 간 이념블록 경계를 넘나드는 정치연합이 제도화된 것이다. 이런 초블록 연합정치는 서로 다른 정당 소속의 대통령-총리 간 협치(연립정부) 시스템을 통해 핀란드 분권형 대통령제의 안정적 작동을 견인했고, 핀란드의 중립 외교안보 정책의 연속성을 가능하게 하는 정치적 동력이었다.

결론적으로 냉전시기 서구와 동구 사이의 특수한 국제관계 속에서 중립외교를 통한 국가안보·평화체제 구축을 가능케 한 '빠시끼비-께꼬넨 노선(Paasikivi-Kekkonen line)이라는 핀란드 국가전략에 중요하게 작용한 요인은 대통령의 배타적 외교정책 권한과 이에 따른 카리스마적 리더십이라고 할 수 있다. 이는 대소련 관계의 일촉즉발 위기를 극복하고, 전후 핀란드의 정치사회적 안정을 이끈 정치적 동력이었다. 물론 이 과정에서 두 대통령은 핀란드의 대소 외교안보 정책을 정부와 의회와의 충분한 협의 절차 없이 재량으로 밀어붙였으며, 소련의 위협·압박에 직면한 정국을 돌파하기 위해 내각·의회 해산을 불사하는 등 국내정치에서의 단호한 선제적 조치를 단행하는 권한을 행사했다(Eliasson 2004: 3). 하지만 그것은 냉혹한 냉전 속에서 역사적인 난적 초강대국 소련의 군사위협으로부터 벗어나려는 핀란드의 중립 외교정책을 통한 국가안보·독립을 유지하고, 서구적인 정치·경제·사회체제를 수호하겠다는 국가적인 전략목표를 달성하기 위한 전술적 조치에 불과하다(Karsh 1986: 277). 그렇기에 핀란드 국가목표 실현은 당시 국민들로부터도 높은 평가를 받았다. 국민들은 비밀주의에 기초한 대통령의 엘리트주의적인 외교안보 정책 재량권과 결정과정을 용인했고, 중립을 국가주권과 독립 유지 수단으로 인식했다. 이는 두 대통령의 대소 중립 외교안보 정책 결정·실행이 국민적 합의 속에서 진행되었음을 뜻한다. 대소 외교안보 정책에 대한 국민통합은 대통령에게 배타적 외교안보 정책권을 부여했던 핀란드 분권형 대통령제의 안정적 작동을 견인하는 좌우 다당 연합정치에 의해 더욱 견고해졌다. 초블록 정당연합(cross-bloc inter-party coalitions)의 지향점은 이념연합-정책연합에 기반을 둔 국민통합이기 때문이다.

국제정치는 핀란드의 '친소 성향의 중립화'라는 이율배반적인 정책을, 대소 외교안보 종속화 현상으로 바라보는 이른바 '핀란드화'(Finlandization)라고 조롱한다.[30] 하지만 핀란드의 대소 중립 외교정책은 국가 독립·주권을 지키려는 현실주의적인 국가안보 전략이었고, 대외 평화공존을 구축하려는 실용주의적인 생존전략이었다(Kivimaki 2015: 140-141). 여기에 핀란드 외교의 패러독스가 내재한다. 즉 핀란드의 소련에 대한 신뢰와 평화공존이 강화될수록 핀란드의 대서방 국가들과의 협력 가능성이 커졌다는 점이다. 오늘날 핀란드가 정치연합을 통해 민주주의를 공고화하고 서방과의 협력을 통해 경제민주화-성장-복지국가를 구축하며 사회를 안정시킨 토대는 전후 소련과의 평화공존 및 무역관계를 성공적으로 이끌었던 데 있다. 결국 냉전 시기의 핀란드 대통령 중심 분권형 대통령제의 대소 외교안보·평화 프로세스는 대통령의 강력한 독점적 외교정책권, 초블록 연합정치, 국민통합이라는 3대 축이 밀접하게 맞물려 작동하며 진행되었다. 우리는 이를 진정한 '핀란드화 경로'(Finlandization Path) 창출로 명명할 수 있다.

'핀란드화 경로'는 순항하며 진화했다. 소련의 붕괴로 1948년 체결된 핀·소조약은 1992년 '핀·러 기본관계 조약'으로 대체됐다. 동 조약은 과거 핀·소조약의 내용을 포함했으나 안보협력 조항을 삭제하고, 보다 대등한 주권국가 간 조약으로 발전했다. 여세를 몰아 핀란드는 EU 가입, NATO와의 협력적 안보 활동

---

30) 부정적인 핀란드화는 핀란드가 주권·자율성·민주주의를 지키려는 국가안보를 위해 소련의 눈치를 살피며 때론 국익 포기도 불사하는 국가 생존전략이다(Kivimaki 2015: 140). 이런 부정적 핀란드화는 3차원으로 구분한다. 첫째, 핀란드화 주체와 객체 간의 비대칭적인 물적(군사적 경제적) 의존 관계 둘째, 핀란드화 객체가 핀란드화 주체에 대한 자율적 주권 포기 셋째, 강대국 안보이익 고려 등이다(Kivimaki 2015: 142-143). 통상 핀란드화는 편승(bandwagoning)과 세력균형 사이의 어느 지점에 위치한 전략으로 이해되고 있다.

등 새로운 외교정책을 통해 탈냉전 시대 유럽 안보·평화공존체제의 디자인에 정초를 놓았다.

2. EU 외교안보 및 국방정책 사례: 갈등 vs 협치

앞서 지적했듯이, 핀란드의 경우 소련 붕괴와 EU 가입이 대통령-총리 권한 관계와 외교·EU정책 과정을 재편하는 임팩트로 작용했다.[31] 소련 해체는 대통령 주도 엘리트주의적 외교안보정책 결정 방식에 대한 정치인들의 거부 반응을 촉발했고, EU 회원권은 의회에 책임지는 총리-내각의 외교안보·국방 정책과정 참여 필요성을 강화했다. 특히 핀란드의 EU 가입으로 내치와 외치 간 차이가 희미해져 총리-내각의 초국적 권한 행사 영역이 확장됐다.

이에 따라 총리-내각은 의회 감시를 받으며 EU 외교정책을 주도적으로 통제하는 반면, 대통령은 정부와 협력하며 EU 밖의 일반 외교정책을 지도한다. 또 EU 외교안보·국방 정책에선 대통령과 총리가 책임을 공유하는 외교정책 리더십으로 변화했다(Raunio and Wiberg 2001: 71). 이처럼 핀란드 대외정책 권한의 이원적 분점·공유가 제도화된 것이다. 이런 의미에서 '2000년 헌정체제' 하에서 핀란드의 EU 관련 외교정책권이 완전히 총리-내각에 부여된 것은 아니다. 국민직선으로 보통 70~90% 지지를 받는 대통령도 대외적인 헌법적 권한(국가수반, 군통수권, 조약체결·개정, 대사임면권 등)과 대내 비공식적 채널(장관·의원들과의 회의)을 통해 실질적으로 EU 외교안보·국방 정책권을 행사한다. 하지만 대통령-총리 간 EU 외교안보·국방 정책권 분점·공유는 대통령-총리 관할권 갈등과 정책조정의 문제를 야기할 소지를 만들어냈다.[32]

---

31) 유럽통합은 핀란드 분권형 대통령제의 이원 행정권에 긴장을 야기하는 도전으로 작용했다. 핀란드가 유럽통합에 참여하는 첫 단계는 유럽경제지역(EEA) 회원권을 획득이다. EEA 조약은 핀란드의 국내 일부 입법권을 EEA 위원회로 이양을 요구했다. EEA 위원회에서 대통령이 핀란드를 대표했기 때문에 그 조약에 따라 대통령은 외교정책 권한 확대를 가져 왔다. 그러나 1993년 개정된 헌법은 EEA 업무를 총리(내각) 권한으로 전환했고, 정부(총리-내각)에 EU CFSP 관련 문제들의 국내적 절차와 조치를 준비하는 권한을 부여했다.

32) 핀란드 사례가 보여 주듯, 분권형 대통령제는 특히 헌법이 해석의 여지를 남길 때 행정부 내 갈등을 유발할 가능성이 상존한다. 핀란드 헌법은 대통령-총리 간 갈등을 해결할 장치를 규정하고 있지 않기 때문이다. 따라서 대통령-총리 관할권 갈등이 발생할 때 정치적 교착상태를 피하기 어렵다. 사실 핀란드의 2000년 헌법 93조의 첫 문장은 무게 중심이 '대통령에 의해 지도된다'에 있느냐, 아니면 '정부와 협력하여'에 있느냐 등 상이한 해석을 낳을 여지가 있다(Raunio 2012: 579). 대통령은 독자적인 행정기구를 갖고 있지 않기 때문에 정부에 의존할 수밖에 없다.

대통령-총리의 EU 외교안보·국방 정책권 공유에서 빚어지는 가장 큰 도전은 EU정책과 외교정책 간 경계가 명료하지 않다는 데서 비롯된다. 핀란드 외교안보 정책은 통상 EU 차원에서 이뤄지는 정책조정·선택에 의해 크게 제약을 받기 때문이다(Raunio 2012: 576). 예컨대 핀란드의 주요 외교안보 이슈인 러시아와의 관계다. EU가 러시아에 대한 다면적인 정책을 결정·실행하는 까닭에, 핀란드-러시아 쌍방관계는 EU의 대(對)러시아 정책과의 불가분한 연계로 인해 크게 영향을 받는다. 이런 EU정책과 핀란드 외교안보정책 간 연계성 때문에 핀란드 대통령은 군통수권자로서 EU정책과 특히 CFSP(EU 공동외교안보정책)와 CSDP (EU 공동안보국방정책) 문제에 대한 자신의 역할을 정당화하려 한다. 하지만 대통령들은 총리-내각이 주도하는 EU정책의 영향을 고려하지 않고 외교안보·국방 정책을 논의할 수 없다. 바로 이 지점에서 대통령-총리(내각) 관할권 긴장·갈등이 발생할 수 있다. 실제 대통령과 총리는 러시아를 상대로 한 안보·군사 협상과정에서 누가 주도적인 역할을 맡아야 하는 문제를 놓고 몇 차례 막후 논쟁이 있었다.

대통령-총리 관할권 분쟁을 상징하는 또 다른 문제는 유럽이사회(European Council)에서의 이중 대표권에 관한 논쟁이다.[33] 특히 EU의 CFSP·CSDP 결정과정에서 핀란드의 대표성을 둘러싼 긴장이 있었다. 그 대표권에 관한 헌법의 침묵으로 헌법상의 해석 차이가 있기 때문이다. 유럽이사회에서 논의되는 의제는 통상 유럽 공동외교안보·국방정책과 깊숙이 얽혀 있다. 그래서 유럽이사회에서 누가 핀란드를 대표할 것인가에 관한 논점이 부상한 것이다. 의회 헌법위원회는 CFSP·CSDP를 포함한 모든 EU업무는 정부 권한에 속하기 때문에 총리가 유럽이사회에서 핀란드 대표권을 갖는다고 주장한 반면, 사민당 출신 아띠사리(M. Ahtisaari) 대통령(1994~2000년)은 대통령이 유럽이사회 대표권을 가져야 한다고 했다.

대통령 비서실은 종종 정부가 대통령에게 EU 의제·외교정책에 관한 정보 제공과 협의를 망각한다고 생각한다. 이는 결국 행정부 내 경쟁과 긴장을 촉발시킬 소지가 된다. 대통령이 핀란드의 외교·EU 정책에 영향력을 미칠 여러 채널을 갖지만, 냉전 시대의 대통령 주도 외교정책권 위상은 점점 약화되고 있는 것은 분명하다.

33) 2006년 EU 집행위원회 위원장직 순번의 핀란드 차례가 되었을 때 정부와 대통령 사이의 의견 불일치가 발생했다.

유럽이사회에서의 이런 대표권 갈등 상황에서 1995년 사민당 출신 리뽀넨(P. Lipponen) 총리는 대통령과의 담판을 통한 합의를 끌어냈다. 즉 총리는 유럽이사회에 언제나 참석하고, 대통령은 유럽이사회가 EU의 CFSP·CSDP 혹은 대통령 권한 관련 문제들을 다룰 때 참석한다. 이는 총리-내각이 모든 EU 문제를 관장한다는 점에서 정부에 대한 의회 통제를 용이하게 하는 조치다. 동시에 EU의 CFSP·CSDP 영역에선 총리-내각은 군통수권자인 대통령과 긴밀한 협력하며 행동해야 하는 의무가 있다는 점에서 논리적으로도 타당하다. 실제 대통령은 EU의 CFSP·CSDP 이슈가 논의될 때 언제나 국가 대표단을 이끌고 EU 정상회의에 참석한다. 하지만 유럽이사회에서 핀란드를 대표하며 발언하는 헌법기관은 총리이고, 대통령의 유럽이사회에 참석은 외무장관에 의해 준비된다. 결국 핀란드는 EU 정상회의에 대통령과 총리라는 두 대표자를 파견한다(Jyranki 2007: 302).[34] 핀란드의 이런 이중 대표권은 때론 다른 회원국 대표자들의 혼돈을 야기하기도 하지만, 총리와 대통령 모두 참석하는 경우 핀란드 국익에 특별히 중요한 이슈에 대한 협상력을 강화한다(Raunio 2012: 557-578).

나아가 EU 문제를 둘러싼 대통령-총리 권한긴장은 국제위기 관리에 관한 핀란드 법률이 개정될 때 가시적으로 나타났다. 1990년대까진 군통수권자인 대통령은 UN 주도의 국제 평화유지 작전에 관한 핀란드 정책결정권을 배타적으로 행사했다. 하지만 이런 대통령 권한은 EU 군사위기 관리의 이른바 '피터스베르크 과업'(Petersberg tasks, EU 군사활동)을 채택한 1999년 헬싱키 유럽이사회 후 반전됐다.[35] 이에 근거하여 2004년 EU 회원국 국방장관들은 국제 안보·군사위기에 대응하는 EU 주도 군사작전 수행에 필요한 군사능력을 준비하는 책무를 재확인했고, 이로써 핀란드는 EU 전투단에 참가했다.

그런데 핀란드 정부는 2005년 군사 위기관리 작전 명령이 EU에 의해 부여될 수 있다는 규정을 국내법(군사위기관리법)에 편입하기를 희망했다. 정부의 의견에 따르면, EU 주도 군사위기 관리 작전에 참여하는 국가적 결정은 대통령의

34) 2012년 개정 헌법(제66조)는 "총리가 유럽이사회에서 핀란드를 대표한다."고 규정했다.

35) 피터스베르크 과업은 EU CFSP의 일환으로서 인도주의적 평화유지·평화구축 등 위기관리를 위해 회원국들의 군대와 군사시설을 배치하는 EU 군사적 활동이다. 이런 국방과업은 실질적으로 NATO 활동 영역이다.

헌법적 권한·책임에 속하는 EU 외교안보·국방 정책 영역이기에, 대통령이 총리-내각과 협력을 전제로 상당한 재량권을 갖는다. 이는 군통수권자로서의 대통령 위상을 고려한 것이다. 그러나 의회 헌법위원회는 군사위기 관리 작전 참여에 관한 의사결정 과정에서 여러 단계가 서로 밀접하게 연계되고, 의사결정 절차의 모든 단계는 EU 관련 결정의 준비와 실행에 관련된다고 주장했다. 특히 2000년 헌법의 93조 2항은 EU결정의 준비와 실행을 정부 책임에 맡겼기 때문에, EU 주도 군사위기 관리 작전에 관한 국가적 결정은 정부의 책임이고, 정부는 대통령과 단순히 협력만 하면 된다는 것이다(Jyranki 2007: 304-305). EU 틀 내에서 이뤄진 군사작전 결정과 회원국 정부 결정 사이의 상호의존성을 강조한 것이다. 이에 가세한 전문가들은 위기관리 작전에 대한 핀란드 참여 문제는 대통령이 결정해야 하는 것으로 보았다.

이런 논쟁 속에서 군사위기관리법안은 위기관리 작전 참여 결정이 헌법적으로 둘로 분리될 수 있다는 가정에 근거했다. 하나는 정부가 헌법 93조 2항에 의거 핀란드 참여를 독려하는 유럽이사회의 결정에 책임을 진다는 지점이다. 다른 하나는 대통령이 헌법 93조 1항에 의거 군대 혹은 다른 군사자원으로 군사작전에 참여하는 국가정책 결정을 내린다는 사실이다. 이는 결국 EU 안보·군사 활동 참여에 관한 핀란드 정책결정권이 대통령-총리(내각)-의회 간에 분점·공유되고 있음을 의미한다. 군사위기관리법안은 당시 의석 점유율 58% 정치력을 동원할 수 있었던 중앙당-사민당-스웨덴인민당(SW) 좌우 연립과반정부의 추진에 의해 큰 저항 없이 입법화됐다.

그런데 유럽이사회가 법적 의사결정권, 특히 EU조약 내용을 변경할 수 있는 권한을 부여 받은 EU 기구로 부상하고 있는 트렌드가 강화되고 있다. 유럽이사회의 이런 위상 변화는 핀란드의 유럽정책을 결정하고 EU에서 핀란드를 대표하는 총리의 위상을 강화하고 있다. 이는 EU 문제에 접근하는 대통령과 총리 간 관행적인 관계에 적잖은 영향을 미치고 있다. EU 기능 강화는 결국 핀란드 헌정체제에서 대통령제적 색채를 줄여가는 요인으로 작용할 것이라는 예측이 설득력을 얻고 있다. 이런 전망 속에서도 핀란드 대통령은 여전히 지속적으로 대외 안보정책의 형성과 실행에 적극적 역할을 수행한다. 최근 우크라이나 사태에 대한 러시아의 개입 등 주요 국제관계의 변화에 대응해 현 대통령 니니

스띄(S. Niinistö)는 국제적 중재 역할을 수행하고 국내에서도 대외정책 담론 형성과정을 주도한다.

결론적으로 핀란드 분권형 대통령제의 가장 큰 도전은 이원 권력구조인 대통령-총리의 EU 외교안보·국방 정책 관할권 분쟁과 권한경쟁이 발생할 가능성이 상존한다는 데 있다. 또 EU정책을 주도하는 총리와 EU 밖의 외교를 주도하는 대통령 사이의 대외 정책권 분점·공유가 핀란드 분권형 대통령제의 아킬레스건이 되고 있는 것은 사실이다. EU 역할의 외연이 확장되어 감에 따라 EU 정책이슈와 비(非)EU 정책이슈(일반 외교정책) 사이의 경계가 모호해 명료하게 구분하기란 쉽지 않기 때문이다. 게다가 핀란드를 비롯한 EU 회원국들의 외교정책은 점차로 EU 차원에서 조정되고 연계되는 추세이다. 이로 인해 핀란드 대통령의 외교정책 권한은 EU CFSP의 지속적인 확대에 따라 제약을 받는다. 의회 신임에 의존하는 총리-내각은 대통령 권한을 견제하려 하기 때문에, 대통령-총리 사이에 대외정책 이슈에 관한 관할권 분쟁과 의견 충돌이 발생한 경우 국정위기로 비화될 수도 있다. 특히 대통령과 총리의 소속정당이 다르거나 정책선호가 다른 경우, 대외정책을 둘러싸고 대통령-총리 충돌 가능성이 잠재하는 핀란드 분권형 대통령제의 아킬레스건이 불거질 수 있다(Fernandes and Magalhaes 2016: 63).

하지만 대통령-총리의 EU 외교안보·국방 정책권 분점·공유가 핀란드 분권형 대통령제의 작동 불능으로 이어질 리스크는 하나의 가능성으로 존재하지만 과장돼서는 안 된다. 핀란드 분권형 대통령제의 이원 정부에서 대통령-총리의 EU 외교안보·국방 정책 권한분쟁이 국정교착과 헌정위기로 비화되는 사태는 결코 없었기 때문이다. 대통령-총리의 EU외교안보·국방 정책권 공유의 제도화에 따른 핀란드 정책결정 프로세스는 정당연합이라는 매개 고리에 의해 연결되는 대통령-총리(내각) 협치·공치로 진행됐다.

대통령-총리(내각) 협치·공치 속에서 핀란드의 국방정책 패러다임은 전환되었다(Ferreira-Pereira 2006: 116). 탈냉전과 EU 가입 이후의 핀란드 군사안보 정책이 '중립 중심주의'(neutrocentrism)에서 유럽안보체제에 적극 참여하는 '유로 중심주의'(eurocentrism) 경로로 이동한 것이다. EU는 유럽공동체 내의 경제적 정치적 상호 의존관계, 부담과 책임 공유, 무임승차 제거를 지향한다. 이런 EU의

지향점이 핀란드의 새로운 안보 시각과 실용주의적 국방정책 필요성을 자극했다. 핀란드에서 NATO 가입은 1999년 이전엔 전혀 고려의 대상이 아니었지만, EU통합이 강화됨에 따라 군사적 동맹이 국가안보를 위해 치러야 할 잠재적인 비용으로 인식하는 국민여론이 형성되기도 했다(Eliasson 2004: 9).[36] 여기에 EU CFSP·CSDP 참여가 핀란드의 국가안보와 국방을 강화하는 수단으로 인식하는 국민여론 추세가 높아졌다. 이는 대통령-총리-의회 공동 국정운영을 매개하는 연합정치에 힘입어 국가안보와 국방정책의 방향에 대한 국민적 합의가 모아지고 있음을 함축한다.

핀란드는 UN의 공동방위뿐 아니라 EU의 평화유지와 위기관리 활동에 참여했다. 핀란드의 EU 군사안보 정책과정에서 역할 감소에 불만을 가졌던 의회도 앞서 논의했듯이, EU 평화유지와 위기관리 활동을 허용하는 법안을 통과시켰다. 핀란드는 이라크 재건 등 EU 역외 활동에 전문가와 재정 지원에 공헌했다. 게다가 냉전적 대결이 사라진 새로운 유럽 군사안보 환경 속에서 EU 차원의 환경위험, 자연재앙, 테러공격, 국제범죄, 대량살상무기 확산, 사회 소요 등이 국가와 시민의 안전에 도전적 요소로 부상하자 핀란드는 이의 예방·해소를 위한 협력·지원 활동에 적극 참여하고 있다. 이는 핀란드 EU 외교안보·국방 정책의 실용주의적 접근 사례이다. EU 선언 및 조약이 핀란드에 국방정책 옵션을 점차 제약하지만, 기회를 제공하기도 한다. 요컨대 EU라는 유럽통합이 핀란드 군사안보 협력의 정례화를 통한 공동정책을 조장하고 있다.

무엇보다 핀란드는 유로 중심주의에 따라 독자적인 방위전략보다는, EU 군사적 방위과업을 사실상 주도하는 NATO와의 협력 속의 상호의존적인 국방전략으로 전환했다(Eliasson 2004: 13). 이는 핀란드-NATO 협력적 군사안보 관계 강화로 전개되었다. 하지만 핀란드 외교안보·국방 정책의 이런 무게 중심 이동은 종전 중립국가 지위의 전면적 급진적인 변화를 의미하는 것이 아니고, 군사동맹 불참을 전제하며 안보군사 틀에 참여하는 투트랙 성격이었다. 탈냉전 이후 핀란드 외교안보·국방 정책의 특징은 "전쟁에 참여하지 않고 군사동맹을 맺지 않는다"(outside the wall)는 의미의 중립국가 지위를 지키는 한편, "유럽 군

36) 1999년 오스트리아 의회는 EU 작전 참여를 허용하는 헌법개정을 시도했는데, 그 후 오스트리아 국민들은 EU 공동외교국방정책을 지지했다.

사안보 구조에 참여하는 것"(inside the fence)으로 집약된다(Ferreira-Pereira 2006: 104-105). 바꿔 말하면 핀란드는 NATO '울타리' 내에서 집단 군사안보 구조에 참여하자만, NATO 비가입은 물론 NATO 조약상의 안전보장에 참여하지 않는다는 것이다. 핀란드는 자신의 군사적 비동맹 지위를 훼손하지 않는 가운데 EU CFSP·CSDP에 적극적으로 참여한다.

이처럼 탈냉전 이후 핀란드 정부는 자국의 안보·국방 정책을 NATO 틀 내의 포괄적인 유럽 안보·군사 협력으로 최대한 확장하고 있다. 실제로 핀란드는 NATO 군사안보협력 포럼은 물론 NATO 비회원국 중 최초로 발칸분쟁(코소보) 등 NATO 주도 평화 지원과 군사적 위기관리 작전 활동에 참여했다. 그러나 탈냉전이라는 새로운 유럽 안보환경 속에서도 핀란드는 중립정책의 특징 하나로 군사협약 비가입과 국외전쟁 불참이라는 독자적 국방정책을 지속적으로 고수하고 있다. '군사적 비동맹 EU 회원국'이라는 핀란드 군사안보 전략의 패러다임은 전환되지 않았다(Ferreira-Pereira 2006: 109-114).[37] 이는 여전히 외교안보상 초강대국인 러시아의 군사위협을 의식한 신중한 스탠스라 평가할 수 있다. 탈냉전 군사안보 환경 변화에 따르는 핀란드 국방정책은 냉전시대의 중립정책 패러다임에 대한 집착을 철회했지만, NATO 비회원국 지위를 유지하는 동시에, NATO와의 협력적인 안보·군사·평화 활동 및 위기관리 과업에의 참여로 전환했다.

요컨대 핀란드 국방정책은 군사적 비동맹과 협력적인 안보군사 틀의 병행이라는 '협력적인 군사적 비동맹'(cooperative military non-alliance) 국가를 지향한다.[38] 탈냉전과 EU 가입 후에도 서방과 러시아 사이에 위치한 지정학적 현실주의 틀 속에서 러시아의 안보이익을 훼손하지 않는 가운데 서방의 안보이익을 고려해야 하는 핀란드의 안보 딜레마 해소 전략을 뜻한다.

핀란드의 대(對) EU 외교안보·국방 정책들은 대통령-총리 관할권 분쟁이나 정책갈등 없이 원활하게 결정·실행되었다. 대통령은 군통수권자로서 EU 외교

37) 최근 들어 핀란드 정부는 미국의 안보 우산 아래에 들어가려는 움직임을 보인다. 미국과의 합동 군사훈련, 정보 공유 등을 내용으로 한 방위협정 체결을 추진 중이다. 이처럼 핀란드의 외교안보정책이 변화한 이유는 2014년 러시아가 우크라이나 크림 반도를 강제 병합하는 등 패권야욕을 드러내고 있기 때문이다. 노르웨이, 덴마크는 NATO 회원국이나 핀란드와 스웨덴은 NATO에 가입하지 않고 있다. 러시아는 핀란드와 스웨덴이 NATO에 가입하면 좌시하지 않겠다고 경고하고 있다.

38) 오스트리아, 스웨덴의 NATO 관계도 핀란드의 지위와 유사하다.

안보·국방 정책 프로세스에 영향력을 행사하는 데, 이 과정에서 헌법상 EU 업무를 주도하는 총리(내각)와의 정책충돌에 따른 국정위기는 관찰되지 않는다. 그렇다면 이를 가능케 하는 요인은 무엇인가? 물론 대통령-총리 정책긴장은 '2000년 헌정체제' 이후 축적되어 온 EU 외교안보·국방 정책 관할권 분장과 정책조정의 제도화에 의해 완화됐다고 말할 수 있다. 그러나 보다 근본적인 요인은 분권형 대통령제와 조응하는 핀란드 합의제 정당정치(consensual party politics)에 있음을 주목해야 한다.

일반적으로 분권형 대통령제에서 발생하는 대통령-총리 갈등 수준은 의회 정당정치 동학의 영향을 받는다(Protsky 2006: 223). 이런 관점에서 볼 때 핀란드 분권형 대통령제의 대통령-총리 EU 외교안보·국방 정책갈등이 제도화될 수 있었던 것은 정부제도 그 자체 때문이 아니라, 분권형 대통령제와 맞물리는 연합정치에 의해 가능했다는 점을 지적하지 않을 수 없다. EU 가입 이후 핀란드 외교안보·국방정책 패러다임이 '중립 중심주의'에서 '유로 중심주의'로 전환되는 시점에서 핀란드 정당정치는 좌우블록 연정의 제도화로 나타났다. 즉 사민당-국민연합당-스웨덴인민당-좌파연합-녹색동맹(1995~2002), 사민당-국민연합당-스웨덴인민당-좌파연합(2002~03), 중앙당-사민당-스웨덴인민당(2003~07), 중앙당-국민연합당-녹색동맹-스웨덴인민당(2007~11) 등 의석점유율 60% 안팎의 정치력을 동원할 수 있는 좌우 '무지개' 연립과반·과대규모정부가 출현했다. 예컨대 대통령은 총리와 협의하고 의회 동의를 얻어 EU 위기관리 작전에의 군대파견에 대한 최종적 결정권을 갖는데, 그 작전활동 참여 문제는 의회 차원에서 좌우 정당 간 연정에 의해 큰 반발 없이 처리되는 것이 보편화되고 있다. 이는 곧 대통령-총리(내각)-의회 협치에 의해 대외정책 결정이 이행되고 있음을 의미한다(Raunio 2016: 325-326). 이 점에서 다당 연립정부와 연동하는 핀란드 의회가 대외정책 관할권이 (전적으로 혹은 부분적으로) 대통령에 귀속되는 분권형 대통령제 국가의 의회 위상에 주는 함의는 중요하다.

물론 핀란드 외교안보·군방정책이 EU CFSP·CSDP, 특히 위기관리 작전 활동에의 참여로 인해 깊숙이 유럽화(Europeanization)되어 가는 상황에서, 핀란드의 중립과 비동맹 정책은 좌우 정당블록 간 논쟁거리로 부상했다. 특히 EU 위기관리에 관한 논쟁은 그 작전 활동 참여가 핀란드의 '비동맹'(non-aligned) 지위에 어떤 영향을 미치는가에 초점이 맞춰진다. 이 과정에서 국민연합당·중앙당·스웨덴인민당 등 보수우파 블록은 NATO와의 긴밀한 유대를 선호한 반면, 사민당·좌파연합·녹색동맹 등 좌파블록은 NATO 경계를 뛰어넘는 위기관리 등 보다 포괄적인 외교안보·국방 정책에 역점을 둔다. 그러나 핀란드 정당정치는 이념적 차이에도 불구하고 정당들 간에 존재하는 외교안보·국방 정책의 간극을 원활하게 조정했다. 특히 국민연합당-사민당-녹색동맹-좌파연합-기민당-스웨덴인민당(2011~14년), 국민연합당-사민당-스웨덴인민당-기민당(2014~15년) 등 좌우 연립정부들의 연정파트너 정당들은 합의제 협치(consensual governance)에 입각한 EU 외교안보·국방정책 과정을 통해 정치사회적 갈등을 해소하고 국민통합을 이룩했다(Raunio 2016: 319).

또 1995 이래 4년마다 발간한 핀란드 안보·국방백서는 내각의 외교안보각료위원회에서 그 초안을 작성하고, 의회 국방위원회와 외무위원회는 이를 면밀하게 심의한다. 이런 과정은 이념블록을 가로지르는 포괄적 정당연합에 기초한 합의제 의사결정 방식으로 진행되기 때문에, 의회의 본 회의는 안보·국방백서를 정당들 간에 별다른 논쟁이나 갈등 없이 통과시킨다(Raunio 2016: 320).

핀란드의 이런 좌우 초블록 연합정치는 대통령-총리(내각)-의회 협치 공간을 확장하고, 대통령과 총리가 어느 정당 출신이든 상관없이 대통령-총리의 EU 외교안보·국방 정책긴장·갈등을 선제적으로 조정·해소하는 기제로 작동했다. 더욱이 핀란드의 메이저 정당과 마이너 정당들은 이념적 차별성에도 불구하고 적어도 EU 정책에선 간극이 크지 않다. 프랑스 국민전선, 오스트리아 자유당 등 반(反)EU정책을 표방한 극우정당들의 정치력과는 달리, 핀란드 정당체제에서는 극단적인 반EU정책을 표방한 극우정당의 정치력이 위협적이지 않다.[39] 핀란드의 모든 좌우블록 메이저·마이너 정당들은 EU 평화유지와 위기관리 작전 활동에 순응하는 정책선호를 갖고, 총선결과에 따라 선별적으로 연정파트너로서 정당연합에 참여한다. 이는 핀란드의 EU 외교안보·국방 정책이 정당 간

39) 핀란드의 극우 포퓰리즘 정당인 핀란드인당(Finns Party)은 2011년 총선에서 19% 지지율을 보였고, 2015년엔 중앙당·국민연합당과 연립정부 구성에 참여하기도 했으나, 이민정책을 둘러싼 연정갈등으로 지지율이 급락했으며(Nurmi and Nurmi 2015), 급기야 최근 분당되어 2017년 말 현재 8.6% 지지율을 기록한다. 이는 핀란드 극우정당의 정치력 한계를 보여 준다.

이념·정책연합을 통한 광범위하고 단단한 국민적 합의 속에 결정·실행되고 있음을 함의한다.

핀란드의 '2000년 헌정체제' 하에서 대통령 소속정당과 총리 소속정당이 내각에 연정파트너로 참여하지 않는 경우는 거의 없다. 대통령 소속정당과 총리 소속정당 사이의 연립정부 구성이 보편화되고 있기 때문에, 대통령-총리 간 EU 외교안보·국방 정책 관할권 분쟁과 선호 갈등이 발생하면, 이는 대통령과 총리가 소속된 집권 연정파트너 정당들의 지도자들 간의 이너서클에서 상시적으로 조정된다. 그렇기에 핀란드 분권형 대통령제에서 '외치와 내치'와 'EU정책과 비EU정책' 간 경계 모호성에 따른 대통령-총리 간 EU 외교안보·국방 정책 갈등으로 국정마비 사태가 발생한 사례는 없다. 분권형 대통령제와 조합하는 핀란드 연합정치는 결국 대통령-총리의 EU 외교안보·국방 정책권 분점-공유-협치를 견인하며 종국적으로 유럽 안보·평화체제를 창출하는 놀라운 여정을 보여주고 있다. 환언하면 핀란드 분권형 대통령제-연합정치 연동은 대내적으론 민주주의와 복지국가를 통한 정치적 안정과 국민통합 정치로 작동했으며, 대외적으론 EU 외교안보·국방 정책을 통한 냉전질서 해체와 유럽 평화공존을 정초하는 정치적 동력이었다.

V. 한국에 주는 함의

1. 분권형대통령제-연합정치-비례제 제도적 친화성

분권형대통령제-연합정치-비례제 조합으로 설계된 핀란드 헌정체제가 한국 헌정체제 개편에 주는 함의는 두 차원에서 성찰해 볼 수 있다. 우선 핀란드 정초헌법은 총리(내각)에게 내정 주도권을 부여한 대신 대통령에게 외정권을 전담케 한 이원정부제를 선택했다. 이 정부제도는 지정학적 리스크와 소련 군사위협에 대응하려는 핀란드의 국가적 생존전략을 반영했다.[40] 이 점에서 한반도의 지정학적 특수성을 고려할 때, 냉전시기 핀란드 대통령의 배타적 외교정책 권

40) 정부제도를 포함한 핀란드 정치는 국가의 지정학적 위치를 반영했다. 특히 핀란드 국가안보 상황에 대한 러시아(소련)의 상존하는 위협은 핀란드 정당정치에 임팩트를 가하는 외부 결정 요인으로 작용했다.

한은 한국 정부제도를 개편하는 데 유효한 모델로 상정될 수 있다.

분단국가 한국은 주변 4대 강대국 관계의 틀을 외면하고 외교-안보-평화-통일을 논하기 어렵다. 한반도는 대륙세력(중·러)과 해양세력(미·일)의 패권쟁탈과 전략적 이해관계가 첨예하게 충돌하는 교차로에 위치해 숙명적으로 국제적 문제의 성격을 갖는다.[41] 그렇기에 한국 대통령은 4강의 이해관계 차이를 조정·중재하는 정교한 협상스킬과 강력한 리더십을 통해 한반도 비핵화-평화체제를 구축하고 남북한 연합-통합을 추동해야 할 국가적 민족적 난제에 맞닥뜨린다. 냉전시기 핀란드 대통령들의 중립외교안보-평화공존 전략이 서구안보-소련안보 이익 밸런스에 맞췄듯, 향후 남북한 평화공존-연합-통합 프로세스는 4강 특히 중국과 미국 안보이익을 전략적 균형적으로 조정하는 한국 대통령의 섬세한 '소프트파워(soft-power) 테크닉'을 요구한다(Kivimaki 2015: 155-166).[42]

더욱이 분단국가의 국정운영 수행 강도는 대통령 1인에게 직무 과부하(overload)를 강제하는 상황에서, 대통령-외치와 총리-내치 형태로 국정 관할권을 배분하는 권력구조가 합리적인 정부제도에 부합한다. 배타적 외정권을 갖는 대통령은 한반도 외교-안보-평화-통일 여정이라는 고난도 국가적 민족적 대장정 프로젝트를 전적으로 책임지며 이를 전문적으로 풀어 갈 리더십과 역량과 지혜를 갖춰야하기 때문이다. 특히 대통령-외치와 총리-내치 구조로 이원화된 정부제도는 대통령으로 하여금 내정을 초월하며 전략적 이익 조정·균형 속 외교·안보와 국방·통일 등의 외정에만 효과적으로 전념토록 할 수 있다. 향후 권력구조 개편을 주도해야 할 국회가 핀란드식 분권형 대통령제를 적극적으로 천착해야 할 이유이다.

다음으로 핀란드 '2000년 헌법'이 설계한 대통령-총리 권한분점·공유도 한국 정부제도를 개편하는 데 유용성을 갖는다. 2000년 헌법은 대통령 권한을 축소하고 총리 권한을 강화하는 형태로 권력구조를 재조정했음에도 여전히 대통령에

41) 주변 강대국들은 영토적 야심을 갖고 1592년, 1894년, 1904년에 한반도 분할을 거론한 바 있다.

42) 안보딜레마 해소를 위해 택했던 핀란드의 '합리적 적응'(rational adaptation) 전략이 한국에 주는 교훈은 유의미하다. 핀란드의 독립유지와 영토보전은 소련과 서구 모두에 유익했다. 한반도의 합리적 적응 전략도 중국과 미국의 안보이익에 기여하는 틀을 조성한다는 전제에서 출발해야 한다. 이런 의미에서 중장기적으로 '한반도 중립화 통일 모델'이 상정될 수 있다(이 글에서는 이에 대한 논의는 생략함). 미국·중국은 남북한 자율적 주권을 존중해야 한다. 한국의 합리적 적응 전략도 종전의 대북 압박 정책에서 벗어나 남북한 중 일방의 안보이익이 타방의 안보이익을 위협하지 않는 틀에 맞춰져야 한다.

게 '제한적'(총리 제청) 의회해산권, 군통수권, 비상대권 및 고위공직자 임명권 등 상당한 실질적인 독자적 권한을 부여했고, 특히 대통령-총리 간 외교·안보 정책 권한 공유를 제도화했다. 이런 새로운 유형의 핀란드 분권형 대통령제는, 대통령이 외교·안보 정책권 등 사실상 국정을 주도하는 프랑스 '대통령 우위 분권형 대통령제,'[43] 그리고 대통령 권한행사 유보(Rollenverzicht)로 총리가 외교·안보 정책권 등 국정주도권을 행사하는 오스트리아 '총리 우위 분권형 대통령제'와 차별화된 일종의 '하이브리드형 권력구조'이다. 한마디로 대통령-총리 간 수평적 권력분점의 제도화이다. 이 같은 핀란드 2000년 헌법의 권력구조는 분권-협치를 지향해야 할 '한국형 분권형 대통령제'를 설계하는 데 함의하는 바가 적지 않다.

이런 의미에서 제3장은 핀란드 2000년 헌법상의 분권형 대통령제에 입각한 한국형 분권형 대통령제를 상정하고 있다.[44] 즉 국민직선에 따른 전국민적 정통성에 기반한 실권 대통령은 초당파적인 국가수반으로서 4강 외교안보 및 통일 정책권, 군통수권, 비상대권(선전포고권·계엄선포권), 국가적 위기관리, 총리 제청에 따른 국회해산권 등을 갖는다. 반면 국회의 선출과 신임에 의존하는 실권 총리는 당파적인 정부수반으로서 경제·사회·교육·문화··환경 등 내정권을 전담한다. 무엇보다 핀란드 분권형 대통령제의 대통령-총리 외정권 공유제 역시 한국형 분권형 대통령제를 설계하는 데 원용될 수 있다. 예컨대 대통령은 4강

43) 프랑스의 소선거구제-분권형대통령제는 여소야대의 경우 국민 직선 대통령(국가수반·외치)과 의회 선출 총리(정부수반·내치) 간의 거대양당 동거정부로 국정 주도권이 총리에게 넘어가는 내각제에 근접한다. 이에 반해 대통령과 총리가 동일 정당에 소속한 여대야소 정국일 경우, 대통령이 조각권 등 국정을 사실상 주도하는 대통령제에 근접한다. 따라서 프랑스 분권형 대통령제는 총선 결과에 따라 정부의 작동 양태가 달라지는 제도적 유연성과 탄력성을 갖는다. 하지만 프랑스는 헌법개정(2000년)을 통해 대통령 임기를 5년으로 단축하고 대선·총선 주기를 일치시켜 여소야대의 동거정부 출현 가능성을 차단했다. 이에 따라 동일 정당 출신이 대통령·총리 모두를 석권하는 여대야소 정국이 거의 언제나 형성될 확률이 매우 높아졌다. 프랑스의 여대야소 대통령은 대통령-총리 간 헌법적 권력분점에도 불구하고 총리와 의회를 통제하는 사실상 '민선 황제'급의 슈퍼 대통령으로 등극한다는 평가가 나온다. 이 경우 대통령에 대한 야당, 특히 의회의 견제 기능은 무력화된다. 실제로 '21세기 나폴레옹'로 불리는 현 마크롱 대통령의 통치 스타일은 의회 절차를 무시하는 권위주의적 리더십, 신보나파르트주의적이라는 비판을 받고 있다.

44) 민주주의-안보평화-경제복지의 3축이 맞물려 돌아가는 선진민주국가들의 경우 거의 모두가 분권형 대톨령제(혹은 의원내각제)를 채택하고 있는 점은 제왕적 대통령제를 고수하고 있는 우리에게 시사하는 바가 크다. 대통령제보다 분권형 대통령제(의원내각제)가 연합정치와 제도적으로나 기능적으로 친화적이다. 이 지점은 정부형태를 바라보는 우리들의 통념의 근본적 수정을 요구한다.

외교·안보·국방·통일 정책권을 주도하고, 총리는 4강 통상정책 및 비4강 일반외교정책을 관장하는 형태이다. 물론 이 구조에선 대통령-총리 외정 관할권 충돌이 발생할 틈새가 없지 않다. 하지만 핀란드의 경우 대통령-총리 외정권 긴장이 정당연합 정치에 의해 일상적으로 조정·해소되기에 대통령-총리 외정권 공유제에 따른 심각한 외정교착은 발생하지 않았고, 국민직선 대통령과 의회선출 총리의 공동 대(對)EU 안보·국방 정책협상력은 되레 강화됐다. 핀란드의 이런 헌정 경험에 비춰 볼 때 핀란드식 대통령-총리 외정권 공유제는 한국형 분권형 대통령제의 헌법적 권력분점의 한 축으로 상정될 수 있다. 헌법적 외정권 공유의 틀은 대통령의 한반도 외교안보-비핵화-평화공존 정책프로세스와, 총리의 4강 통상정책 및 비4강 일반외교 정책프로세스가 서로 연동하며 연착륙하는 데 공헌할 수 있다.

이런 맥락에서 핀란드식 분권형 대통령제는 국가수반-정부수반, 외정권-내정권, 비상국정권-평시국정권을 독식하는 현행 제왕적 대통령제의 국가권력 독점현상을 해소할 수 있다. 바꿔 말하면 '87년 헌정체제'의 승자 권력독식 제왕적 대통령의 만기친람 국정독주체제를 해체할 수 있는 권력구조이다. 사실 대통령제는 미국을 제외하면 시간과 장소를 초월해 안정적 작동에 실패했다. 미국 대통령제마저도 연방헌법상으론 연방제-양원제와 조합된 수평적·수직적 권력분점형 정부제도이지만, 실제론 견제-균형 원리보다는 '거부정치'(vetocracy)와 정치적 양극화를 고착화한다. 단언컨대, 대통령제는 대통령 국정 독주를 낳고, 정당정치와 의회정치를 정상화시키기 어려운 정부형태이다. 반면 선진국 분권형 대통령제는 물론이고, 탈권위주의 포르투갈과 탈공산주의 폴란드의 분권형 대통령제는 신생민주주의(fragile democracy)를 공고화했다(Pasquino 2007: 17). 청와대발 개헌안(2018년)이 설계한 '4년 연임 대통령제'는 설령 비례제와 대선 결선투표제와 조합돼도, 사실상의 8년 제왕적 대통령 권력을 쟁취하려는 진보블록-보수블록이 일상적으로 대척하는 '양극적 다당체제'(bipolar pluralism)를 구조화할 것이다. 이로 인해 대통령-국회 관계는 순탄치 않고, '제왕적 대통령'과 '식물대통령'이 공존하는 '역설적' 헌정체제의 구조적 불안정과 악순환이 재연될 수 있다. 제왕적 대통령제를 핀란드식 분권형 대통령제로 교체해야 하는 까닭이다.

핀란드식 분권형 대통령제는 이론적으로나 경험적으로 연합정치-비례제와의 제도적 친화성을 갖는다. 물론 연합정치-비례제가 반드시 분권형 대통령제와만이 조응할 수 있는 것은 아니다. 브라질 등 일부 남미 대통령제 국가에서 볼 수 있듯, 비록 의원내각제에서만큼 빈번하지는 않지만 비례제-연합정치-대통령제 조합이 가능하다(Cheibub 2007: 82-86; Power 2010: 25). 선거제도-정당정치-권력구조 관계에는 제도적 인과성이 존재하지 않기 때문이다. 하지만 통상적으로 대통령제는 선거제도 유형과 관계없이 이념·가치·정책 중심의 다당제보다는, 기본적으로 전국적인 경쟁력을 갖는 대선 주자급 인물 중심의 양당체제 혹은 정치적 원심력이 작용하는 양극적 '유사 다당체제'를 만들어내고, 연합정치의 안정적 제도화를 어렵게 한다. 문재인 소수파대통령(minority president)의 제도적 개혁입법 지체 현상이 보여주듯, 소선거구제-제왕적대통령제가 기형적으로 만들어낸 현 변형된 양당체제 혹은 유사 다당체제는 대통령(집권당)-반대당 충돌에 따른 입법·국정교착의 악순환 상황을 일상화하고 있다. 이런 맥락은 행정부-입법부 협치를 매개하는 비례제-다당제-연합정치의 제도화를 견인하는 권력구조는 대통령제가 아니라 분권형 대통령제임을 함축한다.

분권형 대통령제의 대통령-총리-의회 관계는 선거제도-정당정치 패턴에 좌우되며 변화한다(Shugart 2005: 345-346). 예컨대, 소선거구제-양극블록다당정치와 조합된 프랑스 분권형 대통령제는 대통령 독주를 유발할 확률이 높은 반면, 비례제-연합정치와 조합된 핀란드 분권형 대통령제는 대통령-총리-의회 협치를 유인한다. 이런 점에서 한국형 분권형 대통령제가 대통령-총리 협치, 대통령-국회 협치를 통해 안정적으로 작동할 수 있는 조건은, 제도적으로 친화적인 비례제-연합정치-분권형대통령제 조합이다. 분권형 대통령제는 비례제-연합정치와 연동하지 않으면, 정부구성 실패나 대통령-총리 충돌로 인해 국정마비나 헌정위기를 몰고 올 개연성이 높은 권력구조이기 때문이다.[45]

이런 의미에서 핀란드식 분권형대통령제-연합정치-비례제는 단순다수대표제-양극블록다당제-단독정부-제왕적대통령제로 이어지는 초극단적인 다

45) 분권형 대통령제는 대통령과 총리의 소속정당이 동일한 경우 집권당 독주로 대통령제와 크게 다르지 않지 않는 반면, 대통령과 총리의 소속정당이 다른 경우 연합정치가 필수적이다. 따라서 연합정치와 조합되지 않는 분권형 대통령제는 구조적으로 정상적 작동이 불가능한 정부형태다.

수제(majoritarian) 모델에 입각한 '87년 헌정체제'를 대체할 권력분점·공유의 '포스트 87년 헌정체제'를 탐색하는 데 유효하다. 그런데 핀란드 합의제 헌정체제(consensual constitutional regime)는 상생-협치 문화적 토양 위에서 설계된 것이 아니라, 국가적 정치사회적 위기를 돌파하기 위한 정치인들의 전략적 선택(strategic choice)에 의해 창출되었다. 이런 관점은 정치제도-정치문화의 선후(先後)관계를 바라보는 우리의 고전적인 통념과 사고(정치제도 작동의 정치문화 결정론적 비관론)에 근본적인 수정을 요구한다. 그렇다면 촛불혁명을 완성해야 하는 대통령과 국회의원을 포함한 한국 정치엘리트들의 선차적 프로젝트는 자명하다. 곧 '한국민주주의의 민주화'(democratizing Korean democracy)를 위한 합의제 헌정체제의 제도적 조합을 전략적으로 그랜드 디자인해야 한다.

이를 위해 합의제 헌정체제를 설계하는 개헌정국의 출구가 열려야 한다. 개헌국회에서 청와대·집권당과 야권은 양보-화답의 패키지딜을 통해 개혁입법과 연계하며 '분권형대통령제와 연동형비례제'를 맞교환하는 정치적 대타협을 성사시켜야 한다. 이 과정에서 특히 소선거구제-정당명부비례제를 유기적으로 결합하는 연동형 비례제가 정교하게 설계돼야 한다.[46] 지역대표성과 계층·집단대표성의 절묘한 조화를 유인하고 '초과의석'을 최소화시키기 위해서다. 바라건대, 국회는 연동형 비례제가 합의제 헌정체제의 제도적 매트릭스를 인과적으로 이어주는 첫 단추임을 명심해야 한다.

연동형 비례제는 정당정치의 종(縱)적 차원에선 사회적 다양성에 기반한 가치·정책 중심의 이념블록 다당제, 횡(橫)적 차원에선 좌우 이념블록을 가로지르는 연합정치(cross-bloc coalition politics)의 제도화를 유인하며 분권형 대통령제와 순기능적으로 작동할 수 있는 '권력분점' 선거제도이다. 연동형 비례제라는 '주춧돌', 이념블록다당제-연합정치라는 두 '기둥', 분권형 대통령제라는 '지붕'으로 설계된 한국형 합의제 헌정체제라는 건축물을 세우는 막중한 소명이 이 시대의 헌정공학 디자이너들에게 엄중하게 주어지고 있다. 분권형대통령제-연합

46) 앞서 언급했듯이 핀란드 '개방형 정당명부 비례제'는 의원의 정당 충성도를 낮춰 인물 중심 투표를 유발하는 경향이 있으며, 일정한 유효투표를 얻은 정당에게만 의석이 배분되는 '배제조항'(exclusion clause)이 존재하지 않아 정당체제 파편화 정도를 심화시킨다. 이 점을 고려할 때, 핀란드 의회 선거제도는 한국 국회 선거제도 개편에 적실성이 없는 것처럼 보인다.

정치-비례제가 연동하는 합의제 헌정체제를 설계하는 프로젝트야말로 '적폐청산 1호'이고 시대정신이다.

2. 남한 합의제 헌정체제와 남북한 평화공존의 연관성

분권형 대통령제와 연합정치가 긴밀하게 연동하는 핀란드 합의제 헌정체제는 대내적으론 정치적 안정과 국민적 합의를 구축하고, 대외적으론 대소 안보·독립 유지와 유럽 냉전해체에 따른 평화공존의 정초를 놓은 토대였다. 핀란드의 이런 분권형대통령제-정당연합-국민통합-대외평화공존 다이내믹스는, 남한 합의제 헌정체제와 남북한 평화공존 사이의 연관성을 천착하는 데 유의미한 영감을 준다.[47]

핀란드 헌정체제에서 만일 분권형대통령제-연합정치 연동이 제도화되지 않았다면, 국내적으로 민주주의와 복지국가 건설은 물론 국민통합 속 대소 평화공존을 견인하는 외교안보 정책의 의제화-입법화는 순탄치 않았을 것이다. 역으로 대소 중립 외교안보 정책으로 핀·소 평화공존체제가 구축되지 않았다면, 핀란드는 동구 공산권에 편입·통합되어 결국 독립·주권과 민주주의의 유지가 어려웠을 것이고, 대소 무역을 통한 성장-복지체제 구축도 불가능했을 것이다.[48] 여기서 우리는 분권형대통령제-연합정치 연동이라는 합의제 헌정체제와 평화공존체제의 쌍방향 선순환 관계에 착목하지 않을 수 없다. 특히 연합정치가 분권형대통령제-평화공존체제를 이어주는 매개고리 역할을 했다. 이런 '핀란드화 경로'는 남북한 평화공존-연합-통합 로드맵을 진행하는 데 남한 합의제 헌정체제, 특히 분권형 대통령제와 기능적으로 친화적인 연합정치의 제도화 중요성을 웅변한다.

연합정치는 대통령-총리-국회 협치를 통해 분권형 대통령제의 안정적 작동을 견인한다. 특히 이념블록이 교차하는 연합정치는 진보-보수 이념연합, 정책

47) 서독 합의제 헌정체제가 통일독일의 헌정체제로 연장된 점을 고려할 때, 남한 합의제 헌정체제는 향후 남북한 통합국가 모형을 설계하는 데도 유효하다. 반면 남한의 현행 다수제 헌정체제에 기초해 설계되는 향후 남북한 통합국가는 북한 주민 및 정치세력에게 항구적인 정치적 소수파를 강제하고 종국적으로 통일국가의 안정성에 치명적인 위협이 될 것이다.

48) 이 글은 핀란드의 경제민주화와 복지국가를 논의하지 않았지만, 핀란드 합의제 민주주의는 정치연합-노사정연합 연동을 통해 경제민주화-복지국가를 건설한 토대였다(선학태 2014). 핀란드 경제의 대소 무역의존도는 매우 높았는데, 1990년대 초반 무역 파트너인 소련 붕괴는 핀란드 경제에 저성장, 실업증가, 공공부채 증가를 야기했고 보수우파 정권이 들어서는 정치적 충격을 던졌다.

연합을 통해 우리 사회의 이념갈등, 노사정갈등, 사회(교육·복지·환경)갈등을 줄여 국민통합을 촉진한다. 국민통합은 국민 지지와 동의 속에 남북한 평화공존-연합-통합 정책프로세스를 순항시키는 요체이다. 이런 관점에서 우리 사회의 다층적 복합적 갈등과 분열, 무엇보다 남북관계와 대북정책을 둘러싼 이른바 '남남갈등'은 정치연합 부재에 기인했다고 해도 과언이 아니다.[49] 남남갈등은 향후 진행될 한반도 평화공존 프로세스에서도 분출할 가능성이 매우 높다.

'4·27 판문점 선언'은 북한 핵·미사일 프로그램 위기의 임계점에서 한반도 반전·비핵·군축 평화체제의 서막을 알리는 '기회의 창'을 열었다. 한반도 반전·비핵·군축 평화체제를 제도화해 가는 과정에서 다면적 다층적 남북 교류협력이 폭넓게 진행될 것이다. 남북 교류협력 아이템 중 가장 중요하게 부상할 경제협력은 옛 동서독 경협과정이 그랬듯, 수평적인 쌍방 호혜관계라기보다는 사실상 북한경제에 대한 남한경제의 지원과 국가재정투자 등의 형태로 전개될 공산이 크다. 바로 이 지점에서 남북경협 확대는 역설적으로 남한 내부의 보수진영과 진보진영 간 남남갈등을 확대 재생산시킬 것이다.

보수진영은 "소득양극화로 우리 주위에도 노숙자가 즐비하고 끼니를 걱정하는 저소득층이 많은데 북한에 퍼준다"는 논리를 내세우며 '퍼주기 논쟁'을 촉발할 것이다. "힘의 우위로 압박하면 북한정권은 조만간 붕괴하고 이를 접수한다"는 흡수통일적 사고에 젖어 있는 보수진영의 뇌리엔 판문점 선언이 북한정권 수명 연장용에 불과하다는 인식이 깔려 있다. 더욱이 북한 비핵화(CVID)와 북한 체제보장(CVIG, 평화협정·북미수교 등)이 맞교환하는 빅딜이 현실화될 경우, 중국은 물론 미국 정치권과 국내 진보진영의 일각에서 주한미군 존속의 명분과 정당성에 대한 문제제기가 분출할 것이다. 특히 중국은 한미동맹을 '냉전질서'의 잔재로 보고 이를 해체하는 것이 진정한 한반도 평화체제를 구축할 수 있다고 주장하며 '주한미군 철수론'을 들고 나올 가능성이 매우 높다. 이 사태가 한미동맹의 역할·미션 변화에 따른 공동화(空洞化) 현상 그리고 주한미군 감축·철수로 비화될 경우 보수진영의 격렬한 저항으로 자칫 국론이 분열되고, 문재인

49) 남남갈등은 2000년 4월 총선 직전 남북정상 회담 예정을 발표하는 김대중 정부의 선거공학적 정략성, 국민적 합의과정 생략, 은밀한 대북송금, 보수언론의 시비, 부시행정부의 대북 강경 노선 등의 정치상황적 요인에 의해 본격적으로 촉발되었다는 견해가 있다.

정부가 중대한 정치적 딜레마에 봉착할 개연성이 없지 않다. 이런 남남갈등 시나리오가 현실화되면 남북 교류협력 관계가 급전직하로 냉각되고, 한반도 반전·비핵·군축 평화체제의 제도화 과정을 무력화할 엄청난 임팩트로 작용할 것이다. 바로 그렇기에 남북 교류협력-평화공존 프로세스의 필수적인 선제조건은 남남연합-남남통합이다.

핀란드의 경우 내부 정치연합은 외부 평화공존을 뒷받침하는 모멘텀이었다. 안보·군사 이슈에서 핀란드 국익은 정당들 간 이념적 차이를 초월한 정치연합을 통해 모아졌고, 외교안보 정책과정은 국민적 합의 속에서 진행됐다(Raunio 2016: 316). 돌이켜 보건대, 동서독 통일의 경우도 '선(先) 국내 좌우연합-서서통합, 후(後) 동방정책(die Ostpolitik)-동서평화공존' 로드맵으로 펼쳐진 서독 빌리 브란트 총리의 전략이 국민통합 속에서 통독의 길로 안내한 이정표였고 유럽통합을 앞당기는 촉매제가 되었다.[50] 이런 역사적 경험에 비춰 볼 때, 남한 내부 정치연합이야말로 남남갈등을 최소화하며 남북 교류협력과 한반도 평화공존이 종국적으로 남북연합-통합으로 이어지는 민족적 대장정을 순항시키는 알파요 오메가라 하지 않을 수 없다.[51]

이런 의미에서 한반도 반전·비핵·군축 평화체제를 제도화해 가는 과정에서 남북 교류협력의 출항을 안정적으로 끌어가기 위해서는 선차적으로 내부 정치

---

50) 대동독 정책을 둘러싸고 국내 격렬한 '서서갈등'을 경험했던 서독도 합의제 헌정체제의 정치연합을 통해 서서갈등을 극복·관리했고, 이를 바탕으로 동독과의 관계를 정상화했으며, 동서관계의 평화공존을 이룩했다. 나아가 독일 정치연합은 통일 후 사회혼란과 높은 실업률로 인해 한때 '유럽의 병자'라는 별칭까지 얻었지만, 이를 이겨내며 유럽의 경제 최강국으로 부상하여 EU 경제를 주도하고, 사회통합을 구축하는 데 원동력이었다. 서독의 연합정치가 없었다면 정치안정으로 가능했던 '라인강 기적'을 비롯한 서독경제의 성장과 복지국가 구축은 쉽지 않았으며, 통일의 원동력이었던 동방정책을 안정적으로 수행하지도 못했을 것이다. 동시에 동방정책이 없었을 경우 독일의 안정적 복지와 성장 역시 불가능했을 것이다. 여기에서 우리는 서독 정치연합과 동서독 평화공존과 서독의 복지-성장의 3자 선순환 관계를 확인할 수 있다.

51) 독일 빌리 브란트 총리가 나치 출신 키징거와의 대연정을 성사시켜 동서독 평화공존을 추진했듯이, 김대중이 군부쿠데타의 주역과 남남연합(외교안보 통일 분야를 전부 보수인사들로 임명하는 파격적인 인사정책)을 먼저 성취한 후, 남북관계의 근본 기조를 전환하는 햇볕정책은 격렬한 저항 없이 출항할 수 있었다는 견해가 있다. 이런 견해에 따르면 김대중 정부가 햇볕정책을 통해 남북관계 관리에 실패하여 코리아 리스크가 커져 당시 외환위기 극복과 생산적 복지국가 창출은 어려웠을 것이다. 즉 외환위기와 안보위기가 중첩되어 도래했다면 국가위기 극복은 용이하지 않았을 것이다. 결국 김대중 정부는 정치연합을 통해 민주주의, 안보평화, 경제복지의 3축이 밀접하게 맞물려 돌아가는 업적을 남겼다는 것이다.

연합을 제도화해야 한다. 남한 내부 보수우파와의 공존에 바탕한 정치연합-남남 통합 없이 북한 노동당과의 지난한 화해·평화·공존의 길을 모색하는 것은 논리적으로 이율배반적 자기모순이고, 현실적으로도 보수우파의 저항에 부딪혀 그 연속성이 근본적으로 위협받을 것이 명약관화하기 때문이다. 따라서 여소야대 정국의 문재인 소수정부에게 연합정치는 선택이 아니라 필수다. '87년 헌정체제'는 정당연합과 조합되지 않으면 구조적으로 정상적 작동이 불가능한 구조이다.

그렇다면 문재인 대통령은 현행 승자독주의 국정운영 패러다임을 바꿔 정책연합-입법연합-내각연합으로 진화하는 포용적인 국정거버넌스를 작동시켜야 한다.[52] 내각연합은 현행 제왕적 대통령제를, 연합정치와 순기능적으로 조응할 분권형 대통령제로 개편하는 개헌연합으로 진전될 수 있다. 무엇보다 온건 개혁적 보수세력과의 초블록 정치연합이 형성될 수 있다면, 이는 보수주류를 냉전세력에서 탈냉전 세력으로 교체하고, 특히 국회-대통령 협치 공간 확장을 통해 보수우파의 격렬한 저항 없는 국민적 합의와 에너지 속에서 한반도 반전·비핵·군축 평화체제의 제도화와 남북 교류협력 과정을 지속가능하게 순항시킬 수 있다. 외교안보·평화 정책의 초블록 연합성이 담보될 때 설령 정권이 교체되더라도 대북정책이 극과 극으로 뒤집히는 사태를 초래하지 않고 일관성을 유지하며 남남갈등 유발 소지를 최소화할 수 있다. 이거야말로 핀란드화 경로가 청와대·국회에게 던지는 의미심장하고 강렬한 정치적 메시지가 아닐 수 없다.

3. 합의제 외교안보 정책결정 패러다임

'2000년 헌정체제' 하의 핀란드 외교정책결정권 공유-협치 방식은 한국형 합의제 외교정책·입법 프로세스를 천착하는 데 유의미하다. 한국 정책·입법 프로세스는 전통적으로 다수제 모델에 입각한다. 즉 대통령·집권당이 의제설정권(agenda-setting power), 의사결정권을 독점하고 국회·정부 운영을 주도하며 승자독주의 배제적 의사결정(exclusive decision-making) 방식으로 작동한다. 이런 독단

52) 문재인 정부의 포용적 국정거버넌스는 제왕적 대통령제와 집권당 단독 집권으로 결합되는 현행 승자독식의 '87년 헌정체제'를, 분권형대통령제-연합정치에 기반한 분권-협치형 헌정체제로의 교체를 준비하고, 정당 간 협치 경험과 훈련을 축적하는 선제적인 정치적 학습과정이 될 것이다. 사실 문재인 대통령은 안정적인 국정운영을 위해 정권 초기에 정책·입법연합 혹은 내각연합 방식으로 야당과의 협치 틀을 탐색했어야 했다.

적 정책·입법 과정은 대통령·집권당-야당 충돌을 피하기 어려운 구조이다.

사실 촛불혁명에서 정체성을 찾는 문재인 정부의 주요 정책결정 과정도 과거 보수정권과 크게 차별화되지 못하고 있다. 여전히 청와대 이너서클 중심의 폐쇄적 정책회로에 익숙해 있다. 청와대 참모가 개헌, 경제, 외교안보 등 핵심 국정 어젠다를 설정하는 차원을 넘어 집행과 추진에서 전면에 포진하는 모양새는 내각과 집권당 그리고 야당의 의제설정권, 의사결정권을 위축시킨다. '판문점 선언'을 이끌어낸 남북정상회담에 이르는 일련의 외교안보 정책 결정·추진과정에서 야당은 물론이고 정부여당마저 완전히 배제되었다. 여당이 청와대의 여의도 출장소라는 말이 상징하듯, 집권당이 청와대 거수기로 전락하고, 야권은 집권당을 협상 파트너로 상대하지 않고 대통령을 겨냥한다. 결국 문재인 정부의 배제적 의사결정 방식은 대통령-야당 충돌로 국정교착, 입법 비효율성을 일상적으로 야기하고 있다.

다수제 모델의 배제적 의사결정 방식의 안티테제로 상정되는 합의제 정책·입법 프로세스는 의제설정권과 의사결정권이 다수당-소수당 분점·공유한다. 핀란드 다당 연립정부는 합의제 정책·입법 프로세스를 진행하는 코디네이터 역할을 수행한다. 내각회의-내각위원회-부처실무단-이너서클-의회 네트워킹 속에서 대통령협치-내각협치-총리협치-부처협치-의회협치가 유기적으로 연동한다. 이를 가능하게 하는 핀란드 연합정치는 대통령-총리-의회가 협치하는 합의제 외교안보 정책·입법 과정을 이어주는 매개고리이다. 또 연합정치는 특정 연정파트너 정당이 자신의 이념적 정향과 정책프로그램에 과도하게 집착하는 행태를 구조적으로 허용하지 않는다. 따라서 핀란드 합의제 의사결정 메커니즘은 한국 국내 학자·정치인들에 의해 분권형 대통령제의 결함으로 언급되는 대통령-총리 외교안보 정책 권한 갈등이 어떻게 조정되는지를 소명해 주는 경험적 사례이다.

한반도 평화공존-남북연합-남북통합 프로세스는 남남갈등을 완충해 주는 정당연합에 기초한 '포용적 의사결정'(inclusive decision-making) 방식에 의한 대북정책과 4강 외교가 뒷받침 되었을 때 순항할 수 있다. 그렇기에 핀란드 합의제 외교안보 정책결정 패러다임은 국회-총리(내각)-대통령을 유기적으로 가교시키는 공치(co-governing) 시스템을 개발하는 데 유익한 시사점을 던지고 있다.

제4장

합의제 헌정체제의 정치경제: 경제민주화-복지국가 유형화

Ⅰ. 다수제 헌정체제의 배제정치 vs 합의제 헌정체제의 포용정치

사회갈등과 정당체제를 매개하는 의회 선거제도에는 통상 소선거구 단순다수대표 선거제와 비례대표 선거제, 두 유형이 있다. 다수제 헌정체제의 다수대표제는 각 선거구에서 다수표를 획득한 1등만이 당선되고 다른 후보의 득표는 사장되기 때문에 '승자독식' 선거제도로 불리어진다. 반면 합의제 헌정체제의 비례대표제는 정당의 득표율에 비례해서 의회 의석을 배분한다. 이런 대조적인 두 선거제도는 기능적으로 연계된 정치제도적 매트릭스 및 경제민주화-복지국가 능력의 차이를 보인다.

첫째, 정당체제의 차이다. 소선거구 다수대표제는 선호하지는 않지만 당선 가능한 후보에게 표를 던지는 이른바 비진성 투표(insincere voting), 즉 전략적 투표를 유도하여 양당제를 구조화한다(Colomer and Negretto 2005: 72).[1] 거대 양당은 선거 승리를 위해 중위유권자(median voter)의 선호에 영합하는 선거전략에 집중하는 경향을 보이기 때문에 정책 차별성이 크지 않으며,[2] 중위그룹 양쪽에

1) 소선거구다수대표제-거대양당제에서 제3, 4의 정당이 존재하지만 정부구성이 언제나 거대 양당 중 하나의 정당에 의해 이뤄지는 경우, 양당제로 보는 것이 타당하다(Iversen and Soskice 2006: 168).

2) 소선거구다수제-양당체제는 정당들로 하여금 극단적인 스탠스로의 이동을 어렵게 해 정책의 차별성보다는 수렴화 현상을 가져온다. 중도층의 지지가 선거 승리에 필수적이기 때문이다. 반면 비례제에선 급진적 정당들의 의석 획득이 용이해진다. 극단적인 정책을 요구하는 유권자들은 기존 정당들이 자신들의 요구를 충족시킬 차별화된 정책의제를 제시하지 못하면 급진 정당들을 지지하기 때문이다.

존재하는 집단·계층의 이익·가치를 대표하는 데 인색하다(Iversen and Soskice 2009: 452-453). 이 경우 선거승패는 중도적 스펙트럼 성향의 무당파·부동층 지지 여부가 주요 변수로 작용하기 때문에 좌파정당까지도 저소득층·빈곤층에 부합하는 (재)분배정책보다는 중간층 지지를 끌어내는 선거전략을 추구한다(Iversen and Stephens 2008: 604; Iversen and Soskice 2009: 479).[3] 또 거대 양당체제는 모든 집단·계층·세대의 이해를 대표할 수 있는 것처럼 정당정체성과 거리가 먼 백화점식 정책을 남발하여 실질적으로는 저소득층·빈곤층의 사회경제적 이해와 열망을 제대로 대변하지 못하는 대표성의 사각지대를 야기한다.[4]

더욱이 정당득표율-의석점유율 간 불비례성이 높은 소선거구제-양당제의 의원들은 보편적 사회정책보다는 특정 지역구 혜택 관련 정책에 관심을 두고 유권자에게 직접 책임을 져야하기 때문에 증세정책에 소극적이다. 따라서 GDP 대비 조세수입-복지지출 비율이 낮다. 복지국가 크기와 총 세입의 상관관계를 나타낸 <그림 4-1>에서 알 수 있듯이 소선거구제-양당제 국가인 한국·멕시코·칠레·터키 등은 저세입-저복지국가임을 보여주고 있다. 소선거구제-양당제 국가인 미국·영국·호주·캐나다 등도 한국·멕시코·칠레·터키보다는 더 양호하지만 다른 비례대표제-다당제 국가(오스트리아·벨기에·덴마크·핀란드·스웨덴)들에 비교해서는 현저하게 낮은 복지국가-총세입 구조를 보인다. 이런 현상은 협소한 지역(구)개발 프로젝트 등 지역공공재 중심의 선심성 예산배분정치(pork-barrel politics)가 작동하기 때문이다(Stratmann and Baur 2002: 506; Alesina and Glaeser 2007: 78). 정치가 전 국민에 영향을 미치는 공공재인 복지를 생산하기보다 지역구 문제에 얽매이는 경향이 크기 때문이다. 또 증세에 대한 책임소재가 분명하기 때문에 정당·의원들이 유권자가 싫어하는 증세를 회피하기 때문이다. 박빙의 선거전 결과에 결정적 영향을 미치는 중산층은 감세를 선호한다. 결국 소선거구다수대표제-양당제 하에선 의원들이 국가재정과 지역(구) 주민 사이의 정치 브로커 역할에 충실하며 사회의 다양한 집단·계층의 이해관계, 특히 저소득층·빈곤층의

3) 다수제 선거제도 하에서 통상 선거결과를 좌우하는 중간층(중위투표층)은 저소득집단보다는 세금부담에 중압감을 갖는 고소득계층·집단에 정치적으로 우호적이기 때문에 양대 정당은 복지세 도입을 선호하지 않는 경향을 보인다.

4) "모두의 친구는 누구의 친구도 아니다"(A friend to everybody is a friend to nobody)라는 말을 상기할 필요가 있다.

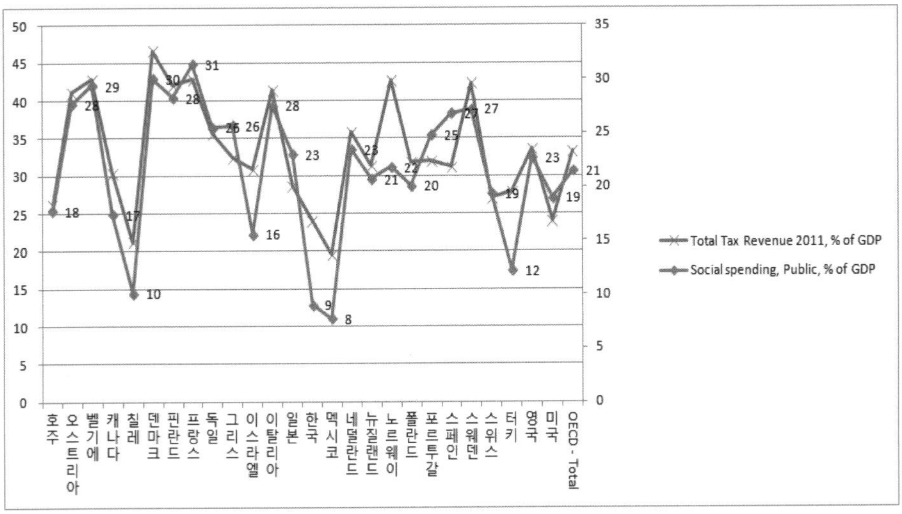

▌그림 4-1▐ 복지국가-총조세수입 출처 : OECD 2011(2015년 8월 30일 검색)

욕구를 충족시킬 경제민주화-복지재정 확충에 소극적으로 반응한다.

반면 비례대표제는 정당득표율-의석점유율 간의 비례성이 높아 이념적 스펙트럼을 확장하고 복합적인 사회갈등구조를 반영하여 가치·정책 차별화를 보이며 '다당제를 하부구조로 하는 좌파-중도-우파 정당블록'의 정당체제를 유인한다. 다당제 하의 각 정당은 중도정당에 의해 대표되는 중위투표층을 의식할 필요 없고 정치적 의사결정 과정에서 자신의 지지기반(정치고객)의 이해·가치를 대변하기 때문에 대표성의 사각지대는 최소화된다(Colomer and Negretto 2005: 66). 특히 비례대표제-다당제는 지역 이권배분 프로그램보다는 노동자·빈곤층·저소득층·실업자 등 다양한 집단·계층을 설득하고 그들에게 혜택이 돌아갈 보편적 사회정책, 특히 경제민주화-재분배 정책개발에 우호적이다(Alesina and Glaeser 2007: 78).[5] 따라서 GDP 대비 조세수입-복지지출의 비율이 높다(그림 4-1 참조). 이 점에서 비례대표제-다당제는 정당·정치인으로 하여금 국민 모두의 관심사인 보편적인 공공재, 즉 경제민주화-소득이전-공공사회서비스의 확

5) 소득 불평등은 소선거구 다수제와 양당체제 하에선 정당 양극화 유발 정도를 낮춘 반면, 비례제와 다당경쟁 하에선 정당체제의 원심력과 양극화를 가져온다. 소득 불평등과 정당 양극화 간 관계는 소선거구제에서보다 비례제에서 훨씬 강하다. 이는 정당 양극화에 대한 소득 불평등의 영향이 선거제도에 좌우된다는 점을 시사한다.

층 문제를 둘러싸고 치열하게 정책경쟁을 하는 강력한 제도적 인센티브다.

둘째, 의회 및 행정부 내각 구성·이념적 정향의 차이다. 다수대표제-양당제에서는 의회정치를 사실상 두 거대 정당이 독과점하며, 집권당에 정책결정권을 집중시키는 '단일정당내각'이 구성된다. 집권당 단독정부는 대통령제, 의원내각제, 분권형 대통령제 등 권력구조와 상관없이 등장하며, 특히 대통령제인 경우 집권당이 의회 다수당인 단점정부도, 의회 소수당이 되는 여소야대 분점정부도 대통령-의회, 집권당-야당의 충돌에 따르는 입법·국정 교착상태(deadlock)를 피하기 어렵다. 이로 인해 다수대표제-양당제에선 좌파정당 정부가 출현하다고 하더라도 경제민주화-증세-재분배정책의 입법화 과정이 순탄치 않다(Iversen and Soskice 2006: 168-169). 특히 선거판세 향배를 좌우하는 중산층과 자본·고소득층을 대표하는 보수우파 정당이 복지 증세에 저항적이기 때문이다. 더욱이 다수대표제-양당제에서 노동친화적인 진보좌파 정당보다는 자본·기업 우호적인 보수우파 정당의 집권 확률이 상대적으로 더 높다(Iversen and Soskice 2009: 452). 따라서 다수대표제-양당제 국가는 사회경제적 약자들이 선호하는 재분배 정책보다는 기업·시장 친화적인 신자유주의 정책으로 경도되는 경향을 보인다.

반면 비례대표제-다당제에선 의회권력을 지배하는 과반·패권 정당이 등장할 수 없으며, 의회 차원에서 정책과 가치에 따라 정당 간 연합정치의 제도화 가능성이 높아진다. 이 토대 위에서 갈등사회의 각 집단·계층·세력·세대를 대표하는 각 정당 간에 행정권이 분점·공유되는 연립정부(coalition government)가 보편화된다. 연립내각에서 산출된 정책들은 사회적 뿌리를 갖는 연정파트너 정당 간 정책조율과 정책교환의 산물이다. 비례대표제-연합정치는 대통령제, 의원내각제, 분권형 대통령제 등 권력구조와 상관없이 출현하는 경향을 보이며, 어느 권력구조 하에서도 의회-행정부 간 거버넌스가 작동한다(Cheibub 2007: 82-86). 나아가 비례대표제-다당제 하에서는 좌파정당 주도 연립정부가 등장할 확률이 상대적으로 높아진다(Iversen and Soskice 2006: 166; 2009: 452). 이는 비례대표제-다당제가 공공재인 경제민주화-복지국가의 정책의제화-입법화에 우호적인 정치지형, 즉 중도좌파 주도 연립정부 구성을 유도하는 확률이 매우 높다는 것을 뜻한다. 노동-중간층 연대를 대표할 수 있는 좌파정당-중도정당 연합정치는 우파정당-중도정당 연합정치보다 임금조정-공교육-소득이전-증세-공공사회지출을 선호하기 때문에 노동·저소득층을 위한 경제민주화-재분배정책을 의제화-입법화하는 데 효과적이다(Alesina and Glaeser 2007: 79-81; Iversen and Soskice 2006: 175; Iversen and Soskice 2009: 452-455).

마지막으로 이익집단-정부의 관계 차이는 선거제도-정당체제 차이와 '구조적 상관성'을 갖는다(Lijphart 2012: 170-173). 다수제 헌정체제의 소선거구 다수대표제-양당체제는 이익집단 간 자유경쟁적 이익표출과 분산적 그룹협상이 작동하는 다원주의적(pluralist) 노사(정) 관계와 조응한다(Cohen and Rogers 1992: 411-414).[6] 다원주의적 노사(정) 관계에서 자본은 시장임금(market wage)과 노동유연화에 관심을 갖는 반면, 노동은 기업별노조주의(enterprise unionism)에 입각한 사업장·기업 차원의 임금·사내복지·근로조건 등과 같은 협소한 단기적 이익(자기몫 챙기기)을 경쟁적으로 추구한다. 따라서 다원주의적 노사(정) 관계는 제로섬 게임적이고 갈등적이다. 경쟁적 갈등적 노사(정) 관계에서 노조와 사용자단체는 각각 거대양당·의회·정부의 정치적 의사결정 과정에 로비·시위·집회 등의 방식에 의해 이익표출과 압력을 행사하지만, 정책결정 주체는 정부이다(Compston 2002: 1).

반면 합의제 헌정체제는 이익단체-정부 간의 네트워킹과 파트너십을 통해 공공정책 결정이 이뤄지는 조합주의적(corporatist) 노사정 정치(tripartite politics) 기제를 내장한다(Lijphart and Crepaz 1991: 235; Swank 2002: 41-44). 합의제 헌정체제의 비례대표제 하에서 좌파정당 주도 혹은 좌우블록 정당 간 연립정부가 자발적 임금억제를 하는 노동에게 관대한 사회복지를 통해 보상하면, 노조는 사용자단체와 정부와의 협상에 적극적이고 사회적 합의에 도달하려는 동기를 갖는다(Alesina and Glaeser 2007: 79-80). 비례대표제 하에서는 우파정당도 야당이 되었을 경우 자신의 정치고객인 자본·기업·상류층의 이익을 보호하는 데 불리한 장소인 의회가 아닌 다른 통로의 의사결정구조, 즉 노사(정) 사회적 협의(social concertation)를 선호하는 경향을 보인다(Martin and Swank 2008: 184). 결국 비례대표제는 노동과 자본을 대표하는 좌파블록 정당과 우파블록 정당 중 어느 정당도 단독 과반의석 점유와 단독집권을 허용하지 않는 정당정치 지형을 제도

---

6) 다수대표제 국가인 미국·영국의 노조들은 산업분규에 대한 정부·정당의 개입에 비판적이고 정부를 협상 파트너라기보다는 대결 상대로 보는 경향이 있으며, 사유재산을 수호하려는 국가와 자본에 투쟁적인 성향을 보인다(Alesina and Glaeser 2007: 80; 선학태 2006: 112-113).

화하기 때문에, 이러한 좌우 균형적인 정당정치 공간은 사회적 대화를 유인하는 강력한 인센티브로 작용한다. 비례대표제-노사(정)협의에서는 광범위한 대중을 대상으로 대규모 세금을 조성하는 데 효과적이며(윤홍식 2011: 63), 노사정 간에 노동유연성-경제민주화-복지국가 간 정치적 교환(political exchange)이 이뤄진다(Scholten 1987: 7-14; Regini 2003: 254). 자본도 노동유연성을 효과적으로 추진하기 위한 수단인 경제민주화-복지국가에 반대하지 않기 때문이다.

이상과 같이 다수제 헌정체제의 소선거구 다수대표제는 거대양당제-집권당 단독정부-경쟁적 갈등적 노사(정) 관계 등과 기능적으로 연계되고 있다. 이러한 제도적 패키지는 사회의 다양한 계층과 집단, 특히 시장경제의 실패자·낙오자를 제대로 대표하지 못하는 '배제의 정치'(politics of exclusion)를 낳는다. 따라서 다수제 헌정체제는 경제민주화, 보편적 복지국가를 지향하는 정당과 동맹세력이 취약하여 신자유주의적 정책에 반대할 수 있는 제도적 기회 가능성은 낮다(Swank 2002: 58). 실제로 1980년대 이후 급진적으로 진행된 신자유주의 정책은 소선거구 다수대표제를 채택하는 영국과 미국에서 추진되었으며, 그들 국가들의 정치참여 불평등에 따르는 사회경제적 양극화는 커지고 있다.

반면 합의제 헌정체제의 비례대표제는 이념·정책 중심의 좌파-중도-우파 블록 다당제, 의회·정부 차원의 정당 간 연합정치, 조합주의적 정책협의(corporatist policy concertation) 등 기능적으로 연계되는 제도적 매트릭스를 유인한다. 이를 통해 사회의 다양한 집단·계층의 선호와 이익이 '동등하고 효과적'으로 정치과정에 투입되는 메커니즘(절차적 민주주의)이 작동하며, 이는 경제민주화-복지국가 콘텐츠(실질적 민주주의)의 산출로 이어진다. 무엇보다 합의제 헌정체제의 비례대표제는 글로벌 시장경제의 횡포와 변덕에 위협받는 노동자와 사회약자에게도 상대적으로 높은 투표율을 통해 정치적 의사결정 과정에 효과적인 참여를 허용하는 '포용의 정치'(politics of inclusion)를 작동시키는 제도적 인센티브다(Crepaz and Birchfield 2000: 205-206; Reynolds 2000: 168). 포용의 정치는 연대임금·임금억제-증세·보편적 복지 등 산출에 효과적이다(Crepaz and Moser 2004; Hays 2003; Bichfied and Crepaz 1998; 윤홍식 2011). 요컨대, 합의제 헌정체제는 경제민주화-복지국가를 갈구하는 집단·계층의 이해관계를 포괄적으로 대표하는 강력한 정치제도를 내장한다.

II. 합의제 헌정체제의 정치경제적 틀

1. 생산체제론

헌정체제는 시민사회-정치사회-시장사회(market society)-국가로 이어지는 '부분체제들의 복합체'(a composite of partial regimes)다(Schmitter 1992: 424-426; Encarnacion 1997: 387-419). 헌정체제의 부분체제들은 상호보완적으로 작동한다. 이 과정에서 선거제도가 부분체제들 간의 작동 패턴을 규정한다. 선거제도는 헌정체제의 제도적 인과 메커니즘 작동 과정에서 사회의 다양한 이익·가치를 대표하는 시스템에 영향을 미친다. 즉 선거제도는 시민사회-정치사회-국가라는 부분체제들을 매개하는 정당정치 패턴, 그리고 시민사회-시장사회-국가라는 부분체제들을 매개하는 노사정 정치 패턴에 각각 영향을 미치는 독립변수다. 구체적으로 정당정치 작동 패턴은 선거제도에 의해 영향을 받는 시민사회-정당체제 관계, 정당정부(party government)유형·이념성, 의회-행정부 관계 등을 규정하며, 노사정 정치 작동 패턴 또한 선거제도에 의해 영향을 받는 노조-사용자단체-정부 관계에 기초한 이익조정 양식을 규정한다.[7] 선거제도가 유인하는 정당정치 패턴 및 노사정 정치 패턴은 헌정체제의 양대 제도적 중심축이며, 종국적으로 자본주의 시장경제 유형과 복지국가 유형에 임팩트를 투사한다(Iversen and Soskice 2006: 171-172; Cusack *et al.* 2007: 388).

자본주의 시장경제의 다양성은 공급에서 발생하는 문제를 노동과 자본이 어떠한 방식의 조정과 전략으로 해결하는가를 이론화한 생산체제론(production regime theory)에 의해 설명된다. 생산체제란 노사정 관계, 임금조정, 기업지배구조(corporate governance), 기업 간 관계, 경영전략, 교육훈련, 노동시장 등과 같이 기업의 생산과정에 직간접적으로 연계된 제도들의 조합을 지칭한다. 생산체제론적 관점에서 본 자본주의 시장경제의 변화 경로는 두 유형이 있다. 즉 기업의 생산과정이 노사(정) 경쟁에 의해 이해관계가 조정되는 영미형 자유시장경제(liberal market economy, LME), 사회적 대화(조합주의적 정책협의)에 의해 이해관

---

7) 안재홍(2011: 11-12)은 민주주의 정치와 자본주의 시장경제 사이에 공존이 가능하려면 정치적 대표체계(정당정치)와 기능적 대표체계(노사정 정치)가 상호보완 관계를 형성해야 한다고 주장한다.

계가 조정되는 유럽형 조정시장경제(coordinated market economy, CME)이다(Soskice 1999: 103; Pontusson 2005: 17-20). 이는 노사정 관계가 생산체제를 구성하는 핵심 변수이며, 생산체제의 다양성을 규정하는 기제임을 의미한다. 환언하면 생산체제 유형은 사회적 대화의 노사정 정치라는 '비시장적 조정'(nonmarket coordination) 메커니즘의 작동 유무에 따라 달라진다(Swank 2002: 41-46; Regini 2003: 253-256; Iversen and Soskice 2009: 444-449). 특히 합의제 헌정체제의 사회적 대화는 CME 생산체제를 견인하는 비시장 정치적 조정기제이다.

노사정 정치는 종(縱)적으로 기업지배구조와 연계한다. 기업지배구조란 기업의 생산과정에서 임금, 투자, 고용과 해고, 경영전략, 연구개발, 자금조달 등에 관해 누가 의사결정 과정(how)을 주도하며, 누구의 이익(what)을 도모하는가 하는 기업(산업)민주주의 모델이다(Roe 2003: 30-35; 39-40). 이에는 이해관계자(stakeholders)모델과 주주(shareholders)모델, 두 유형의 기업지배구조가 있다. 사회적 대화의 노사정 정치와 연계된 이해관계자 모델은 주주·종업원·채권단·소비자·협력업체 등 이해관계자의 참여(혹은 이해 반영)에 의해 의사결정이 이뤄지고 그들의 이익극대화를 추구하는 반면, 경쟁적 갈등적 노사정 관계와 연계된 주주 모델은 경영진·주주에 의해 의사결정이 주도되고 주주 이익극대화를 추구한다.

사회적 대화에 의해 조정되는 조정시장경제에는 중앙 수준 혹은 산업별로 직업훈련·노동유연화 영역에서의 기업 간 네트워크체제가 작동한다. 따라서 기업 간 관계는 협력적이다. 동시에 노사관계도 중앙레벨 혹은 산업레벨에서 임금조정 등 유기적인 조정·협력이 작동한다. 결국 CME 생산체제는 사회적 대화, 연대임금, 기업이해관계자 중심 의사결정·이익극대화, 특화된 직업교육훈련, 기능적 유연화 및 high road strategy 등의 조합에 의해 작동하는 생산체제이며,[8] 시장경제의 다양한 이해관계 조정을 지향한다는 점에서 경제민주화의 요체다. 반면 시장기제에 의해 조정되는 LME 생산체제는 경쟁적 갈등적 노사(정) 관계, 경영진·주주 중심 의사결정·이익극대화, 경쟁적 기업관계, 일반(기술)교육, 수량

8) 'high road strategy'는 노사신뢰(산업평화) → 고용안정 → 기능적유연화 → 직업교육훈련 → 기술혁신 → 숙련노동 → 고임금 → 근로자충성도·소속감 → 고생산성 → 고품질 등 유기적 선순환을 지향하는 전략이다. 반면 'low road strategy'는 노동시장 유연화, 비정규직 채용확대, 수량적 구조조정 등에 의한 비용감축 전략이다.

적 유연화, 기업별·사업장별 중심 직업훈련·임금협상 및 low road strategy 등의 조합에 의해 작동하는 생산체제다.

나아가 생산체제론은 생산체제의 패턴, 즉 공급측면에서의 노사정 간 이익조정 방식으로 복지국가를 설명하거나 역으로 복지국가가 노사정 간의 이익조정 방식에 영향을 미친다는 점을 강조한다. 중앙임금조정과 이해관계자 기업지배구조에 기초하는 CME 생산체제의 경우 생산체제와 복지국가가 상호보완적으로 연계되기 때문에 자본이 소극적 노동시장정책(PLMP), 적극적 노동시장정책(ALMP)과 같은 정부의 복지(사회)정책에 반대하지 않는다(Iversen and Stephens 2008: 620-624).[9] 기업들이 성장·경쟁력을 높이기 위해 노동유연화-구조조정을 추진하고, 근로자들의 충성심(애사심)과 우수인력을 확보하여 그들의 생산성 제고와 기업·산업특화 기술에 전념토록 하기 위해서는 공공복지가 필요하기 때문이다. CME 생산체제에서는 자본친화적인 우파정당이 집권해도 선거경쟁에서 승리하기 위해 능동적으로 복지프로그램을 도입하는 경향이 있다.[10] 노동조직력이 강하면 그 경향은 더욱 높아진다. 실제로 2차 대전 이후 우파정부에서 경제민주화-복지국가가 창출되었다. 예컨대 독일의 사회적 시장경제와 복지국가는 사민당이 아닌 기민당에 의해 주도되었고, 영국도 보수당이 노동당과 함께 복지국가를 건설했다. 반면 시장임금, 주주 기업지배구조를 특징으로 하는 LME 생산체제의 경우 기업은 노동시장의 수량적 유연화(numerical flexibilization) 강화를 통해 성장·경쟁력을 높이고 구직과 이직에 도움이 되는 일반기술교육을 선호하며, 기업의 조세와 정부재정에 부담을 주는 PLMP와 공공사회서비스

9) PLMP는 노동시장에 진입하지 못하거나 퇴출됨으로써 발생하는 사회적 위험을 공적으로 관리하는 정책(조기은퇴·실업보험 등)인데 반해, ALMP는 실업자의 노동시장 재진입을 유도하는 정책(직업알선·직업훈련교육·일자리창출·창업지원 등)이다(선학태 2004: 144). 1980년대 중반 이후 유럽 복지국가들은 실업정책의 무게중심을 PLMP에서 ALMP로 이동했다.

10) 권력자원론(power resource theory)은 선험적으로 좌·우 이념에 따라 복지국가 선호도가 다른 것으로 가정한다. 즉 노동-좌파정당은 공공복지를 선호하는 반면, 자본-우파정당은 복지비용을 부담해야 하는 공공복지를 반대한다는 것이다. 특히 노동조직력과 좌파정당 정치력이 복지국가 선호도를 결정하는 변수다(Korpi 2006). 그러나 노동-좌파정당과 자본-우파정당의 공공복지에 대한 스탠스는 획일적이지 않고 정치제도, 특히 선거제도에 따라 다양해질 수 있다. 비례대표제 국가에서는 우파정당·정치인도 선거경쟁에서 재선을 위해 공공복지 정책에 반대하지 않는다. 예컨대 독일의 사회적 시장경제와 복지국가 건설은 사민당이 아닌 기민당의 작품이고, 전후 영국에서도 버츠켈리즘(Butskellism)이 상징하듯이 보수당-노동당이 협력하여 복지국가가 건설되었다. 또 자본도 경영상의 이유로 복지정책을 선호할 수도 있다.

등과 같은 공공복지정책 강화에 소극적이다. 이와 같이 생산체제론은 생산체제의 패턴, 즉 공급측면에서의 조정방식으로 복지국가를 설명한다.

에스핑-앤데슨(Esping-Andersen 1990: 26-29)에 따르면, 복지국가에는 세 유형이 있다. 즉 복지제도의 탈상품화(de-commodification, 포괄성·보편성·관대성)를 기준으로 포괄적 보편적이고 관대한 공공사회서비스 중심의 사민주의 복지국가(SWS), 보편적 사회보험 중심의 기민주주의(보수주의) 복지국가(CWS), 시장의존적(기업복지·민간보험)·잔여적인 자유주의 복지국가(LWS)다. 이러한 복지국가 유형은 선거제도, 정당정치, 노사정 정치 및 생산체제와 상호 연계에 의해 규정된다(Swank 2002: 65-66; Iversen and Stephens 2008: 613-614). 즉 사민주의 복지국가와 기민주의 복지국가는 비례대표제-연합정치-사회적대화-조정시장경제 등과 제도적 친화성을 갖는다. 반면 자유주의 복지국가는 다수대표제-집권당단독정부-경쟁적·갈등적노사정관계-자유시장경제 등과 제도적 친화성을 갖는다.

2. 비교시각에서 본 합의제 정치경제적 틀

앞선 논의를 종합하면 우선 <그림 4-2>처럼 다수제 헌정체제의 다수대표 선거제도는 거대양당제-집권당단독정부-의회·행정부 갈등을 유발하는 정당정치와, 자유시장경제-자유주의복지국가를 연계시키는 경쟁적 갈등적 노사정 정치가 제도적으로 맞물린 다수제 정치경제적 틀을 견인한다. 그런데 다수대표제가 유인하는 거대 양당정치는 양극단적 경쟁으로 작동하는 경향을 보인다. 이 경우 경제민주화-복지국가를 둘러싼 분배정치(distributive politics)에서 이해관계 차이를 보이는 노조와 사용자단체도 각기 상대방 측과 정책협의 방식을 통해서보다는 거대 양당체제 내 자신에게 우호적인 정당 혹은 집권당 단독정부를 상대로 로비·시위 방식으로 직접 정치적 영향력을 행사하여 분배 목표에 도달하려는 유혹을 갖는다(Martin and Swank 2008: 184). 거대 양당정치는 통상 좌파정부 혹은 우파정부 구성을 추구하는 데, 이 경우 노사 이익단체들은 각기 우호적 정부를 상대로 로비·시위를 통해 이익관철을 시도하며 사회적 대화를 회피한다. 노사의 이러한 행동전략은 노사정 간 격렬한 분배갈등(distributive conflicts)과 대립을 야기하며, 갈등적인 노사정 관계는 거대 양당 간의 제로섬적 경쟁을 더욱 촉발시키는 악순환이 반복된다.

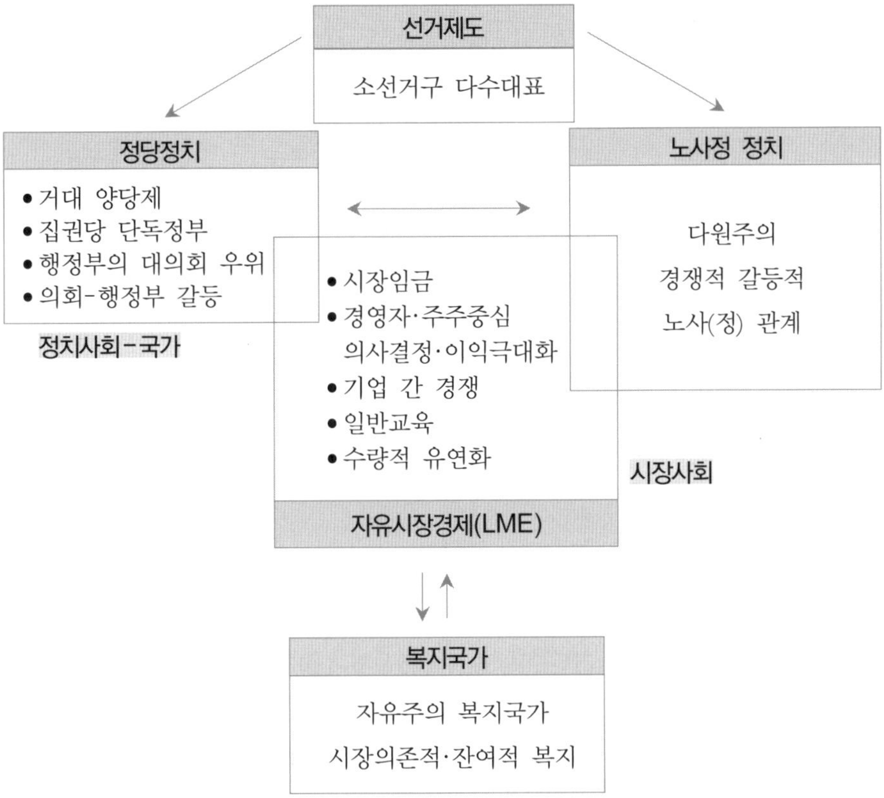

▌그림 4-2▐ 다수제 정치경제적 틀

반면 <그림 4-3>처럼 합의제 헌정체제의 비례대표 선거제도는 좌파-중도-우파 블록 다당제, 의회·정부 영역에서의 정당연합, 의회-행정부 융합을 이어주는 연합정치와, 조정시장경제-사민주의·기민주의복지국가를 연계하는 사회적 대화(조합주의적 정책협의)가 제도적으로 맞물린 합의제 정치경제적 틀을 견인한다. 연합정치는 의회·정부 차원에서 정당 간 파트너십과 협치를 통해 경제민주화-복지국가 관련 정책교환·조율을 통한 연정협약(coalition agreements)을 끌어내는 정당정치이며, 사회적 대화는 노사(정) 간 정책파트너십을 통해 경제민주화-복지국가에 관한 사회협약(social pacts)을 끌어내는 노사정 정치다(Scholten 1987: 2-3; Crepaz 2002b: 158-159).

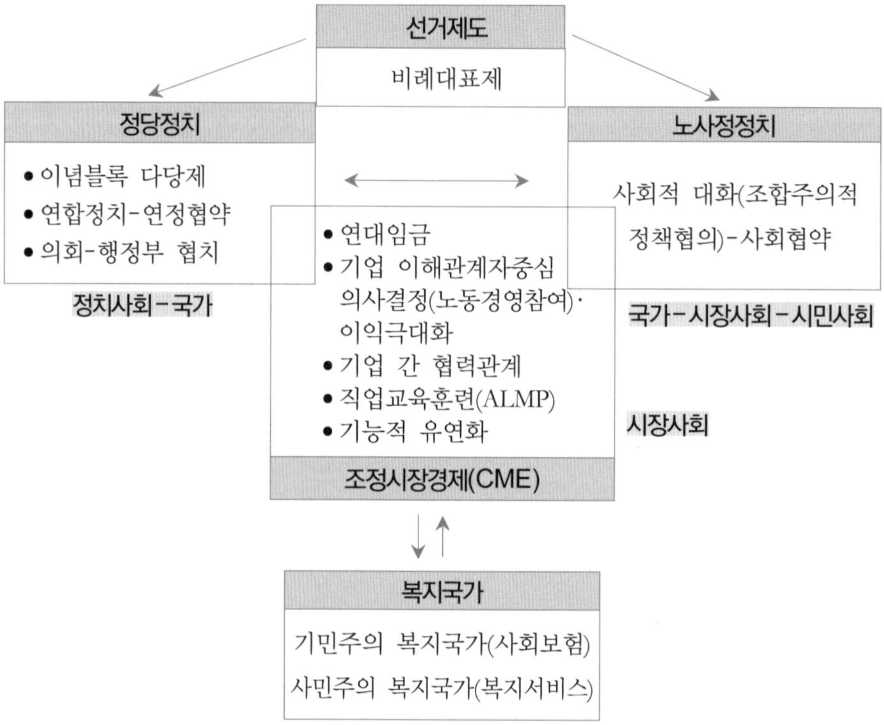

▮표 4-3▮ 합의제 정치경제적 틀

그러나 비례대표제가 언제나 노사정 사회적 대화의 작동을 유인한 것은 아니다.[11] 이념블록 정당정치, 즉 좌파블록과 우파블록이 양극적으로 경쟁하는 정당블록 간 전면적 정부교체가 이뤄지는 좌파정부 혹은 우파정부로 등장하는 경우 사회적 대화는 안정적으로 작동하지 못한다(Anthonsen and Lindvall 2009: 171-172). 왜냐하면 좌파블록과 우파블록이 양극단적으로 경쟁하는 정당정치에서 이익단체는 각기 자신과 연대할 수 있는 우호적인 정당이 정부를 장악하는 경우 사회적 대화를 회피하고 그 우호적인 정당정부에 로비·시위 방식에 의해 직접 정치적 영향력을 행사하려는 유혹을 갖기 때문이다. 특히 기존 연구(Lehmbruch 1984: 74-78)의 주장과는 달리 강력한 노조-사민당 연대는 되레 사회적 대화의 작동에 부정적이다. 사민당이 집권하여 보수우파 블록과의 정치적

11) 비례대표제-사회적대화(조합주의정치)는 필연적 인과관계가 아니다. 따라서 비례대표제는 사회적 대화의 필요조건이지 충분조건은 될 수 없다.

양극화 환경이 조성되면 노조는 사용자단체와 협상하지 않고 우호적인 사민당에게 직접 영향력을 행사하여 이익관철의 동기를 갖는다(Anthonsen *et al.* 2011: 120). 이 논리는 사용자단체와 우파정당의 관계도 그대로 적용된다.

그러나 비례대표제가 유인하는 합의제 헌정체제의 정당정치는 입법·정부연합(legislative or government coalitions)을 통해 의회-행정부 간 협치·공치(co-governing) 공간을 확대하는 다양한 유형의 정당연합(party coalitions)으로 작동한다. 우파-중도, 좌파-중도, 좌파-우파 등 이념블록을 뛰어넘는 정당 간 연합정치가 작동하는 경우 연립정부는 특정 이익집단에게 특혜를 주는 것이 어렵다. 이익단체들 또한 자신에게 우호적인 정당이 이념적으로 반대되는 정당과의 정당연합에 참여하지 않고서는 안정적인 집권을 기대할 수 없는 경우 상대 이익단체와 협상 방식을 마냥 회피하지 않는다. 연립소수정부가 등장하는 경우 이익단체의 협력을 받지 못하면 안정적인 의회 과반의석 정당의 부재로 인해 통치불능(ungovernability) 사태가 야기되기 때문에 의회 외곽의 노사정 대화 방식은 정부운영에 효과적이다(Blomhansen 2001: 408-412). 또 선거 압력에 직면한 연립정부는 임금억제·증세·복지재편·노동유연화 등 정치적으로 인기 없는 정책에 대한 책임을 이익단체들과 공유하기 위해 사회협약정치(social pact politics)를 추구하는 경우도 없지 않다(Hamann and Kelly 2011: 34).

이처럼 합의제 헌정체제의 주요 제도적 축인 정당 간 연합정치와 노사정 사회적 대화는 두 조건에 의해 제도적으로 상호 연계하여 경제민주화-복지국가에 친화적으로 작동한다(Lijphart and Crepaz 1991: 235-236; Crepaz and Lijphart 1995; van Waarden 2002: 50-51). 첫째, 정당-이익단체의 융합을 통해서이다.[12] 즉 이익그룹의 의사결정 과정에 연정파트너 정당의 대표를, 또는 연정파트너 정당들의 정책결정 및 의회 법안조율 과정에 유관 이익그룹의 대표를 각각 제도적으로 참여시킨다. 둘째, 노사정 정책협의를 통해 산출된 사회협약이다. 사회협약은 통상적으로 정당정치가 작동하는 의회의 입법화 절차를 밟으며, 이 과정에서

12) 비례대표제 국가들의 정당들은 사회의 주요 이익들을 대표하는 조직화된 이익그룹들과 밀접하게 연계되어 있다. 사용자연합은 자유당과, 노조는 사민당과, 농민단체는 농민당 혹은 보수당과 연계된다. 또 기민당은 농민, 가톨릭노조, 지주(대농), 중소기업 등 다양한 경제그룹을 포괄하는 가톨릭단체와 연계된다.

연합정치와 노사정 정책협의는 상호 유기적 연계 속에서 작동한다. 부연하면 노사정 협의의 정책네트워크는 정당정치의 비생산적 소모적 논쟁의 대상이 될 소지가 있는 경제민주화–복지국가 정책 이슈에 관한 합의(사회협약)를 끌어냄으로써 정당정치 작동을 지원·보조하며, 역으로 정당 간 정책협의인 연합정치는 사회적 대화의 작동을 촉진한다.

Ⅲ. 선거제도-생산체제-복지국가 연계

1. 비교시각에서 본 비례제-CME-SWS·CWS

소선거구 다수대표제는 경쟁적 노사(정) 관계를 매개변수로 하여 경쟁의 원리가 지배하는 자유시장경제(LME)-자유주의복지국가(LWS) 연계를 견인한다. 실제로 앵글로색슨 국가들의 소선거구 다수대표제는 거대양당제-집권당단독정부와 제도적 친화성을 갖는 경쟁적 노사(정) 관계를 형성하며, 이는 시장임금(market wage)-주주기업지배구조-고(高)수량적노동유연화–저(低)공공사회서비스-저(低)PLMP 등으로 이어지는 정책조합을 특징으로 한 자유시장경제-자유주의복지국가 연계를 유도한다. 글로벌화 이후 영국·미국 등 자유시장경제 국가들은 ALMP 지출 확대를 통해 성장·고용이 다소 향상되었으나 임금유연화–고(高)고용유연화–저(低)PLMP-저(低)공공사회서비스에 따르는 임금·소득 불평등은 상대적으로 크다. 그 결과 '두 국민'(two nations)의 양극화가 심화되고 있다(McCarty *et al.* 2006: Chap 3; Bartels 2008: 23-26).

반면 비례대표제는 시장조정 기제인 노사정 사회적 대화를 통해 조정시장경제(CME), 즉 경제민주화–사민·기민주의복지국가(SWS·CWS) 연계를 유인하는 제도적 인센티브다(Cusack *et al.* 2007: 388). 서유럽 합의제 헌정체제 국가들에선 비례대표제와 제도적으로 친화성을 갖는 사회적 대화는 (중앙)임금조정-이해관계자기업지배구조 등을 특징으로 한 조정시장경제 형성에 결정적인 역할을 했으며, 케인즈주의 복지국가 또한 사회적 대화의 노사정 간 정치교환(political exchange)의 산물이다. 구체적으로 노동은 연대임금·임금억제를 통해 자본의 투자·성장을 촉진하여 완전고용을 달성하고자 했다. 국가는 연대임금·임금억제로 양보하는 노동에게 사회적 임금(social wage)인 보편적 복지정책으로 보상하고 재정지출 확대로 고용을 창출하고자 했으며, 이를 통해 정치적 정당성과 사회안정을 신장했다. 자본의 투자·성장 드라이브는 복지국가의 재정적 토대를 제공하고 임금억제를 수용한 노동에게 고용창출과 경영참여의 제도화로 화답했다. 이처럼 서유럽 합의제 헌정체제 국가의 비례대표제는 사회적 대화를 통해 조정시장경제와 보편적 복지국가를 제도적으로 연계시켜 생산과 분배, 성장과 복지의 선순환을 유도했다(Huber and Stephens 2001). 역으로 조정시장경제-복지국가는 사회적 대화를 촉진하여 비례대표제의 정당성을 강화했다.

1980년대 이후 글로벌화의 압력에 대응하는 서유럽 비례대표제 국가의 시장조정 기제는 노동시장 탈규제, 복지체제 재편 등과 같은 정책개혁을 주요 어젠다로 설정하는 공급중심(supply-side) 사회적 대화로 이동했다(Traxler 1995: 279; Rhodes 2001: 177-179). 이러한 사회적 대화는 정당 간 연합정치와 연계하여 작동한다. 비례대표제는 좌파정당-중도정당, 좌파정당-우파정당, 우파정당-중도정당 등 다양한 형태의 연합정치를 유인하며, 정당 간 연합정치는 노사(정) 사회적 대화를 촉진한다. 서유럽 복지국가 정치경제에서 결국 비례대표제가 유인하는 합의제 헌정체제의 양대 참여·대표 시스템인 연합정치-사회적대화 간 제도적 연계는 정치적 시장조정 기제로 작동하며 경제민주화-복지국가 수준을 규정한다. <그림 4-4>는 선거제도의 비례성 수준이 높은 게르만·노르딕 국가들이 정치적 시장경제 조정과 GDP 대비 사회지출 측면에서 앵글로색슨 국가와 한국보다도 높게 나타나고 있음을 보여주고 있다.

게르만·노르딕 국가들의 정치적 시장조정 기제인 연합정치-사회적대화의 제도적 기능적 연계는 글로벌화 이후 중앙·산별·기업별임금조정협상-이해관계자기업지배구조-PLMP하향조정-ALMP상향조정-공공사회서비스 등을 잇는 정책조합을 통해 경제민주화(노동경영참여·시장분배정의 등)-복지-성장이 선순환하는 조정시장경제-사민주의·기민주의 복지국가 간 연계를 견인한다. 그 결과 <표 4-1>이 보여주듯이 노르딕·게르만 국가들의 비례대표제-조정시장경제는 ALMP(산업·기업특수기술교육훈련) 강화와 관대한 PLMP로 노동시장에 개입하여 실업에 대응하고 국가의 보편적 공공사회서비스 지출이 높기 때문에 앵글로색슨 국가들의 소선거구 단순다수대표제-자유시장경제에 비해 상대적으로 소득불평등 정도가 낮다.

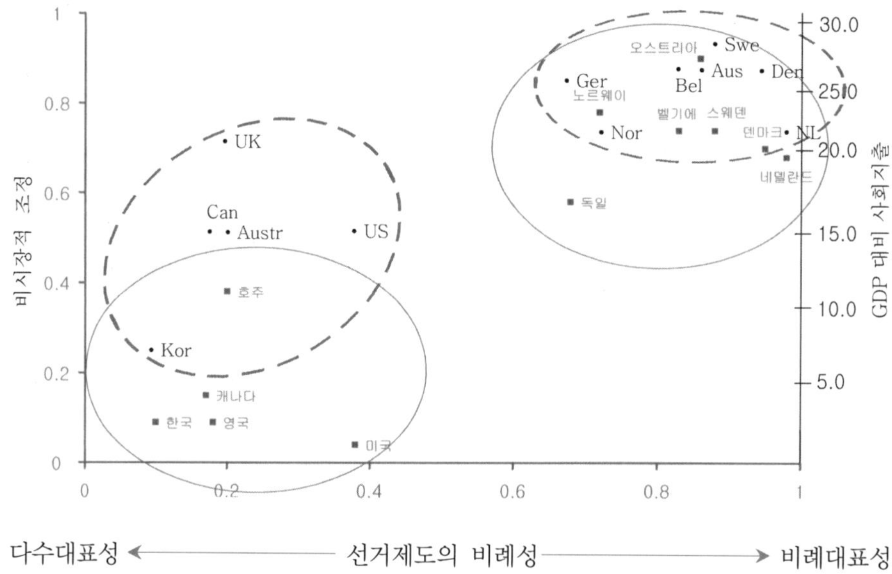

▌그림 4-4▌ 선거제도-비시장경제조정-사회지출

출처 : Iversen and Soskice 2009. p.444; 사회지출: OECE 통계(2010년)
한글국명 : 비시장적 조정 수준; 영문국명 : GDP 대비 사회지출 수준

▌표 4-1▌ 생산체제-복지국가 유형별 소득불평등

레짐	국가	빈곤율		지니계수		
		1980년대	1990년대	1980년대	1990년대	2000년대
노르딕	Sweden	7.10	6.55	0.22	0.23	0.26
	Denmark	-	-	0.21	0.21	0.24
	Finland	5.55	4.80	0.21	0.23	0.26
	Norway	6.80	6.65	0.23	0.24	0.25
게르만	Netherlands	5.50	7.25	0.22	0.23	0.26
	Gemany	6.58	8.25	0.26	0.27	0.30
	Asutria	8.65	7.85	0.22	0.26	0.26
	Belguim	4.85	8.35	0.23	0.27	0.27
앵글로색슨	Australia	12.05	14.03	0.29	0.31	0.34
	Canada	11.20	11.35	0.28	0.30	0.32
	Ireland	11.50	14.40	0.32	0.32	0.30
	U.K	11.85	12.90	0.32	0.34	0.34
	U.S	17.95	17.40	0.33	0.36	0.32
	Korea	-	-	-	0.27	0.32

출처 : 여유진. 주요 OECD국가의 소득불평등: 동향과 전망. p.48.

이처럼 게르만·노르딕 국가들의 비례대표제-조정시장경제는 앵글로색슨 국가들의 다수대표제-자유시장경제에 비해 상대적으로 시장분배(경제민주화)-재분배(복지국가)를 효과적으로 증진시키고 있다(Iversen and Soskice 2009: 442-443; 447). 앵글로색슨 국가들의 다수대표제-자유시장경제의 사용자들이 노동유연화-잔여적복지국가를 추구하는 것과는 달리, 노르딕·게르만 국가들의 비례대표제-조정시장경제에서는 사용자들도 경제민주화-보편적복지국가의 전면적 해체를 요구하지 않는다.[13] 그것이 기업의 경쟁력을 높이는 데 요구되는 노동시장 유연화 추진과정에서 노동자들의 저항을 줄일 수 있기 때문이다.[14]

2. 선거제-생산체제-복지국가 유형별 차별성

경험적으로 선거제도-생산체제-복지국가 사이에는 강한 상관관계를 갖는다. 이러한 상관관계는 <표 4-2>와 같이 비례대표제-조정시장경제-사민주의복지국가, 비례대표제-조정시장경제-기민주의복지국가, 다수대표제-자유시장경제-자유주의복지국가로 차별화할 수 있다(Swank 2002: 65-66; Iversen and Soskice 2009: 478).

첫째, 비례대표제-조정시장경제-사민주의복지국가다. 이러한 정치경제적 조건을 갖는 국가들은 스웨덴·덴마크·핀란드·노르웨이 등이다. 노르딕 국가들의 포괄적 선거제도인 비례대표제는 기민당이 취약한 다당제(좌파-중도-우파 정당블록)를 형성한다. 전통적으로 강력한 노조의 권력자원(power resources)에 뿌리를 둔 사민당 (소수)정부 혹은 사민당 주도 연립(소수)정부와 사회적 대화의 상호작용은 중앙임금협상-연대임금-이해관계자기업지배구조와 고(高)세입-고(高)복지(high revenue, high welfare) 등 생산체제-조세정책-복지국가의 연계를 제도화했다. 역으로 관대하고 포괄적인 공공사회서비스는 노동으로 하여금 자본과의 협상 테이블에 참여토록 하여 시장조정 기제로서의 사회적 대화의 정책협의를 촉진했다.

13) 서유럽국가의 사용자들은 비례대표제를 거부하지 않았다. 그 이유는 좌파정당의 정치력을 우려해서가 아니라 비례대표제가 노사정 사회적 대화를 통한 조정시장경제를 가능케 해 주는 기회를 제공할 것으로 기대했기 때문이다.

14) 지불능력이 있는 대기업인 경우 복지비 지출을 통해 숙련 노동자를 확보하고 그들의 충성도를 높인다면 복지에 반대할 이유가 없다. 그들은 자신들이 세금부담을 하는 공공복지보다는 숙련 노동자를 확보하는 수단으로 기업복지와 사회보험제를 선호한다. 반면 지불능력이 취약한 중소기업인 경우 직접 부담을 하는 사회보험보다는 조세기반의 복지프로그램에 대한 선호가 상대적으로 높다.

▌표 4-2▌ 선거제도-생산체제-복지국가의 연계

	비례대표제		다수대표제
	조정시장경제(CME, 경제민주화)		자유시장경제(LME)
	사민주의 복지국가	기민주의 복지국가	자유주의 복지국가
임금조정	임금연대	임금연대·	임금유연화
기업지배구조	이해관계자 지배구조	이해관계자 지배구조	주주지배구조
노동시장 유연화	high	medium	high
공공사회서비스	high	medium	low
ALMP	high	medium or high	low
PLMP	medium or high	medium or high	low

공공사회서비스, ALMP, PLMP: OECD 사회경제지표(2006~2009) 참조

비례대표제가 유인하는 연합정치-사회적대화 기제를 내장한 노르딕 국가의 합의제 헌정체제는 글로벌화에 대응하는 복지재편(welfare restructuring) 정치를 통해 기존 조정시장경제-사민주의복지국가의 틀을 재조정시킨다. 즉 노동시장 유연성, ALMP 강화, 연금·실업급여의 소득대체율·기간 축소와 자격요건 강화, 젠다평등 정책(데이케어지출·여성고용) 강화 등을 조합하는 유연안정성(flexicurity) 정책레짐으로 재편되었다(Madsen 2004; Wilthagen and Tros 2004). 특히 여성노동 참여확대, 여성의 좌파적 정치성향, 공공사회서비스 일자리 증대 간의 피드백 사이클이 작동한다. 또 임금조정 협상에 의한 임금보호, 관대한 실업급여, 보편적 공공사회서비스가 글로벌화 이후 재편되고 있지만 여전히 근로자들에게 직장 이동 없이 직업교육훈련 프로그램에 따라 산업·기업 특화기술(기능) 습득에 전념토록 유도하여 고(高)숙련노동이 재생산된다(Iversen and Soskice 2009: 442-443). 고숙련 노동은 노동의 기업경영 참여를 통한 산업평화와 더불어 고품질-고생산성-고시장분배-고재분배를 촉진한다. 요컨대, 글로벌화의 압력에 대응하는 노르딕 국가들은 'high road strategy'에 기초한 조정시장경제-사민주의복지국가를 제도화하고 있다<표 4-2 참조>.

그러나 노르딕 국가들의 조정시장경제-사민주의복지국가 모델이 지향하는

평등, 연대, 풍요, 정당, 공정 등 사회가치는 신자유주의적 세계화에 도전 받고 있다. 이에 따라 사민주의가 지배했던 노르딕 정치지형이 보수당과 포퓰리즘 극우세력 득세에 의해 점차 우경화되고 있다. 이 현상은 1990년대 이후 노르딕 국가들의 사민당이 추구했던 이른바 '제3의 길'(Three Way) 실패에서 비롯된 누적적 결과이다(Kuisma and Ryner 2012: 326). 제3의 길은 세계화에 대응하는 사민주의의 프로젝트인데, 완전고용 철회, 사회보험 대체율 완화, 연금개혁, 임금의 물가연동제 포기 등을 정당화는 근거를 제공했다. 따라서 노르딕 사민당들의 제3의 길은 조정시장경제-사민주의복지국가 모델에서 이탈을 알리는 신호였으며, 그 결과로 야기된 노동시장의 인사이더-아웃사이더 격차와 분열 문제가 노르딕 정치의 주요 이슈로 부상했다.[15] 그것은 제3의 길의 실패를 뜻하는 데, 극우세력과 중도보수 진영이 독자적인 프로젝트를 수립할 수 있는 정치공간을 제공했다.

예컨대 핀란드 극우정당인 '진정한 핀란드인당'(True Finns)은 지지층이 대부분 블루칼러층이라는 점에서 사민당보다는 진정한 노동 우호적인 당으로 등장했다. 스웨덴의 극우정당인 스웨덴인민당도 유사하다. 그들 극우정당의 주요 지지층은 젊고 남성 실업 노조원들이다. 이는 노르딕 국가들에서 포퓰리즘 극우정당들의 부상은 제3의 길의 실패에 따른 사민당 위기와 직접적인 연관성이 있다는 점을 시사한다.[16] 무엇보다 이런 상황을 야기한 요인은 무자격자들에

15) 일부 연구들은 인사이더-아웃사이더 정치는 게르만 국가들에서 등장한 반면, 노르딕 국가들에선 발생하지 않는다고 주장한다(Palier and Thelen 2010). 노동시장의 인사이더-아웃사이더 격차가 증가하는 것은 게르만 국가들의 현상이라는 것이다. 예컨대 스웨덴의 인사이더-아웃사이더 갈등은 낮다는 명제를 뒷받침할 두 주장이 있다. 첫째, 스웨덴의 포괄적이고 중앙집중적인 노조와 노동시장 제도는 노동 전체의 일반적 이익과 노조의 연대적 선호를 촉진하고 인사이더-아웃사이더 격차를 줄이는 데 기여한다. 둘째, 기민주의와 사민주의의 차이가 존재한다. 인사이더-아웃사이더 갈등을 사민주의 정치라기보다는 기민주의 정치의 결과로 보고, 사민당 정부는 게르만 국가들의 인사이더-아웃사이더 분열 혹은 앵글로색슨 국가들의 심한 임금불평등을 선제적으로 예방한다(Iversen and Stephens 2008: 605, 609). 아이버슨과 스테펜스에 따르면 게르만 국가들과 노르딕 국가들의 차이가 발생한 이유는 스웨덴처럼 사민주의 정치력이 강한 노르딕 국가에선 비례대표제가 사민당으로 하여금 저임금 노동자들을 지속적으로 보호하도록 하는 반면, 기민당의 정치력이 강한 게르만 국가들에서 사민당은 중도화되어 아웃사이더들을 포기한다(Iversen and Soskice 2009). 물론 스웨덴처럼 기민당 정치력이 약하고 포괄적인 노조와 비례제를 채택한 노르딕 국가들에선 인사이더-아웃사이더 격차와 분열은 상대적으로 약할 수 있다. 그럼에도 인사이더-아웃사이더 딜레마는 스웨덴에서 존재한다(Lindvall and Rueda 2014: 464-466).

16) 노르딕 국가들의 좌파정당들(사민당, 녹색당, 급진좌파당 등)은 점차로 교육, 사회투자, 성평등, 환경 등과 같은 사회정책을 선호하는 청년, 고학력자, 고숙련 중간계급의 이익을 대표하는 경향을 보인다(Hausermann *et al.* 2012: 228). 고학력자, 고숙련 중간계급 등 노동시장 인사이더들

대한 과도한 복지재정 지출로 인해 복지서비스가 줄어들고 있다고 생각한 사민당의 핵심 지지층의 복지공급에 대한 불만에 비롯된다(Kuisma and Ryner 2012: 336). 포퓰리즘 극우정당들은 이런 불만을 자신들의 정치적 담론(정강정책)에 반영했다. 그들 극우정당은 특히 노동능력이 없는 이민자들이 국가재정에 큰 부담을 안겨주고 있다는 점을 분명히 하고, 복지는 자격 있는 내국인들의 사회적 권리로 제공돼야 하며, 이주민들은 자립능력을 갖춰야 한다고 주장한다. 이처럼 노르딕 포퓰리즘 정치는 이민의 도전을 복지국가와 연계하는 경향을 보인다.

나아가 중도보수 진영도 사민당의 제3의 길에 대한 공세에 나섰다. 1990년대에 사민당이 재정건전화라는 깃발 아래 내세웠던 '급여 대신 노동시장 활성화'(activation before benefits)와 같은 '제3의 길' 레토릭은 보수진영에 의해 효과적으로 차용되었다(Kuisma and Ryner 2012: 335). 보수동맹은 임금소득세를 낮춰 가처분 소득을 올리고 사회보험 수급 자격요건 강화를 제안했다. 이런 조정시장경제-사민주의복지국가 모델 재편 속에서 인사이더-아웃사이더 정치가 노르딕 정당정치의 중심축이 되고 있다.

둘째, 비례대표제-조정시장경제-기민주의복지국가 그룹은 네덜란드·독일·오스트리아·벨기에 등 게르만국가들이다. 기민주의 복지국가의 특이한 정치적 조건은 사민주의 복지국가와는 달리, 상대적으로 강력한 정치력을 갖는 기민당의 존재다. 기민당은 계급교차 연합정당(cross-class coalition parties)이어서 중간계급을 대표하는 중도정당(centrist party)들의 매력적인 연정 파트너다(Iversen and Stephens 2008: 611). 기민당-중도정당 간 연합정치는 독일 등에서 장기간 지속된다. 전통적으로 기민당 내 정파 간 재분배정책에 관한 합의가 쉽지 않기 때문에 복지국가의 중심축은 조세중심(tax-based)의 공공사회서비스보다는 소득·직장과 연계된 보편적이고 관대한, 기여금중심(contribution-based)의 사회보험

은 고소득자들이기에 전통적인 재분배 정책 등에 대해선 상대적으로 관심을 갖지 않는다. 좌파정당들은 이런 새로운 유권자층에 의존하는 만큼 전통적인 재분배 정책의제보다는 오히려 사회투자 의제를 더 중시하며 인사이더 보호정책(직장·고용안정성 등)을 선호는 경향을 보인다. 특히 사민당은 ALMP와 PLMP에 관심을 갖는 아웃사이더들을 희생하고 인사이더 이익에 충실하고 있다(Rueda 2014). 이에 따라 실업자, 저임금 비정규직 근로자 등 노동시장 아웃사이더들은 점차로 좌파정당 지지를 철회하고 반이민적인 스탠스에 집착하는 포퓰리즘 극우정당들에 지지를 보낸다.

과 직장보호에 있다. 따라서 사회보험 프로그램은 기업과 노동의 보험료에 따라 차등화 되고 특히 노동시장의 인사이더와 아웃사이더 간 차등화 현상이 심하다. 그 결과 기민주의 복지국가의 재분배 수준은 사민주의 복지국가에 비해 상대적으로 낮다. 복지국가 유형별 GDP대비 사회지출을 보인 <그림 4-5>에서 알 수 있듯이 실제로 기민주의 복지국가의 평균 사회지출은 24.6%로서 사민주의 복지국이 26.3% 보다 더 낮게 나타나고 있다. 또 기민당은 사민당이 선호하는 공공사회서비스 정책 대신, 전통적으로 가정·전업주부에게 관대한 조세-소득이전 정책을 통해 보조하며 여성의 가사 전념 유도 정책을 선호한다(Iversen and Stephens 2008: 612). 이런 까닭에 세 유형의 복지국가 가운데 기민주의 복지국가의 여성 노동참여도가 가장 낮다.

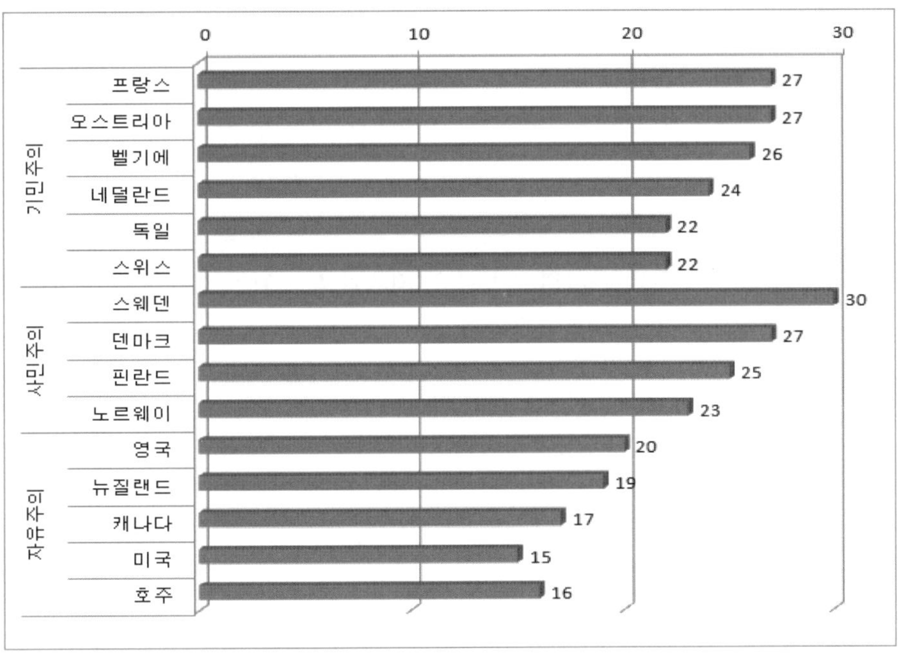

▌그림 4-5▐ 복지국가 유형과 GDP 대비 사회지출(%) 1980~2013

출처 : 강명세 2014: 40

기민주의 복지국가에서 노동시장의 이중성이 점점 심화되고 있다. 이는 좌파정당의 정치력이 약해지는 반면, 숙련노동·중간층·전문직·중상위층 등 다양한 이익집단을 대표하는 계층교차적(cross-class) 성향의 기민당-중도당 연합정치가 강력해지는 데서 연유한다(독일)(Iversen and Soskice 2010: 7·23). 기민당-중도당 연정은 핵심 정규노동자의 사회적·노동시장 보호에 친화적인 반면, 소득재분배, 저숙련노동 ALMP, 노동시장의 인사이더-아웃사이더 불평등 축소에는 소극적이다(Iversen and Soskice 2010: 15).

그러나 조정시장경제-기민주의복지국가 그룹은 국가별 정치지형에 따라 다양한 수준의 재분배정책을 보인다. 그것은 사민당의 정치력에 좌우된다. 상대적으로 사민당의 정치력이 약하고 강력한 기민당이 존재하는 정치지형에서는 정부정책에 의해 노동시장 분절화 위험이 높아지는 경향이 있다. 왜냐하면, 비숙련 노동자들은 기민당에 의해 대표되지 못하며, 기민당 정부의 실업급여와 ALMP가 노동시장 밖에 있는 실직자 등의 요구에 충분히 부응하지 못하고 있기 때문이다(Iversen and Stephens 2008: 630). 반면에 강력한 사민당이 존재하는 기민주의 복지국가의 정치지형에서는 정부정책이 노동시장 변화의 영향을 흡수하는 쿠션 역할을 한다. 사민당 주도 연립정부의 ALMP와 실업급여가 상대적으로 높아 노동시장의 인사이더와 아웃사이더 간 차등을 최소화시키기 때문이다.

전통적으로 좌파 정치력과 노동의 권력자원이 상대적으로 약한 베네룩스국가의 기민당은 자유주의 우파와 사민주의 좌파가 혼재되어 이념적 스펙트럼의 중간에 위치하는 강력한 중도 연합정당이다. 따라서 베네룩스국가의 기민당은 다양한 소득집단 간 타협을 반영하여 상대적으로 사회경제적 이슈에 대한 중도적 정책을 채택하는 경향이 있으며(Iversen and Stephens 2008: 604), 사민주의 복지국가들에 비해 상대적으로 좌파정당 주도 연립정부의 구성 가능성을 감소시킨다. 하지만 베네룩스국가의 기민당은 관대한 재분배 정책을 선호하며, 중도좌파 정당 혹은 다른 군소 중도정당과의 연립정부를 구성하여 복지국가 축소에 반대한다.

더욱이 그들 국가의 비례대표제-다당제 하에서는 좌파정당 주도 연립정부가 등장하는 사례도 드물지 않다. 그 경우 좌파정당 주도 연합정치는 사회적 대화와의 역동적 상호작용을 한다. 이런 기능적 연계성을 갖는 베네룩스 국가들의 합의제 헌정체제는 글로벌화에 대응하는 복지재편 정치를 작동시키면서도 조정시장경제-기민주의복지국가 체제를 유지한다. 즉 임금억제-노동경영참여-

노동유연화-ALMP강화-사회보장(연금·실업보험·공공사회서비스)조정 등을 잇는 정책조합이 제도화된다. 이러한 베네룩스 조정시장경제-기민주의복지국가의 정책조합 정도는 대체로 조정시장경제-사민주의복지국가와 자유시장경제-자유주의복지국가의 중간 수준에 위치한다<표 4-2 참조>.

셋째, 다수대표제-자유시장경제-자유주의복지국가 그룹은 앵글로색슨 국가(미국·영국·캐나다·호주), 한국 등이다. 비례대표제-다당제가 정당 간 연립정부 구성을 유인하는 것과는 달리, 자유시장경제-자유주의복지국가 그룹에서 다수대표제-거대양당제 하의 정부는 유력한 좌파정당이 존재해도 상대적으로 중도우파 (연합)정당 단독으로 구성될 확률이 매우 높다(Iversen and Soskice 2006: 169). 더욱이 자유시장경제-자유주의복지국가 그룹의 패권적인 양당제 정당체제에서는 좌파정당이 아예 존재하지 않거나(미국) 정치력이 취약한 군소정당인 경우(한국)가 대분부이지만, 설령 유력한 정치력을 가진 경우(영국·호주)에도 노조와의 연계가 취약하고 기업신뢰(business confidence)·투자촉진 등 자본의 이해와 논리에 충실 한다. 또 기민주의 복지국가에 존재하는, 상대적으로 관대한 재분배 정책에 우호적인 가톨릭 정당마저도 존재하지 않는다. 게다가 자유시장경제-자유주의복지국가 그룹의 소선거구다수대표제-거대양당제-집권당단독정부는 노조와 사용자단체가 각기 자신에게 우호적인 정당이나 정부를 상대로 하여 로비·시위에 의해 경쟁적으로 이익 표출·관철을 시도하는 갈등적 투쟁적 노사(정) 관계와 제도적으로 맞물린다. 이러한 다수제 헌정체제는 지역개발 중심의 재정배분, 중위투표자(median voter)의 선호·이익에 부합하는 정책경쟁을 유발시켜 중위그룹 이하의 집단·계층이익을 보호하는 재분배 정책에 소극적이며, 임금·근로조건·기업복지 등을 둘러싸고 노사 간 제로섬적인 투쟁을 촉발시키는 경향을 보인다.

자유시장경제-자유주의복지국가 그룹의 노동시장에서는 특정 부문 숙련된 기술노동이 아니라 일반 기술노동이 고용되며, 일자리를 잃으면 다른 일자리를 찾는 이동을 권장하는 고용·해고 유연화가 강조된다. 이런 까닭에 노동에 대한 보편적 복지를 강화할 필요성이 낮아지며, 시장의 복지공급(기업복지·민간보험) 역할과 개인의 복지책임을 강화하는 자유주의 복지정책이 지배한다. 국가는 소득·자산조사(means-test)에 따른 빈곤층·저소득층에게 공공부조를 제공하는 데 주력하고 시장차별적인 복지(market-differentiated welfare)를 선호한다. 기본적으로 저(低)세입-저(低)복지 형태로 조세체계-복지국가가 연계되고 있는 것이다. 또 국가는 기업의 사회보장세 축소를 통해 투자·고용 촉진을 유도하는 전략을 선호한다. 결국 글로벌화에 대응하는 자유주의 복지국가들은 사민주의·기민주의 복지국가에 비해 상대적으로 고(高)노동시장유연화-저(低)공공사회지출-저PLMP-저ALMP를 조합하는 자유시장경제-자유주의복지국가의 연계를 제도화한다(Iversen and Stephens 2008: 608)<표 4-2 참조>. 특히 노동의 수량적 유연화, 비정규직확대, 취약한 직업훈련교육, 조직 다운사이징 등 비용감축경쟁전략(low road strategy)은 저숙련·저생산성·저복지의 원인이 되고 있다.

Ⅳ. 생산체제-복지국가 유형별 국가사례: 노사정정치-정당정치 연계

1. 조정시장경제-사민주의복지국가: 스웨덴·덴마크

스웨덴 조정시장경제-사민주의복지국가는 살트세바덴협약 정치와 노조(LO)-사민당 연대에 바탕을 둔 사회적 대화에 의해 발전되었다. 노사 중앙임금협상은 연대임금정책(SWP)을, 노사정 정책협의체인 국가노동시장위원회(AMS)는 ALMP를 각각 산출했다(선학태 2006: 378-380). 이는 사회적 대화의 제도화를 통해 SWP-ALMP가 연계되었음을 뜻한다. SWP는 이해관계자 중심 기업지배구조를 유도해 냈으며, ALMP는 SWP로 인해 발생한 저성장 사양 산업의 실업을 흡수했다. 이러한 SWP-ALMP를 결합한 렌(Rehn) 모델의 제도화를 위해 사민당 정부는 1957년 사용자가 피고용인의 연금보험료 납부를 전액 부담하는 일반보충연금(ATP)과 일련의 보편적 사회복지를 입법화했다. 이로써 렌 모델은 생산성제고·산업구조조정·경제성장·완전고용·소득분배·노사타협 등의 효과를 가져왔다(선학태 2006: 380-381). 요컨대, 스웨덴 사회적 대화의 노사정 정치는 조정시장경제-보편적복지국가의 제도적 연계를 매개하는 정치적 토대다.

노조-사민당 연대는 노사공동결정법(1976) 제정을 통한 기업민주화를 주도했으며(Rehn 1991: 124), SWP에 의해 야기된 과대 성장기업의 자본집중·집적을 견제하기 위해 공동결정제보다 더욱 혁신적인 마이드너(Meidner) 모델에 기초한 임노동자기금제(WEF, 노조 소유제에 의한 기업통제권)를 추진하고자 했다. 노조-

사민당 정치력이 노사공동결정제-WEF를 결합한 기업지배구조를 구축하려 한 것이다. 그러나 WEF 논쟁은 LO와 사용자연합(SAF) 간 격렬한 이념적 대립을 촉발했으며, 사민당에 맞서는 우파블록 3개 정당 간 연립정권(1976~82) 등장을 야기했다. 이로 인해 1970년대 스웨덴 정당정치는 점차 좌우 이념블록의 양극화 현상을 드러냈다. 1982년 재집권한 사민당 정부가 공산당의 지지에 의존하여 비록 완화된 WEF를 입법화했는데도(Anthonsen *et al.* 2011: 128-129), 이에 대응하는 사용자단체는 1983년 중앙임금협상 대신 산별임금조정을 허용하고, 노조-사민당 연대에 반대하는 우파블록 선거 승리 및 이념적 캠페인에 승부를 거는 대결 전략으로 나왔다. 이러한 대결 전략은 1991년 초 각종 정부위원회에서 SAF가 탈퇴함으로서 절정에 이르렀다(Anthonsen *et al.* 2011: 125).

물론 수상 관저인 하프준드(Harpsund)의 노사정 정책협의는 1984년 '로젠바트 합의', 1990년대에는 '렌베르크 합의'를 이끌어내는 등 사회적 대화가 완전히 소멸한 것은 아니다(Hermansson 2004: 11-12). 그러나 1990년대 초 연금개혁위원회가 구성될 때 노동시장 단체들은 배제되고 정당대표·관료·전문가들에게 연금개혁 설계가 맡겨졌다(Anthonsen *et al.* 2011: 125-126). 사민당은 1994년 재집권한 후 의회에서 다른 야당과 협력하여 실업보험 급여 축소 등 복지재편(welfare restructuring) 정치를 작동시키는 반면, 노사정 정책협의에 미온적이었다. 1990년대 이래 이익단체들 또한 사회적 대화에 의존하지 않고 정당·의회를 상대로 로비에 의해 정치적 압력을 행사한다(Hermansson 2004: 35-38). 정치적 의사결정 과정이 점차로 정당·의회정치에 의해 지배되는 다원주의 정치, 즉 탈조합주의 정치(de-corporatist politics) 현상이 발생한 것이다.[17] 이는 의회에서 정당 간 입법연

17) 사회적 대화는 이익단체와 정당정부 사이에 정부정책에 대한 지지와 반대급부적 정책혜택을 정치적으로 교환하는 메커니즘이다. 그런데 글로벌화 이후 스웨덴·덴마크·노르웨이 등 노르딕 3국의 이런 사회적 대화 메커니즘은 퇴조하고, 의회와 정부에 대한 로비정치로 대체되고 있다. 이에는 몇 가지 이유가 있다(Öberg *et al.* 2011: 374-382, 383-389; Rommetvedt *et al.* 2013: 460-469). 첫째, 글로벌화, 유럽단일시장, 분권화 등은 중앙정부의 정책자율성을 제약하고, 따라서 중앙정부는 이익단체들의 요구를 충족하는 데 한계를 드러낸다. 둘째, 행정부-의회 관계의 변화다. 즉 행정부에 대한 의회(특히 야당)의 협상력과 견제력이 강화되고, 이로 인해 이익단체에 정책혜택을 부여하는 정부의 대의회 정책통제력이 약화되고 있다. 이는 정부정책에 정치적 지지를 보내는 이익단체에게 정부가 반대급부적인 양보와 이익을 제공할 수 능력이 약화되고 있음을 시사한다. 이런 정치지형에서 이익단체들은 노사정 정책협의체에의 참여를 철회하고 대신 의회(혹은 정부)에 대한 로비활동을 강화한다. 셋째, 신생정당의 의회 진출, 투표유동성 증

합(legislative coalitions) 정치가 노사정 사회적 협의를 대체하고 있음을 뜻한다.

그런데 신자유주의적 글로벌화에 따라 발생한 노동시장의 인사이더-아웃사이더 간 격차 문제는 스웨덴 정당정치의 양극적 블록화를 야기하고 있다. 이런 현상은 사민당의 '인사이더 vs 아웃사이더' 간 선택의 딜레마에서 발단되었다. 사민당이 인사이더 이익을 강조하면 아웃사이더들은 사민당에 대한 정치적 소외감을 느껴 투표에 기권하거나 급진 정당들을 지지하는 반면, 아웃사이더 이익을 강조하면 인사이더들은 중도우파에 투표하는 경향을 보인다(Lindvall and Rueda 2014: 461). 실제로 1998년 총선에서 사민당은 근로소득세 인하, 실업급여 축소 등을 선호하는 인사이더를 선택했고, 이는 관대한 실업급여 보존을 선호하는 아웃사이더의 좌파당 지지 증가로 이어졌다. 2006, 2010년 총선에선 사민당은 대체로 아웃사이더를 선택했는데, 이에 대응하는 중도우파 정당들은 매력적인 정치적 메시지를 던져 인사이더 유권자들의 지지를 끌어냈다. 결국 사민당은 전통적 지지층이었던 두 그룹인 인사이더와 아웃사이더의 요구와 이해관계를 조정하는 포용전략에 실패했으며, 인사이더-아웃사이더 격차 문제는 스웨덴 정당정치의 경쟁 구도를 바꿨다. 즉 1998년 총선 이후 사민당과 다른 두 중도좌파 정당(좌파당, 녹색당)과의 협력이 강화됐고, 2010년 총선에선 공동 선거 강령을 만드는 등 '적-녹연합'이 형성되었다. 이에 맞서 중도우파 정당들도 2006, 2010년 총선에서 '스웨덴 연합'(Alliance for Sweden)을 구축했다. 결과적으로 2000년대 이후 스웨덴 정당경쟁은 점차로 3개의 중도좌파 정당블록과 4개의 중도우파 정당블록으로 양분되는 양극적 블록정치 중심으로 전개되고 있다.

스웨덴 사회적 대화의 퇴조는 이 같은 좌우 이념블록 중심의 양극화된 정당경쟁과 무관치 않다. 스웨덴 정당정치는 통념과는 달리 유럽의 비례대표제 국

가, 정당경쟁 심화 등으로 인해 의회 정당체제가 점점 파편화하여 소수정부 등장이 보편화되고 있으며, 소수정부는 의회 과반의석 동원 수단으로 야당과의 입법연합(*forlig*)을 통해 법안 통과를 시도한다. 이런 야당과의 입법연합은 소수정부의 정책자율성을 제약하여 사회적 대화의 정치교환을 어렵게 한다. 넷째, 이익단체들의 능력이 약화되고 있다. 중앙 노동시장 이익단체들의 조직률이 낮아지고 협상대표권이 약화되고 있으며, 이해관계의 다양화로 인해 중앙 노사 단체들은 하위단체에 대한 통제력이 점점 약화되어 정부정책에 대한 통일된 집단적 지지를 보낼 수 있는 능력을 상실했다. 결국 노르딕 3국의 고도로 제도화된 사회적 대화의 정책결정 양식은 이익단체들이 정부와 의회에 경쟁적으로 정치적 영향력을 행사하는 다원주의적 정책결정 패턴으로 전환되고 있다(Rommetvedt *et al.* 2013: 477). 이는 탈사회적 대화를 뜻한다.

가 중 가장 좌우 이념블록 사이의 경쟁이 격렬하다. 정당정치의 구심적 균형추 역할을 하는 중도정당은 지지율이 하강하여 정치적 공간이 좁아지고 있다(Hamann and Kelly 2011: 90-91; 106). 정부구성은 1980년대 이후 사민당 대 보수우파 정당연합 간의 전면적 교체가 반복적으로 발생한다. 이익단체들도 정당정치의 좌우블록 이념투쟁과 갈등 속으로 휘말리고 있는 형국이다. 이런 상황에서 노사 이익집단들은 각기 사회적 대화의 정책네트워크에의 참여보다는 자신에 우호적인 집권 정당에 직접 영향력을 발휘하여 이익을 관철하려 한다. 결국 스웨덴 좌우 이념블록 중심의 양극적 정당정치는 사회적 대화의 정책결정 메커니즘의 안정적 작동을 방해하고 있다(Anthonsen and Lindvall 2009: 178). 1982년 이후 지속적으로 등장하는 사민당 단독소수정부는 의회 야당들과의 협력을 통한 의회 입법화 전략을 선호한다(Hamann and Kelly 2011: 91-96). 스웨덴 사민당 소수정부의 이런 입법연합은 통상 좌파블록 내 정당(예컨대 녹색당·공산당)과 이뤄진다.[18)]

한편, 덴마크는 전통적으로 노조(LO)-사민당 연대에 기반을 둔 노사정 거버넌스를 통한 케인즈주의 복지국가를 지향했다(선학태 2006: 407-409). 즉 노사정 협치는 중앙임금협상을 통해 연대임금제(경제민주화)를 선택했으며, 국가는 이로 인해 발생하는 저성장 사양산업의 실업을 관대하고 포괄적인 PLMP로 흡수하고 보편적 공공사회서비스 정책을 구축했다.

그러나 1970년대 덴마크 노사정 대화는 위기를 맞는다. LO가 스웨덴식 WEF인 급진적 경제민주화 정책어젠다를 제안했기 때문이다. 자본권력에 대한 중대한 도전으로 인식한 사용자단체(DA)는 경제민주화를 강력히 반대했다. 이로 인해 노사 간 이념·분배 갈등이 극단적으로 분출하여 노사정 정책협의가 정체되었다. 당시 정치력이 약화된 사민당은 최초로 1978년 경제민주화를 반대한 우파인 자유당과의 연립정부를 구성하고 경제민주화 입법화를 철회할 수밖에 없었으며,[19)] 이로 인해 LO와의 긴장관계가 조성되었다(Allern *et al.* 2007: 614-617).

---

18) 스웨덴 사민당은 단독소수내각을 구성하지만, 의회에선 야당인 좌파블록 정당인 좌파당과 녹색당 등과 블록 입법연합(bloc legislative coalition)을 형성한다. 블록 입법연합은 선거경쟁에서 정치적 리스크를 분산시키기 위한 일종의 '비난회피' 전략이다.

19) 덴마크 정당정치는 이념적으로 인접한 정당 간 연립정부로 구성되는 블록정치(bloc politics)로 작동해 왔으나 1978년 그러한 정당정치 패턴에서 이탈하여 탈(脫)이념의 사민당-자유당 연정이 구성되었다.

경제민주화 실패를 경험한 LO는 1980년대에 들어 아이러니하게도 보수당-자유당-중도민주당-기독교인민당 중도보수 연립정부(1982~1992) 및 자본을 상대로 협력적인 실용주의 전략을 구사했다. 이에 따라 연립소수정부와 제도적으로 연계된 사회적 협의체인 전국노동시장위원회(LAR), 지역노동시장위원회(RAR)는 DA의 요구대로 중앙임금협상제를 산업·지역별 임금협상제로 전환하는 분권화에 합의했으며, 특히 1987년 임금억제 협약인 '공동선언'을 발표했다. 이는 덴마크 사회적 대화의 부활을 의미하고 다른 이슈들에서도 노사정 3자 정책협의가 작동하는 토대가 되었다. 실제로 보수-자유 연립정부는 1980년대 말 노사정 정책협의체인 Zeuthen위원회를 구성하고 이를 통해 개혁정책을 시도했다(Anthonsen *et al.* 2011: 123-125). 또 국가연금제를 주창하는 LO-사민당과 이에 반대하는 DA-우파정당 간에 1970년대 극심한 이념·분배갈등의 원인이었던 연금개혁이 노사정 정책협의를 통해 노사 관리 하의 분권적 연금제로 절충 타결되었다.

사민당-사회(급진)자유당-중도민주당-기독교인민당 좌우 연립정부(1993~96)로 등장한 탈(脫)이념블록정치(de-bloc politics) 하에서(Green-Pedersen and Thomsen 2005: 157-159) Zeuthen 위원회는 1994·96·98년 등 3차례에 걸쳐 임금 외에도 노동시장·복지 이슈 등 다양한 정책의제의 합의를 이끌어내는 유연안정성(flexicurity) 정치를 주도했다(Mailand 2002: 85-89; Elvander 2002: 125). 즉 세계화에 따른 수량적 노동유연화, ALMP 지출확대, PLMP 지출축소, 사회보장정책(출산보상·유급휴가제) 강화 등으로 이어지는 정책조합이다(Madsen 2004). 또 사민당-사회자유당 연립정부(1996-2001) 하의 노사정 '3자 포럼'은 1999년 '고용을 위한 전국행동계획'(NAPE)을 체결한다. 나아가 산업별·지역별·기업별 수준에서도 임금조정 이외 직업훈련프로그램, 고용서비스 제공 등 정책 전반을 다루는 중위·미시적 레벨(meso-micro level)의 노사정 정책협의 시스템이 작동했다.

이로써 덴마크 모델의 전통적인 노동시장경직성-포괄적복지-관대한 PLMP 정책조합은 노동시장유연화–ALMP확대-PLMP축소-관대한사회보장 등을 결합한 '황금의 트라이앵글'(golden triangle), 즉 유연안정성 정책조합으로 전환되었다(Andersen and Svarer 2007: 3-5; Taylor-Gooby 2007: 9-10). 새로운 노사정 3자 포럼에 의해 산출된 정책개혁 콘텐츠가 입법화되는 과정은 정당정치와 긴밀한 관계

속에서 작동한다. 정당·의회의 의사결정 과정에 사회적 파트너가 참여하여 이해관계를 조정하며, 의회에서도 LO-DA의 관계를 반영하여 우파정당, 중도정당, 좌파정당 간의 협력이 작동되었다(Jensen 2002: 78-80).

결국 덴마크의 경제민주화-사민주의복지국가는 노사정 정책협의의 산물이며, 이는 1980년대 이후 이념블록을 뛰어넘는 정당 간 연합정치의 맥락 속에서 작동했다.[20] 1980년대 우파-중도 연립정부, 1990년대 좌파-중도 연립정부, 2000년대 보수-자유 연립정부 모두 군소 중도정당, 특히 사회자유당의 지지에 의존했다. 덴마크 정당정치는 좌파정당과 우파정당 간의 경쟁이라는 점에선 스웨덴과 유사하다. 그러나 스웨덴의 정당정치와는 달리 덴마크에는 중요한 군소 중도정당들이 존재하며, 중도정당은 좌파정당과 우파정당 블록사이를 오가며 자신의 지지 정당을 선택하면서 의회 입법연합의 균형추 역할을 수행한다(Damgaard 2000: 236; 239-240; Bille and Pedersen 2004: 25). 특히 연립소수정부인 경우 정책 사안에 따라 의회에서 야당과의 입법연합을 구축하여 의회-행정부 협치 공간을 확장시킨다. 이는 스웨덴 정당정치와는 달리 좌우 양극적 경쟁을 연출하지 않는 덴마크의 초이념블록 정당정치가 노사정 정책협의 부활의 동력이었음을 웅변한다.

2. 조정시장경제-기민주의복지국가: 네덜란드·독일

2차 대전 이전 자유주의 복지국가로 출발한 네덜란드는 전통적으로 정치적 좌파가 취약하고 중도정당인 기민당이 강력한 정당정치 지형 속에서 전후에도 보수적인 종교세력이 지배하는 노사(정) 협의체인 노동재단(FL)과 사회경제협의회(SER) 등의 의해 복지국가 발전이 제약되었다(선학태 2006: 252-256). 그러나 1960년대 지지율 하락에 직면한 기민당 주도 연립정부는 중앙임금협상제-PLMP 조합에 입각한 조정시장경제-보편적복지국가 연계를 발전시킨다.

그러나 덴마크에서처럼 네덜란드 노사정 정치도 1970년대에 중앙임금협상제가 정체되는 위기에 직면한다(Hemerijck 2002: 230-232). 이는 네덜란드 정당정치 위기에서 연유한다. 당시 신생 좌파정당 출현, 기성정당의 지지도 하락 등 정치

20) 1980년대 이후 핀란드에서도 정부의 정책개혁은 거의 사회협약을 통해 이뤄졌으며, 이는 초이념블록의 포괄적 연립정부에 의해 제도화된다(Hamann and Kelly 2011: 100-106).

지형 변화 속에서 노동당은 진보적 연대를 강화하며 기민당과의 타협은 거부했다. 중도좌파 정당과 중도우파 정당이 교대로 집권하면서 좌우블록 정당 간 경쟁이 양극화되었다. 이로 인해 노조와 사용자단체 간에도 계급적 이익정치의 확대에 따른 이념·분배 갈등이 격렬했다. 이처럼 양극화된 이념블록 정당정치와 계급적 이익정치는 사회적 대화와 양립하기 어려웠다. 노사 이익단체들이 각기 상대방 파트너와 협상하기보다는 정부 내 우호적인 블록 집권당에 직접 영향력을 행사하려는 유혹을 가졌기 때문이다.

그러나 기민당-보수자유당 연립정부(1982~94) 하에서 네덜란드 사회적 대화는 부활했다. FL은 1982년 임금억제와 노동시간단축·일자리나누기 간의 정치적 교환을 합의한 바세나르협약, 그리고 1993년 임금협상 분권화, 비정규직 고용기회 확대 및 장애·질병급여 관대성 축소 등을 담은 신노선협약(New Course Accord)을 체결했다(Visser 1995: 287-293; 1998: 279-284). 또 이익단체들은 연금·노동시장 개혁 정치의 주역을 담당했다(Anderson 2007: 751). 이 같은 사회적 대화의 부활은 전통적으로 중도정당인 기민당에 힘입은 바 크다. 덴마크의 중도정당보다 훨씬 규모가 큰 네덜란드 기민당은 사민주의 세력과 자유주의 세력이 혼재하여 노동과 자본 모두에 비교적 우호적이기 때문이다.

나아가 노동당-보수자유당-민주주의 '66 '자주빛' 연립정부(purple coalition, 1994~2002) 하에서 FL과 SER은 유연안정성협약(flexicurity pact)을 체결했다. 즉 정규근로자의 보호완화(비정규직 전환 조건 완화 등), 비정규직 노동 보호(사회보험·법정최저임금제·유급휴가 등), 사회안전망(장기실업·빈곤층 대책) 강화 등 세 축을 연계한 네덜란드 경제민주화-복지국가의 정책조합을 제도화했다(Oorschot 2004). 이는 한편으로는 노사의 타협이고, 다른 한편으로는 노노 간 타협이다. 또 '자줏빛' 연정은 노사(정) 간 사회적 협의와의 역동적 상호작용 속에서 유연안정성법, ALMP의 법적 틀인 '구직자고용법', 비정규직과 정규직의 동등한 법적 지위를 확보하는 '신노동시간조정법', '고용조건정책협약' 등을 입법화했다(Hermerijck and Vail 2004: 22-23). 노사정 대화의 안정적 작동은 정당정치가 실용주의적인 정당연합으로 복원되는데서 비롯된다. 좌우 이념블록을 뛰어넘는 '자주빛' 연립정부가 네덜란드 노사정 협치 부활의 정치적 토대로 작동한 것이다. 좌파-우파 정당 간 정부연합이 노동과 자본 등 특정 이익단체의 이해관계에만 집착할 수 없기 때문에 노사정 대화의 안정적 작동을 견인했기 때문이다.

이로써 네덜란드는 PLMP 중심 복지체제의 생산적 기능에 한계를 보인 1970~80년대 초에 만연했던 저성장·고실업·고인플레·고재정난 등 '네덜란드 병'(Dutch Disease)을 치유하고 1980년대 이후 성장·물가·재정·고용 등에서 유럽연합의 평균보다 우월한 성과로 나타난 '네덜란드 기적'(Dutch Miracle)을 달성했다. 1990년대는 네덜란드의 이른바 'Polder Model'이 세계로부터 각광을 받은 사회적 파트너십의 황금기로 평가되고 있다(Hemerijck and Vail 2004: 13-25).

요컨대, 네덜란드의 조정시장경제-기민주의복지국가는 사회적 대화의 정책협의가 정당 간 연합정치와의 역동적 상호작용 속에서 제도화된다. 특히 글로벌화 이래 전통적인 정당연합과 계급 간 협력의 복원이 조합주의정치의 부활을 가능케 해 경제민주화-보편적복지국가 연계를 유인한 것이다. 정당정치에서 '조정의 정치'(politics of accommodation)가 복원됨에 따라 이익단체들은 정당체제 내부 자신들의 우호적인 정치세력에 직접적인 영향력을 행사하는 데 오는 이익보다는 상대방 이익단체와의 협력을 통해 얻는 혜택이 더 컸다(Anthonsen and Lindvall 2009: 183). 이것이 네덜란드 노사정 사회적 대화 부활의 동력이다. 특히 네덜란드 사회적 대화의 정책협의는 기민당-보수자유당 연립정부보다 이념블록을 뛰어넘는 노동당-기민당, 노동당-보수자유당 연립정부에서 더 양호한 실적을 기록한다(Woldendorp and Keman 2006: 304, 319).

한편, 독일의 사회보험 중심 비스마르크형 복지국가는 2차 대전 후 시장경제 조정을 위한 노사 협력의 토대가 되었다. 즉 기민·기사연합-자민당 연립내각(1949~66)은 1949년 노사 사회적 파트너십에 바탕을 둔 '사회적 시장경제'(social market economy)를 창출했다(Berger 2002: 135-136; Manow 2002: 207). 이 제도의 지향가치는 시장경제의 자율과 국가의 시장개입을 통한 복지의 형평성이며, 이것이 전후 독일 정치경제의 기본 원리로 작용한다.

사민당과 연대한 독일노동총연맹(DGB)의 전략에 따라 1951년 보수우파 연립정부는 노동자들의 경영참가를 허용하는 공동결정(Mitbestimmung)제도를 도입했다(Roe 2003: 71-73; Lehmbruch 2002: 188). 공동결정제는 경영의 전략적 의사결정에 참여하는 기업 상부구조(감독이사회-경영이사회), 관리·업무에 관한 의사결정에 참여하는 사업장, 두 차원에서 작동한다. 기업경영 공동결정제는 산업별 연대임금제와 연계되었으며, 노사 단체협약은 전 산업으로 확대 적용된다(Manow 2002: 2002-206). 산업별 연대임금은 기업이 출혈경쟁을 통해 숙련노동자를 유치하거나 피(彼)훈련교육자가 다른 직장으로 이동하는 유혹을 갖지 않도록 해주기 때문에 직업훈련교육 시스템이 정상적으로 작동한다. 결국 공동결정제로 상징되는 독일의 노사 파트너십은 독일식 조정시장경제(경제민주화), 즉 사회적 시장경제의 발전의 토대다.

사민당-기민당 대연정(1966~69) 하에서 노사정 정책협의체인 '협조행동'은 1967년 임금억제-고용창출-ALMP-소득보장정책의 정책조합을 노사정 간 정치교환으로 합의했으며(Leaman 2002: 142), 사민당-자민당(1969~82) 하에서 1976년에는 공동결정제를 입법화했고 노사 연대를 촉진했다. 이로써 전후 매크로레벨의 독일 사회적 대화의 틀이 구축되었다.

기민·기사연합-자민당 보수우파 연정(1982~98) 하에서 '협조행동' 대신, 정책협의는 노사 대표가 수상 관저에 모여 수상이 주제하는 '방갈로 토의'(Bungalow Discussion) 형태로 작동했다(Hancock 1989: 138). 이것은 대결적인 영국 노사정 관계와는 다른 독일의 신자유주의 독트린에 대한 대응 방식이었다(Leaman 2002: 142). 1990년 통일과 세계화에 따르는 대량실업·재정악화·불평등에 대응하기 위해 1996년 노사정 정책협의체인 '일자리 연대'는 '방갈로 토의' 형식으로 임금억제-노동유연화-일자리창출-ALMP-복지재편(실업급여삭감)을 합의했다(Leaman 2002: 145).

적-녹연정(Red-Green coalition, 1998~2005)은 통일 이후 야기된 대량실업의 탈출구를 마련하기 위해 '신중도'(Neue Mitte)라는 '제3의 길'을 꾀했다. 그러나 '제3의 길'은 노동유연화-부문·지역간임금격차-복지재편(연금개혁·민간보험의무화·실업급여 자격요건강화 등)-ALMP 등의 정책조합으로 앞선 보수우파 연정의 신자유주의적 정책 패러다임에서 크게 이탈하지 않았다(선학태 2006: 182-183). 물론 적-녹 연정은 1998년 3자 노사정 정책협의체인 '일자리·훈련·경쟁력 연대'를 부활시켰다. 그러나 그것은 신자유주의적 정책을 논의하는 장으로 전락되었다(Schmidt 2005: 12). 이 때문에 노사 양측 모두 '일자리·훈련·경쟁력 연대'를 외면했다. 즉 노조는 자신에 우호적인 집권당인 사민당에 직접 정치적 영향력 행사를 시도하려 했으며, 사용자 측 또한 당시 연방상원의 다수당인 기민당과의 협상을 통해 요구 관철을 시도했다. 적-녹 연정이라는 이념블록 정치가 노사로 하여금 '일자리 연대'를 외면하게 하는 정치적 요인이 된 것이다. 결국 '일자리 연대'는 붕괴하고 정책개혁은 의회정치에 의해 주도되었다(Hamann and Kelly 2011: 145).

2002년 총선에서 재집권한 적-녹 연정은 새로운 노사정 정책협의체인 하르츠위원회(Hartz Commission)의 권고안을 토대로 2003년 '어젠다 2010'을 연방 상·하원 조정과정을 경유하여 마련했다(Streeck and Trampusch 2006: 70-71). 그 핵심 내용은 독일경제의 유연화·경쟁력 제고를 위해 연금-건강보험-실업보험-조세 등 총체적 사회경제 개혁안이다. '어젠다 2010'의 일부(중소기업 고용보호 약화-실업급여기간 단축 등)는 2006년부터 발효되었다. 주목해야 할 것은 하르츠 위원회에 공식 노조인 DGB의 대표는 아예 초대되지 않았고 총 21명 회원 가운데 대부분 대자본 대표·전문가로 구성되고 종소기업·노동 대표 각기 1명·2명에 불과했으며, '어젠다 2010'의 핵심은 복지축소-노동유연화에 있었다는 점이다. 이는 독일 노사정 정책협의 약화를 의미한다.

결론적으로 독일 노사정 정치는 정당정치 패턴에 영향을 받았다. 독일의 정당정치는 합의제 모델의 협상 원리와 다수제(웨스트민스터) 모델의 경쟁 원리가 교차하는 준(準)합의제 민주주의(quasi-consensual democracy)적 방식으로 작동한다(Lehmbruch 2002: 176-178). 사민당-자민당 최소승리연정(minimal winning coalition) 혹은 사민당-기민당 대연정(grand coalition) 등 초(超)이념블록으로 작동하는 정당정치는 노사정 정책협의를 촉진시켰다. 반면 정당정치가 좌우 이념블록 간 양극단적 경쟁으로 작동할 때 사회적 대화는 안정적으로 작동하지 못했다. 특히 1990년대 이후의 기민·기사연합-자민당 보수우파 연정 혹은 적-녹 연정 하의 독일 노사정 정책협의는 통일후유증 치유를 위해 노동유연화-복지재편 등 신자유주의 정책의제를 논의하는 장으로 변질되고 있으며, 의사결정 중심이 정당정치가 작동하는 의회로 이동하는 경향을 보인다. 그 결과 정부-사회적파트너 간의 협력이 과거에 비해 상대적으로 줄어 노사정 사회적 대화가 약화되고 있다(Schmidt 2005: 13; Hamann and Kelly 2011: 135; 147-148). 이 현상은 독일 다수제 정치의 성격을 반영하는 이념블록 정당 간의 경쟁적인 정당정치와 무관치 않다(Lehmbruch 2003: 147).

3. 자유시장경제-자유주의 복지국가: 영국·아일랜드

1945년 영국 노동당 정부는 '비버리지 보고서'에 입각해 무상공교육-무상의료서비스가 조합하는 케인즈주의적 복지국가를 구축했다. 보수당과 노동당 간의 정부교체에도 불구하고 적어도 1970년대 초반까지 케인즈주의적 복지국가는 유지되었다. 그러나 1976년 굴욕적인 IMF 구제금융, 1978~79년 '불만의 겨울'(Winter of Discontent) 등 사회경제 위기 국면에서 1979년 집권한 영국 보수당 정부의 정책 처방은 신자유주의적 대처리즘(Thatcherism) 실행, 그리고 1962년 보수당 정부가 창설하여 그간 간헐적으로 작동했던 노사정 정책협의체인 국가경제발전위원회(NEDC) 해체로 나타났다(Dorey 2002: 65-66). 이는 보수당 정부하에서 자유시장경제의 강화를 뜻한다.

1997년 집권한 노동당 정부는 '제3의 길'을 표방했다(Giddens 2000: 101-110). '제3의 길'은 노동유연화-ALMP지출증대-PLMP지출축소, 그리고 '일을 통한 자립 복지'(welfare to work) 등 친기업적 친시장적 정책 실행을 통해 앞선 보수당 정부에서 약화된 케인즈주의 복지국가를 사실상 해체하는 과정이었다. 노동당 정부가 강조한 사회투자정책도 보육·여성·교육·노령·연구개발·사회서비스 등 포괄적이고 보편적인 투자를 시도한 노르딕국가의 사민주의형과는 달리, 빈곤층·저소득층만을 대상으로 한 제한적인 투자의 성격을 지닌 자유주의형이었다(Taylor-Gooby 2007: 19). 더욱이 노동당 정부에서도 앞선 보수당 집권 때와 마찬가지로 여전히 노사정 정책협의는 작동하지 않았으며, 다원주의적 노사정 관계가 지배적으로 작동했다(Dorey 2002: 67-68). 즉 노동(TUC)과 자본(CBI)이 갈등적이고 경쟁적인 방식으로 정부에 압력을 행사했다. 그 결과 복지국가의 재편으로 인해 복지혜택에 의존할 수 없는 빈곤층과 소외계층이 증가하고 소득분배구조 악화에 따른 갈등이 확산되었다(Taylor-Gooby 2007: 35-36).

영국에서 노사정 정책협의의 작동 실패는 정당정치에 기인한다. 영국민주주의에서 정당정치의 대표성과 노사정 정책협의의 대표성은 상이하다. 즉 정당정치는 공식적으로 소선거구에 기초하는 '지역적 이익대표성' 원리에 따라 작동하는 데 반해, 노사정 정책협의는 '기능적 대표성' 원리에 따라 작동한다. 특히 영국의 다수제 정당정치에서는 보수당과 노동당 간에 누가 집권해도 야당과 집권당 간에 제로섬적인 경쟁이 연출된다(Crepaz and Birchfield 2000: 214). 이런 까닭에 영국 정당정치는 노사정 정책협의 시스템의 작동을 가로막는 커다란 장애물이다. 또 사회적 파트너들은 의회 혹은 선거인단에 대해 책임을 지지 않는다는 사실에 주목하여 정당정치는 노사정 정책협의를 불신한다. 더불어 영국 정당정치는 노사정 정책협의 시스템이 신속한 결정·실행을 방해한다는 이유를 들어 사실상 정책결정 과정을 주도한다. 시민들의 이해관계는 경쟁의 원리가 작동하는 정당정치를 통해 표출, 반영될 수 있는 것으로 인식되고 있다. 이러한 정당정치의 경쟁 원리는 노사정 관계에도 그대로 반영된다. 즉 분산적 이익집단들의 이해관계는 각기 로비·시위 등 경쟁적 갈등적인 방식으로 집권당 단독정부에 압력을 투사하는 형태로 표출된다(Gallagher *et al.* 1995: 370).

한편, 영국과 함께 다원주의적 노사정 정치 시스템에 기초한 자유주의 복지국가로 분류되었던 아일랜드는 자유시장경제가 조정시장경제로 전환한 국가 사례다. 이는 글로벌 시장의 충격에 따른 사회경제 위기에 대응하는 사회적 대화의 작동을 통해서 가능했다.

1986년 정부·노총·사용자연맹·농업조직이 참여하는 국가경제사회위원회(NESC)가 가동됐다. NESC는 공화당(Fianna Fáil) 소수정부 하에서 1987년 임금억제-기업투명경영-일자리창출-사회보장확충을 조합하는 '국가재건 프로그램'(PNR), 공화당-진보민주당 연정 하에서 1991년 임금억제-근로자경영참여-장기실업자·시간제 근로자 보호를 조합하는 '경제사회진보프로그램'(PESP)을 체결했다. 1993년 노사정 외에 농민단체, 정당대표, 그리고 실업자·청년·여성·장애인·빈곤층 등을 대표하는 자발적 결사체인 국가경제사회포럼(NESF)이 경제사회 정책어젠다를 개발하고, 특히 실업과 불평등에 대처하는 국민적 합의를 이끌어내기 위해 설립되었다. NESF는 공화당-노동당 연정 하에서 1994년 '경쟁력·일자리 프로그램'(PCW), 아일랜드통일당-노동당-민주좌파당 연정 하에서 1997년 '사회통합·고용·경쟁력을 위한 파트너십 2000'(Partnership 2000)을 체결했다. '파트너십 2000'은 그 동안 성장의 혜택에서 소외된 장기실업자를 비롯한 사회적 배제집단을 배려했다. 또 NESF는 공화당-진보민주당 연정 하에서 2000년 임금억제를 수용한 근로자들의 양보에 대한 보상으로 정부는 조세감면을 약속하는 '번영·공평성 프로그램'(PPF), 2003년 근로자들의 임금인상 자제에 보상으로 주택보급의 확대, 퇴직수당 인상 등을 조합하는 ‘지속적 진보’(SP)를 체결했다(Hardiman 2002: 22; 선학태 2011: 363-365).

PNR-PESP-PCW은 주로 경제성장·경쟁력 제고를 통하여 고용창출에, Partnership 2000-PPF-SP는 사회개혁·참여·형평성에 보다 역점을 두었다. 무엇보다 정당 간 연립정부들은 모든 사회협약 체결 과정에서 임금억제라는 노동의 양보를 유도하기 위해 그들의 경제적 손실을 최소화하기 위한 낮은 인플레이션과 사회안전망이라는 보상정책 패키지를 구축했다(Roche 2007: 399-401). 특히 연립정부는 근로소득세율 인하와 사회취약계층의 보호를 위한 사회보장제도의 확충을 단행했으며, 기업은 임금인상 자제에 대한 보상의 차원에서 근로자들에게 기업경영 참여를 부분적으로 인정했다. 이로써 정책협의체에 참여한 사회적 파트너들은 사회협약의 필요성을 확신하는 정책학습(policy learning)의 기회를 갖게 되었다.

이 같은 노사정 정책협의 시스템 작동을 통해 아일랜드는 임금억제-노동경영참여-노동유연화-ALMP-사회형평성 강화를 조합하는 정책조합에 기초한 조정시장경제-복지국가를 추구하는 과정에 있다. 그 결과 ‘유럽의 지진아’(European laggard)로 조롱받았던 아일랜드는 불과 25여 년 만에 실업률과 불평등 정도가 개선되는 등 양호한 거시 사회경제적 실적을 기록하는 ‘켈트 호랑이’(Celtic tiger)로 떠오른 ‘기적’을 이룩했다는 평가를 받았다.

아일랜드가 동일한 자유시장경제-자유주의복지국가 유형에 속했던 영국과는 달리, 노사정 정책협의 작동을 가능케 한 인과 메커니즘은 무엇인가? 한마디로 이념블록을 초월하는 연합정치다. 영국식 정당정치의 ‘경쟁’ 원리가 지배했던 아일랜드의 정당정치는 전통적으로 보수정당인 공화당과 아일랜드통일당이 선거시장에서 독과점적 득표율을 기록한 반면, 좌파블록 정당들의 정치력은 취약했다.[21] 그러나 1980년대부터 두 보수우파 정당의 득표율이 떨어져 아일랜드의 전통적인 웨스트민스터 정당정치 모델은 전형적인 합의제 정당정치 모델로 전환됐다. 1987년 이후 아일랜드 정당정치는 단기이양식투표(single transferable

---

21) 아일랜드의 정당체제에서 민족주의를 지향하면서도 노동우호적인 공화당은 소농·노동자·중하위층으로부터 지지를 얻으며, 대륙유럽의 기민당과 유사한 보수우파 정당인 아일랜드통일당은 대농·전문인·기업·중산층으로부터 지지를 받는다. 군소정당으로 노동당, 녹색당, 진보민주당, 민주좌파 등이 있다.

vote)-다당제에 기초하여 의회에서 정당 간의 교차파트너십(cross-partnership)으로 협력하고 연립정부 구성을 보편화했다. 아일랜드의 노사정 정책협의는 이러한 정당 간 연합정치 속에서 제도화된다(O'Donnell and Thomas 2002: 168; Hamann and Kelly 2007: 982-984). 정권이 여러 차례 바뀌는 상황에서도 의회에서 정당과 정파를 초월해 정당 간 협력체제에 기반을 둔 연립정부는 노사정 정책협의의 틀을 유지하는 정치적 동력이 된 것이다. 따라서 설령 총선 결과에 따라 연정 파트너 교체가 이뤄져도 경제정책의 갑작스런 변경이 야기될 가능성은 높지 않으며, 이는 노사정 정책협의시스템의 안정적 작동을 가능케 한다(Rhodes 2001: 186). 특히 공화당, 노동당, 진보민주당과 노조 간의 우호적인 연계는 노동의 이익이 정책협상 테이블에서 정당에 의해 대표될 수 있도록 해 주고, 노조로 하여금 과격한 투쟁전략을 철회하고 글로벌 시장의 충격에 대응하기 위한 '온건과 절제'의 전략을 택하도록 유도했다.

V. 합의제적 정치경제의 이론적 함의

합의제 헌정체제를 지향하는 국가들의 경제민주화-보편적복지국가 연계는 노사(정) 관계와 맞물린 정치제도의 작동에 의한 정치적 조정(political accommodation)을 통해서 가능했다. 그 정치제도적 인과 메커니즘의 첫 단추는 비례대표 선거제도이다. 비례대표제가 유인하는 연합정치-사회적대화의 제도적 기능적 연계는 글로벌화의 압력과 충격에 대응하는 합의제 헌정체제 모델 국가들의 경제민주화-복지국가의 재편, 즉 나라에 따라 차이를 보이나 대체로 임금억제(연대임금)-이해관계자기업지배구조-노동유연화-PLMP축소-ALMP확대-공공사회서비스-보편증세를 잇는 정책조합을 제도화하는 메커니즘으로 작동했다.

서유럽 국가들의 복지국가 정치경제 분석이 주는 이론적 함의는 헌정체제 유형, 특히 정당정치-노사정정치 관계의 차이에 따라 상이한 경제민주화-복지국가의 정책조합이 산출될 수 있다는 점이다. 기존 이론은 글로벌화는 개별 국가 내부 정치제도의 자율적 정책능력을 제약해 결국 모든 국가경제가 신자유주의 정책으로 수렴화한다고 주장한다(Rudra 2005; Li and Reuveny 2003). 하지만 게르만·노르딕국가들의 조정시장경제-기민·사민주의복지국가는 글로벌 시장의 압력 속에서도 성장과 (재)분배 선순환의 토대가 된 경제민주화-보편적복지국가의 정책조합을 차별화하는 정책자율성을 보였다. 또 전통적으로 자유시장경제-자유주의복지국가를 추구한 영국과 아일랜드는 글로벌화에 대응하는 전략이 달랐다. 영국은 노사정 정책협의 및 케인즈주의 복지국가의 해체로 대응했는데 반해, 아일랜드는 사회협약정치를 통해 조정시장경제-(복지국가)를 지향하는 정책자율성을 과시했다. 이 점에서 각 국가의 경제민주화-복지국가 정책조합은 글로벌 시장의 압력과 충격에 대응하는 내부 헌정체제의 차이에 따라 달라질 수 있다. 무엇보다 합의제 헌정체제의 비례제-연합정치-사회적대화라는 비시장적 시장경제 조정의 정치제도는 시장분배(market distribution) 및 정부재분배(government redistribution)에 친화적인 정책 자율성을 내장하고 있다.

제5장

합의제 정치연합: 유연안정성 정책조정

Ⅰ. 서론

합의제 민주국가에서 의회-행정부 협치를 매개하는 기제는 연합정치이며, 노동-자본-국가 협치를 매개하는 기제는 사회적 대화이다. 연합정치와 사회적 대화는 합의제 정치연합(consensual political coalitions)의 제도적 중심축이고, 노동시장 개혁 경로에 영향을 미친다.

서유럽 합의제 민주국가들의 노동시장은 글로벌화·유럽화(Europeanization) 이후 인사이더-아웃사이더 이중구조,[1)] 소득불평등, 실업 등을 드러냈다. 외생적 충격에 따른 공공악재에 반응하는 그들 국가의 노동시장 개혁은 유연안정성(flexicurity) 정책조합 재편으로 나타났고,[2)] 그 양태에 국가 간 차이가 발생했다. 이런 유연안정성 정책조정의 차이는 합의제 정치연합 패턴의 차별성에 의해 설명될 수 있다. 이런 문제의식을 갖고 제5장은 합의제 정치연합 패턴의 차별성이 유연안정성 정책조정 양태의 차이를 어떻게 유인하는지 추적하고자 한다.

---

1) 노동시장의 인사이더와 아웃사이더의 이익은 다르다. 예컨대 인사이더들은 실업에 영향을 덜 받기 때문에 실업자들을 위한 현금 급여와 적극적 노동시장정책(ALMP, 직업알선·직업훈련교육·일자리창출·창업지원 등)에 대한 정부재정 투입이 확대하면 자신들에게 조세부담, 공공서비스 축소로 나타날 것을 우려할 가능성이 있다. 반면 아웃사이더들은 실업에 취약하기 때문에 ALMP에 대한 재정지출과 실업자들에 대한 관대한 급여(PLMP)를 선호한다.

2) 유연안정성은 사용자와 노동자의 이익을 균형시키는 새로운 정책 패러다임으로서 오랫동안 EU 노동시장 담론이 되어 왔다. 리스본 정상회의(2000)는 EU 경제를 경쟁력 있고 역동적인 지식기반경제로 조성하고, 이를 통해 양질의 일자리를 더 많이 창출하는 지속가능한 경제성장과 사회통합을 이룩할 목적으로 유연성과 안정성을 균형적으로 제고하는 비전을 제시했다(Klosse 2003). EU는 회원국들에게 2008년 글로벌 금융위기에 대응하는 전략으로서 유연안정성 정책조정을 권고했다.

이 연구목적을 위해 덴마크·오스트리아·아일랜드 등 3강소국 합의제 정치연합의 유연안정성 정책조정 동학과정이 비교 분석된다.

왜 이런 연구가 필요한가? 첫째, 연합정치-사회적대화 간 인과관계를 규명해 합의제 협치(consensual governance) 기제의 안정적 작동 조건을 이해하고, 이를 통해 한국형 합의제 정책결정 기제를 탐색하기 위해서이다. 둘째, 1990년대 이후 학술적·정치적 담론의 주요 개념으로 부상한 유연안정성 정책조정 동학(Burroni and Keune 2011: 75)을 이론적·경험적으로 검증하여 한국형 유연안정성 정책조합 창출을 위해 어떤 정치적 조정 기제가 요구되는가를 이해하기 위해서이다. 셋째, 상이한 복지국가 정치경제 유형에 소속한 노르딕국가 덴마크, 게르만국가 오스트리아, 앵글로색슨국가 아일랜드는 합의제 정치연합 패턴의 차이가 유연안정성 정책조정 양태의 차이를 야기하는 역동적인 인과관계를 비교 검증하는 데 유의미하다. 3강소국을 분석 사례로 선정한 이유다. 이런 연구는 한국형 '합의제 정치연합의 유연안정성 정책동학'을 탐구하는 데 경험적 메시지를 던져 줄 것이라는 점에서 중요하다.

유연안정성 정치동학 과정에 접근한 국내 연구는 거의 전무하다. 다만 성경륭 외(2017)은 합의정치와 사회적 대화를 통해 유럽형 '사회적 시장경제 모델'을 한국형 '혁신적 포용국가'의 대안으로 설계했다. 그러나 그들의 연구는 합의정치, 사회적 대화, 혁신적 포용국가 사이의 논리적 경험적 인과관계를 천착하지 않았고, 단순히 병렬적·정태적으로 논의하고 있다는 점에서 제5장의 주제와 뚜렷한 차이를 보인다. 제5장은 합의제 정치연합 패턴의 차이가 사회적 시장경제의 축소 버전인 유연안정성 정책조정 양태의 차이를 어떻게 역동적으로 견인했는지를 추적한다. 국외의 자본주의 다양성(VoC) 연구들(Iversen and Soskice 2010·2015)은 합의제 민주국가들의 사민당과 기민당의 정치력 강·약 관점에서 노동시장 불평등에 대한 반응정책의 분석에 초점을 맞춘 나머지, 다이내믹한 정당연합 패턴이 어떻게 사회적 대화와 맞물리며 노동시장 정책조정에 영향을 미치는가에 주목하지 않았다. 따라서 제5장은 정당연합-노사정연합(tripartite coalitions) 관계 변동의 관점에서 유연안정성 정책조정 양태의 차별성을 비교 분석한다. 나아가 외부 경제적 압력(EMU 제약과 Euro 위기)이 조합주의적(corporatist) 유연안정성 정책조정의 인과적 추동력으로 인식하는 국외 정치경제 연구들이 있다

(Mailand 2010; Rogowski 2008; Heyes 2013). 그러나 그들 연구는 조합주의적 유연안정성 정책조정 과정은 이와 연계하는 국내 정당정치의 역할을 배제하면 제대로 설명될 수 없다는 관점에 명확한 문제의식을 보이지 않았다. 따라서 제5장은 외부 압력에 대응하는 3국 합의제 정치연합 동학 기제, 즉 연합정치-사회적대화 관계 변동의 차이가 어떻게 유연안정성 정책조정 양태의 차이에 영향을 미쳤는지 추적하고자 한다.

제5장의 구성은 다음과 같다. Ⅱ장은 3국 합의제 정치연합의 유연안정성 정책조정 동학을 분석할 수 있는 이론적 틀을 설계한다. 분석 틀에 입각하여 Ⅲ장은 3국 유연안정성 정치시스템을 논하고, Ⅳ장은 3국 합의제 정치연합의 유연안정성 정책조정 동학과정을 분석한다. Ⅴ장은 3국 노동시장의 유연성-관대성-적극성 성과를 비교분석한다. Ⅵ장은 분석결과의 요약과 이론적·한국적 함의를 논의한다.

제5장의 분석기간은 1990~2010년대 초반까지이다. 그 이유는 합의제 정치연합의 유연안정성 정책조정이 가장 역동적으로 진행되면서 3국 간 유사점과 차이점을 드러냈기 때문이다.

Ⅱ. 이론적 분석틀

1. 유연안정성 정책조정 기제

노동시장의 유연안정성은 앵글로색슨식 유연성과 노르딕식 사회적 안전망을 연계하여 자본-노동 윈윈 상태를 제공하는 개념이다. 유연안정성 정책레짐(policy regimes)은 사회적 포용을 증진하는 직장, 고용, 소득, 결합 안정성을 한 축으로 하며, 경쟁력과 생산성 제고를 위한 외부·내부-수량적, 기능적, 임금 유연성을 다른 한 축으로 한다(Wilthagen and Tros 2004: 170).[3] 유연안정성 정책조합은 정태

3) 유연안정성 정책레짐은 노동유연성 정책(외부·내부-수량, 기능, 임금), 사회보장 정책, 적극적 노동시장정책(ALMP, 직업훈련교육·취업알선·구직·고용장려금·일자리창출) 등 노동시장 3각 축의 조합으로 설정되기도 한다. 외부-수량적(external numerical) 유연성은 고용·해고 자유, 기간제 계약 등이고, 내부(internal)-수량적 유연성은 근로시간조정이며, 기능적 유연성은 기술혁신에 따른 작업조직 재편 및 인력역할 재배치 등을 말한다. 임금유연성은 성과급, 임금차등, 임금피크제 등이며, 직장안정성은 고용보호법에 따른 동일 직장 계속 근무, 고용안정성은 ALMP를 통한 취업상태 유지, 소득안정성은 소득불안정·빈곤 해소, 결합안정성은 work-life

적이지 않고 정치적 조정과정을 통해 역동적으로 재편된다. 3국 유연안정성 정책조정 기제는 합의제 정치연합이다. 일견 상충(trade-offs) 관계로 보인 유연성-안정성 조합은 사회적 대화로 조정될 수 있는 협상 개념이다(Wilthagen 1998: 1-2). 사회적 대화는 노사(정) 간 유연성-안정성 정책교환(policy exchange)으로 통합적이고 균형적인 포괄적 정책개혁 패키지를 개발할 수 있으며, 통상 그 외연 공간에서 연합정치와 맞물려 작동한다. 연합정치는 노사 블록을 대표하는 정당 간 타협·합의를 통해 의사결정하며 노사(정) 대화에 임팩트로 작용한다(Martin and Swank 2008). 결국 연합정치와 사회적 대화를 양대 제도적 축으로 한 합의제 정치연합은 유연안정성 정책조정 네트워킹 기제이다.

제5장은 유연안정성 정책조합을 조정하는 합의제 정치연합 패턴의 다양성을 포착하기 위해 연합정치와 사회적 대화 변화를 각각 유형화한다. 첫째, 연합정치 유형화다. 우선 이념블록 연합정치(bloc coalition politics)다. 즉 우파블록 정당 간 혹은 좌파블록 정당 간의 입법연합과 정부연합이 구성되는 '블록 내 연정'(intra-bloc coalition)이다(Arter 2004: 584-587; Bale and Bergman 2006: 422-425). 다음 초이념블록 연합정치다. 우파블록 정당과 좌파블록 정당 간 입법·정부연합이 형성되는 '블록 간 연정'(inter-bloc coalition)이다. 둘째, 사회적 대화 변화의 유형화다. 우선 사회적 대화의 정체·퇴조다. 즉 노사정 간 정책협의(policy concertation)와 정책교환이 중단되며, 노사는 정책개혁 과정에서 행정부·의회를 상대로 로비정치(lobbyist politics) 혹은 압력으로 이익관철을 시도한다(Rommetvedt *et al.* 2013: 467-468). 다음 사회적 대화의 회생·제도화이다. 사회적 대화가 위기·정체에서 복원되거나 의사결정의 절차적 기제로서 지속적·안정적으로 작동하며 노사정 정책협의와 정책(이익)교환을 통해 정책협약(혹은 단순 정책합의)가 맺어지곤 한다(Avdagic *et al.* 2011: 3-4).

2. 분석 틀

제5장은 연합정치와 사회적 대화를 각각 수평축과 수직축으로 상호 교차시켜 이론적으로 상정 가능한 네 유형의 연계 가설 중 3국 합의제 정치연합 패턴

---

balance을 각각 말한다. 하지만 제5장은 소득(실업급여)·고용안정성, 외부·내부-수량적 유연성에 초점을 맞춘다.

을 설명하는 데 적실성 있는 두 가설을 선별한다.[4] 이를 토대로 합의제 정치연합 패턴의 차이가 유연안정성 정책조정 양태를 차별화하는 두 이론적 가설을 상정한다.

첫째, 블록연합정치-탈사회적대화 연계 가설이다. 좌파과반 정부 혹은 우파과반 정부는 노동과 자본을 동등하게 대표하며 유연성-안정성 정책교환을 위한 사회적 대화를 견인하기가 쉽지 않고, 노사도 정부·의회에 대한 로비·압박 정치로 이익을 관철하려는 유혹을 갖는다. 블록소수정부는 법안통과에 필요한 의회 입법연합 파트너로서 '블록 내 야당'을 선호하고, 이런 블록 입법연합은 노사를 동등하게 대표하기가 어렵다. 따라서 사회적 대화는 정체·퇴조하고, 유연성-안정성 정책조정의 정치공간은 행정부·의회로 이동하며, 이 경우 노사는 대의회·행정부 로비·압박 정치에 주력하려 한다. 무엇보다 블록 연합정치는 의회-행정부 간 이념적 양극화를 촉발해 유연성-안정성 정책의 입법교착을 야기할 개연성이 높다.

둘째, 초블록연합정치-사회적대화 연계 가설이다. 좌우 초블록 연립과반정부는, 노동의 안정성 요구와 자본의 유연성 요구를 동등하게 대표하여 사회적 대화를 견인하는 경향을 보인다. 나아가 초블록 연합과반정부는 의회-행정부 협치를 유인하여 사회적 대화의 유연성-안정성 정책(협약)의 입법과정을 순항시킨다(Müller and Strøm 2008: 191). 특히 좌우 대연정 정부는 초과반 의석 동원으로 정책·입법 통제권을 행사하며 사회적 대화를 견인하는 정책적 인센티브를 제공할 수 있다. 노사도 대연정 정부의 보상적 정책능력을 신뢰하고 사회적 대화의 유연성-안정성 정책교환에 참여 동기를 갖는다. 소수정부인 경우 다른 블록 야당과의 교차 입법연합을 통해 노사를 동등하게 대표하며 유연성-안정성 교환의 사회적 대화를 견인한다(Baccaro and Simoni 2008: 1342). 요컨대 초블록연정-사회적 대화가 연계하는 합의제 정치연합은 포용적인 의사결정을 통해 좌우 블록 정당과 노사 중 어느 특정 세력과 집단의 이익에 편향적이지 않는 타협된 균형적 포괄적인 유연성-안정성 정책패키지를 산출할 가능성이 있다(Knotz and

---

4) 그 밖에 두 이론적인 연계 가설이 상정될 수 있다. ㉠ 초블록연합정치-탈사회적대화다. ㉡ 블록연합정치-사회적대화다. 그러나 ㉠, ㉡ 가설은 세계화 이후 3국 합의제 정치연합 동학의 분석에는 적실성을 결여한다.

Lindvall 2015: 591).

셋째, 블록연합정치-탈사회적대화는 유연성-안정성 간 부등가적인 정책교환을 유인한다. 유연안정성 정책조정 과정은 블록연정 주도로 진행되며, 따라서 유연성-안정성 간 균형적 정책조정이 이뤄질 가능성은 낮다. 이 경우 좌파블록 연정은 노동시장 아웃사이더의 소득안정성과 적극적 노동시장정책(ALMP) 등 포용적 고용권을 강화한다(Iversen and Soskice 2015).[5] 사회보장체제 재편과 노동유연화가 진행되어도 노동시장 패러다임 전환이 아닌 미세한 조정에 그칠 개연성이 크다.[6] 반면 우파블록 연정은 아웃사이더를 포용하는 보상정책에 인색하다. 특히 사회보호·고용보호 등 소득·직장안정성 정책을 희생하고, 대신 근로연계복지(workfare)와[7] 기업친화적인 외부-수량적 유연성을 선호한다.

넷째, 초블록 연합정치와 사회적 대화가 맞물리는 합의제 정치연합은 유연성-안정성 간 균형적 정책교환을 유인하는 경향을 보인다. 좌·우 정당의 정책과 노사 이익을 균등하게 투입하며 개혁 반대 혹은 피해 집단에 보상할 유효한 인센티브를 제공하는 정치공간이 존재하기 때문이다(Knotz and Lindvall 2015: 587).[8] 사회적 대화는 유연성-안정성 정책의제를 교환하는 정책(협약)을 끌어내고, 초블록 연정은 의회-행정부 협치로 이를 입법화시킨다. 이 경우 좌파정당 정치력이 우위를 보이면 소득·고용 안정성이 상대적으로 중시되는 반면, 우파정당 정치력이 우위를 보일 때 사회보호가 상대적으로 경시되고 노동유연성이 강화되는 경향을 보인다. 나아가 좌파정당 정치력과 우파정당 정치력이 큰 차이를 보이지 않

---

5) 적극적 노동시장정책(ALMP)는 실업자의 노동시장 재진입을 유도하는 정책(직업알선·직업훈련교육·일자리창출·창업지원 등)인데 반해, 소극적 노동시장정책(PLMP)은 노동시장에 진입하지 못하거나 퇴출됨으로써 발생하는 사회적 위험을 공적으로 관리하는 정책(실업보험·연금 등)이다.

6) 오스트리아 사민당이 1990년대 이후 '우클릭'을 보이며 노동유연성 정책을 실행함에 따라 사민당의 전통적 지지층인 저숙련 노동자들은 우파정당, 특히 반이민 극우정당 지지로 돌아서는 현상이 나타나기도 한다(Hausermann *et al.* 2012: 228). 사실 서유럽 중도좌파 정당들은 노동시간 인사이더-아웃사이더 간 선택의 딜레마에 직면해 있다. 중도좌파 정당이 인사이더 이익을 강조하면 아웃사이더들은 투표에 기권하거나 급진 정당들을 지지하는 반면, 아웃사이더 이익을 강조하면 인사이더들은 중도우파에 투표할 가능성이 있기 때문이다(Lindvall and Rueda 2014: 461).

7) 근로연계복지는 실업급여 혹은 사회부조의 자격요건으로 노동시장 참여를 요구하는 일자리 활성화 프로그램을 선호한다.

8) 예컨대 실업급여 기간 단축에 따른 피해를 보는 집단에 대한 보상 메커니즘으로서 훈련 프로그램에 대한 공공지출이 확대될 가능성이 높다.

는 정치지형에선 유연성-안정성 등가적 정책교환을 견인하는 경향을 보인다.

제5장은 이상 4개의 이론적 가설들을 분석 틀로 하여 3국 합의제 정치연합 패턴의 차이에 따라 유연안정성 정책조정의 차이, 즉 노동유연화, 사회보장, ALMP 등 노동시장의 3각 정책 축이 조정·조합되는 양태의 국가 간 유사성과 차별성이 어떻게 나타났는지를 비교 분석한다.

Ⅲ. 3 강소국 합의제 정치연합의 양대 제도적 시스템

1. 연합정치 패턴

우선 덴마크 정당정치는 연립소수정부(minority coalition cabinet) 구성을 보편화했다. 1990년대의 사민당(SD) 주도 좌우 연립소수정부, 2000년대의 보수당(Con)·자유당(Lib) 우파 연립소수정부는 급진자유당(RL)·중앙민주당(CD)·기민당(CPP) 등 군소 중도정당의 지지에 의존했다. 중도 소수정당들은 좌파정당 블록과 우파정당 블록 사이를 오가며 연립정부 구성 혹은 의회 입법과정에서 캐스팅 보트를 행사하는 회전축(pivot) 정당의 역할을 수행한다. 연립소수정부는 때론 이념블록 정치에 의해 구성되지만, 과반의석 확보를 위해 이념블록을 가리지 않고 입법연합 파트너 정당을 선택한다. 행정부 차원에선 좌파블록과 우파블록 사이에 정권교체가 이뤄져도 의회-행정부 관계에선 초블록 입법연합이 형성되는 합의정치가 작동한 것이다. 이는 덴마크 정당정치가 블록 간 양극단적 경쟁이 아니라 초블록 연합정치로 작동함을 말해준다. 덴마크 연립소수내각은 예산안·법안 통과에 필요한 행정부-의회 협치를 위해 정책 사안에 따라 야당과의 끊임없는 협상을 해야 하기에 정부정책만을 고집할 수 없다(Damgaard 2011: 85). 이런 의미에서 덴마크 연립소수내각은 노동시장 개혁 과정에서 노사 중 특정 이익단체에게만 우호적인 정책결정·집행이 사실상 불가능하며, 따라서 사회적 파트너십의 유연성-안정성 균형적 정책조합을 이끌어내는 정치적 동력으로 작동했다.

오스트리아 정당체제는 사민당(SPÖ)과 국민당(ÖVP)을 중심축으로 구심적 경쟁(centripetal competition)체제로 작동하며[9] 좌우 대연정 구성을 보편화했다. 대연정은 정부정책의 이념적 편향성을 차단했으며, 의회-행정부 관계는 사민당-

국민당 협치에 의해 조정되었다. 이는 대연정에 바탕을 둔 정책·입법 과정이 효율적으로 작동했음을 뜻한다(Schulze and Schludi 2007: 561-562, 576-587). 그러나 오스트리아 정당정치가 사민당-국민당 대연정에 의해서만 작동한 것은 아니다. 1990년대 이후 양대 메이저 정당에 대한 대중지지가 퇴조하는 반면, 녹색당과 민중주의 자유당(FPÖ)의 약진 현상이 뚜렷했다. 1999년 총선결과로 사민당-국민당 대연정은 국민당-자유당 소연정(2000~07)으로 교체되었다. 이런 중도우파 소연정은 사민당·녹색당 중심의 좌파 야당블록과 양극적으로 경쟁했고(Müller and Fallend 2004: 818), 이런 정치지형은 결국 의회-행정부 간 정치적 양극화를 촉발했다. 그러나 2007년 오스트리아의 사민당-국민당 대연정은 복원되었다. 이런 오스트리아 (좌우) 양대 메이저 정당연합은 노동-자본 사회파트너십과 유기적으로 연계되어 유연안정성 정책조정의 정치제도적 인프라로 작동했다.

아일랜드 정당체제는 당초 사회균열이 아니라 영국으로부터 독립을 둘러싼 양대 세력의 정치적 갈등을 반영했다. 공화당(Fianna Fáil)은 민족주의에 기반한 우파정당이면서도 케인즈주의 경제정책 선호로 소농·노동자·중하위층의 지지를 얻는 반면, 아일랜드통일당(Fine Gael)은 자유주의와 기민주의를 내세워 대농·전문인·기업·중산층의 지지를 받는다. 사민주의 노동당(LP), 신자유주의 진보민주당(PD), 녹색당, 노동자당(WP), 민주좌파당(DL) 등은 양대 중도우파 정당인 공화당과 통일당의 양당정치에 밀려 정치력이 취약하다(Hamann and Kelly 2011: 59). 줄곧 다수당 지위를 얻은 공화당은 단독정부 구성의 전통을 깨고 이념블록을 가리지 않는 연립정부 구성을 보편화했다. 이로써 아일랜드의 양대 블록 정당정치는 좌우를 넘나드는 연합정치의 제도화로 전환되었다. 연합정치의 공간이 확대되자 행정부-의회 관계가 경쟁·갈등의 다수제 모델에서 협치의 합의제 모델로 이동했다. 이 같은 합의제 정치적 공간 확대는 노사정 대화에 바탕한 (유연안정성) 사회협약정치(social pact politics)의 제도화를 견인했다.

---

9) 오스트리아 국민당은 특수기술 숙련노동자, 일반기술 하급전문직, 중간층, 중상위층 등 다양한 경제적 이익집단을 대표하며 정치적으로 연합하는 계층교차적(cross-class) 성격을 갖는다. 따라서 기민당은 자유·보수 등 우파정당들보다 복지국가에 우호적이다(Iversen and Stephens 2008: 611). 국민당은 핵심 정규근로자 이익을 대표하는 보호정책(사회보험 등)에 친화적인 반면, 저숙련 노동자들의 정책적 보호엔 인색하다. 저숙련 노동자들의 보호정책 정도는 사민당이 정부 구성에의 참여 여부에 따라 달라진다(Iversen and Soskice 2010: 14-15).

2. 노사정 사회적 대화

글로벌화 이후 덴마크 사회적 대화는 노동시장 정책개혁의 입법 준비단계에서 다양한 임시노사정위원회를 구성하고 사회적 합의를 도출하거나 의회·행정부에 조언하고 정책집행을 수행했다.[10] 무엇보다 노동시장의 유연성-안정성 간 정책교환은 이해당사자인 노사정 협의를 통해서 진행됐다(Larsen 2004: 19). 덴마크의 노동조합연맹(LO)-사용자연합(DA)-(정부) 대화는 한편으론 고용·해고에 제한이 없는 자유주의 노동시장, 다른 한편으론 임금노동자의 사회보호를 조화시킨 노동시장 모델의 실현가능성을 보여 주었다(Due and Madsen 2008: 525). 이는 노사정 대화를 통해서 유연성-안정성 균형적 정책조정이 이뤄졌음을 의미한다. 요컨대 덴마크 사회적 대화는 노동시장의 유연성-안정성 정책교환을 설명하는 사회정치적 장치이다.

오스트리아는 사회적 대화를 제도화했다.[11] 많은 법안은 '의회 이전 단계'에서 이익집단-정부관료 토론을 통해 합의된다. 오스트리아 사회적 대화는 두 조건에 연유한다(Traxler 1998: 245-258). 첫째, 노동을 대표하는 노동조합총동맹(ÖGB)와 연방노동회의소(BAK)와, 중소자본을 대표하는 연방경제회의소(WKÖ)에 근로자와 사업주는 각각 의무적으로 회원이 되는데, 이 강제성은 조직의 대표성과 정치적 영향력을 보장한다. 둘째, 이익집단들의 독점적 대표권과 중앙집중적 의사결정 구조는 조직의 강력한 협상력과 집행력의 바탕이다. 그러나 2000년대 들어 오스트리아 사회적 대화는 약화되었다. 젊은 세대의 개인성·경쟁성·창의성 등 가치정향이 공동이익과 연대를 추구한 정책파트너십을 위협했고, 특히 자유당·녹색당은 의회정치 훼손 등을 내세우며 사회적 대화에 비판적이었기 때문이었다(Tálos and Kittel 2002: 41). 그러나 이런 약화 징후에도 불구하고 오스트리아 사회적 대화는 지속적으로 유연안정성 정책을 협의 조정하는 제

---

10) 덴마크 노사정정치는 다원주의 정치와 조합주의정치가 혼재하는 하이브리드형으로 인식되기도 한다(Due and Madsen 2008: 515). 덴마크는 노사정 3자 동수로 구성된 전국노동시장위원회(LAR), 지역노동시장위원회(RAR) 등 상설 사회적 협의체가 존재한다.

11) 오스트리아에는 '임금·물가균등위원회'(the Parity Commission for Wages and Prices)라는 중앙정책협의 기구가 존재하는데, 이는 당초 임금억제 및 물가조정에 관한 협의 공간으로 출발했으나 후에는 사회·경제정책 전반에 관한 노사정 거버넌스의 제도적 포럼으로 진화했다(Traxler 1998: 240-241).

도로 작동하며 의회 입법과정에 영향력을 행사했다. 무엇보다 2008년 글로벌 금융위기 시 대응정책을 설계하고 집행하는 맥락에서 오스트리아 사회적 대화의 영향력은 높아졌다.

아일랜드의 경우 글로벌화 충격에 따른 사회경제 위기 상황에서 사용자연합(IBEC) 노동조합총연맹(ICTU) 정부대표가 참여하는 국가경제사회위원회(NESC)가 가동됐고, 총리 싱크탱크인 NESC는 1987년 사회협약을 체결해 경제적 난국과 정당정치의 정책교착(policy stalemate)을 우회했다(Hardiman 2002: 9; O'Connor 2002: 164). 이후 사회협약정치는 제도화됐다. 정부는 1993년 국가경제사회포럼(NESF)을 설립하여 사회적 대화에 대한 관심과 의지를 심화시켰다. NESF 회원은 전통적인 사회적 파트너 외에 농민단체, 정당대표, 실업자·청년·여성·장애인·빈곤층 등의 자발적 결사체를 망라했다. NESC의 '복지국가발전' 보고서에 따라 노사정은 2006년 고용권법 준수를 유도하기 위한 국가고용권기구(National Employment Rights Authority)를 설립했다(O'Donnell *et al.* 2011: 96, 101). 2005년 지식사회의 혁신을 관리할 '국가작업장전략'(national workplace strategy)이 시작되었는데, 그 핵심은 고용정책, 훈련교육, 사회적 안정성, 기업발전 등에 관해 사회적 파트너들뿐 아니라 정부부처, 기관 간의 조정이다(Viebrock and Clasen 2009: 318). 결국 아일랜드 사회협약정치는 경쟁력 제고를 통한 고용창출과 형평성·노동권 강화에 역점을 두었다.

Ⅳ. 정당연합-노사정연합의 유연안정성 정책조정

1. 덴마크

덴마크는 전통적으로 LO-사민당 연합을 기반으로 한 사회적 대화를 통해 실업을, 관대한 소득보상 중심의 PLMP와 포괄적인 공공사회서비스로 흡수하는 정책조합을 구축했다. 하지만 덴마크 노동시장은 1990년대 들어 구조적 실업과 소득불평등이 커짐에 따라 유연안정성 정책조합으로 재편되었다(Mailand 2002: 85-89). 정규직 고용보호를 줄이는 노동유연화는 정치적으로 쉽지 않다. 하지만 사민당-급진자유당-(중앙민주당)-(기민당) 초이념블록 연립소수정부(1993~2001)는 야당과의 입법협약을 통해 노사정 임시 정책협의체인 Zeuthen위원회의 권

고에 따라 고용보호완화법을 제정했다. 이로써 덴마크 기업은 자유로운 해고·고용이 가능했다.[12)]

해고유연화로 발생하는 실업자·취약집단은 소득이전의 단순한 수동적 수혜자가 아니라 '적극화'(activation) 프로그램에 의무적으로 참여해야 한다는 인식이 전사회적으로 확산되었다. 이에 따라 '적극화' 개념이 주요 정치적 어젠다로 부상했다. 이에 사민당 주도 초블록 연립소수정부는 1994년 실업자를 취업으로 유도하는 근로연계복지 중심의 ALMP, 특히 '적극화' 개념에 기반을 둔 직업훈련·교육정책을 강화했다(Lind and Møller 2006: 10-14). 이는 유연화에 따른 고용불안을 해소하고 노동자들의 취업·전직능력을 높여 고용안정성을 강화하기 위한 것이었다. 이런 조치는 개인별 맞춤형 훈련교육과 실업보험체계를 연계하는 '적극화'개념 도입을 요구한 Zeuthen위원회의 제안에 따른 것이다. '적극화' 개념은 1차(1994년), 2차(1996년), 3차(1998년) 노동시장 개혁에 반영되었다. 또 '고용을 위한 전국행동계획'(NAPE, 1999)이 체결되었다. 초블록 연립소수정부는 야당의 협력을 얻어 의회-행정부 협치를 통해 Zeuthen위원회가 발의한 이런 일련의 '적극화' 프로그램을 입법화했다. '적극화' 개념은 덴마크 노동시장의 정책패러다임 전환을 상징한다.[13)] 이로써 덴마크 노동시장의 노동유연화-사회보호체제 관계를, ALMP 프로그램을 통해 균형적으로 결합시킨 유연안정성의 '황금트라이앵글'(golden triangle)이 창출되었다(Madsen 2004: 189).

덴마크의 '적극화'개념은 몇 가지 특징이 있다(Kvist and Pedersen 2007: 102-104; Andersen and Svarer 2007: 11-13). 첫째, 실업급여 수급 기간이 5년(1996), 4년(1998)으로 단축되었는데, 이 기간이 만료되면 실업자는 실업보험 수급자격이 소멸되고 대신 자산조사에 기초한 사회부조를 신청해야 한다. 둘째, 노동시장의 '권리와 의무' 개념이 도입되었다. 실업자는 수동적(passive) 기간(1년)에 직업훈련교육·구직 등 '활성화' 프로그램 참여 없이 실업급여를 신청할 수 있으나, 다음

12) 또 사회적 파트너들이 합의한 '사회헌장'(social chapter) 협약은 정규직을 얻지 못한 사람들(ex: 정신·육체 장애인)의 충원을 규정하는 틀을 설정했는데, 그들에게 유연한 조건으로 근로 가능성을 제공했다.

13) 덴마크의 노동시장 정책패러다임 전환은 유럽국가들의 노동시장개혁을 선도했다. 그리고 산업별·지역별·기업별 수준에서도 임금조정 이외 직업훈련프로그램-고용서비스 제공 등 정책 전반을 다루는 중위·미시적 레벨(meso-micro level)의 정책협의 시스템이 작동했다.

적극화 기간(3년)에 들어가면 '활성화' 프로그램 참여라는 의무조건으로 실업수당을 받는다. 청년실업의 경우 1998년 노동인센티브, 인적자본 투자를 강화했는데, 특히 실업급여 수급자격으로서 8개월 훈련 프로그램에의 참여를 의무화했다(Bonoli 2010: 440-441). 따라서 개인은 한편으론 소득지원을 받을 권리를 갖지만, 다른 한편으론 근로의욕 저하를 막기 위해 적극적인 구직활동과 일할 의지를 가져야 할 의무를 지닌다. 셋째, 적극적인 구직활동 액션플랜 도입이다. 6개월 이상의 실업자는 직업교육훈련 등 취업계획을 노동사무소에 제출하고 이를 준수하지 않을 경우 실업급여 수령이 중단된다. 마지막으로 재직자의 육아·교육훈련·안식휴가로 발생한 빈 일자리를 실업자로 대체하는 직장순환제(job rotation)의 실시다.

결국 덴마크의 사민당 주도 초블록 연립소수정부와 사회적 대화는 노동유연화로 발생하는 실업을 ALMP로 흡수하고 직장교체 과정에서 발생하는 단기적 실업을 사회보장으로 관리하고자 했으며, PLMP 지출을 줄이고 ALMP 지출을 늘림으로써 양 정책 간 균형을 잡는 데 주력했다. 이런 유연안정성 정책조합은 기업 근로자 실업자 모두에게 이로웠다. 고용·해고의 자유는 노조 중심으로 운용되는, 상대적으로 관대한 실업급여 제도가 존재하기 때문에 노조가 수용할 수 있었다. 사용자들에게도 관대한 실업급여제는 해고자유를 통해 시장수요에 탄력적인 대응토록 하기 때문에 수용 가능했다. ALMP는 교육훈련을 통한 실직자들의 기술향상을 가져옴으로써 취업·전직능력(고용안정성)을 높였다. 이런 의미에서 덴마크 모델은 유연성-안정성 정책조합이 이론적으로나 실제적으로나 실현가능하다는 점을 보여 준다.

2001년 보수당-자유당 연립소수정부(2001~2011)는 사회적 파트너들과의 공감 속에서 초블록 야당의 협력을 통해 유연안정성 틀의 미세한 정책조정을 시도했다(Lind and Møller 2006: 8-10; Kvist and Pedersen 2007: 104; Due and Madsen 2008: 522-523). 첫째, '적극화'정책에 부분적으로 민영화 조치를 취했으나 구직활동에 강력한 인센티브를 제공하기 위해 '적극화' 프로그램과 실업보험을 조정하고(ex: 훈련교육을 받은 경우도 실업급여 수급자격 기간의 4년 → 2년 단축) 2010년까지 고용증가를 위한 구조개혁을 단행했다. 둘째, '적극화'법을 수정했다. 즉 권리와 의무의 원칙은 그대로 존속했지만 '적극화'프로그램 자체보다는 최단 시일 내로 실업에서 탈피 일자리를 얻을 수 있는 가장 효과적인 방법을 모색하는 데 두었다. 보수당-자유당 정부는 2008년 글로벌 금융위기 속에서도 사회적 파트너들이 2007년의 훈련교육체계에 관한 단체협약의 준수에 노력한다는 조건에서 공공지출 확대를 약속했다. 이러한 맥락은 보수당-자유당 정부에서도 사회적 대화에 힘입어 ALMP 강화를 통한 '더 많은 일자리' 보장과 더불어 부분적 재편에도 불구하고 관대한 사회적 안전망을 해체하지 않음으로써 유연성-안정성 균형적 정책조합의 기본 틀이 유지되었음을 시사한다.

이처럼 우파 연립소수정부 하의 덴마크 노동시장도 자유로운 해고·고용이라는 외부-수량적 유연성의 희생자·낙오자를, 축소에도 불구하고 상대적으로 관대한 실업보상-(공공사회서비스)와 실업자·저숙련자의 '적극화' 프로그램 강화 등 소득·고용 안정성으로 보상했다(Due and Madsen 2008: 525). 무엇보다 노동시장의 외부-수량적 유연성과 소득·고용 안정성은 단순한 병렬관계가 아니라 유기적으로 결합되었다. 따라서 2008년 글로벌 금융위기 국면에서도 노조와 사용자들은 유연안정성 모델이 위기관리와 경제회복에 기여할 것이라는 데 동의했다. 다만 LO는 ALMP, 사회보장체제 등 안정성 정책들이 경제위기로 인해 더욱 중요해졌다고 생각한 반면, DA는 기업경쟁력을 높이기 위한 이동성과 역동성 필요성을 강조하는 '제2세대 유연안정성'(Flexicurity - 2nd Generation) 프로젝트에 착수했다(Voss and Dornelas 2011: 82).

덴마크 노동시장의 유연안정성 정책조정이 설계·입법화되는 과정은 정치적 타협에 의해 가능했다(Viebrock and Clasen 2009: 316, 313). 사민당 주도 연립소수정부와 자유당 주도 연립소수정부는 각기 초블록 입법연합을 구축했다. 초블록 입법연합은 특정 노사 이익단체에게 편파적으로 우호적일 수 없었으며, 따라서 유연성-안정성을 교환하는 사회적 대화의 정치적 동력이었다. 이익단체도 특정 정당만을 상대로 로비정치를 통해 독단적으로 이익관철을 할 수 없었다. LO는 안정성을 추구하지만 다수당 지위를 누리지 못한 사민당에게 일방적으로 편파적 입법을 요구할 수 없었고 DA와 대화를 할 수밖에 없었다. DA도 유연성을 선호하는 우파블록이 독자적으로 집권할 수 없는 정치지형에서 LO와의 협상을 회피할 수 없었다. 의회도 LO-DA 파트너십을 반영하여 초블록 정치로 작동하며 특히 유연안정성 정책조합의 핵심축인 '적극화' 프로그램의 입법화에 협력했다.

나아가 덴마크 노동시장의 유연성-안정성 정책교환은 등가적이었다. 이를 가능케 한 정치적 기제가 있다. 즉 사민당 주도 연립소수정부와 자유당 주도 연립소수정부는 순환적으로 정권을 교체하며 집권 기간이 거의 동일한 정치력을 보였고, 노동과 자본을 동등하게 대표하는 초블록 입법연합을 지향했다. 이는 노동과 사용자에게 유연성과 안정성을 균등하게 보상하는 유효한 정치적 제도적 인센티브로 작동했다. 결국 초블록 정당연합이 사회적 파트너십의 안정적 작동을 유인했으며(Anthonsen and Lindvall 2009: 179), 정당연합-노사(정)연합은 보상 기제를 통해 노동시장의 유연성-안정성 간 등가적인 정책교환을 이끌어냈다.[14] 덴마크 합의제 정치연합이 포용적인 의사결정 기제를 통해 '해고유연성+실업급여제축소'와 적극화 정책프로그램 확대를 연계하는 타협적인 균형된 유연성-안정성 정책패키지를 견인해 낸 것이다.

2. 오스트리아

사민당-국민당 대연정(1987~2000)은 완전고용-PLMP-노동시간축소를 조합하는 전통적인 노동정책에서 유연안정성 정책조합으로 궤도를 수정했다(Obinger and Tálos 2010: 109-113). 우선 대연정은 1993년 '고용보장법'을 통해 실업보험의 급여조건강화·소득대체율축소·기여율인상 등 실업급여제를 축소지향적으로 개혁하는 한편,[15] 기업의 비정규직 사용을 허용하고 정규직 고용보호를 낮춰 전직자격 요건을 완화했다. 나아가 유연성과 안정성을 높이는 선제적 정책은 평생학습과 적극화 프로그램이었다.[16] 예컨대 1998년 노동자들은 사용자의 비용 부담 없이 교육훈련을 위해 12개월까지 유급휴가를 낼 수 있었다.

14) 덴마크 연합정치-사회적대화 연동이 언제나 작동한 것은 아니다. 1970년대 덴마크는 좌우 이념블록 정당정치와 계급갈등이 맞물리면서 사회파트너십이 작동불능이었고, 의회의 중도우파 연정소수내각(1982~90)의 정책통제권이 강화되었을 때 이익단체들은 의회 로비정치를 통해 이익관철을 시도했다(Christiansen and Rommetvedt 1999: 214).

15) 글로벌화 이후 오스트리아 복지국가는 전반적으로 확대일로에 있었다. GDP 대비 총 사회지출은 1980년 26.3%에서 1995년 29.2%로 증가했다. 그 결과 1995년 무렵 오스트리아는 재정적자로 인해 마스트리트 기준을 충족시키지 못해 유럽단일통화 가입이 어려울 것이라는 경고가 제기되었으나 과감한 긴축으로 EU에 가입했다.

16) 오스트리아 노동시장서비스(AMS)는 PLMP와 ALMP을 총괄한다.

어린 아동을 둔 부모들은 파트타임직으로 전환한 후 풀타임 정규직으로 복귀할 수 있는 정책을 시행했다. 또 국민당과 사용자단체가 노동유연화·경제경쟁력 제고를 위해 비임금 노동비용 억제를 요구하는 상황에서 대연정은 노령연금의 수령 자격요건을 강화했고(1994년), 자영업자와 농민의 연금기여율을 인상했으며(1996년), 사적부문의 조기은퇴 제한과 퇴직연령 인상을 입법화했고(1997년), 비정규직인 프리랜서도 질병 및 연금보험에 포함시켰다. 요컨대 대연정은 노동유연화-사회보장축소-ALMP 정책조합을 추구했다.

이런 유연안정성 정책조합 정치의 중심은 점차 의회로 이동하는 듯 했고, 상대적으로 사회적 대화의 동력이 훼손되는 조짐을 보였다(Schulze and Schludi 2007: 576-579, 595-596). 대연정은 사회적 파트너들과의 사전 협의 절차 없이 연금개혁을 시도하려 했고, 이에 ÖGB는 파업으로 맞섰다. 이 상황에서 정부는 노조의 압력을 수용할 수밖에 없었고, 1992년 남녀연금수령연령 균등, 1993년 공적연금체계-사적연금체계 균등 등 연금개혁 과정에서 사회적 대화를 작동시켰다. 연금개혁 파트너십은 상당히 완화된 형태로 정부의 입법안을 마련했고, 이는 의회-행정부 관계가 사민당-국민당 대연정에 의해 조정되어 무리 없이 의회를 통과했다(Tálos and Kittel 2002: 38-41, 47). 하원은 단지 사회적 대화의 합의된 법안을 추인하는 절차인 경우가 많았다. 이는 대연정 하에서 오스트리아 정책파트너십이 소멸되지 않았고, 사민당-국민당 정당연합이 노사협력을 유인하는 정치적 인센티브로 작용했음을 시사한다.

대연정-사회적대화 연계에 힘입어 적어도 오스트리아 사회경제 모델은 기업친화적인 노동유연성 확대에도 불구하고 경로의존적(path-dependent)이었다. 물론 정부는 노령연금보험(13.5%), 실업보험(5.3%)에 대한 연방정부의 지원을 삭감하기도 했다. 그러나 이런 소득안정성 축소는 포괄적 패키지딜의 일환으로서 일련의 사회보장 조치에 의해 보상되었다. 즉 부모휴가 도입, 교육·훈련에 따른 휴가, 성평등 임금대체율 도입, 여성실업보상의 차별조항 폐기, 남녀 이주민 사회부조 등 다른 형태의 안정성 정책 등이다. 이처럼 일부 소득안정성 축소에 대한 보상 기제가 작동함으로써 대연정-사회적대화의 유연안정성 정책조정은 강령적으로나 이념적으로 오스트리아 사회모델의 경로이탈을 야기했던 것은 아니다(Heinisch 2012: 140). 결국 사민당-국민당 대연정은 노동과 자본을 정치적 기반으로 하며 사회적 대화를 크게 훼손하지는 않았고, 대연정-사회적대화 연동은 유연성-안정성 간 균형적 정책교환을 견인했다.

하지만 국민당-자유당 중도우파 소연정(2000~07)은 유연안정성 정책 재편 과정에서 사회적 파트너십을 용인하지 않았다(Blaschke 2006: 152). 2001년 소연정은 '사회보장행정집행위원회'의 사민당 출신 위원장을 자유당 대표로 대체했고, 위원회의 당사자 자율행정을 정부관리 주도로 재편했으며 BAK와 ÖGB의 간부 '겸직 불허 조항'을 포함하는 법안을 일방적으로 통과시켰다. 또 정책협의 절차를 생략하고 노동시장의 '더 많은 노동유연화'에 착수했으며, 사실상 비스마르크형 사회정책 경로를 이탈했다. 우선 2000년 은퇴연령 인상, 조기은퇴페널티 강화, 미망인·홀아비연금 수령요건 강화 등 개혁의 입법화를 단행했다. 2002년 은퇴자의 물질적 '표준생활보존' 원칙에서 탈피하여 '기본사회보장'으로 전환했고, 연금 기여금 납부 기간을 40년에서 45년으로 연장했다(Heinisch 2012: 145). 2003년 조기퇴직급여 폐지, 조기퇴직자 연금삭감 증액 등을 포함하는 연금개혁안이 의회를 통과했다. 2005년 4가지로 분리된 사회보장체제를 통합한 법안이 의회를 통과했다. 무엇보다 2000년 실업급여의 소득대체율을 57.9%에서 55%로 내렸고 실업보험을 위한 연방보조금도 폐지하는 등 PLMP 지출을 축소했다(Seeleib-Kaiser *et al.* 2009: 38).

소연정의 공적 소득안정성 정책 축소 과정에서 사회적 대화는 사실상 정체되었다. 국민당·자유당 집권 우파정당 블록과 사민당·녹색당 야권 좌파정당 블록이 의회-행정부 관계에서 이념적 대립각을 세웠기 때문이다. 우파블록 연정 집권당만으로 통과된 법률 비중이 급증했다(Müller and Fallend 2004: 823-824). 이런 양극적 블록정치는 사회적 대화와 충돌했다. 노조는 국민당-자유당 정부에 강한 거부감을 가졌던 반면, 사용자단체는 우파블록 정부에 로비정치로 통해 이익(노동유연화)을 관철시켰다. 이런 상황에서 사회보장 정책은 노동유연성, 경쟁력 등 친기업적 의제의 후순위로 밀려났다. 한마디로 우파블록 연정 하에서 노사 모두 사회적 대화에서 이탈했고, 정부는 아웃사이더 집단을 포용하는 보상정책을 외면하며 일방적으로 유연성 강화와 안정성 축소의 정책조정을 선택했다.

사민당-국민당 대연정(2007~17)은 국민당-자유당 소연정의 노동시장 안정성 정책 축소 시대를 종식하기 위해 사회적 파트너십을 회생시키며 유연안정성 정책레짐을 재조정했다(Obinger and Tálos 2010: 118). 대연정은 공급중심 경제 틀을 유지하면서도 앞선 소연정의 사회정책 축소로 심화된 사회적 불평등을 완화하고 노동유연화의 희생자·낙오자를 보상하려는 포용전략을 구사했다. 이를 위해 대연정은 사회적 대화를 통해 자유근로자를 실업보험에 받아들여 정규직과 동등한 대우를 받게 했으며, 양육비 정부보조금(5%)과 가족수당을 인상했고, 이를 정신 장애인에게도 확대했다. 또 고용경력이 있는 자영업자들은 추가 기여금을 납입하지 않아도 실업급여 수급 자격을 계속 유지했고, 2009년엔 이전 고용경력을 갖지 않는 자영업자들도 실업보험에 가입할 수 있었다(Voss and Dornelas 2011: 50). 또 최소임금, 비정규직 노동자의 사회보험 포함을 도입했다. 대연정의 가장 획기적인 혁신은 2010년 9월 사회부조를 대체하는 사회급여인 기본보충 안정소득(basic supplemental security income, 현금급여+무상의료) 수립이었고, 이를 독자적 생존 혹은 제3자 지원을 받을 수 없는 사람들에게 지원함으로써 노동 포용정책의 새로운 장을 열었다. 한마디로 노동자들의 사회보장 증진을 통해 소득안정성을 강화했다. 이런 새로운 사회적 위험에 대한 대처는 사민당의 집권 귀환이 크게 작용했다.

일당·주당 근로시간 유연성이 대연정-사회적 대화 연계에 의해 만들어진 2007년 근로시간법(Working Hours Act)에 따라 실행되었다. 표준계약에 따라 상대적으로 여전히 높은 오스트리아 고용보호제가 사용자로 하여금 근로시간 조정이라는 '내부-수량적 유연성'을 통해 노동비용을 줄이도록 했다. 바꿔 말하면 오스트리아 내부-유연성은 2008년 글로벌 금융위기 국면에서 기업의 위기관리에 효과적이었고, 사용자들에 의한 근로자의 정리해고를 방지해 주었다(Heyes and Lewis 2014: 590). 특히 노사는 단시간근로제(short-time work scheme), 근로시간 단축을 보장하는 단체협약을 활용하여 일자리를 보존(고용안정성)할 수 있었다. 당시 사민당이 대연정 정부에 참여하고 있었다는 사실은 단시간근로제에 대한 정치적 지지를 얻는 데 중요했다. 근로시간 유연화로 발생한 파트타임 근로자들에게 보조금과 교육훈련 프로그램이 제공되었다. 한마디로 근로시간 유연성을 양보한 대가로 오스트리아 노동자들은 소득안정성과 취업능력 제고를 통한 고용안정성을 얻었다. 이로써 경제위기를 분기점으로 오스트리아 유연안정성 정책패키지는 보다 정교화되었다. 물론 당시 노조는 실업자들의 소득안정성,

성인 훈련교육에 대한 공적 지원, 아동 돌보시설 부족 등을 주요 정책과제로 언급하며 노동시장의 유연성-안정성이 아직 충분히 균형을 이루고 있지 않다는 점을 지적했다. 하지만 유연안정성 정책조합이 경제위기로 더욱 중요해졌다는 점에 노사는 의견을 공유했으며, 경제위기 여파로 노사정 대화의 역할이 증가하고 있다고 생각했다(Voss and Dornelas 2011: 83).

요컨대 국민당-자유당 소연정과는 달리 사민당-국민당 대연정은 이념적 편향성에 경도되지 않았고 노사정 파트너십을 견인하며 유연성-안정성 정책균형에 근접했다. 특히 사민당의 경우 전통적인 오스트로-케인즈주의(Austro-Keysianism)에서 벗어나 공급(노동유연성)측면에 대한 신뢰를 높이고, 사회정책의 평등 내지 재분배 요구를 완화하려는 국민당의 기민주의 정책의제들을 일부 수용했다. 국민당도 사회정책 안정성 강화라는 사민당의 요구를 저지할 수 없었고 재정긴축과 시장드라이브에 관한 공약을 철회할 수밖에 없었다. 노사 간, 사민당-국민당 간 정치적 교환(political exchange) 메커니즘이 유연성과 이의 희생자를 보상하기 위한 안정성을 연계하는 정책패키지를 창출한 것이다. 바꿔 말하면 좌파정당과 우파정당이 모두 내각에서 거의 유사한 정치력을 행사하는 오스트리아 대연정의 유연성(효율성)-안정성(사회적 안전망) 간 등가적 정책조합은 사회적 정책파트너십의 합의 틀에 연유한다. 이런 의미에서 오스트리아 합의제 정치연합의 유연안정성 정책조정도 성공적인 모델이라 할 수 있다(Viebrock and Clasen 2009: 316).

3. 아일랜드

아일랜드는 전통적으로 영국 자유주의적 다원주의를 선호하여 노사 이익집단들이 사회경제의 공공정책에 관여하는 것을 허용하지 않아 사회적 대화의 경험이 빈곤했다. 하지만 경로 혁신적 전환이 이뤄졌다. 즉 아일랜드 노사정은 1987년 이후 사회적 대화를 작동시켜 경제정책과 사회정책을 포괄하는 파트너십 협약들을 체결했다<표 5-1>. 1990년대의 사회협약은 주로 노동유연화와 기업경쟁력 제고를 통한 시장일자리 창출을 부각시켰다. 비록 사회협약에는 규정되지 않았지만, 특히 국가의 노동시장 개입을 거부하는 전통을 선호하여 영국처럼 해고·고용이 쉬운 유연성을 강화했다. 반면 2000년대의 사회협약은 사회보장, ALMP를 통한 노동시장의 소득·고용 안정성에 방점을 두었다. 특히 '2016

년을 향하여' 합의는 장기 청년실업자들이 참여하는 적극화 프로그램의 필요성을 확인시켰다. 모든 협약의 특징은 임금조정(임금인상 자제)이라는 노동자들의 양보와, 이로 인한 노동의 손실을 정부와 기업의 보상정책(근로소득세율 인하, 사회보장 확충, ALMP)이 맞교환되었다. 일련의 사회협약들은 아일랜드 노동시장 유연안정성의 핵심 정책의제들을 조합하는 단초가 되었다.

▌표 5-1▐ 아일랜드 정치연합의 유연안정성 정책조정

정치연합 패턴	노사정 사회협약	정책패키지
공화당/진보민주당 연립과반 정부-NESC(1987~90)	국가재건프로그램 (PNR, 1987~91)	일자리창출·임금자제·소득세감면
공화당/진보민주당, 공화당/노동당 연립과반정부-NESC (1991~93)	경제사회진보프로그램 (PESP, 1991~94)	임금자제, 장기실업자·시간제근로자 보호
통일당/노동당/민주좌파당 연립 과반정부-NESF(1994~97)	경쟁력·일자리프로그램 (PCW, 1994~96)	임금자제·기업경쟁력 강화·일자리창출
통일당/노동당/민주좌파당 연립 소수정부-NESF(1997~2000)	사회통합·고용·경쟁력 파트너십 2000 (1997~2000)	임금자제·일자리창출·경쟁력강화
공화당/진보민주당 연립과반 정부-NESF(2000~03)	번영·공평성프로그램' (PPF)(2000~03)	임금자제·근로소득세감면, 평생학습강화·복지급여 증대
공화당/진보민주당 연립과반 정부-NESF(2003~07)	지속적 진보(SP) (2003~05)	임금자제·주택보급확대·퇴직수당인상
공화당/진보민주당/녹색당 연립 과반정부-NESF(2007~2011)	2016년을 향한 협약' (Towards 2016 Pact) (2006~09)	임금자제·고용권법준수·적극화

참조: Roche 2007: 398; Hamann & Kelly 2011: 61-69; Hardiman 2002: 22.

아일랜드 사회협약정치는 정당연합에 의해 견인되었다(Hamann and Kelly 2007: 982-984). 초블록 정당연합은 노사정 대타협과 의회-행정부 협치를 유인하는 정치적 동력으로 작용했다(O'Donnell and Thomas 2002: 168; O'Donnell *et al.* 2011: 94). 소수정부인 경우 과반의석 확보를 위해 야당과의 초블록 입법연합을 통해 사회협약을 입법화했다. 비례제 의해 주요 정당들이 노사 이익단체와 연계되어 있었기에, 의회는 사회적 대화를 거친 협약(법안)을 반대할 이유가 없었다. 양대 메이저 정당인 공화당과 통일당은 정부연합 구성에는 주저했지만, 사회협약을 매개로 의회 입법과정에선 사실상 협상파트너가 되었다(Hamann and Kelly 2011: 69). 공화당은 중도우파로 분류되지만 줄곧 노동우호적인 정책스탠스를 취하며 친기업적인 진보민주당과의 연정에 기반 둔 의회-행정부 협치를 통해 사회협약의 입법화를 견인했다. 노동이익이 공화당 주도의 정책협상 테이블에 반영되었고, 이에 노조는 투쟁 대신 '온건과 절제'라는 전략적 행동을 택했다. 통일당인 경우 정부 정책자율성과 대의제 정치를 제약한다는 이유로 사회적 파트너십에 비판적이었으나, 연립정부에 참여하면서 사회협약정치를 적극적 수용 쪽으로 돌아섰다. 사실 아일랜드의 모든 정당들은 연합정치를 제도화해 가며 사회적 대화의 유효성에 긍정적이었다(O'Connor 2004: 93). 요컨대, 아일랜드 정당연합은 노사정 협치와 의회-행정부 협치 사이의 상호보완성을 매개하여 노동유연성의 희생자들에게 안정성 정책으로 보상했다. 유연성-안정성 정책조정이 공화당 혹은 통일당 등 중도우파 정당이 지배하는 초블록 연합정치와 사회적 대화에서 실용주의적이고 합의제적으로 이뤄진 것이다(Dukelow 2015: 98).

그러나 2008년 글로벌 금융위기가 몰고 온 높은 실업률과 재정적자의 도전에 대한 공화당-진보민주당-녹색당 연립정부의 정책반응은 사회적 대화 대신 일방적인 드라이브로 유연안정성 정책조정에 나섰다(Heyes 2013).[17] 고용을 장려하기 위해 기업의 1년 사회보험료 부담을 면제했고, 견습생(apprentices) 충원 보조금과 근로자 1인당 9,100 유로 고용 보조금을 지원했다. 2008년 32백만 유로에 이르는 노동시장 적극화 기금을 조성하여 실업자 훈련프로그램을 지원했고, 국가고용·훈련기구(FAS)는 장기 코스를 단기 모듈로 재편하여 2010년 16만 근로자들에게 훈련 기회를 제공했다. 2009년 말 정부가 공공부문 임금을 삭감하자 사회적 파트너십은 붕괴됐고,[18] IBEC는 2008년 타결된 민간부문 임금협약

17) 아일랜드 노사정 대화가 완전히 폐기되었다고 말할 수 없다. 민간부문 임금협상 프로토콜에 관한 협약(2010년 3월)은 사회적 대화 요소가 여전히 작동할 가능성이 존재한다는 점을 말해 준다.

에 대한 지지를 철회했다. 2010년 연립정부는 부동산 버블과 재정위기가 발생하자 IMF와 ECB에서 850유로 긴급 구제금융을 받았고, 그 대가로 사회정책 개혁에 동의했다. 사회적 파트너십이 붕괴됨에 따라 권력균형이 노조에서 긴축 주창자에게로 기울어졌고 2010년 11월 연립정부는 사회적 대화를 우회하여 최저임금 12% 삭감, 세금인상 및 실업급여 삭감 등 긴축계획을 발표했다. 또 실업급여 수급 자격을 얻기 위한 근로자들의 기여금 납부 기간도 52에서 104주로 늘렸으며, 일자리 거부자들에게 제재를 강제함으로써 2012년 직업교육훈련에 참여해야 할 강제성을 강화했다(Hastings and Heyes 2018: 468). 특히 청년들의 구직수당과 보충복지수당(Supplementary Welfare Allowance)을 큰 폭으로 축소하여 그들을 훈련과 노동으로 유도했으며, 적극화 프로그램 참여를 거부한 청년들은 실업급여의 30% 축소라는 제재를 받도록 했다(Dukelow 2015: 106). 동시에 사회보호 서비스를 받는 대가로 적극화 프로그램 참여가 의무화되었다. 한마디로 사회보호 정책이 확장에서 신자유주의 패러다임으로 이동했다.

요컨대, 공화당 주도 연립정부는 경제위기 국면에서 한편으로 실업자·비정규직의 취업능력을 높이기 위한 훈련교육 프로그램을 강화했으나, 다른 한편으로 소득안정성 정책을 축소 지향적으로 조정했다. 그 결과 노동시장의 인사이더-아웃사이더 불평등이 커졌고, 이 문제에 아일랜드 사회협약 정치는 적절한 해법을 제시 못했다. 이에 ICTU는 유연성과 ALMP는 잘 갖춰졌으나 포괄적인 사회적 안정성은 놓치고 있다고 생각한 반면, IBEC는 금융위기와 공공지출 등을 고려할 때 유연안정성 모델이 아일랜드에 수용가능한지에 의문을 제기했다(Voss and Dornelas 2011: 90).

그렇다면 덴마크·오스트리아와는 달리 경제위기에 반응하는 아일랜드의 노동시장 정책은 왜 사회적 대화는 정체되고, 왜 안정성 축소 중심의 유연안정성 정책레짐으로 재편되었는가? 우선 아일랜드 정당정치는 기본적으로 공화당·통일당 주도 우파블록 우위 지형이다. 공화당은 비록 노동 우호적 스탠스를 보였지만 경쟁력·효율성 가치를 선호하는 보수성향의 유권자들의 지지를 받는다.

---

18) 아일랜드 경제정책 결정자들은 2008년 임금자제와 개인소득세 인하를 교환했던 사회적 파트너십이 공공재정의 구조적 악화를 야기한 것으로 판단했고(Baccaro and Howell 2011: 547), 이런 상황에서 사회적 파트너십은 부적절하다는 인식이 급격히 확산되었다.

따라서 경제위기 국면에서 공화당 주도 연립정부는 기업친화적인 외부-수량적 유연성을 선호했고, 그 희생자 집단인 아웃사이더에게 보상할 소득안정성을 높이는 데 인색했다. 경제위기에 대한 정부의 정책반응은 기존의 지배적인 신자유주의 정책을 강화였고, 케인즈주의 복지국가라는 정치적 담론은 없었으며,[19] 기업경쟁력(조세감면·규제완화·저법인세)과 노동유연성 강화가 정책담론에서 중요했던 것이다(Dukelow 2015: 98).

둘째, 좌파블록의 정치력이 매우 취약했다. 물론 녹색당이 연정파트너로 정부에 참여했으나, 다른 두 연정파트너인 공화당과 진보민주당에 영향을 미칠 수 있는 정치력이 미미해 개혁 피해자인 취약집단들의 이해관계를 보호하는 데 한계를 보였다. 좌파블록의 구조적 취약 속에서 유연안정성 정책조정은 사회적 파트너들, 특히 노동의 참여를 배제하고 정부 일방적으로 진행되었다. 이런 아일랜드 사례는 사회적 대화가 경제위기 발생 시 붕괴될 수 있음을 보여 준다. 사회적 대화 절차가 생략된 공화당 주도 연립정부 하에서 아웃사이더들이 선호하는 ALMP를 강화했지만, 취약집단의 사회보호·공공일자리 창출 등 포용적 고용권 강화를 유인할 정치적 플레이어는 존재하지 않았고, 이런 정치지형은 유연성-안정성 간 등가적 정책교환이 이뤄질 가능성을 낮췄다.

V. 3 강소국 노동시장의 유연성-관대성-적극성

1990년대 이후 3국 노동시장의 유연안정성 정책조합은 획일적이지 않다. 바꿔 말하면 3국 유연안정성 정책조정 양태는 수렴화(convergence)와 이산화(divergence)가 동시에 나타났다. 무엇보다 2008년 금융위기에 따른 긴축정책은 유연안정성 모델에 상당한 도전과 과제를 제기했다.

첫째, 노동시장 유연성이다. 이는 시장상황 변화에 대응하는 기업의 경쟁력 제고에 기여한다. 3국은 1990년대 이후 정규직 노동에 대한 고용보호를 약화시

19) 아일랜드 복지지출은 증가했지만 GDP의 비중으로 볼 때는 하락했다. 2000년대 EU 17개국의 사회보호 지출이 GDP 대비 27.6%였는데 반해, 아일랜드는 GDP 대비 18.6% 수준에 머물렀으며, 빈곤 수준은 높다. 경제성장은 유의미한 복지급여 투자를 가능케 했지만 빈곤의 높은 비중은 아일랜드 복지체제의 구조를 반영했고 지속적인 사회 불평등을 야기했다(Dukelow 2015: 99).

켰고 ,이 현상은 금융위기 국면에서 재정긴축과 공급중심 개혁으로 더욱 확산되었다. 노동유연성 정도를 측정하는 지표는 고용보호 지수이다. 1990년과 2010년의 3국 고용보호 지수 비교 <표 5-2>에서 덴마크는 적잖게 하락했고, 전통적으로 고용보호 수준이 낮은 아일랜드는 약간 증가했지만 여전히 낮으며, 오스트리아는 미미하게 하락했다. 특히 경제위기 시 덴마크·아일랜드는 기간제 계약에 의해 고용·해고 자유를 강화하는 외부-수량적 유연성을 높였던 반면, 오스트리아는 내부-수량적 유연화를 선호했다(Wang and Heyes 2017: 2).

▮표 5-2▮ 주요 EU 국가들의 고용보호 지수

Low	1990	2010	Medium	1990	2010	High	1990	2010
덴마크	2.4	1.5	오스트리아	2.2	1.9	프랑스	3.0	2.6
아일랜드	0.9	1.1	핀란드	2.3	2.0	스페인	3.8	3.1
스웨덴	3.4	1.9	독일	3.1	2.1			
영국	0.6	0.8	네덜란드	2.7	2.0			

출처 : OECD Indicators on Employment Protection series, 고용보호지수: 0은 최저치, 4는 최고치.

흥미로운 점은 경제위기 시(2007-12년) 고용보호 지수가 상대적으로 높은 오스트리아는 낮은 덴마크·아일랜드보다 실업률 <표 5-3>이 심하지 않았다는 것이다. 주류 경제학자들에 따르면 해고 제약이 기업의 고용을 위축시키고 실업을 악화시키며 임시직 의존도를 높인다. 하지만 오스트리아 실업률이 줄곧 4% 대 수준에 머물러 상대적으로 낮은 것은 경제위기 국면에서 정리해고 대신 유연근로, 노동시간 조정 등 내부-수량적 유연성 방식으로 고용을 유지했기 때문이다(Heyes and Lewis 2014: 603). 또 오스트리아의 경우 노동유연화가 적극화 프로그램 강화를 통한 취업능력 지원, 기술훈련을 통한 사내 일자리 이동, 공공고용서비스와 연계하도록 했기에 낮은 실업률을 유지했다. 반면 낮은 고용보호에 따른 해고유연성이 높은 덴마크·아일랜드 실업률은 급증했다.[20] 덴마크·아일

20) 2011년 아일랜드의 경우 실업자의 60%가 1년 이상, 30%는 2년 등 장기 실업상태였다. 아일랜드는 청년실업(15~24세)에서도 거의 30%에 육박했던 반면, 고용보호가 더 강한 오스트리아의

랜드의 경험은 고용보호를 낮춰 노동시장을 자유화하면 실업 완화에 긍정적인 영향을 미친다는 가설이 타당치 않음을 시사한다. 다만 덴마크의 경우 해고유연성은 상대적으로 관대한 실업보험, 촘촘한 ALMP 등과 연계돼 소득·고용 안정성이 높아 노동시장 이중화가 심하지 않는 반면,[21] 아일랜드는 낮은 소득안정성과 고용보호에 따른 노동유연성으로 인사이더-아웃사이더 분절화가 증가했다(Rueda 2014: 400).[22]

▌표 5-3▌ 주요 EU 국가들의 경제위기 시 실업률

	2007	2008	2009	2010	2011	2012
오스트리아	4.42	3.83	4.79	4.41	4.15	4.33
덴마크	3.86	3.50	6.12	7.59	7.80	-
독일	8.71	7.56	7.78	7.10	5.95	5.49
아일랜드	4.70	6.40	11.93	13.82	14.59	14.68
네덜란드	3.50	3.03	3.67	4.45	4.44	5.27
스웨덴	6.12	6.18	8.31	8.57	7.76	7.95
영국	5.31	5.67	7.61	7.82	8.05	7.90

출처 : Rueda 2014: p.397.

둘째, 노동시장의 관대성이다. 관대한 사회보장체제는 노동유연화에 대한 노동자들의 저항을 완화하고 노동시장의 소득안정성을 높인다. 덴마크·오스트리아는 복지국가 유형의 차이에도 불구하고 노동시장의 희생자인 실업자·취약집

경우 9% 이하였다. 고용보호가 높은 청년실업을 유발하는 원인으로 언급되지만 청년실업률은 고용·해고가 자유로운 아일랜드에서 증가한 것이다. 이런 점에서 고용보호를 낮추면 청년들의 고용이 증가할 것이라는 가정은 타당하지 않는 것처럼 보인다. 그 결과는 되레 고용불안과 근로빈곤 리스크를 높일 것이다(Heyes and Lewis 2014: 604-605).

21) 덴마크는 산업구조의 중심인 중소기업들(80%)의 낮은 진입장벽으로 근로자들의 기업 간 직장이동이 용이하다.

22) 외부-수량적 유연성은 기간제 근로자들의 특수훈련 기회가 적고, 조직의 혁신능력을 저해하기에 장기적으로 기업실적에 손실을 준다. 물론 정규직 근로자들의 높은 고용보호는 정규직을 고용하려는 사용자의 의지를 위축시키고 대신 기간제 근로자들을 사용토록 유도하여 결국 노동시장의 분절화와 노동시장 아웃사이더 양산을 야기한다는 견해가 있다(Wang and Heyes 2017: 5).

단에게 전통적으로 조기퇴직연금, 장애·실업급여 등 현금지원 중심의 관대한 소득보상(PLMP) 인프라를 통해 아일랜드에 비해 크게 높은 소득안정성을 보장했다. 그러나 3국은 1990년대 이후, 특히 2008년 경제위기에 따른 긴축재정으로 근로연계복지를 강조하며 실업급여의 소득대체율·기간 축소 및 수령자격 강화로 재편했다. 이는 3국 노동시장의 소득안정성이 축소되고 있음을 뜻한다. 물론 3국 간 차이가 있다.

사회보장의 주요 관대성 지표는 실업급여의 소득대체율이다. <표 5-4>는 주요 EU국가들 실업급여의 세후 소득대체율 비교이다. 덴마크는 2000년대 이후 크게 축소되었지만 여전히 높은 관대성을 보인 반면,[23] 아일랜드는 2000년대 전반기 약간 상승했으나 후반기 다시 축소되는 등 여전히 상대적으로 낮다. 이는 덴마크 실업보상체계의 소득대체율이 아일랜드에 비해 크게 앞서고 있으며, 결국 아일랜드 노동시장의 소득안정성은 노동유연화의 희생자들에게 적절히 보상하지 못하는 수준이다. 오스트리아 소득대체율은 3국 중 중위수준을 보이고 있다.

▌표 5-4▐ 주요 EU 국가 실업보험의 세후 소득대체율

	1990	1995	2000	2005	2010
덴마크	53	65	62	50	48
아일랜드	28	26	29	30	29
영국	18	18	17	13	13
스웨덴	42	38	40	42	40
오스트리아	34	32	33	32	40

출처: Heyes 2011: 649.

23) 덴마크의 사회보장과 사회적 부조는 다른 노르딕국가들에 비해 중산층과 고소득층보다 저소득층(실업자·환자·비경제활동자 등)에 더 관대하다(Kvist and Pedersen 2007: 101-102). 실업보험기금은 일부 노사 보험료에 의해 충당되지만 실질적으로는 국가 재정지원이 재원의 대부분이다. 실업급여가 실직자들의 구직활동을 게을리 하는 부정적인 영향은 실업급여를 ALMP와 연계하는 효율적인 적극화 전략을 통해 상쇄시켰다.

3국의 이런 차이는 GDP 대비 사회보호 지출과 인구 빈곤율의 관계에서도 확인된다. <그림 5-1>에서 확인할 수 있듯이 덴마크와 오스트리아는 사회보호 지출이 EU 평균 이상이고 빈곤율은 EU 평균이 이하인데 반해, 아일랜드는 사회보호 지출이 EU 평균 이하이고 빈곤율은 EU 평균의 이상이다.

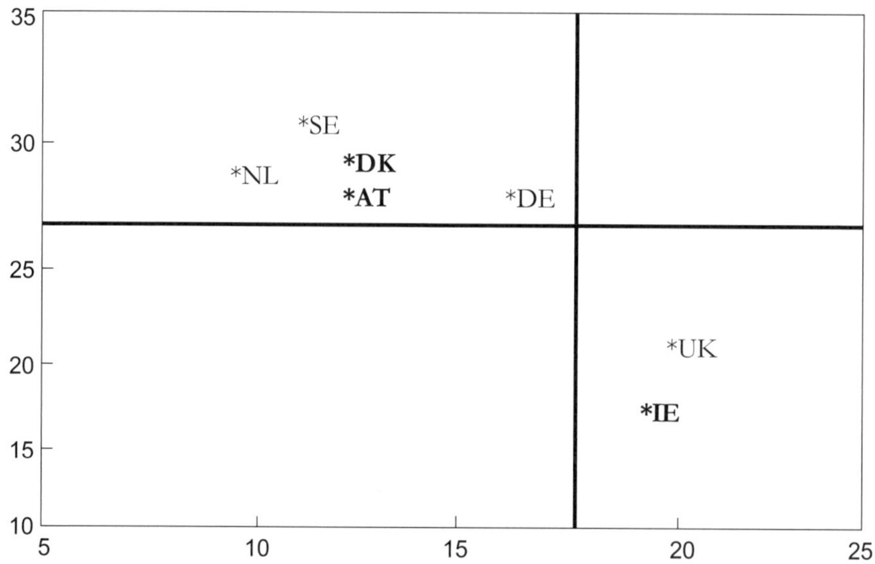

▌그림 5-1▐ 주요 EU 국가들의 사회보장 지출과 빈곤율

출처: EU Commission 2010: Growth, Jobs and Social Progress n the EU. p.69. 두꺼운 수평선과 수직선은 각각 EU 평균 GDP 대비 사회보장 지출과 빈곤율

셋째, 노동시장의 적극성이다. ALMP는 취업·전직과 근로연계복지를 장려하고 유연성과 고용안정성 간 균형을 달성하는 데 필수적이다(Keune and Jepsen 2006: 11). 특히 훈련교육을 통한 인적자본 투자는 기업경쟁력을 높이고 실업자·취약계층의의 취업능력을 높이는 주요 사회적 포용 정책이다. 고실업, 실업급여 급증, 재정악화에 직면하자, 덴마크·오스트리아는 1990년대 이후 아일랜드는 2000년대 이후 '적극화' 프로그램을 노동시장의 핵심 정책의제로 채택했다(Bonoli 2010: 440-441). 특히 금융위기 전후 3국 아웃사이더들의 직장안정성보다는, ALMP(훈련교육 기술습득)을 통한 고용안정성을 높이는 정책을 강화하는 변곡점이 되었다(Heyes 2011: 645).

GDP 대비 ALMP 지출은 노동시장의 적극성 정도를 나타내는 지표이다. <표 5-5>에서 알 수 있듯이 경제위기 시 GDP 대비 ALMP 지출이 전통적으로 높았던 덴마크와 상대적으로 낮았던 아일랜드는 급증했다. 특히 아일랜드의 ALMP 지출 상승이 더욱 가파르다. 이는 양국 외부-수량적 유연화로 발생한 실업자들을, 급여 수혜자 지위에서 취업자 지위로 이동시키기 위한 것이다. 반면 전통적으로 EU 회원국들 중 중위 수준이던 오스트리아의 ALMP 지출의 증가 폭은 덴마크·아일랜드보다 낮다. 이는 오스트리아가 선호하는 내부-수량적 유연성의 경우 해고 대신 고용유지를 담보하고 있어 곧바로 고용불안으로 이어지지 않고, 따라서 실업을 선제적으로 대응하기 위한 ALMP 지출의 절박성이 덴마크·아일랜드에 비해 심하지 않았음을 함축한다.

▌표 5-5▐ 주요 EU국가들의 경제위기 시 GDP 대비 ALMP 지출

	2007	2008	2009	2010	2011
오스트리아	1.90	1.83	2.33	2.24	2.03
덴마크	2.84	2.58	3.39	3.83	3.91
독일	2.03	1.91	2.55	2.27	1.82
아일랜드	1.56	2.07	3.46	3.94	-
네덜란드	2.50	2.35	2.91	2.97	2.74
영국	0.47	0.52	0.70	-	-

출처: OECD Employment Outlook

<그림 5-2>는 소득·고용 안정성 고저를 수평축으로 하고, 유연성 고저를 수직축으로 하여 주요 EU회원국들과 비교 시각에서 3국 유연안정성모델의 특징적 정책조합을 집약한다. 우선 덴마크 모델은 낮은 고용보호에 따른 유연성이 높고, 상대적으로 관대한 사회급여체계(실업급여체계)와 ALMP 강화로 인한 높은 수준의 소득·고용 안정성을 보인다(고유연성-고안정성 균형조합). 둘째, 오스트리아 모델은 중간수준의 유연성과 중간수준의 소득·고용 안정성을 보인다(중유연성-중안정성 균형조합). 셋째, 아일랜드 모델은 덴마크보다 더 높은 유연성과 낮은 소득·고용 안정성이 조합되어 있다(고유연성-저안정성 불균형 조합).

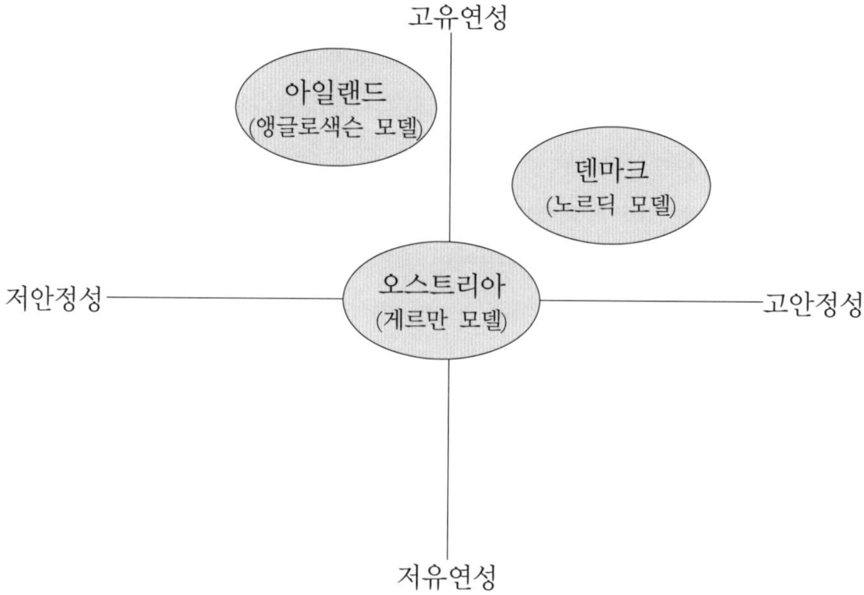

▌그림 5-2▌ 3국 유연안정성 모델

출처: Muffels and Withagen 2013: 117 그림을 참조해 재구성

Ⅵ. 요약 및 이론적 한국적 함의

노동시장의 합의제 개혁정치는 거시적 차원에서 신자유주의와 케인스주의 복지국가 간 균형적 정책패키지를 통해 종국적으로 민주주의와 자본주의 시장 경제 간 공존과 양립을 지향한다. 노동시장의 유연안정성 모델은 그것의 축소판이다. 유연안정성은 노동과 자본 간 합의(사회적 대화)와 좌파정당과 우파정당 간 합의(초블록 연합정치)에 기초한, 노동시장의 공동 리스크 관리를 통해 상호 보완적인 윈윈 상태를 창출하는 개념이다(Burroni and Keune 2011: 77). 제4차 산업혁명 시대의 경쟁력은 시장 변화에 신속하게 대응하는 노동시장 유연성 강화 없이는 불가능하며, 과학기술 진보에 따라 배출된 실업자(job-killing technology)와 불안정노동(precariat)의 양산에 대응하는 노동시장 안전성 강화는 필수적이다. 이에 따라 서유럽 국가들의 노동시장은 글로벌화·유럽화 이후 유연안정성 정책조합 재편에 나섰다.

그러나 덴마크·오스트리아·아일랜드 노동시장 유연안정성 정책조합은 합의제 정치연합 패턴에 따라 다른 양태로 조정되었다. 물론 3국 합의제 정치연합의 유연안정성 정책조정 양상은 '유연성 강화 – 안정성 축소'로 수렴화되는 경향을 보였다. 즉 고용보호 완화, 계약고용 확대, 사회보호 축소, 근로연계복지, ALMP 강화 등 유사성을 보였다. 특히 덴마크·아일랜드 노동시장의 경우 직장안정성에 대한 관심이 고용안정성으로 대체되었다. 이런 개혁 정책패키지는 1990년대 이후 나타났고, 2008년 경제위기 국면에서 더욱 두드러졌다. 그렇다고 이 트렌드가 반드시 3국 유연안정성 정책조정 궤적의 수렴화를 의미하는 것은 아니다. 유사한 압력에도 여전히 유연안정성 정책조정의 국가 간 차이가 발생했다.[24] 즉 덴마크 모델은 고유연성-고안정성 균형조합, 오스트리아 모델은 중유연성-중안정성 균형조합, 아일랜드 모델은 고유연성-저안정성 불균형 조합(부등가 조정)으로 나타났다. 환언하면 덴마크·오스트리아는 노동유연화의 희생자인 아웃사이더 집단에 사회보호 정책(실업급여·ALMP)으로 보상해 상대적으로 인사이더-아웃사이더 격차를 완화한 반면, 아일랜드의 경우 노동유연화의 희생자·낙오자들에 대한 사회적 보호 수준이 낮다.

유연안정성 정책조정의 이런 유사성과 차별성은 국내 정치적 변수에 비롯된다. 덴마크·오스트리아는 좌우 초블록연정-사회적 대화 연동이 유연성-안정성 균형적 정책조합으로의 재편을 견인했다. 이는 노동시장의 유연성-안정성 간 필연적 상충(trade-offs)관계를 가정하는 신고전파 경제이론에 대한 도전이며, 유연성-안정성 '포지티브섬 게임'(positive-sum game) 가능성을 말해 준다(Muffels and Wilthagen 2013: 113-115). 이처럼 양국의 서로 다른 복지국가 정치경제 유형에서도 초블록연정-사회적대화 연동이라는 유사한 합의제 정치연합 패턴에서는 유연성-안정성 균형적 정책조정이라는 유사성이 발생할 수 있다는 지점은 VoC 연구의 비교연구에서 간과되고 있다.[25] 다만 양국 유연성-안정성 정책조

24) 3강소국의 유연안전성 정책조합은 차별성을 보인다. 즉 덴마크의 고노동유연화-고ALMP-고사회보장 모델과 오스트리아의 중(中)노동유연화-중ALMP-중사회보장 모델은 실업률과 불평등을 상대적으로 낮춘데 반해, 아일랜드의 고노동유연화-고ALMP-저사회보장 모델은 실업률을 감소시켰으나 사회 불평등을 개선하지는 못했다. 아일랜드의 경우 ALMP는 재분배 효과가 적고 노동유연화와 ALMP를 연계하는 사회투자 정책은 고용을 증가시켰으나 사회불평등 개선은 실패했다. 실업률이 감소했음에도 불평등이 개선되지 않았다는 것은 저임금 노동자가 많다는 것을 뜻한다.

정의 차별성이 존재한 이유는 정당정치의 정책선호와 지형에 연유한다. 즉 덴마크의 고유연성-고안정성 정책조합은 노동시장의 아웃사이더를 포용하는 관대한 사회보장에 우호적인 사민당과 노동유연성을 선호하는 우파블록이 거의 균등한 정치력을 보이며 순환적으로 정권을 교체하는 정치지형의 반영인 반면, 오스트리아의 중유연성-중안정성 정책조합은 사민당의 아웃사이더에 대한 포용적인 사회보호 정책과 계급교차 연합적 성격을 갖는 기민당의 인사이더 사회보험과 친기업적 노동유연성 정책을 등가적으로 조정한 대연정의 아웃풋이다. 반면 아일랜드의 고유연성-저안정성 정책조합은 노동시장 아웃사이더 집단의 보호에 인색한 우파블록 우위의 합의제 정치연합의 산물이다(Hastings and Heyes 2018: 474). 바꿔 말하면 아일랜드 노동시장에서 아웃사이더의 '사회보호'에 대한 정치적 지지가 결여된 것은 이념적으로 안정성 정치를 선호하는 좌파블록이 취약하고 노동유연성 지향적인 중도우파 정당블록이 주도하는 연정이 지속적으로 집권했으며, 더욱이 경제위기 시 노사정 간 유연성과 안정성을 등가적으로 교환할 수 있는 사회적 대화가 중단된 정치지형을 반영한다.

제5장의 연구결과는 이론적 한국적 함의를 갖는다. 첫째, 초블록 연정과 사회적 대화가 맞물리는 합의제 정치연합은 균형적 유연성-안정성 정책패키지를 창출할 수 있다. 유연성 정책 혹은 안정성 정책을 활용하여 노동시장의 개혁정책 피해자 혹은 반대자에 보상하는 기제로 작동하며 이해관계자들의 저항을 최소화할 수 있기 때문이다.[26] 이런 의미에서 정치적으로 논쟁적이고 첨예한 유연안정성 정책조정은 다수 비토권자들이 존재하는 초블록연정-사회적대화 연동을 통해 용이해 질 수 있다. 이는 유연안정성 정책조정이 비토권자들이 많은

---

25) 또 VoC 연구들은 동일 정치경제 유형 내에서도 합의제 정치연합 패턴의 차이가 노동시장에 대한 정치적 조정 능력이 차별화될 있다는 사실에 주목하지 않았다.

26) 권력을 분점하는 비토플레이들이 다수인 합의제 정치체제는 '주고받는'(quid pro quos) 협상에 의해 포괄적인 정책개혁 패키지를 채택하는 경향을 보인다(Lindvall 2010: 361). 오스트리아·덴마크처럼 합의제 정치연합을 지향하는 국가들에선 정부가 의제설정권을 활용하여 개혁 저항적인 세력에게 매력적인 보상 조치를 제공하여 개혁 피해·반대 집단의 동의를 끌어낼 수 있다. 이런 점에서 권력분점은 개혁능력을 감소시킨다는 가정은 오류이다. 정치적 결정이 정당들 간 패키지 딜을 시도하지 않고 별개의 정책의제로 이뤄지는 경우 갈등을 초래한다. 그러나 합의제 정치연합에서 정당 간, 노사정 간 정책이슈들을 연결해 풀어가는 경우 공동이익을 추구하기가 보다 용이해 질 것이다. 복수의 정책 아이템들이 의제로 상정됨으로써 교환(trade-offs) 기제가 작동할 수 있기 때문이다(Lindvall 2010: 373).

합의제 정치연합의 조건에선 어려울 것이라는 거부권론(veto point theory)의 가정(Tsebelis 2002)과는 달리 왜 합의제 정치체제에서 순항하는가 하는 이유를 설명해 준다. 둘째, 여소야대 정국 속 문재인 소수정부 하에서 한국형 합의제 정치연합의 유연안정성 정책동학 모형을 설계하는 데 영감을 준다. 한국 노동시장은 유연성-안정성 간 불균형으로 고용불안과 소득불평등이 심화되고 있다. 초블록 연정과 사회적 대화가 연동하는 합의제 정치연합은 유연성-안정성 등가적 정책조합을 견인할 수 있는 유효한 정치적 인풋사이드 시스템이다. 이런 관점에서 사회적 대화의 안정적 작동을 통한 한국형 유연성-안정성 균형적 정책협약을 타결하고,27) 이의 입법과정을 순항시키는 정치적 필수조건은 문재인 소수정부의 포용적 국정거버넌스 틀의 탐색이다. 이 틀은 노사-행정부(대통령)-국회 간 정책적 파트너십을 촉진하는 연결고리이며, 한국형 유연성-안정성 균형적 정책협약의 입법화 경로를 순탄하게 하는 합의제 정치연합 공간이다.28) 따라서 제5장의 연구는 '혁신적 포용국가'를 국정비전으로 표방한 문재인 소수정부의 '합의제 정치연합의 유연성-안정성 균형적 정책조정 전략' 개발에 유의미한 정치경제적 메시지를 제공할 것이다.

27) 사회적 대화는 유연안정성 정책레짐을 설계하는 데 중요하다. 이는 사회적 파트너십이 낮은 나라에 유연안정성 모델의 이전 가능성(The transferability of flexicurity)에 의문을 제기한다. 그러나 사회적 대화의 전통이 없는 경우에도 초블록 정치연합이 제도화되면 유연성-안정성 정책 패키지를 개발하는 사회적 대화를 견인하는 데 기여할 수 있을 것이다.

28) 한국 노동시장 개혁은 3강소국 중 어느 한 모델만을 직수입 모방할 수는 없다. 한국 현실에 맞게 수정 보완한 한국형 유연안정성 정책조합은 예컨대 ⓐ 안정성(고용안정성, 사회안전망, 고용친화적복지, 임금격차 해소, 최저임금 인상 등)에 방점을 두고, ⓑ 정리해고·비정규직 등 외부 수량적 유연성보다는 파트타임정규직, 일자리 창출로 이어지는 노동시간조정 등 내부 수량적 유연성 그리고 기술·조직혁신을 통한 기능적 유연화 ⓒ 공정성(원하청 및 대·중소기업 상생협력), ⓓ ALMP(직업훈련교육, 일자리 창출, 창업·취업 지원) 활성화 등을 유기적 상호보완적으로 정책을 교환하는 모델이다. 제5장은 한국형 '유연성-안정성 균형적 정책조합'을 창출하는 통합적 동시적 패키지 접근을 제안한다. 즉 노사정 간의 양보-보상-화답에 의해 유연성-사회보장-ALMP를 상보적, 등가적으로 교환하는 포지티브섬적 빅딜(positive-sum big deal) 전략이다.

제6장

합의제 헌정 모델의 관점에서 본 권력구조 문제: '87년 권력구조' 개편

Ⅰ. 문제의식

1987년 민주화 이후 헌법개정 논쟁과정에서 기본권 강화, 지방분권, 정부형태 등이 주요 의제로 부상해 왔지만, 최대 쟁점은 권력구조(정부제도) 개편이다. 현행 대통령제의 승자독식 제왕적 권력구조를 개편하기 위해 4년 중임 대통령제, 분권형 대통령제(이원집정부제), 의원내각제 등을 놓고 다양한 의견과 주장이 제기되어 왔다. 권력구조 개편논쟁의 핵심은 권력독점 구조냐, 아니면 권력분점 구조냐, 특히 행정부와 의회의 권력관계이다. 바꿔 말하면 행정부-의회 권력배분 문제는 대통령제와 의원내각제와 분권형 대통령제의 논쟁이 아니라 '다수제 헌정 모델 vs 합의제 헌정 모델'의 논쟁이다. 예컨대 영국 의원내각제와 한국 대통령제는 다수제 헌정체제에서 전형적으로 나타나는 행정부의 대(對)의회 우위 권력집중 구조인데 반해, 미국 대통령제와 서유럽 국가들의 의원내각제는 합의제 헌정 모델의 행정부-의회 권력분점 구조이다. 이런 의미에서 권력구조 개편 논쟁은 대통령제, 의원내각제, 분권형 대통령제 중 택일적 접근이 아니라 다수제 헌정 모델의 관점, 아니면 합의제 헌정 모델의 관점이냐 따라 접근해야 한다.[1)]

그런데 권력구조의 작동 양태는 정부형태가 아니라 선거제도-정당정치의 종속변수이다. 그렇기에 어떤 권력구조도 그 자체만으론 분권-협치를 담보하지

1) 권력구조의 제도적(헌법적) 권한 배분은 부차적 변수이고, 정부형태와 합의제 헌정체제 사이의 유의미한 상관관계가 존재하지 않는다.

못하고, 어떤 선거제도-정당정치와 연계되느냐에 따라 그 작동 양태가 달라진다. 환언하면 선거제도-정당정치 패턴은 권력구조의 작동 양태를 좌우하는 독립변수이다. 권력구조가 어떤 선거제도와 어떤 패턴의 정당정치와 조합되어 있느냐가 분석되어야 할 필수조건이라는 것이다(Shen 2011: 5-6). 하지만 국내 헌법학자·정치학자·정치인들은 선거제도-정당정치와 권력구조의 기능적인 연계성에 대해 크게 주목하지 않는 것처럼 보인다. 단지 권력구조 개편과 선거제도-정당정치 개혁을 개별적·병렬적으로 논할 뿐, 한 패키지로 묶어서 접근하지 않고 있다. 그들은 통상적으로 현행 제왕적 대통령제를 순수 대통령제, 분권형 대통령제, 의원내각제 등 특정 권력구조로 개편하여 행정부-입법부 간 권력을 재배분해야 한다고 주장한다. 입법권-행정권의 관계를 어떻게 형성할 것인지의 문제가 정부형태의 중심 논의점이 되어야 한다는 것이다.

그러나 설령 행정부-의회 간 수평적 권력분점의 헌법적 제도가 잘 갖춰져도 비례제-연합정치와 연동되지 않으면 권력구조는 협치 기제로 작동하기 어렵다. 행정부-의회 관계는 결국 정당 간 정책 네트워킹과 입법 파트너십에 기반을 둔 정치적 의사결정권 분점·공유에 의해 조정되기 때문이다. 이를 효과적으로 유인하는 선거제도-정당정치는 다수제-양당정치가 아니라 비례제-다당제-연합정치이다. 따라서 권력구조 개편 논의는 비례제-연합정치와 연계하여 진행돼야 한다. 이는 합의제 헌정 모델의 핵심 문제의식이다. 제6장은 "권력구조의 분권-협치는 선거제도-정당정치의 종속변수다"라는 합의제 헌정 모델의 관점에서 각국 행정부-의회 관계를 간략히 비교 분석해 보고, 국내 권력구조 개편 논쟁의 주요 지점을 비판적으로 평가한 후, 비례제-연합정치-권력구조 간 친화적 관계를 주장한다.

II. 선거제-정당정치-권력구조 관계에 대한 이론적 관점

권력구조는 선거제도-정당체제와 기능적으로 맞물려 작동한다.[2] 그렇기에 권력구조의 분권-협치는 우선 다수제 혹은 비례제 등 선거제도 유형에 따라 그

---

2) 선거제도-정당정치는 정부유형·이념성-행정부·의회관계-노사정관계-시장경제유형-복지국가 유형의 관계에 임팩트를 투사하며 민주주의와 헌정체제 발전의 지렛대로 작용한다.

성패가 좌우된다고 해도 과언이 아니다. 다수제는 최다 득표자만을 권력자로 당선시키기에, 51%를 얻은 1등 앞에 49%를 얻은 2등은 무의미하다. 반면 비례제는 득표율에 비례하여 권력을 배분하기에, 민심이 그대로 정당 간 의석분포에 투영된다. 다수제는 승자독식과 패자전실로 인해 권력자의 독치(獨治) 유혹을 자극하는 반면, 비례제는 승자-패자 간의 권력분점·공유(power-sharing)를 통해 권력 간 협치를 유인한다.[3)]

나아가 권력구조의 분권-협치는 정당정치 패턴에 따라 영향을 받는다. 단순화하면 정당정치는 두 유형이 존재한다(선학태 2005: 220-221). 영미식 다수제 정당정치(majoritarian party politics)는 다수대표 선거제가 유인하는 양대 정당 간 제로섬적인 경쟁을 통해 다수의석을 획득하는 다수당에 의한 단독 정부구성과 운영을 추구한다. 따라서 다수제 정당정치에서는 양대 정당 간, 행정부-의회 간 갈등으로 인해 입법생산성이 낮다. 다수제 정당정치의 안티테제는 합의제 정당정치(consensual party politics)다. 합의제 정당정치는 비례대표 선거제가 유인하는 다당체제로 인해 단독정부 구성이 어려워 정당 간 각료배분과 정책조정을 규율할 연정협약에 입각한 연립정부 구성을 지향하는 패턴이다. 합의제 정당정치에서는 정당 간 경쟁-협력 사이클을 매개하는 연합정치가 행정부-의회 협치를 견인하며 입법효율성을 높인다. 합의제 정당정치는 이념적 정치적으로 대척점에 서 있는 정당들이 대화-타협, 관용-포용으로 '조금씩 주고 조금씩 얻은' 절충점을 탐색하며 상생-통합정치를 연출한다.

선거제-정당체제-권력구조의 기능적 연계를 고려할 때, 동일한 권력구조를 선택해도 선거제가 무엇인가에 따라서 정당체제 형성·패턴, 권력의 구성·배분·행사 및 정치적 갈등해결 방식 등 헌정체제의 작동 양태에서 차이가 발생한다.[4)] 그런데 권력구조와 민주적 헌정체제 공고화는 유의미한 상관관계가 존재하지 않다(Power and Gasiorowski 1997). 이는 정부형태 변경만으로 헌정체제의 수준이 민주적으로 업그레이드되지 않는다는 것을 함의한다. 따라서 헌정체제의

---

3) 합의제 헌정체제의 비례제는 사회갈등-정당체제 사이를 매개하고 입법권과 행정권의 분점·공유를 상징하는 정당 간 연합정치의 제도화를 유인한다. 연합정치는 의회-행정부 관계를 조정하여 정책의 의제화·입법화를 통해 사회갈등을 조정 관리한다.

4) 반대로 같은 특정 선거제를 채택했더라도 정당정치 유형의 영향을 받는 정부제도, 즉 대통령제냐, 의원내각제냐, 분권형 대통령제냐에 따라 헌정체제의 작동 양태는 달라질 수 있다.

변경에 관한 연구에서 선거제, 정당체제, 권력구조를 각각 분리해서 생각해서는 안 되며, 세 제도의 조합과 효과에 대하여 고려해야 한다. 선거제와 정당체제와 정부제도를 연결하는 헌정체제의 제도적 조합으로 사고해야 한다. 헌정체제의 정치제도적 조합이 제대로 되지 않으며 정치적 갈등과 헌정체제 위기가 증폭될 수 있기 때문이다.

선거제-정당체제-권력구조 관계는 다수제-양당제-대통령제, 비례제-다당제-대통령제,[5] 다수제-양당제-의원내각제, 비례제-다당제-의원내각제, 다수제-양당제-분권형대통령제, 비례제-다당제-분권형대통령제 등 다양한 정치제도의 조합을 상정할 수 있다. 단순화하면 국정·입법 과정에서 다수제-양당제-대통령제는 행정권력과 입법권력 분리와 견제-균형을 통해 책임성, 비례제-다당제-의원내각제는 행정권력-입법권력 융합으로 대표성을 각각 중시한다.

Ⅲ. 주요 국가들의 선거제-정당정치-권력구조 관계

1. 다수제-양당정치-대통령제 vs 비례제-연합정치-대통령제

정·부통령 4년 중임 미국 대통령제는 수평적 차원에서 대통령-입법부 간 견제-균형 기제가 작동하는 분권형 권력구조이다. 미국 대통령제에서는 입법부가 선제적으로 법안을 만들어 행정부에 제안하는 의제설정자(agenda-setter)이고,[6] 대통령은 입법부가 발의한 법안의 수정을 요구하지 못하고 그 제안된 법안의 수용 혹은 거부(take it or leave it) 여부만을 결정하는 수동적 역할을 수행한다(Tsebelis 1995: 325). 이를 통해 다수 거부권자들이 서로 지속적인 수정을 요구할 수 있는 합의제적 의사결정 방식이 초래하는 거래비용을 줄일 수 있다.[7] 따라서 미국 대통령제의 행정부-입법부 관계에서는 입법부가 예산편성권을 비롯

---

5) 대통령제 하에선 의회선거가 비례제인 경우에 다당체제를 촉진할 개연성이 높지만 집권당에 맞서기 위한 복수 야당세력의 연합으로 인해 양당제로 정당체제가 회귀하는 경향을 보인다.

6) 미국 대통령제에서는 대통령이 법안발의권을 갖지 않고 대신 의회가 입법발의를 하는 의제설정권(agenda setting power)을 가지며, 특히 여소야대 분점정부에서는 다수 야당이 의제설정자가 된다. 미국 의회는 강력한 위원회 체제로 조직되어 있는 분권적 의사결정 과정이며, 각 위원회는 고유의 정책 관할 영역에서 입법 발의 독점권을 갖는다.

7) 미국 대통령제 옹호론자들은 합의제 의사결정 방식은 다수 거부권자들의 선호를 충족시켜야 함으로 거래비용을 수반하는 비효율적 의사결정 방식으로 평가한다.

한 정치적 의사결정 주체이고 행정부는 입법부의 결정을 집행하는 대리인이다. 미국 대통령은 예산·입법 필요 시 여당에게 의존하고, 의회가 제정한 법을 집행하기 위해 위임된 행정명령을 발할 수 있을 뿐이다. 미국 대통령은 행정부 고위직 인사권을 상원의 동의를 전제로 행사하며, 선전포고권·계엄선포권·긴급명령권 등 비상대권(하원)을 보유하지 않는다. 나아가 미국 대통령제는 수직적 차원에서 연방제-양원제와 조합되고 있다. 행정권은 연방정부-주정부-지방정부로, 입법권도 연방상원-연방하원-주의회로 각각 분권화되고 있는데, 따라서 미국 대통령은 연방제-양원제의 강력한 견제를 받는다. 단순화하면 미국 연방대통령은 인사권·외교권·국방권 행사에 치중하며, 특히 연방차원의 내정권은 전국적인 보완적 업무로 제한되며 대부분 내정권은 주정부로 넘긴다. 요컨대 미국 대통령제는 대통령-의회 간 수평적 권력분점형, 연방정부-주정부 간 수직적 권력분점형 정부제도이다.

미국 대통령제는 다수제-양당제와 결합되어 있다. 이런 제도적 조합을 고려하면 미국 대통령제는 다수제 헌정체제의 정부형태이이지만, 수평적 수직적 권력분점이 제도화되어 있다는 점에서 합의제 헌정체제의 정부형태이기도 한다. 결국 미국 대통령제는 다수제 헌정체제와 합의제 헌정체제 사이의 어느 지점에 위치한다(Lijphart 1984: 33-36). 이런 특징을 갖는 미국 대통령제는 어느 의미에선 권력집중형이 아니고 권력분점에 기초한 견제와 균형의 원리에 따라 작동한다. 견제와 균형은 미국의 정부제도를 관통하는 독창적 원리다. 이 원리는 의사결정 플레이어들에게 거부권을 부여하여 일방의 입장을 타방에 강요할 수 없게 한다. 이러한 의사결정 규범에서는 거부권 행사자가 동의하지 않으면 최종적인 결정이 성립할 수 없으므로 거부권 행사자가 수용할 수 있는 결정만 이뤄진다. 이런 의사결정 구조는 고전적인 권력분립이라는 용어보다 권력분점으로 표현하는 것이 적절하다. 그런 의미에서 미국 대통령제는 대통령-총리 간 분권이 이뤄지는 프랑스 분권형 대통령제보다 더 분권적이다(Lijphart 2012: 115-116).

그러나 미국 대통령제는 수평적 수직적 권력분점형 정부제도임도 불구하고 치명적인 제도적 결함이 내재한다. 이는 미국 대통령제가 의회와 대통령의 승자독식 단순다수 선거제가 유인하는 양당정치와 결합되는 데서 기인한다.[8] 우선 대통령직을 쟁취하려는 거대 양당 간 양극적인 제로섬 게임정치가 지배한다. 대통령 선거에서 1표만 더 얻어도 권력 100%를 가져가는 '승자 권력독점'과 실패한 다른 한쪽은 공직 한 사람 추천할 수 없는 '패자전실' 현상이 교차한다. 그것이 미국 정당정치를 양극화시키고 있다. 둘째, 여소야대 정국에서는 대통령-의회(야당) 간 충돌과 입법교착 상태로 국정마비(연방정부 셧다운 등)의 위험으로 치닫는 '벼랑 끝 정치'(brinkmanship politics)가 빈번하게 나타난다.[9] 여소야대의 소수파 대통령일지라도 임기가 보장되기 때문에 연립정부를 구성할 동기가 부재하거나 야당과의 협상할 유인이 약하다. 결국 미국 대통령제 정치에서 협치는 사라지고 배척과 적대적 양극화만이 남게 된다. 그래서 사회주의 몰락을 예측했던 미국 스탠퍼드대 후쿠야마 교수는 무늬만 '견제-균형'의 대통령제이지, 사실은 다수제-양당정치로 인해 서로의 발목을 잡는 '거부 정치'(vetocracy)로 전락했다고 개탄한 바 있다.[10] 미국 대통령제가 미합중국을 '두 개의 미국'으로 쪼개버린 미분열국(Disunited States of America)으로 전락시키는 정치양극화를 야기하고 있다는 비판의 목소리가 비등하다.[11] 셋째, 미국 대통령은 초당파적 국가수반직과 당파적 정부수반직을 겸유하는 독임제적 권력집중을 누리며 의회통제를 우회하는 '제왕적 대통령'으로 변질될 수 있다. 국가안전과 국민통합 등

8) 미국 정당정치는 유권자들의 지역·인물 중심 투표, 의원들의 지역구 이해관계 몰입, 월가 금융 큰손 등 특정 집단을 대변하는 로비스트, 정치자금의 젖줄인 부자·기업 등에 의해 돌아간다. 그 결과 미국 양당 독점정치는 경제민주화-복지-노동 등 전국적 의제에 둔감하다. 이런 점에서 해커(J. Hacker)와 피어슨(P. Pierson) 교수는 공화-민주 양당 중심의 승자독식-양극화 정치가 승자독식-양극화 경제의 원인이라고 날카롭게 지적한 바 있다. 실제로 미국의 승자독식-양극화 정치는 부자 상위 1%가 미국 GDP의 23.5%를 독식, 나머지 99% 국민에게 절대적 상대적 박탈감을 낳고 있다. 미국 스티글리츠(J. Stiglitz) 교수도 「불평등의 대가」라는 저서에서 미국이 "1%에 의한, 1%를 위한, 1%의 국가"가 됐다고 통탄한다. 4년 전의 '트럼프 현상'은 워싱턴 기득권 양당정치에 대한 신자유주의 희생자들인 아웃사이더들의 도전이었다는 견해가 있다.

9) 미국의회의 여소야대 정국에서 거대 야당은 모든 상임위를 장악하고, 이에 책임을 물을 수 있는 아무런 제도적 장치가 존재하지 않는다. 대통령은 야당의 입법독주를 견제할 수 없고, 야당 주도 입법에 대한 대통령의 거부권 행사로 대통령-의회 적대관계는 더욱 악화되며, 이 경우 정치적 책임 소재가 불분명해진다.

10) 거부정치는 견제와 균형을 빌미로 서로 무조건 반대만 하다가 최소한의 정치적 교집합을 찾아내지 못하고 결과적으로 정치권 전체가 자폭해버리는 현대 정치의 특성을 지칭한다.

11) 물론 미국 대통령들이 국가분열의 위기를 돌파하기 위해 정치연합을 시도하는 사례들이 있다. 링컨 대통령은 남북분열 위기를 넘기 위해 반대당 민주당의 인물들을 내각에 기용했다. 세계경제 대공황 시점에서 루스벨트(F. Roosvelt)는 노동·흑인·빈민세력과 연대한 자유주의-사민주의 연합이라는 뉴딜연합을 통해 노동권 강화와 사회보장체제 구축 등 위기 극복을 했다. 특히 그는 당시 대공황을 초래한 공화당 인사들을 내각에 기용하는 정치연합을 단행했다. 클린턴·오바마 대통령도 공화당 출신 인사를 입각시킨 바 있다.

국가적 전국민적 이익을 대변해야 할 초당적 대통령과 특정 지역과 특정 집단의 이익을 대변하는 당파적 대통령은 제도적으로 충돌하고 구조적으로 양립 가능하지 않다. 이런 초당파적 대통령과 당파적 대통령 간 제도적 모순 현상은 미국 정당정치의 양극화에 의해 더욱 가중되고 있다.

그러나 미국 대통령제는 제도적 결함에도 불구하고 헌정체제가 붕괴되는 사태까지 가지 않는다. 그것은 양당 간의 교차투표(cross-voting)라는 미국 정당정치의 관행적 유연성 때문이다. 무엇보다 여소야대 정치지형에서 미국 대통령은 자신의 정책·입법 프로그램에 야당의원의 협력과 지지를 설득하여 '주고받는 식'의 협조통과(logrolling)와 초당적인 의원 입법연대가 이뤄진다.[12] 따라서 미국 헌정체제는 대통령제 덕택이 아니라 대통령제의 제도적 결함에도 불구하고 정당정치의 관행적 유연성 때문에 장기적인 국정마비나 헌정중단 상황으로 비화되지 않는다. 이는 대통령제의 안정적 작동 여부가 정당정치의 작동 행태에 크게 영향 받고 있음을 시사한다.

미국 대통령제와는 달리 브라질 대통령제는 분권-협치 기제를 내장한다. 주지하듯 '1988년 헌법'에 기초한 브라질 헌정체제는 '제왕적 대통령제'를 용인했다. 브라질 대통령은 대통령제가 부여하는 통상적 권력과 더불어 압도적인 입법권을 행사한다. 대통령의 입법권은 반응적(reactive) 권력(법률안 비토권 등)과 '선제적'(proactive) 권력(법안발의권, 긴급권, 포고권 등)이 있다. 대통령은 긴급법안(urgency bills)과 긴급포고령(urgency decrees) 등 선제적으로 입법어젠다 설정자의 역할을 하며, 의회가 이를 동의하거나 거부한다. 긴급법안은 의회가 일정 시간 내에 법안발의를 표결에 부치도록 압박하는 대통령의 입법권이다. 긴급포고령은 의회의 사전 동의 없이 행사하는 대통령의 입법권이다. 그러나 브라질 대통령은 제왕적 권력을 통한 일방적인 입법독주가 아니라 행정부-의회 거버넌스과 정당 간 입법파트너십을 견인하며 자신의 정책프로그램을 의제화·입법화하는 경향을 보인다.

---

12) 미국 정당의 기율은 낮아 의원들의 자율성이 높은데, 이는 여소야대 소수정부 상황에서 초당적인 의원 입법연대를 가능케 해 국정 마비사태를 막아주는데 기여한다. 그러나 미국 의회는 정부유형(단점정부 혹은 분점정부)과 상관없이 낮은 입법 가결율(2~3%)을 보이고 있다. 이점에서 의원자율성이 분점정부에서의 입법교착을 해소한다는 주장은 재검토되어야 한다는 견해가 있다.

이런 브라질 제왕적 대통령제의 패러독스는 선거제도-정당정치에 연유한다. 브라질의 '개방형 비례제'(open-list proportional representation)는 비록 원내 진출의 '진입장벽' 부재로 인해 정당이 난립하는 격심한 정당체제 파편화를 유발하지만 대통령 소속 정당이 항상 의회의석 20% 이하를 차지하는 등 어떤 정당도 과반의석을 점유하지 못하는 여소야대 다당제를 만들어낸다.[13] 따라서 대통령은 자신의 정책의제의 입법화를 위해 이념블록을 넘나들며 다른 정당들과의 연합정치-연립정부를 구성한다. 예컨대 사민당 소속 카르도소(1995~2002) 대통령은 중도정당과 보수정당들, 그리고 노동자당(PT) 소속 룰라 대통령(2003~10)과 호세프 대통령(2010~16)은 중도좌파에서 중도우파에 이르기까지 이념적 스펙트럼이 다채로운 이념블록을 뛰어넘는 연립정부를 구성했다.

브라질 헌정체제에서는 대통령 소속 정당을 비롯한 어떤 정당도 자신의 정책만을 고집할 수 없는 구조이기 때문에 제왕적 대통령들은 초이념블록 연합정치를 구축하고 연정파트너 정당 간의 정책 조율·교환을 통해 행정부-의회 간 정책갈등을 조정하며 입법교착을 돌파했다. 이렇게 해서 브라질 제왕적 대통령제는 개방형비례제-이념블록다당제-초블록연립정부를 통해 마치 비례제-연합정치-의원내각제처럼 작동하는 연정대통령제(coalitional presidentialism)로 변형되었다.[14] 브라질 연정대통령제는 제왕적 대통령제 혹은 여소야대의 소수파 대통령이 행정부(대통령)-의회 협치의 제도화 가능성을 말해 주는 경험적 사례이다.

거부권 행사자(veto player) 이론에 따르면 입법효율성은 대통령제 혹은 내각제 등 권력구조가 아니라 거부권자 수에 의해 영향을 받는다(Hallerberg 2010 29-39; Müller and Meyer 2010: 101-108). 이런 관점에 의하면 가장 효율적인 체제는 거부권자 수를 최소화하는 양당제-의원내각제이며, 가장 비효율적인 체제는 거부권자가 다수인 다당제-대통령제이다. 그렇다면 비례제-다당제-연합정치-대통령제로 이어지는 브라질 헌정체제는 입법교착과 국정마비가 필연적으로 발생할 수밖에 없다. 그러나 거부권 이론과는 달리 브라질의 다당제-제왕적대

13) 연방하원을 선출하는 브라질 개방형 비례대표제에서 정당명부에 후보자 순번은 정해지지 않고 더 많은 득표를 한 후보자가 선출된다. 연합하는 정당들은 공동으로 선거관리를 하는데, 이 경우 후보들이 하나의 명부로 작성되고 더 많은 득표를 한 후보자가 정당에 관계없이 선출된다.

14) 2016년 호세프 대통령 탄핵은 개인 실패(부패)에 기인한 것이지, 비례제-연합정치-제왕적대통령제 실패가 아니다.

통령제는 다수 거부권 행사자들 간 타협·협력하고 양보할 동기와 유인을 가졌다. 예컨대 브라질 룰라 대통령 당시 행정부-의회 협치에 힘입어 입법효율성은 80% 수준에 육박했다. 대통령제는 양당제와 결합하면 대통령에게 권력이 집중되어 실질적 거부권 행사자가 소수이기 때문에 견제와 통제 없이 대통령이 독단적으로 국정을 주도하지만, 다당제와 결합하는 경우 거부권 행사자가 다수로 증가하여 연합정치에 의한 합의제적 국정운영을 이끌어내는 경향을 보인다. 양보·타협하지 않으면 구조적으로 입법교착이라는 파국을 피할 수 없기 때문이다.

2. 다수제-양당정치-의원내각제 vs 비례제-연합정치-의원내각제

의원내각제에서 행정부는 의회 다수파의 대리인이고, 의회 다수파는 행정부의 진퇴를 결정한다(Schugart 2005: 329). 대통령제에선 의회가 정책 어젠다를 제안하고 대통령은 그것을 서명 혹은 비토하는 반면(Tsebelis 1995: 325), 의원내각제에선 행정부가 법안을 제출하는 의제설정을 주도하고, 의회는 그에 대한 찬반 표시를 한다.[15] 서유럽 합의제 헌정체제 국가들의 의원내각제는 정당 간 권력분점인 연합정치의 제도화를 유인하며, 이를 통해 행정부-의회 협치를 작동시킨다. 따라서 의원내각제는 승자 권력독점과 정당 간 제로섬 게임을 유발하는 대통령제를 일거에 대체할 수 있고 민주주의의 핵심인 대표성-책임성 원리를 가장 분명하게 실현하며, 사회의 분열과 갈등을 조직하고 대표하는 정당정치의 발전에 기여할 수 있다.

그러나 의원내각제가 권력분점의 정부제도라는 인식은 오류다. 어떤 선거제도-정당정치와 결합되느냐에 따라 의원내각제는 권력독점의 정부제도 혹은 권력분점의 정부제도가 될 수 있다. 소선거구 단순다수제와 조합되는 의원내각제인 경우 의회의 다수파에게 권력을 몰아주는 권력독점의 정부제도가 된다. 영국 의원내각제는 전통적으로 소선거구다수제-양당정치 틀 속에서 다수당이 단독으로 의회와 행정부를 동시에 장악하는 절대적 권력독점 기제를 내장한다(Lijphart 2012: 10-15). 보수당-자민당연립정부(2010~15), 보수당-민주연합당 연립

15) 영국 의원내각제에서 내각은 입법어제다 설정과 정책결정 과정을 주도하는데, 정부의 법안, 예산안은 의회에 의해 수정 없이 내각에 상정된다. 반면 미국 의회의 각 위원회는 정책 관할 영역에서 입법 발의 독점권을 갖는다. 한국 대통령제에서는 국회도 행정부도 법안을 발의할 수 있다. 국회가 발의하는 경우 대통령은 이를 수정할 수 없고 거부권만 행사할 수 있다.

정부(2015~19)이 구성되기도 했지만, 이런 정부유형은 예외적 사례이고, 통상적으로 다수당단독정부-제왕적총리가 구성된다. 야당은 사실상 국정에 대한 비판·반대의 자유만 있지, 국정 협치의 파트너가 아니다. 이런 점에서 영국 의원내각제는 제로섬 게임의 정치양극화 현상을 보이는 전형적인 다수제 헌정체제의 정부제도이다. 따라서 영국 의원내각제의 정책동학은 다수당 단독정부가 특별한 정치적 비토권자의 견제 없이, 노동당 정부든 보수당 정부든 가리지 않고 국정과정에 노사 이익단체들은 물론이고 야당의 참여를 배제하며 일방통행적인 권위주의적 방식에 매우 익숙해 있다. 한마디로 영국 내각은 정책·입법과정을 독점하며 주도한다.[16]

본래 권력집중형 권력구조는 순수 대통령제가 아니라 다수당이 행정부와 의회 모두를 장악·통제하는 제왕적 총리를 등장시키는 의원내각제이다. 그럼에도 의원내각제가 권력분점형 정부제도로 변형될 수 있는 이유는 내각제 국가들이 대체로 다당제를 유인하는 비례대표제를 도입, 복수 정당으로 연립정부를 작동시키고 있기 때문이다. 그런 의미에서 게르만 국가들의 정부제도는, 어느 정당에게도 과반의석을 허용하지 않는 비례제가 유인하는 다당체제-정책·입법연합-정부연합을 통한 행정부-의회 협치에 의해 작동한다. 예컨대 의원내각제와 이원집정부제 사이의 어느 지점에 위치한 독일 정부제도는 (연방대통령)-연방정부-연방하원-연방상원-주정부-주의회 간의 촘촘한 수평적·수직적 분권-협치로 작동한다.[17] 그 연결고리는 비례제와 소선거구 다수제가 유기적으로 결합하는 연동형 비례제다. 연동형 비례제는 의회권력을 독과점하는 패권 정당을 구조적으로 허용하지 않기 때문에 연방정부와 주정부 차원에서 구성되는 기민·기사연합-사민당 좌우 대연정, 아니면 메이저 정당과 마이너 정당(자민당·녹색당·좌파당)

---

16) 일본의 '소선거구제-병립형비례제-내각제'인 경우도 영국의 경우와 크게 다르지 않다. 설상가상으로 자민당은 상·하원을 장악하며 사실상 영구 집권을 꾀하고 있다. 일본 민주당은 장밋빛 무상복지 로드맵을 제시하고 소비세 인상을 추진하다가, 2012년 12월 총선에서 불과 집권 3년 만에 자민당에 정권을 헌납했다.

17) 앞서 제2장에서 지적했듯이 독일 정부제도는 총리의 의회해산권 불허와 의회의 대(對)총리 '건설적 불신임투표제' 등과 같은 스위스식 집정부제(Direktorialregierung)의 수입으로 인해, 총리의 의회 해산권과 의회의 총리(내각) 불신임권 등 균형적인 견제 기제가 작동하는 순수 의원내각제에서 이탈하고 있다. 동시에 독일 간선 대통령은 단순히 상징적 의전적 존재가 아니고, 제한적 수준에서 실질적인 헌법적 권한을 부여받고 있다는 점에서 독일 정부제도는 이원집정부적 요소를 갖고 있다.

간 소연정이 연방정부-연방하·상원 간, 주정부-주의회 간 협치를 견인한다.

노르딕 비례제-내각제 국가들도 크게 다르지 않다. 주지하듯 핀란드를 제외한 노르딕 내각제 국가들은 입헌군주국이다. 국왕은 통치권은 없으나 누구도 범접할 수 없는 전통적인 존엄과 권위의 존재로서 초당적으로 군림하며 의원내각제의 국정혼란이 국가혼란으로 비화되는 것을 막아주는 국가의 구심력이다. 노르딕 국가들의 의원내각제는 1970년대의 좌우 이념블록 간 양극정치 시기를 제외하면 전통적으로 매우 안정적이다. 비례제-다당제로 인해 통상적으로 구성되는 정당 간 정책·입법연합 혹은 정부연합이 제도화되어 있기 때문이다. 노르딕 합의제적(consensual) 의원내각제는 웨스트민스터 의원내각제보다는 국정의 과단성은 떨어질지 모르지만 집행부로 하여금 정권유지를 위해 폭넓은 의회지지를 유지토록 압박하기 때문에 입법적 효과성을 갖는다.

덴마크 비례제-내각제에선 급진자유당(RL)·기독교인민당(CPP) 등 중도 군소정당이 정책·법안 사안별로 때론 사민당(SD)을, 때론 우파블록인 보수당(Con)·자유당(Lib)을 번갈아 오가며 연정파트너로 선택하곤 한다. 글로벌화 이후 빈발하는 사민당 소수정부는 내각 차원에선 연정을 좀처럼 구성하지 않는 경향이 있지만, 의회 차원에선 좌우 정당을 가리지 않는 입법연합을 구성한다(Damgard 2011). 우파블록 정당들도 정부 내각연합을 형성하는 데, 과반의석에 미달한 우파블록 연립소수정부는 의회에서 좌우 정당을 가리지 않는 입법연합을 구성하여 행정부-의회 협치를 견인한다. 이로써 덴마크 의원내각제는 이념블록을 초월하는 연합정치와 조합되면서 국정을 매우 안정적으로 이끌어 간다.

덴마크와는 달리 스웨덴 의원내각제는 중도정당의 정치력이 약해 이념적으로 블록화된 정당정치와 맞물려 작동하고 있다. 그래서 스웨덴 내각제에선 거의 언제나 사민당과 우파정당 블록 사이에 순환적으로 전면적 정권교체가 이뤄진다.[18] 스웨덴 사민당은 행정부 차원에선 단독 소수내각 구성을 보편화하는데,

---

18) 스웨덴 정당체제는 이념적으로 양극화돼 있다. 이는 유권자들의 투표행태가 정당일체성(party identification)보다는 오히려 블록일체성(bloc identification)을 드러내기 때문이다. 바꿔 말하면 유권자들의 정당일체성은 점점 퇴조하고 블록일체성이 이를 대체하고 있다(Hagevi 2015: 73). 결국 스웨덴의 양극적 다당체제(bipolar multi-party system)는 보수우파연합 블록과 좌파블록(사민당·녹색당·좌파당) 사이의 양극적 경쟁을 격화시키는 블록정치(bloc politics)로 구조화되는 경향을 보인다. 유권자들의 투표성향에 있어서 블록 내(intra-bloc) 이동은 증가하는 반면, 블록 간(inter-bloc) 이동은 낮다(Hagevi 2015: 88).

이 경우 좌파블록의 야당인 좌파당(구공산당) 혹은 녹색당과의 정책·입법연합을 추구한다(Aylott 2011: 314). 자유당·보수당·기민당 등 우파정당들도 블록 연립정부를 구성하곤 하는데, 우파블록 연립소수정부인 경우 좌파정당 대신 우파정당을 입법연합 파트너로 선택한다. 하지만 이런 블록정치 속에서도 스웨덴 의원내각제는 안정적으로 작동한다. 그런데 우파블록 연립다수정부(2006~10), 우파블록 연립소수정부(2010~14)를 거치면서 2014년 출범한 사민당-녹색당 좌파블록 연립소수정부는 새로운 행정부-의회 관계를 모색했다. 2014년 12월에 중도우파블록 정당들은 사민당-녹색당 연립소수정부와 "협력과 대화"를 한다는 내용의 소위 '12월 타협'을 체결했다. 좌파블록과 우파블록이 의회연합을 모색한 것이다. 12월 타협이 좌우 정당들 간 정책·입법연합에 의해 스웨덴 의원내각제의 행정부-의회 협치를 가져오는 분기점이 될 것인지 주목된다.

3. 다수제-양당정치-분권형대통령제 vs 비례제-연합정치-분권형대통령제

분권형 대통령제는 국가수반인 대통령과 행정수반인 총리 간에 권력이 분점되는 권력구조이다. 대통령은 통상 국민직선에 의해 선출되어 외교·국방·국민통합·국가안정 등 국가적 전국민적 이익을 대변·집행하는 초당파적 거국적인 직무를 부여 받는 반면, 총리는 지역·계급·계층·세대·성별 등 사회집단의 다양한 선호·이익을 대표하는 여러 정당들이 경쟁-협력하는 의회에서 다수파에 의해 선출되기 때문에 당파적 성격을 갖는다.

이러한 분권형 대통령제는 대통령제의 제도적 고착성과 경직성을 뛰어넘는 제도적 가변성과 역동성을 보인다(황태연 2005: 51-56; Norris 2008: 145-146; Lijphart 2008: 81). 우선 초당파적인 국가수반직과 당파적인 정부수반직 간의 제도적 모순을 피할 수 있다. 국가수반과 정부수반을 겸직하는 대통령제의 대통령은 정부수반직 때문에 국정수행 과정에서 당파적 공방의 표적이 됨으로써 국가수반직의 권위가 크게 훼손될 수 있다. 반면 분권형 대통령제는 국가수반과 정부수반을 분리시키기 때문에 대통령은 당파적인 내정에 집착하지 않고 초당파성을 견지하며 국민통합, 외교안보, 위기관리 등의 수행과정에서 국가적 구심력과 중심추 역할을 수행할 수 있다. 둘째, 대통령의 제왕적 권력독점과 획일적인 국정운영 방식이 원천적으로 해소될 수 있다. 분권형 대통령제의 대통령-총리 권력관계는 총선결과에 따라 변동하는 제도적 유연성과 탄력성을 갖기 때문이다. 대통령 소속 정당이 의회 다수당인 경우 대통령은 조각권을 비롯한 국정을 사실상 주도해 대통령제에 근접한다. 이 경우도 분권형 대통령제는 여전히 총리의 헌법적 정치적 독립성을 보장한다는 점에서 대통령제와는 본질적으로 다르다. 다른 하나는 야당이 다수당이 된 경우다. 이는 다수당 총리와 소수당 대통령으로 구성되는 이른바 동거정부(cohabitation government)가 등장하여 국정주도권이 총리에게 넘어가는 의원내각제에 근접한다. 이 경우도 분권형 대통령제는 여전히 대통령에게 독자적인 헌법적 정치적 권한을 부여한다는 점에서 의원내각제 자체는 아니다. 그렇지만 분권형 대통령제는 총리와 내각이 의회의 신임에 의존한다는 점에서 내정 영역에선 의원내각제의 책임정치 효과를 기대할 수 있다.

그러나 분권형 대통령제는 어떤 선거제도-정당정치와 조합하느냐에 따라 국가 간 차이를 보인다. 우선 프랑스의 소선거구제-분권형대통령제다. 프랑스 분권형 대통령제는 때론 대통령제, 때론 의원내각제에 근접한다(Shugart 2005: 342). 대통령과 총리의 소속 정당이 동일한 여대야소 정국일 경우 총리와 내각은 사실상 대통령에 종속되고 대통령은 조각권 등 국정을 주도하는 슈퍼 대통령에 근접했다(Keeler and Schain 1997: 95-97). 반면 대통령 소속 정당이 소수파가 되는 여소야대의 정국에서는 국민직선 대통령(국가수반·외치)과 의회 선출 총리(정부수반·내치) 간의 거대 양당 동거정부가 구성되었는데, 이 경우 부여된 헌법적 권한에도 불구하고 대통령의 정치력은 크게 축소되었고 국정 주도권이 사실상 총리에게 넘어가는 의원내각제에 근접했다. 따라서 프랑스 분권형 대통령제는 총선결과에 따라 정부형태가 달라지는 제도적 유연성과 탄력성을 갖는 것처럼 보였다.

그러나 프랑스 분권형 대통령제는 대통령·의회 결선투표제에 따른 다당제 정당체제가 형성되었음에도 불구하고 하원의원 소선거구제가 만들어내는 공화당(대중연합)-사회당 중심의 파편화된 양극적 다당체제(fragmented polarized pluralism)로 인해 안정적으로 작동하지 못했다.[19] 소수당 대통령과 다수당 총리로 구성

19) 2018년 5월 대선에서 중도당 '전진공화당'(레뿌브릭앙마르셰) 집권에 따라 사회당 정치력은 급락했다.

된 프랑스 사회당-공화당 좌우 동거정부(1986~88, 1993~95, 1997~2002)가 대통령-총리 이념·권력 충돌을 드러낸 것이다.[20] 프랑스의 정당정치 패턴은 전통적으로 좌우 정당 간 이념적 정치적 양극화를 보이는 블록정치(bloc politics)였고, 이는 당시 동거정부의 대통령-총리 갈등을 조정하는 기제로 작동하지 못했다.

그래서 프랑스 정치세력은 좌우 동거정부를 비정상적인 상황으로 인식하고, 2000년 대통령 임기를 7년에서 의회와 동일하게 5년(대선·총선 주기 일치)으로 단축하는 원포인트 개헌에 합의하여 사실상 여소야대의 동거정부 출현 가능성을 차단했다. 만일 프랑스 정당정치가 아래에서 논의할 핀란드 정당정치처럼 좌우 이념블록을 교차하는 연합정치를 제도화했다면 대통령-총리 충돌을 구조적으로 조정 가능했을 것이며, 사실상 승자 권력집중의 대통령주의(presidentialism)를 강화하는 개헌을 시도할 필요가 없었을 것이다. 프랑스 '2000년 헌법'에서는 동일 정당 출신이 대통령·총리 모두를 차지하는 여대야소 정국이 거의 언제나 형성될 확률이 매우 높아졌다. 대선 직후 치러지는 총선에선 새 대통령에게 힘을 실어주는 경향이 강해 여소야대 상황이 될 가능성은 거의 없기 때문이다.[21] 우파 니콜라 사르코지(Niçolas P. S. Sarközy) 대통령 정부(2007~12), 좌파 프랑스아 올랑드(François Holland) 정부(2012~17) 대통령 정부, 현 중도 에마뉴엘 마크롱(Emmanuel & Macron) 대통령 정부에서 보듯, 프랑스의 여대야소 대통령은 대통령-총리 간 헌법상 권력분점에도 불구하고 총리와 의회를 통제하는 사실상 '민선 황제'급의 슈퍼 대통령으로 등극했다는 평가가 나온다.[22] 결국 프랑스 분권형 대통령제는 대통령과 총리가 동일 정당 소속이 되는 여대야소인 경우 헌법상의 대통령-총리 권력분점 효과는 사라지고 어느 나라보다 강력한 대통령제로 변형되며, 따라서 대통령에 대한 야당과 의회의 견제 기능도 사실상 무력화되고 있다.

---

20) 1기 동거정부에선 대통령-총리 충돌이 잦았고, 2·3기엔 대통령-총리 공존 규칙이 부분적으로 만들어지기도 했지만 갈등조정이 안정적으로 제도화되지는 않았다(Tsai 2008: 73-75).

21) 물론 총리(내각)가 불신임되거나 의회가 해산될 경우 대통령과 하원의원 임기가 다시 일치하지 않아 새 동거정부가 탄생할 가능성은 여전히 남아 있다.

22) '21세기 나폴레옹'로 불리는 마크롱 대통령의 통치 스타일이 의회 절차를 생략하고 정책을 일방적으로 밀어붙이는 등 절차적 정당성을 무시하는 권위주의적 리더십이라는 평가가 있다. 특히 르몽드지는 마크롱주의는 신보나파르트주의(나폴레옹식 독재정치)라고 보도한 바 있다.

분권형 대통령제의 원조는 핀란드다. 프랑스의 분권형 대통령제도 사실은 핀란드에서 수입됐다. 핀란드는 러시아·스웨덴 식민지 통치 경험 등 역사적으로 지정학적 리스크에 따른 국가안보 위기에 대응하기 위해 '대통령중심 분권형 대통령제'(다만 2000년 개헌으로 현재는 '총리중심 분권형 대통령제')를 채택했다. 즉 외교안보·군통수권은 대통령의 전적인 재량권으로 전문화시켰으며, 대통령은 선전포고권·계엄선포권 등 비상대권 그리고 총리 제청에 따라 의회 해산권을 행사할 수 있었다. 반면 의회에서 선출된 총리는 경제·교육·문화 등 내정권 전담을 헌법적으로 보장 받았다.

프랑스 분권형 대통령제와는 달리 핀란드 분권형 대통령제에서는 분권-협치 기제가 일상적으로 작동했다. 이는 분권형 대통령제 그 자체 때문이 아니라 비례제-연합정치에 의해 가능했음을 간과해서는 안 된다. 핀란드 비례제는 전통적으로 득표율·의석율의 30%를 상회하는 지배정당을 불허했다(Raunio 2011: 113-115). 따라서 좌우 이념블록 교차의 정당연합이 제도화되었다. 사민당, 중앙당, 국민연합 등 세 메이저 정당들 중 두 정당이 군소정당을 내각 연정파트너로 참여시켜 연립정부를 구상하는 게 하나의 패턴으로 자리매김 되었다(Nousiainen 2003: 264-267; Karvon 2014: chapt. 4). 이념블록을 뛰어넘는 연립 공동정부는 통상 3~5개 정당들이 참여하기 때문에, 안정적 의회 의석(60% 이상의 점유율)을 동원하는 정치력을 구사했다.

핀란드의 이런 정당정치 지형은 특정 파트너 정당이 특정 이념적 정향과 정책 프로그램에 과도하게 집착하는 행태를 구조적으로 허용하지 않았다(Kangas 2007: 253). 설령 정당정치가 교착상태에 빠지는 경우에도 정당 간 긴장과 갈등을 관리하는 조정자 역할은 대통령의 초당파성에 의해 수행되었다. 무엇보다 핀란드 초이념블록 연합정치는 대통령·총리가 어느 정당 출신이든 상관없이, 분권형 대통령제의 아킬레스건으로 지적되는 대통령-총리 간 권력갈등을 조정·해소했고, 행정부-의회 협치 공간을 확장했다. 그렇기에 분권형 대통령제의 약점으로 늘 비판하는 '외치와 내치의 경계 모호성'으로 인한 대통령-총리 간 정책갈등은 핀란드 분권형 대통령제에선 심각한 문제로 떠오르지 않았다. 요컨대, 핀란드 분권형 대통령제의 대통령-총리 협치, 대통령-의회 협치, 총리-의회 협치는 비례제가 유인하는 합의제 연합정치에 의해 작동되었다.

나아가 탈권위주의 포르투갈과 탈공산주의 폴란드의 분권형 대통형제는 민주주의 공고화에 공헌했다(Pasquino 2007: 17-24). 양국은 권위주의와 공산주의 체제를 극복하는 민주화 이행 과정에서 분권형 대통령제가 과연 자신들의 헌정체제를 안정화시킬 수 있느냐에 고민이 있었다. 하지만 양국은 선거제도로서 비례제를 채택했고, 이로 인해 의회 정당체제는 파편화되었으며, 모든 정부는 다당 연합정치에 의해 작동했다. 정당 간 연합정치와 조합되는 양국 분권형 대통령제는 국민직선 대통령과 의회의 변화하는 다수파 사이에 권력분점의 행정부 틀을 구축하며 민주화 이행과 민주주의 공고화에 성공했다. 이는 양국 분권형 대통령제의 총리(내각)-대통령-의회 협치가 비례제-다당제-연합정치에 의해 제도화되었음을 뜻한다.

Ⅳ. '87년 권력구조' 개편 논쟁

1. 대통령제

대통령제는 대통령과 의회 간 상호독립에 기초한 권력분립체제로서 행정권력과 입법권력 간 견제와 균형 메커니즘이 작동하며, 대통령이 고정 임기를 갖고 있어 집행권의 안정성과 효율성이 보장될 수 있다. 이런 제도적 효과를 기대하는 한국 현행 대통령제는 이른바 '87년 헌정체제'의 운영과정에서 한국화로 착근했고 제도적 내구성을 갖게 되었다. 따라서 일반 국민들과 정치권은 대통령제를 가장 선호한다. 그러나 현행 대통령제는 대통령의 제왕적 권력집중으로 인해 여러 정치적 역기능과 부작용을 낳고 있다. 이런 문제의식을 갖고 제왕적 대통령제를 어떻게 개편할 것인가를 둘러싼 논쟁적 대안들이 제기되어 왔다. 여기서는 현행 대통령제의 세 가지 개편안을 비판적으로 검토해 보고자 한다.

첫째, 2018년 청와대가 발의한 '4년 중임 대통령제'이다. 청와대발 권력구조 개편안은 대통령-국회-사법부 권력관계를 일부 재조정했으나, 총리·사법부·권력기관 인사권 등 대통령 권력을 별반 손질하지 않았고, 사실상 제왕적 대통령의 임기를 8년으로 연장했다는 게 다수 헌법학자들의 중론이다. 청와대발 개편안이 상정하고 있는 대통령은 국가원수(외정권)와 정부수반(내정권)을 겸임하는 미국식 대통령제의 권력집중에 더하여 미국 대통령은 갖지 않는 비상대권까지 보유하며, 주지사 50인에게 행정권을 분산한 미국 연방대통령과는 달리 중앙집권적인 행정권과 예산권을 행사할 수 있다.[23] 청와대발 4년 중임 대통령제는 여전히 미국 대통령보다 권한은 많은 반면 견제는 훨씬 덜 받는다는 의미에서 제왕적 대통령제의 틀에서 벗어나지 못했다. 대통령-국회 간 협력관계를 유인할 수 있는 장치는 대통령의 각료 지명에 대한 의회의 인준이라 할 수 있는데, 청와대발 개편안은 이러한 최소한의 제도적 장치도 허용하지 않았다. 무릇 미국을 제외한 모든 대통령제는 공간을 초월하여 대통령 1인에게 권력을 집중한다.[24] 대통령의 제왕적 권력독점 구조에서 대통령(행정부)-국회 협치는 제도화될 수 없다.

더욱이 청와대발 4년 중임 대통령제는 국정의 안정성과 연속성을 담보한다는 명분을 내세워 사실상 8년 임기의 제왕적 대통령 권력을 상정하고 있다. 연임 실패는 매우 드물게 나타나는 예외적 현상이기 때문이다. 그렇다면 4년 중임 대통령제는 중앙권력의 정점인 대통령직을 쟁취하려는 양대 패권정당들의 양극적 블록정치와 정치투쟁을 현행 '5년 단임 대통령제'에서보다 더 살벌하게 할 것이다. 대통령을 당선시키지 못한 거대 야당은 정치적 상실감과 박탈감으로 집권당과 충돌하며 국정의 원만한 수행을 방해할 것이다. 특히 여소야대 정국이 형성되면 국정교착이 일상화될 것이고, 야당은 대통령의 제왕적 권력에 맞서기 위해 폭력, 장외투쟁 등 비의회주의적 저항을 불사하며 결사항전을 전개할 것이다. 이런 극한적 격돌정치 상황은 정녕 제왕적 대통령으로 출발하여 '식물대통령'으로 끝나는 역설적인 악순환을 재현시킬지 모른다. 결론적으로 청와대발 4년 중임 대통령제는 현행 5년 단임 대통령제의 제왕적 권력의 폐해를 강화할 위험을 안고 있다.

둘째, 일부 정치권에서는 현행 제왕적 대통령제 해소 방안으로서 국무총리의 국회 추천제를 제안한 바 있다. 국회가 복수 추천한 총리 후보 중 대통령이 한 후보를 임명하자는 것이다. 국회의 총리추천제는 총리로 하여금 헌법상 보장된

23) 연방하·상원과 50개 주의회로 입법권을 분산한 미국 의회와는 달리 중앙집권제 국가인 한국의 단독국회는 대통령과 함께 입법권을 독점한다.

24) 미국 대통령제마저도 연방헌법상으론 연방제-양원제와 조합된 수평적·수직적 권력분점형이지만, 역사학자 슐레진저와 스탠퍼드 후쿠야마 교수가 지적했듯이 실제론 견제-균형 원리보다는 제왕적 대통령제로 작동하며 정치적 양극화를 고착화하고 있다.

내각구성권(각료제청권, 해임건의권), 내각통할권을 실질적으로 행사하도록 함으로써 대통령의 제왕적 권력을 견제하는 분권장치 효과를 내자는데 목적이 있다. 그러나 2018년 개헌안을 내놓았던 당시 청와대는 국회 총리 추천제에 대한 반대를 분명히 했다. 청와대에 따르면 대통령제 국가에서 국회 총리 추천제는 변형된 의원내각제 혹은 분권형 대통령제이고, 대통령제와 배치되며, 대통령과 총리의 소속정당이 다른 경우 대통령-총리, 대통령-국회 충돌로 국정마비 사태가 야기될 수 있다. 국회 추천 총리제는 내각구성권이 국민직선 대통령에게 주어지는 대통령제 정부의 근본 원칙과 논리적으로 양립 불가능하다는 것이다. 고전적인 정부형태론적 관점에서 보면 그러한 인식은 올바른 통찰이고, 권력구조 연구들이 우려하는 지점이기도 한다.

그러나 국회 추천 총리제는 총선결과로 형성되는 국회 정당정치 지형에 따라 변동하는 가변성을 보일 것이다(곽노현 2018: 3-4). 우선 여대야소 국회인 경우 국회 추천 총리는 집권여당이 자당 소속 국회의원이거나 제3의 인물일 것이다. 다수파인 여당 지지를 받으며 추천·임명된 총리가 대통령과 수평적 관계 속에서 국무위원 제청권과 해임건의권을 실질적으로 행사하기가 쉽지 않을 것이다. 대통령은 집권당을 실질적으로 지배할 것이기 때문이다.

다른 하나는 여소야대의 경우인데, 여기에는 두 시나리오가 있다. 첫째, 여당이 과반의석을 확보하지 못해 야당과 과반 집권연합을 구성하고 연정협약에 의거 총리를 연정파트너 정당에게 양보하는 경우이다. 이는 야당 출신 총리가 자신이 소속한 정당에게 주어지는 각료 지분에서는 각료제청권과 해임건의권을 행사할 수 있을 것이다. 이 경우 국회 총리 추천제는 청와대 중심의 폐쇄적 국정운영을, 국회-총리(내각)-대통령 관계를 유기적으로 가교시키는 공치(co-governing, 공동 국정운영) 시스템으로 바꾸는 연결고리가 될 수 있다. 둘째, 대통령 소속 정당(여당)이 과반 집권연합 구성에 실패하고 야당이 국회 다수파가 되는 경우 국회 추천 총리는 야당 출신 인물이 될 것이다. 이로써 대통령-야당총리 사이의 불편한 동거정부가 등장한다. 이 경우 대통령이 야당 총리를 경질하면 야당이 다수당인 국회는 또 다른 야당 총리를 추천하는 반복적 악순환이 지속될 것이며, 한국 정당정치의 양극적 블록화 현상을 고려할 때 국민직선 대통령은 야당이 지배하는 국회와 일상적으로 충돌하여 통치불능 사태에 직면할 수 있다(Cheibub 2002:

110-121).

나아가 주인(principal)-대리인(agent) 관계론적 관점에서 볼 때 국회 추천 총리는 대통령과 국회 모두에 책임을 진다. 이 경우 대통령과 국회가 경쟁적으로 총리를 교체할 수 있기 때문에 만일 이런 사태가 발생하면 대통령-국회 충돌로 인해 입법교착·헌정위기로 비화될 수 있다.

셋째, 현행 5년 단임 대통령제 유지를 주장하는 일부 정치인들은 '책임총리제'를 거론하고 있다. 책임총리제란 총리가 장관제청권, 국정통할권 등을 실질적 권한으로 행사하는 제도이다. 그런데 현행 헌법상 대통령은 국가원수와 행정수반을 겸한다. 따라서 행정수반은 국무총리가 아니라 대통령이다. 게다가 대통령은 국무총리에 대한 임면권을 갖는다. 총리는 헌법상 정부의 책임자가 아니고 대통령을 보좌하는 종속적 기구에 불과하다. 대통령이 재량으로 총리를 정부의 책임자(정부수반)로 격상시키면 위헌이 된다. 총리의 국정통할권도 '대통령의 명을 받아' 행사하는 종속적 권한에 불과하다. 총리의 국무위원 제청권과 해임건의권도 대통령에 대한 의무적 구속력이 없다. 결국 대통령제의 국무총리는 대통령에 대한 분권과 견제 장치라기보다는 대통령을 위한 수직적 종속적 분업과 협업장치에 불과하다.

2. 의원내각제

대통령제가 행정권과 입법권을 분리시키는 권력분립을 추구한다면, 의원내각제는 행정권과 입법권을 융합시킨다. 의원내각제 정부에서 총리와 내각은 의회의 신임에 의존하여 구성되는 동시에 의회의 불신임에 의해 퇴진한다는 점에서 의회에 책임을 지는 반면, 총리는 의회해산권을 갖는다. 따라서 의원내각제의 행정부-의회 관계는 견제-균형 메커니즘이 작동하며 책임정치를 구현할 수 있다. 이런 제도적 효과를 갖는 의원내각제에 대한 선호는 흔히 대통령제가 권력독점(집중)의 제도이고 의원내각제는 권력분점(분산)의 제도로 인식하는 데서 비롯된다. 그래서 고학력층은 대통령제에 우호적인 일반 국민들과는 달리 의원내각제를 선호하는 경향을 보인다.

그렇다면 한국 헌정체제가 의원내각제를 도입하면 어떻게 작동할까? 첫째, 권력독점 현상이 더욱 심화될 수 있다. 주지하듯 한국 정당체제는 여러 군소정당이 존재한다는 점에서 다당제이지만, 실제로는 양극적인 거대 양당 독과점체제이다. 이런 양극적인 거대 양당체제와 결합한 의원내각제에서는 권력의 승자 독점 현상을 더욱 강화시킬 것이다. 대통령제에서는 특정 정당의 행정부 장악이 언제나 곧 입법부의 장악을 가져오는 것은 아니지만, 의원내각제에서는 입법부의 장악이 곧 행정부의 장악이기 때문이다. 다수당이 단독으로 행정부와 의회를 지배·통제함으로써 현행 제왕적 대통령의 권력독점을 능가하는 제왕적 총리가 출현하고 일당독재 위험이 도사리고 있는 것이다.

둘째, 대통령제를 유지해 온 한국 헌정체제가 갑작스럽게 의원내각제로의 전면적 권력구조 개편이 이루어지면 그 과정에서 오는 제도적·정치적 스트레스가 클 뿐만 아니라, 한국의 양극적 정당정치는 내각의 잦은 교체와 행정부-국회 충돌에 따른 일상적인 정치불안으로 헌정위기를 야기할 수 있다.

셋째, 의원내각제가 과연 한반도의 지정학적 특수성과 4강 패권경쟁 속에서 외교안보, 분단국가의 통일과업을 효과적으로 추진할 수 있겠느냐 하는 의문이 제기될 수 있다. 지정학적 리스크가 상존하는 현실은 국가원수로서 대통령의 강력하고 초당파적인 역할을 요구하기 때문이다.

넷째, 의원내각제 하에서 한국 재벌은 총리(내각)와 집권당과의 정경유착을 통해 거대한 권력형 부패구조를 초래할 소지가 있다. 의원내각제는 국회의원에 의한, 국회의원을 위한, 국회의원의 정부형태로 변질 될 수 있다. 이런 의원내각제 정부를 상대로 한국 재벌은 정경유착 유혹을 떨치지 못할 것이다. 재벌들은 국민직선 대통령을 매수할 수는 없지만, 한국 특유의 관료-언론-종교-법조계 등과 견고한 상층부 카르텔을 구축하고 총리(내각)와 의원을 정경유착의 연결고리로 삼아 자신들에게 유리한 정책·입법을 압박할 경제적 정치적 권력자원을 갖고 있다.

마지막으로 대한민국 공화국은 의원내각제가 초래할지도 모를 정국 불안정을 해소할 국가적 존엄과 권위가 존재하지 않다. 통상 의원내각제를 채택하는 국가들은 입헌군주국들이다. 그들 국가의 의원내각제가 초래할 특유의 정치적 불안정은 통치권은 없으나 누구도 범접할 수 없는 전통적 '존엄한 존재'로 인식되는 초당적 국왕의 군림에 의해 흡수된다. 국왕은 국정혼란이 국가혼란으로 비화되는 것을 막아주는 구심력 역할을 수행한다. 입헌군주국에 적합한 의원내각제가 공화국에 도입된 오스트리아 제1공화국(1919~29), 프랑스 제3·4공화국, 한국 제2공화국은 정정불안을 흡수할 국가적 권위의 부재로 모조리 실패했다. 이런 역사적 경험을 한 유럽 입헌군주국들은 모두 의원내각제를 채택한 반면, 공화국들은 분권형 대통령제를 채택하고 있다(황태연 2005). 이런 의미에서 의원내각제는 애당초 대한민국 공화국에는 '번지수'가 맞지 않는 제도이다.

3. 분권형 대통령제

분권형 대통령제는 시공간별 유형을 달리한다. 프랑스와 냉전 시의 핀란드는 대통령 우위 분권형 대통령제를 채택했던 반면, 탈냉전 시의 핀란드와 오스트리아·아일랜드는 총리 우위 분권형 대통령제를 제도화했다. 공통점은 서유럽 국가들이 국가적 위기와 지정학적 리스크를 돌파하기 위해 전략적으로 대통령-총리 간 권력을 분점·공유하는 분권형 대통령제를 추구했다는 점이다.[25] 아일랜드는 영국의 식민지였다가 1921년 독립했던 역사의 아픔을 경험했고, 프랑스는 1950년대 말 식민지 알제리의 반프랑스 저항운동에 직면하는 등 양국은 국가적 위기를 관리하기 위해 분권형 대통령제를 채택했다.[26] 무엇보다 이념갈등·파쇼정권·나치독일통치·연합군점령 등 파란만장한 역사의 비극적 드라마를 경험한 오스트리아도, 그리고 스웨덴 식민통치와 러시아(소련) 안보위협을 경험한 핀란드도 국가적 지정학적 위기에 효과적으로 대응하기 위해 분권형 대통령제를 제도화했다.

유럽 국가들의 역사적 경험에 주목한 일부 국내 학자들은 대통령-총리 간 외치권과 내치권을 분점하는 분권형 대통령제가 민주공화국인 대한민국에게 매력적인 유효한 권력구조로 평가하고 있다. 그들이 내세우는 이유는 다음과 같다. 우선 제왕적 대통령의 권력독점을 해소하여 대통령-총리 간 권력분점을 제도화하고, 분권형 대통령제에 내재하는 의원내각제적 정국불안 우려를 초당파

25) 국가원수와 정부수반을 겸직하는 대통령제는 정부수반직 때문에 당파적 공방의 표적이 되고 있다. 이런 이유에서 서유럽 공화국들은 대통령제 대신 국가수반과 정부수반을 분리하는 분권형 대통령제를 발전시켰다.

26) 프랑스 5공화국 분권형 대통령제는 1950년대 알제리 독립 여부를 둘러싸고 국가적 분열이 심화되고 급기야 쿠데타의 위협이 고조되는 국가위기를 관리하는 차원에서 설계되었다. 의원내각제의 단점인 정국불안이나 마비를 대통령의 권한 강화로 보완하는 한편, 대통령-총리 권력분점을 통해 대통령제가 지닌 승자 권력독식의 단점을 시정하고자 했다.

적인 대통령에 의해 해소될 수 있다. 둘째, 분권형 대통령제는 대통령제 옹호론자들이 중시하는 분단국가의 국방·안보·통일외교 등 외정권을, 총리(내각)가 주도하는 내정에 초연한 초당파적인 대통령에게 전담시킬 수 있으며, 내치에서 의원내각제 옹호론자들이 중시하는 책임정치 요구를 충족할 수 있다. 셋째. 분권형 대통령제는 바깥살림은 대통령에게, 안살림은 총리에게 맡기기에, 행정수반과 국가수반을 겸직하는 대통령 1인이 감당하기 어려운 업무 과부하 상태에 빠질 수 있는 대통령제의 제도적 결함을 피해갈 수 있다. 이런 맥락에서 분권형 대통령제는 대통령제와 의원내각제의 약점을 제거하고 장점을 종합하는 변증법적 권력구조가 될 수 있다는 것이다.

그렇다면 한국 헌정체제가 분권형 대통령제를 채택하면 정상적으로 작동할 수 있을까? 우리는 몇 가지 시나리오를 상정해 볼 수 있다. 우선 한국 헌정체제가 프랑스식 대통령 우위 분권형 대통령제를 채택하고 대통령과 총리가 모두 특정 정당에 의해 장악되는 시나리오다. 이 경우 슈퍼대통령이 등장하여 그에 대한 총리와 국회의 견제메커니즘은 사실상 무력화되고 분권형 대통령제의 대통령-총리 간 헌법적 권력분점의 효과는 상실된다(Keeler and Schain 1997: 95-97; Lijphart 2008: 81). 프랑스 대통령 우위 분권형 대통령제의 올랑드 정부는 좌파정당 출신이 대통령직과 총리직을 동시에 점유했는데, 이로 인해 대통령-총리, 대통령-의회 간 분권-협치 메커니즘으로 작동하지 않았다. 대통령-총리 간의 헌법적 권력분점에도 불구하고 당시 거대 양대 정당인 중도좌파 사회당과 중도우파 대중운동연합 사이의 정치적 양극화 현상으로 인해 결코 합의제 정부형태로 작동하지 않았다. 앞서 지적했듯이 현 중도 마크롱 대통령도 총리와 의회를 통제하는 사실상 '민선 황제'급의 슈퍼 대통령이라는 평가를 받고 있다.

이런 경험적 사례들을 고려할 때, 한국 헌정체제가 대통령 우위 분권형 대통령제를 채택하여 현행 거대 양당정치와 결합하는 경우 대선·총선 과정은 전국적 경쟁력을 갖춘 거대 양당 간 제로섬게임을 야기하는 정치적 양극화를 재연시킬 가능성이 매우 높다. 무엇보다 대통령과 총리가 동일정당에 속하고 과반의석을 차지할 때, 대통령은 외교안보 이슈를 비롯한 국내외 정책의제권과 입법권 등 국정을 사실상 주도하며 독치(獨治)의 길을 걸을 것이다. 이에 맞서 거대 야권은 장외정치로 투쟁하며 비의회주의적 결사항전을 전개하는 악순환이 반복되는 사태가 발생할 것이다. 결국 거대 양당체제와 결합하는 분권형 대통령제의 작동 양태는 현행 제왕적 대통령제와 크게 다르지 않을 것이다.

둘째, 거대 양당 독과점체제와 대통령 우위 분권형 대통령제가 조합하는 조건 하에서 대통령 소속 정당이 소수파이고 이념적으로 다른 다수당 내각에 참여하지 않는 동거정부가 구성되는 시나리오다. 이 경우 총리의 정치력이 커져 대통령-총리(내각) 간 권력충돌과 대통령-국회 간 정책·입법교착으로 국정이 난조에 빠질 수 있다. 실제 앞서 논급했듯이 소수당 대통령과 다수당 총리로 구성된 프랑스 좌우 동거정부(1986～88, 1993～95, 1997～2002)는 대통령-총리 충돌을 드러냈다. 프랑스 정당정치는 당시 동거정부의 대통령-총리 갈등을 조정하는 기제로 작동하지 못했다. 프랑스의 정당정치 패턴은 전통적으로 좌우 정당 간 이념적 정치적 양극화를 보이는 블록정치(bloc politics)로 작동했기 때문이다.

이런 프랑스 경험에 비춰 볼 때 우리는 예컨대 호남출신 진보파 대통령과 영남출신 보수파 총리 간 조합 방식의 동거정부의 구성을 상정해 볼 수 있다. 이 경우 대통령-총리 간 권력충돌과 이에 따른 영호남 지역갈등이 확대 재생산될 수 있다. 더욱이 대통령-총리 권력충돌은 국민과 국회에서 대통령 지지세력과 총리 지지세력 사이의 충돌을 촉발할 수 있으며, 이로 인해 국정과 시민사회는 걷잡을 수 없는 대재앙의 늪에 빠질 수 있다. 설령 다당제와 대통령 우위 분권형 대통령제 간 결합인 경우에도 다당제의 정당정치가 이분법적 블록화 현상을 보이면 현행 제왕적 대통령제가 보이는 갈등정치 현상이 재현될 것이다. 이는 분권형 대통령제는 비례제가 유인하는 이념블록을 뛰어넘는 연합정치와 맞물릴 때 안정적으로 작동할 수 있음을 시사한다.

셋째, 한국 헌정체제가 분권형 대통령제를 채택하면 대통령이 외교안보·국방·통일 분야를 전담·전문화하고, 총리가 내정을 주도하는 경우에 외정과 내정의 경계도 모호하다. 예컨대 자유무역협정(FTA) 체결, 국가보안법 개폐, 남북관계는 외치 의제인가 내치 의제인가? 이런 정치적 의제를 둘러싸고 대통령-총리 간 내치와 외치의 관할권 분쟁이 발생하면 정치의 사법화 현상이 빈발할 수 있다. 이런 점에서 분권형 대통령제 자체가 바로 분권-협치 기제가 작동하는 합의제 정부형태로 치환될 수는 없다. 이런 인식은 분권형 대통령제는 합의제 정당정치와 결합했을 때 비로소 분권-협치라는 그 제도적 실효성을 기대할 수 있는 정부형태라는 점을 함의한다.

넷째, 현행 제왕적 대통령의 적폐에 대한 비판적인 일부 정치인들은 오스트리아식 총리중심 분권형 대통령제를 선호한다.[27] 그런데 한국 헌정체제에서는 웨스트민스터(다수제) 헌정체제에서 나타나는 전형적인 블록 정당정치 양태가 구조화되었다. 진보좌파블록 정당과 보수우파블록 정당 사이에 양극적 정치경쟁이 전개되고 있으며, 진보정부 혹은 보수정부 형태로 전면적 정권교체가 이뤄진다. 이런 블록 정당정치와 총리 중심 분권형 대통령제와 결합하면 총리(내각)-국회 간 정책·입법 충돌 사태가 일상화될 가능성이 높다. 블록 과반정부가 구성되는 경우 총리(내각)는 반대 블록 야당과의 협력하려는 합의제 전략 대신 그들을 배제하고 자신들의 정책효과 극대화를 시도하려는 다수제 전략을 선호할 것이다. 블록 과반정부의 이런 다수제 전략은 집권당 블록과 야권블록 사이의 격렬한 양극적 갈등을 촉발할 것이다. 단독소수정부가 구성되는 경우 총리는 과반의석 확보를 위한 블록 내 야당들과의 정책·입법연합을 선호하고, 집권블록 밖의 야당들을 정책·입법 과정에서 배제하는 경향을 보일 것이다. 이런 블록 정당정치의 악순환 속에서 보수우파 정당블록은 더욱 우클릭하고, 진보좌파 정당블록은 더욱 좌클릭되어 감에 따라 각 블록 내 정당들의 이념적 간극은 좁아지지만, 정당블록 간 이념적 간극은 커질 것이다. 국회 공간에서 발생하는 정당정치의 이런 '진보좌파 vs. 보수우파' 양극적 블록화는 현행 제왕적 대통령제가 초래하는 양극적 양당정치 현상과 유사하게 재현될 것이다.

결국 한국 헌정체제의 총리 중심 분권형 대통령제는 총리(내각)-야당 이념적 분극화, 정책·입법 교착, 헌정위기를 야기해 안정적으로 작동할 수 없을 것이다. 이런 시나리오는 실제로 오스트리아 총리중심 분권형 대통령제에서 발생했다. 예컨대 국민당-자유당 연정(2000~07) 시기의 오스트리아 총리중심 분권형 대통령제가 좌우 양대 이념블록 간 양극적 경쟁 양상을 야기했고, 행정부-의회 간 이념적 분극화와 정치적 갈등이 촉발되었다.

마지막으로 일부 학자와 정치인들은 한국 권력구조 개편에 대한 대안으로서 독일식 정부제도를 거론한다. 독일 정부제도는 총리를 연방하원에서 선출한다

---

27) 영세중립국 지위를 가져 안보위협이 없는 오스트리아 총리중심 분권형 대통령제가 분단국가 위기에 지속적으로 노출되어 있는 한국 정부제도로 적절한지 회의가 없지 않다.

는 점에서 의원내각제의 성격을 갖지만, 의회의 총리(내각) 불신임권과 총리의 의회해산권 간 견제-균형 메커니즘이 작동하는 입헌군주국들의 의원내각제와 차이를 보인다. 독일 연방총리는 상대적으로 의회 불신임으로부터 자유롭다. 이런 행정부-의회 관계는 '선 후임 총리 선출, 후 총리 불신임'이라는 의회의 '건설적 불신임투표제'에 근거한다. 따라서 상대적으로 총리(내각)의 지속성이 담보되고 있다. 또 대통령은 비록 간선이지만, 단순히 '의전적' 위상에 그치지 않고 '군림하나 통치하지 않는' 입헌군주국들의 의원내각제의 국왕 이상의 헌법적 권한을 행사하는 초당파적인 존재이다. 종합하면 독일 정부제도는 간선 대통령과 의회에 대한 총리 우위 '이원집정부제'에 근접한다(제2장 참조). 이런 점에서 한국 헌정체제가 독일식 정부제도를 추구한다면 의원내각제의 약점인 잦은 내각교체에 따른 정치불안을 해소할 수 있으며, 초당파적인 대통령의 국민통합 구심력 역할을 기대할 수 있다. 그래서 독일식 정부제도는 정치권 일각에서 주목을 받았다.

그러나 한국 헌정체제에서 과연 간선 대통령이 총리-국회 간 정면충돌로 인해 국정이 난조에 빠지는 헌정위기가 발생한 경우 정국불안이 국가혼란으로 번지는 사태를 제대로 수습·조정할 수 있을지는 회의적이다. 무릇 우리 국민들은 대내적으로 국민을 통합하고 대외적으로 국가를 대표하는 국민직선 국가원수로서의 대통령을 선호한다. 국민직선 대통령은 남북 긴장과 갈등이 상존하고 국왕이 존재하지 않는 대한민국 공화국에는 더욱 필수적인 헌법적 존재이다. 따라서 현실적으로 독일식 간선 대통령은 국민적 동의를 얻기가 쉽지 않다. 국민직선 대통령은 한국 민주화운동을 통해 쟁취된 상징이고 이제 한국화로 착근했으며 제도적 내구성을 갖게 되었다는 점에서 그렇다.

V. 비례제-연합정치-권력구조 간 제도적 기능적 친화성

선거제도-정당정치와 맞물린 정부제도의 외국 작동 사례들이 던지는 경험적 함의는 명료하다. 다수제-양당정치-권력구조는 집권당의 정치적 의사결정권 독점으로 인한 '배제의 정치'(politics of exclusion), '상살(相殺)의 정치'를 야기하는 반면, 비례제-연합정치-권력구조는 정당 간 정치적 의사결정권 분점을 통한 '

포용의 정치'(politics of inclusion), '상생의 정치'(politics of win-win)를 견인한다. 비례제는 정당 간 수평적 권력분점과 연정협치(coalitional governance)에 의해 매개되는 다양한 정부연합 유형, 행정부-의회 협치로 이어지는 합의제 의사결정 기제를 유인한다.[28]

합의제 헌정 모델의 관점에서 볼 때 (4년 중임) 대통령제, 의원내각제, 분권형 대통령제 등 특정 권력구조가 택일적 개편 논쟁의 핵심의제가 돼서는 안 된다. 권력구조 형태는 합의제 헌정 모델의 주요 변수가 아니고, 권력구조의 작동양태는 선거제도-정당정치 패턴에 따라 달라지기 때문이다. 앞서 분석했듯이 프랑스 소선거구제-분권형대통령제와 영국 소선거구제-내각제는 양극적 블록 정당정치로 인해 일반 통념과는 달리 사실상 분권-협치 시스템이 작동하기 어려운 구조이다. 반면 이념블록 경계를 넘나드는 핀란드 정당연합 정치는 분권형 대통령제의 대통령-총리(내각)-의회 간 수평적 권력분점과 조응하며 정책·입법 과정을 효과적으로 조정한다. 브라질 비례제-제왕적대통령제도 좌-우 블록 경계를 넘나드는 정당 간 연합정치에 의해 분권-협치 시스템으로 작동한다. 이 경험적 사례들은 합의제 헌정체제란 권력구조가 아니라 정당 간 권력분점을 유인하는 비례제-연합정치에 의한 행정부-의회 협치의 제도화로 설계될 수 있음을 시사한다. 이런 점에서 (4년 중임) 대통령제, 의원내각제, 분권형 대통령제 중 어느 권력구조도 현행 87년 헌정체제의 소선거구다수제-양당독과점체제와 결합하면 거대 패권양당 간 순환적 정권교체가 이뤄지거나, 아니면 특정 정당의 영구집권 가능성을 배제할 수 없으며, 이로 인해 행정부-국회 충돌이 일상화될 것이다.

권력구조의 분권-협치는 '87년 헌정체제'라는 승자독식의 다수제 헌정체제를 합의제 헌정체제로 전환하기 위한 필수조건이다. 그러나 권력구조의 분권-협치는 어떤 선거제도를 통해 어떤 패턴의 연합정치를 제도화하느냐에 좌우된다. 따라서 연합정치의 제도화를 유인하는 비례제는 합의제 헌정체제의 첫 단추이다. 다당체제 구축이라는 명분을 걸고 정치권 일각에서 선호하는 중대선거구제는 이미 일본에서 실패했고, 선진 민주주의 국가에서 그런 선거제를 채택한 나

---

28) 비례제는 역사적 연원을 따져 볼 때 의사결정권의 나눔을 통해 이해관계를 협의·조정·타협하는 태생적 '유전자'를 갖는다. 비례제의 잉태 과정을 추적해 보면 그렇다.

라는 이 지구촌에 없다. 20대 국회가 법제화한 준연동형 비례제도는 제도적 '불순물'이 낀 선거제도의 개악이었다. 그렇기에 전면 비례제 채택이 비현실적이라면, 적어도 독일식 순수 연동형 비례제가 비록 만병통치의 충분조건은 아니지만, 한국 제왕적 대통령제의 제도적 적폐를 바로잡아 줄 필수조건이다. 독일식 연동형 비례제는 계층대표성과 지역대표성을 절묘하게 조화시켜 주는 선거제도다. 이런 의미에서 비례제-연합정치와 조합되지 않는 권력구조가 분권-협치 기제로 작동하기를 기대하는 건 어쩌면 '신기루'를 잡으려는 환상일지 모른다. 환언하면 개헌을 통해 4년 중임 대통령제, 분권형 대통령제, 의원내각제 중 어떤 정부형태로 개편해도 권력구조와 연동하는 선거제도-정당정치가 비례제-연합정치로 전환되지 않으면 대통령(행정부)-국회 충돌이라는 악순환을 피해 갈 수 없을 것이다.

합의제 헌정 모델의 관점에서 볼 때 비례제-연합정치는 (4년 중임) 대통령제, 분권형 대통령제, 의원내각제 등 어떤 형태의 권력구조와도 제도적 조응이 가능하다. 권력구조 형태와 비례제-연합정치 사이에 논리적, 인과적 필연성이 존재하는 것은 아니기 때문이다. 4년 중임 대통령제를 집요하게 고집했던 문재인 대통령이 집권 초 비례제로 선거제도를 바꿀 수만 있다면, 어떤 권력구조 형태도 상관이 없다는 입장을 피력한 것도 이런 문제의식에 주목한 것으로 관측된다. 건축물에 비유하면 선거제도는 '주춧돌'이고, 정당정치는 '기둥'이며, 권력구조는 '지붕'에 불과하다. 다수제 헌정체제의 선거제도-정당체제를 존속시키며 달랑 지붕만 바꾸는 식의 권력구조 개편만으론 합의제 헌정체제의 제도화에 이르지 못한다. 정부형태와 합의제 헌정체제 사이의 유의미한 상관관계가 존재하지 않기 때문이다(Power and Gasiorowski 1997).

재론하건대, 합의제 헌정 모델의 관점에서 볼 때 다양한 권력구조 중 택일적 논쟁은 주요 변수가 아니다. 다수제 헌정 모델의 선거제-정당정치를 개혁하지 않고 단순히 권력구조만의 택일적 개편은 87년 헌정체제의 정치적 양극화를 되레 악화시킬 것이다. 그런 의미에서 합의제 헌정체제의 설계는 각 정당이 독자적 정체성을 견지하면서도 정당 간 협력-공존 기제가 작동하는 초이념블록 연합정치의 제도화를 견인하는 선거제도 개혁을 선행하거나,[29] 아니면 권력구조 개편과 병행해서 접근해야 한다. 그래야 선거제도-정당체제-권력구조가 순기능적으로 연동하며 제도적 정합성을 가질 수 있다. 환언하면 합의제 헌정공학(consensual constitutional engineering)은 비례제를 통해 어떻게 정당 간 연합정치에 의해 매개되는 행정부-의회 협치를 제도화할 수 있는 관점에서 권력구조 개편 문제에 접근한다. 권력구조 개편 디자이너들이 지혜롭게 천착해야 할 대명제이다. 다소 도발적인 문제제기와 주장을 펼친 제6장이 향후 건설적이고 생산적인 권력구조 개편 담론과정에서 표출되는 다양한 의견을 쌓아가는 데 도움이 되었으면 한다.

---

29) 선거제도야말로 정당체제-의회권력관계-정부유형·이념성-의회·행정부관계-노사정관계-시장경제유형-조세·복지국가유형 등 제도적 매트릭스를 규정하는 독립변수다. 종국적으로 한 나라의 헌정체제(민주주의) 발전모델을 설계하는 가장 강력한 정치적 지렛대가 바로 선거제도다. 그러나 선거제도가 갖는 막중한 정치적 정치경제적 함의에도 불구하고 21대 국회는 '준연동형 비례제' 협상·입법 과정에서 단지 자당의 선거 유불리, 의석점유율 확대라는 선거공학적 차원에서만 접근했다. 비례제야말로 87년 헌정체제를 교체하는 '제2 민주화' 운동의 핵심 제도적 아이템이다. 뉴질랜드의 독일식 권력분점 비례제 도입 과정은 한국 국회의원 선거제도 개혁에 시사하는 바가 크다(최태욱 2012). 뉴질랜드에서 1980년대 중반 이래 국민당-노동당 중심의 양대 패권정당의 독과점 구조가 신자유주의 정책의 충격을 해결하지 못한 상황에서 선거제도 개혁 문제가 중요한 정치의제로 부상했다. 그러나 국민당-노동당 의원들의 다수는 소선거구 단순다수대표제 개혁에 반대했다. 그래서 시민단체-노조-군소정당-언론 등이 '선거제도혁신동맹'을 구축하여 선거제도의 불비례성, 거대정당들의 과다대표, 군소정당들의 과소대표 등 소선거구 단순다수대표제의 비민주성을 공론화하고 독일식 연동형 비례제로의 개혁 명분과 당위성 여론을 확산했으며, 이를 정치권이 수용하도록 압박했다. 흥미롭게도 노동당이 아닌 보수당인 국민당 정권이 1993년 국민투표를 발의해서 독일식 연동형 비례제로의 변경을 관철시켰다. 이는 한국 선거제도 개혁추진에 대한 경험적 벤치마킹 사례이다. 한국 정치사의 물꼬를 바꾼 것은 항상 권력의 변방 혹은 권력의 바깥에 있는 사람들의 몫이었다. 국가권력의 횡적 종적 재편성을 위한 선거제도 개편을 주도할 세력은 시민단체-노조-군소정당-언론이다.

제7장

한국형 합의제 헌정체제의 제도적 디자인

Ⅰ. 포스트 '87년 헌정체제': 한국민주주의의 민주화

합의제 헌정 모델의 관점에서 볼 때 한국민주주의는 공고화되었는가? 1987년 6월 항쟁을 분기점으로 대통령 직선제를 핵심으로 한 이른바 '87년 헌정체제'는 자유권·참정권·국가권력통제권을 강화해 왔다. 우리 국민은 87년 헌정체제가 정치적 민주주의를 넘어 사회경제적 시민권을 확대한 '실질적 민주주의'로 진화하는 경로를 밟을 것으로 열망했다. 그러나 87년 헌정체제의 정치적 민주주의 진전이 되레 불평등과 차별과 소외와 배제를 더욱 심화시키는 아이러니를 낳고 있다. 한마디로 87년 헌정체제의 패러독스라 하지 않을 수 없다.

주지하듯 87년 헌정체제는 국정의 효율성과 안정성 제고를 명분으로 권력집중을 지향하는 강성 다수제 모델에 기초한다. 즉 양대 정당이 의정활동을 주도하고 집권당 단독정부를 축으로 한 제왕적 대통령제가 중앙집권제와 결합되어 작동한다. 그 결과 87년 헌정체제는 극도의 '제도적 정치적 피로감'을 드러내고 있다. 제도로서의 87년 헌정체제는 우리 사회의 다양한 집단과 계층과 지역을 '동등하고 효과적'으로 정치과정에 참여시키는 데 실패했다. 87년 헌정체제가 절차적 민주주의를 보다 세련되게 제도화하지 못한 것이다. 그 결과 우리 사회에는 사회경제적 양극화에 따른 계급·계층 그리고 이념·지역·세대·생태 등의 균열라인에 따른 다층적, 복합적인 갈등과 분열이 동시다발적으로 분출하고 있다. 이는 정치적 리더십 문제라기보다는 제도로서의 87년 헌정체제에 심각한 부적실성(irrelevance)과 제도적 결손이 존재하고, 종국적으로 한국민주주의의 '공고화 지체'(protracted unconsolidated) 현상을 말해 주고 있다. 따라서 우리의 관심은 사회의 분열과 갈등을 관리·조정하고 사회통합을 달성하려는 한국민주주의 공고화의 관점에서 '포스트 87년 헌정체제'를 어떻게 디자인하느냐에 모아진다. 이는 한국민주주의의 민주화(democratizing Korean Democracy) 과정이다.

2016년 '촛불시민항쟁'은 대한민국 헌정질서를 유린한 박근혜 정권을 퇴진시키고, 무능한 제도정치에 회의를 보내면서 '이게 나라야'하며 통탄했다. 그 절규에 관통했던 사회 저변의 메시지에는 단순히 정권교체에 그치지 않고 적폐청산과 더불어 대한민국의 헌정체제 틀을 바꾸라는 준엄한 명령이 농축돼 있었다. 따라서 촛불항쟁은 시민혁명으로 승화됐어야 했다. '촛불연합'을 형성해 협치의 제도화를 통한 개혁입법(재벌개혁·노동개혁·검찰개혁 등) 관철은 물론 권력구조와 선거제 개편 등 정치제도 개혁을 추동했어야 했다. 환언하면 촛불시민혁명은 낡은 앙시앵레짐, 즉 87년 헌정체제를 해체하고, '포스트 87년 헌정체제'(2017년 헌정체제)의 설계로 완성되어야 했다. 그러나 한국 정치사에서 기존 낡은 헌정체제에 대한 시민항쟁은 언제나 분노-열망-좌절의 악순환 사이클을 반복하며 미완에 그쳤다. 2016년 촛불 시민항쟁도 예외가 아니다.

토머스 쿤(T. Kuhn)은 '과학혁명의 구조'라는 명저에서 현재의 패러다임이 과학발전에 부적절하다면 패러다임 전환(paradigm shift)이 필요하다는 메시지를 던졌다. 헌정체제의 발전도 과학발전과 유사하다. 기존의 헌정체제가 시대적 문제해결에 한계를 드러낼 때 그 낡은 헌정체제는 보다 유효한 헌정체제로의 교체가 불가피하다. 지금 87년 헌정체제는 헌정체제 패러다임 교체를 요구하고 있다. 다수제 헌정체제인 전형인 권력독점의 87년 헌정체제는 권력분점의 합의제 헌정체제로 그랜드 디자인되어야 한다. 합의제 헌정체제로의 전환이야말로 '포스트 87년 헌정체제' 창출을 위한 한국민주주의의 민주화 프로젝트이다.

정치권과 논객들의 헌정체제 개편 담론은 다수제 헌정 모델의 토대 위해서 4년 중임 대통령제, 의원내각제, 분권형 대통령제 등 권력구조 중심으로 형성되어 왔다. 따라서 상대적으로 헌정체제가 내장하는 제도적 장치들이 기능적 연계성을 갖고 작동한다는 이론적 관점에 크게 주목하지 않았다. 따라서 제7장의 기본적 문제의식은 헌정체제를 기능적으로 연계하는 여러 제도의 세트라는 데서 출발한다. 이런 관점에서 87년 헌정체제의 문제는 승자독식 선거제도, 양극화된 정당정치, 제왕적 대통령제 및 갈등적 노사정 정치의 결합에서 비롯된 것으로 보고, 이를 혁파하는 '포스트 87년 헌정체제'를 설계한다. 즉 권력분점 비례제가 유인하는 다당제-연합정치와 연동하는 연정대통령제 혹은 분권형 대통령제, 그리고 노사정 사회적 대화 정치로 이어지는 한국형 합의제 헌정체제의 제도적 클러스터를 디자인한다.

Ⅱ. 87년 헌정체제의 권력독점: 갈등과 분열의 양극단화

1. 승자독식 선거제와 거대 양당 독과점 정치

다수제 헌정체제는 수적 우위와 다수를 확보하기 위한 자유경쟁의 원리에 따라 작동하고 다수당에게 권력을 집중시켜 정치의 효율성을 추구한다. 87년 헌정체제는 소선거구제가 유인하는 거대양당 독과점체제와 집권당 단독정부와 제왕적 대통령제를 결합하는 전형적인 승자독식의 다수제 헌정체제이다.

현행 국회의원 선거제는 소선거구 단순다수대표제 중심의 이른바 '준연동형 비례제'이다.[1] 이질적인 '제도적 불순물'이 낀 준연동형 비례제는 비례성 제고와 다당체제의 제도화라는 제도개혁의 취지를 완전히 훼손시켰다. 소선거구 단순다수제에선 51%를 획득한 1등 앞에 49%를 얻은 2등은 무의미하다. 이러한 승자독식 소선거구 단순다수제제에 의해 선출된 의석 비중이 과다하여 비례제보다는 단순다수제의 효과가 압도적이다. 따라서 정당의 득표율-의석율 간의 심각한 괴리가 발생한다.

승자독식 소선거구 단순다수제 하의 유권자들은 계층적·세대적·생태적 가치·정책 중심의 투표에 인색하다. 사회 저변층이 복지 친화적 진보좌파 정당을 외면하고, 노동자들이 노동우호적인 정당이 아닌 거대 정당 후보에게 표를 몰아주는 등 1등이 될 만한 후보에게 전략적으로 투표한다. 따라서 승자독식 소선거구 단순다수제는 거대 양당 독과점체제를 고착화시키고 있다. 유권자의 다양성과 이질성은 다당제를 요구하고 있으나, 선거제도가 이를 가로막는다. 민

1) 2019년 개편된 준연동형 비례제는 지역구 253석과 비례대표 47석으로 구성된 기존의 의원정수를 그대로 유지하는 상태에서 연동의석의 상한선(이른바 '연동형 캡')을 30석으로 제한하고, 연동률도 50%에 그치고 있다. 이런 기형적인 선거제로 인해 2020년 4월 총선 결과 기존 거대 양당 독과점체제가 더욱 고착화되었다.

주화 이후 제3당 돌풍은 종종 있었으나 다음 총선까지 지속적으로 원내 교섭단체가 된 적은 없다. 87년 헌정체제에서는 한편으로 다양한 사회분열, 정치적 이해의 차이에 따른 다당제로 분화하는 정치적 에너지가, 다른 한편으로 대통령직을 쟁취하는 경쟁과정에서 양당제를 복원시키려는 정치적 에너지가 교차한다. 이런 정당체제의 불안정은 대선·총선을 전후해 선거공학적 이합집산·합종연횡을 야기하며 유의미한 제3정당의 지속가능한 정치공간을 허용하지 않는다.

소선거구 단순다수제가 가져오는 거대 양당 독과점 정치는 국가의 정치적, 사회경제적 자원을 지역 이해·개발 중심의 논리에서 배분하는 유혹을 뿌리치기가 쉽지 않다. 지역구 국회의원들은 국가재정과 지역(구) 주민 사이의 정치 브로커·로비스트로서 협소한 지역(구) 개발프로젝트 유치경쟁에 전력투구하며 선심성 예산배분정치(pork-barrel politics)에 몰입한다. 그래야 득표·재선에 절대적으로 유리하기 때문이다. 연말 예산안 심의 때 밀실담합과 이른바 '쪽지예산'을 통해 수천 건의 지역(구) 민원이 예산에 반영되고 저소득층 예산이 삭감되곤 한다. 지역개발 프로젝트는 지역사회의 계급·계층·세대 간 불평등·차별·소외·배제 구조를 결코 교정하지 못한다. 결국 거대 양당 독과점정치에서 지역(구)을 넘어서는 전국민적 공공재인 복지·교육·의료·환경 등 사회개발 및 경제양극화 해소에 대한 관심은 부차적이다.

의회권력을 독과점하는 양대 패권정당들은 상대 당을 타도의 대상으로 바라보며 치킨게임을 벌리는 상살(相殺)의 정치를 전개한다. 특히 거대 양당 독과점정치의 입법과정은 교착과 충돌의 연속이다. 집권여당은 과반의석을 상회한 경우 일방통행으로 밀어붙이는 입법독주를 강행하는 반면, 야당은 강력한 비토정당으로 물리력을 동원하거나 장외정치로 격렬하게 저항한다. 여소야대인 경우도 대통령-야당(국회) 간 정면충돌이 일상화되고 있다.[2] 이렇게 해서 거대 양당

2) 국회선진화법은 여야 협치를 통해 대통령(정부)-국회 갈등관계를 조정하는 합의제 입법정치를 강제한 제도적 장치를 갖는다. 하지만 20대 국회에서 여야의 이해가 엇갈리는 쟁점 법안의 입법과정은 거대 야당이 타협해주지 않으면 국회의 입법프로세스 진행이 원천 봉쇄되어 '식물국회'로 전락하거나, '준연동형 비례제' 도입과정에서 보듯 변칙적이고 비정상정으로 처리되었다. 더욱이 21대 국회에서는 다수당의 단독 날치기 통과와 소수당의 물리적 저지를 막을 수 있도록 한 국회선진화법조차 사실상 무력화되고 있다. 더불어민주당과 친여 위성비례당인 열린민주당은 총의석 5분의 3인 180여석을 차지하여 단독으로 패스트트랙 법안 처리가 가능하게 되었기 때문이다. 집권당 단독으로 쟁점 법안을 통과시킬 수 있고, 야당이 필리버스터를 통해 법안 처

독과점 정치는 의회정치의 양극화를 확대 재생산하고 있다.

국회 내 정당체제를 흔히 다당체제라고 말하지만 사실은 변형된 양당체제 또는 유사 다당체제이다. 20대 국회의 후반기에서 보듯 변형된 양당체제 또는 유사 다당체제는 이전의 양대 정당체제와 비교하여 진보블록 정당 간 입법연대의 유동성을 높였다는 점에서 일정 부분 긍정적으로 볼 수 있는 측면이 없지 않다. 변형된 양당체제 또는 유사 다당체제가 경직된 양당체제에서 반복되었던 대결정치와 입법교착의 악순환 상황으로부터 일종의 출구 역할을 할 수 있었던 것이다. 하지만 변형된 양당체제 또는 유사 다당체제가 대통령제에서 수행할 수 있는 긍정적 역할은 제한적이고 한시적이라고 보아야 한다. 진보블록 정당들과 보수블록 정당들 사이의 양극적 대결정치는 지속되었다. 특히 2020년 4월 총선 결과 범진보와 범보수 간 진영 대결 양상이 첨예화되면서 거대 양당 독과점체제는 더욱 고착화되었다.[3] 중재 역할을 해온 제3당이 사실상 소멸해서 거대 여당과 제1당 사이의 완충 지대가 사라진 것이다. 21대 국회가 거대 양당 독과점 정치로 회귀한 것은 헌정체제, 민주주의, 정당정치의 발전이라는 측면에서 후퇴이다.

2. 제왕적 대통령의 정치양극화

87년 헌정체제의 대통령 선거는 '완승-완패'의 정치게임이다. 득표율에 관계없이 단순다수 득표로 당선된 대통령은 모든 국가권력을 접수하는 '민선황제' 급으로 등극, 사실상 '점령군' 행세를 하며 집권당 중심 단독정부를 구성한다. 승자-패자 간 권력배분이 '100 대 0'으로 양극화된다. 그런데 민주화 이후 역대 대통령들은 권력정당성과 대표성 기반이 견고하지 않다. 유효투표 대비 절반을 넘는 후보는 단 한 명(박근혜)밖에 없으며 선거인수 대비 득표율이 40%를 넘는 후보는 아무도 없다. 이처럼 지지기반이 허약한 대통령인데도 승자 권력독점을 통해 100% 권력을 행사한다. 대통령을 선출하는 이런 완승-완패 선거게임은 국민통합을 어렵게 하는 한국정치의 양극화를 촉발하는 출발 지점이다.[4]

리를 지연시키려는 시도를 무력화시킬 수 있다.

3) 21대 국회에서 더불어민주당과 국민의힘의 의석점유율은 94.3%(총 300의석 중 283석)이다.

4) 정치양극화는 정치인·정당·대중의 이념적 정책적 정치적 이산화를 지칭한다. 일반적으로 소득불평등은 정당들의 이념적 정책적 정치적 양극화 현상을 유발하는 주요 요인이다(McCarthy *et*

완승-완패 선거게임에서 승리한 대통령은 국가원수와 정부수반, 외정권과 내정권, 비상대권과 평시국정권을 송두리째 점유하는 제왕적 권력독점형이다.[5] 제왕적 대통령의 초집중화된 권력은 삼권분립의 견제-균형 원리가 작동하는 것을 불가능하게 한다. 입법부와 사법부가 제왕적 대통령 권력에 사실상 수직적으로 위계되는 구조가 만들어지는 것이다. 무엇보다 대통령의 독점적인 제왕적 권력은 정당정치와 의회정치의 정상적 작동을 방해하는 제도적 허들이다. 한국 정당정치와 의회정치의 모든 에너지는 본질적으로 어떻게 대통령의 제왕적 권력을 쟁취하고, 어떻게 대통령의 제왕적 권력을 유지하며, 어떻게 대통령의 제왕적 권력을 되찾을 것인가에 집중한다.

우선 제왕적 대통령은 정당정치를 양극화시키는 제도적 요인으로 작용한다. 선거 승자인 집권당과 패자인 야당은 타협과 협상과 조정 대신 극단적인 대립과 갈등을 드러내며 충돌한다. 이 충돌의 중심에 놓인 제왕적 대통령은 여대야소 정국에선 집권당을 앞세워 늘 '힘과 수의 논리'를 동원하여 야당을 국정파트너로 보지 않고 야당 없는 일방독주의 통치드라이브에 익숙해진다. 야당은 제왕적 대통령에 충실히 복무하는 집권당에 맞서 살아남기 위해 20대 국회 후반부에서 보듯 국회폭력, 장외투쟁 등 사활을 건 발악적인 비의회주의적 투쟁으로 저항한다. 이런 정당정치의 양극화는 곧바로 의회정치의 양극화로 이어진다. 의회정치의 양극화는 외견상으론 정당 간 이념적 정책적 차이에 기인하는 것처

---

al. 2006). 하지만 소득 불평등 증가가 정당 양극화에 미치는 영향은 선거제도에 의해 조건 지워진다. 소선거구 다수제와 양당체제 하에선 정당 양극화를 유발하는 정도가 낮은 반면, 비례제와 다당경쟁 하에선 정당체제의 원심력과 양극화를 가져온다. 예컨대 비례제에선 급진적 정당들의 의석 획득이 용이해진다. 이처럼 소득 불평등과 정당 양극화 간 관계는 소선거구제에서보다 비례제에서 훨씬 강하다. 이는 정당 양극화에 대한 소득 불평등의 영향이 선거제도에 좌우된다는 점을 시사한다. 비례제 하에서 정당들은 자신들의 핵심 지지층에 호소함으로써 득표를 끌어올린다. 따라서 좌파정당과 우파정당들은 각각 빈곤층 부자 등 핵심 지지층의 목소리에 반응함으로써 상이한 정책적 입장을 추구하려는 강한 동기를 갖고, 상이한 경제적 이해에 반응하며 강한 원심적 동기를 갖는다. 그러나 소득불평등 증가가 정당양극화를 유발한다는 이론적 관점은 한국 정당정치의 양극화 현상을 제대로 설명할 수 없다. 소선거구제가 유인하는 한국의 거대 양당은 선거 승리를 위해 중도층의 지지를 얻으려 하고, 따라서 한국사회의 소득불평등 증가에도 불구하고 이념적 정책적 차별성이 그렇게 크지 않기 때문이다. 이런 점에서 한국 정당정치의 양극화 현상은 소득 불평등에 기인하기보다는 제왕적 대통령 권력을 쟁취하려는 정치적 요인이 더 크게 작용하고 있다고 보아야 할 것이다.

5) 외정권은 외교권·국방권 등 내정권은 재정권·인사권·행정권·입법권(법률안 제출권·거부권, 긴급명령권·국민투표부의권 등), 비상대권은 계엄선포권·전쟁선포권·평화권 등을 포함한다.

럼 보이지만, 그 저변엔 제왕적 대통령의 정책·입법 의제를 둘러싼 집권당의 일방적 지지와 야당의 일방적 반대가 부딪치는 정당정치의 양극화 구조에서 비롯된다(박상훈 2020). 대통령과 청와대는 과반의석을 점유한 집권당을 통해 입법을 비롯한 의회정치를 사실상 지배한다. 이런 정치지형 속에서 의회정치의 기본 가치와 규범은 제대로 작동될 수 없다. 즉 집권당과 야당 간 경쟁·갈등과 협상·타협에 사회의 다원적 요구와 의사를 투입하고, 이를 정책의제화와 입법화하는 정치프로세스는 존재하지 않는다. 결국 제왕적 대통령은 정당정치와 의회정치의 정상적 작동 궤도를 이탈시키는 양극화를 고착화한다.

제왕적 대통령은 행정부-국회 관계를 양극화시킨다. 특히 집권당이 과반의석에 미달하는 소수정부 상황에서는 대통령(행정부)-국회 충돌로 입법교착이 일상화된다. 무릇 대통령제 국가에서 행정부-의회 협치를 통해 원활한 정책·입법과정과 국정운영을 가능케 하는 요체는 집권당과 집권당 소속 의원들이 대통령으로부터 자율성을 확보하는 데 있다. 그러나 한국 헌정체제에서 집권당과 집권여당 의원들은 제왕적 대통령에 지속적으로 종속되어 대통령의 하부기구로 전락했다.[6] 제왕적 대통령의 의중은 집권당 국회의원 후보 공천 과정에서 '보이지 않는 손'으로 은밀히 작동한다. 이 때문에 집권당 의원들은 의정활동에서 대통령의 영향력으로부터 자유롭지 않다.

제왕적 대통령은 역설적으로 대통령과 집권당에 맞서는 거대 야당 내부 결속력과 정당기율을 강화시켜 야당 의원들의 초당적인 입법연대를 어렵게 한다, 본시 대통령제에서는 의회가 의원내각제에서처럼 정부가 제출한 법안에 대해 단순히 찬반토론을 하는 장소가 아니라 상임위원회와 본회의에서 실질적인 심의와 협상과 조정을 통해 입법이 이루어지는 공간이다. 그렇기에 정당 기율이 강해 의원들이 의정활동 자율성을 가질 수 없을 때 대통령제의 여소야대 정국에서는 의회의 협력정치가 쉽지 않다. 따라서 의원들의 의정활동 자율성은 대통령제 소수정부 상황에서 원활한 국정운영을 위해 더욱 절실히 요청되고 있

6) 대통령의 제왕적 권력은 '친박', '친이', '친문' 등 집권당 내 파벌을 형성하는 원인이다. 이념, 가치, 비전, 정책의 차이가 아니라 대통령과의 정치적 친밀도에 따라 집권당 내 파벌이 만들어지고 있는 것이다. 그것은 집권당을 통제하고 지배하는 대통령 권력을 상징적으로 보여주는 징표이다.

다. 한국 대통령제는 행정부-입법부 관계에서 의제설정권을, 의회가 행사하는 미국 대통령제보다 행정부가 행사하는 의원내각제에 가깝다, 그러나 한국 제왕적 대통령이 강제하는, 교차투표(cross-voting)라는 미국식 특유의 견제·완충 장치를 허용하지 않는 강한 정당규율성 때문에, 여소야대 소수정부인 경우 여야 의원들이 초당적인 입법연대가 불가능해 행정부-국회 간 입법교착이 일상화한다.

더욱이 청와대가 대통령의 국정의제를 설정하는 차원을 넘어 집행·추진 과정의 전면에 포진하는 상황에서 집권당은 제왕적 대통령의 '호위무사' 돌격대로 행동하고 청와대의 여의도 출장소로 전락했다는 조롱을 받는다. 제왕적 대통령에 대한 집권당의 정책·입법 자율성이 없는 조건에서 야당들은 집권당을 상대로 한 협상정치보다는 제왕적 대통령을 겨냥하며 충돌한다. 이로 인해 국회 내 집권당-야당 관계, 대통령-야당 관계는 물론이고, 무엇보다 행정부-의회 관계에서 절충과 타협의 공간이 축소되고, 양극단적인 대립과 갈등으로 귀결되는 정치양극화가 심화되고 있다. 특히 청와대와 대통령의 이른바 '관심 정책·입법의제'가 정치쟁점으로 떠오르는 경우 이를 둘러싸고 행정부-국회 간, 대통령-야당 간 양극화는 더욱 격화되는 경향을 보인다. 이로 인해 입법과 예산 처리 등이 지체되거나 무산되며 국정운영이 마비되는 일이 빈발하고 있다.

이런 맥락에서 볼 때 제왕적 대통령은 여대야소 정국이든 여소야대 정국이든 거대 양당 간 양극적인 정치투쟁으로 얼룩진 의회정치의 양극화, 대통령(행정부)-국회 양극화 구조를 고착화하며 한국 헌정체제의 정상적 작동을 위태롭게 하고 있다.7) 그것은 절대 권력자 제왕적 대통령 독치(獨治)의 자기파괴적 패러독스가 아닐 수 없다.

제왕적 대통령 권력에서 발원되는 정당정치, 의회정치 및 대통령(행정부)-국회의 양극화는 시민사회의 진보진영-보수진영 양극화로 이어지고 있다. 촛불집회와 태극기집회와 같은 '제도 밖의 대중동원 경쟁'이 정당 간 갈등구조와 나란히 병행한다. 진보진영과 보수진영이 특정 전·현직 대통령을 둘러싼 맹목적

7) 제왕적 대통령의 정치양극화는 두 형태로 나타난다. 하나는 여대야소의 정국에서는 입법·국정교착 현상이 완화되는 대신 일방통행의 입법·국정 독주를 강행한다는 점이다. 다른 하나는 여소야대의 이른바 '분점정부'(divided government)인 경우 대통령-국회(야당) 충돌로 입법·국정교착이 일상화된다는 점이다. 결국 한국 대통령은 제왕적 대통령과 식물대통령이 모두 출현할 수 있는 구조적 유동성 혹은 불안정성이 내재한다.

지지와 혐오로 양극화되고, 특히 지지자들 사이에서 극단적인 적대와 증오가 재생산되고 있다. 국민과 시민사회의 이런 양극화는 제왕적 대통령제의 제도적 결함에 의해 더욱 증폭된다. 한국 대통령제는 초당파적이어야 할 국가수반직과 당파적일 수밖에 없는 정부수반직을 겸유하는 제도적 충돌이 내재한다. 이런 제도적 모순으로 인해 제왕적 대통령은 국정수행 과정에서 당파적 지지자들의 요구에 대한 부응이냐, 아니면 국가원수로서의 존엄과 권위를 갖고 전국민적 이익을 증진하는 국가적 구심력과 중심추 역할을 수행해야 하느냐 하는 선택의 딜레마에 봉착한다. 하지만 역대 제왕적 대통령들은 전자를 선택했다. 즉 국가원수로서의 초당적 중립적 정당성과 권위를 잃고 당파와 진영의 팬덤정치에 의존하여 국정을 이끌었다. 진영논리에 따라 지지세력 결집에 집착하는 당파 수장 역할에 유혹되어 야당과 반대 진영의 전방위적 공격과 비판을 받는 '동네북'으로 전락하는 길을 걸은 것이다.

촛불시민혁명에서 정체성을 찾는 문재인 정부 들어 집권당-야당, 행정부-국회 및 대통령-야당의 충돌 양상은 더욱 격화되고 있다.[8] 입법부와 사법부에 대한 대통령 권력의 절제는 삼권분립이 안정적으로 작동하기 위한 중심적인 규범이다. 그러나 '고위공직자범죄수사처리법' 제정과정에서 보여 주듯 대통령 권력이 절제의 규범을 존중하지 않았다. 대통령이 신설되는 공수처장 임명권을 갖는다는 것은 그렇지 않아도 초집중화된 제왕적 권력을 갖는 대통령에게 또 다른 엄청난 권력을 추가한다는 것을 의미한다(최장집 2020: 7). 대통령 권력의 이런 과잉 비대화는 입법·행정·사법 등 삼권분립의 견제-균형 원리 작동을 위협하고, 정당정치와 의회정치의 양극화를 가속화하고 있다. 문재인 정부는 청와대가 내각과 집권당을 수직 통치하는 '청와대 정부'로 불러지고 있다. 21대 총선 이후 거대한 의회권력을 장착한 대통력과 더불어민주당은 '부동산 관련법,' 공수처법 개정 등을 비롯한 각종 쟁점 법안들의 입법과정에서 야당을 배제한 채 입법독주를 군사작전 하듯 강행했다.[9] 그 과정에서 의회정치 영역에 대한

---

8) 과거 정치 양극화는 대북정책을 둘러싼 '남남갈등,' 지역주의 투표에 따른 영호남 지역갈등이 지배적이었다.

9) 더불어민주당은 국회의 18개 상임위원장을 독식했다. 그것은 거대 여당의 입법독주를 예고한 신호탄이었다. 특히 '상원'의 역할을 하던 법제사법위원장의 야당 몫은 1987년 민주화 이후 국회운영에서 집권당의 입법독주를 견제하고, 여야 간 의사결정 과정의 협치를 유인하기 위해

집권당의 독립성과 자율성은 발휘되지 않았다. 대통령에 대한 집권당의 자율성 부재와 종속성은 야당으로 하여금 집권당이 아니라 대통령과 청와대와 싸우게 하고, 그 때문에 집권당과 야당이 거의 일상적으로 충돌하는 국회의 양극화를 야기했다. 그 결정판은 문재인 정권 출범 이후 지속된 적폐청산, 2019년 준연동형 비례제로의 '공직선거법 개정,' 청와대가 주도한 '공수처법' 제정 등을 둘러싸고 여야 간 폭력적 충돌이었다.

촛불시위 이후 정치의 중심이 정당정치와 의회정치 등 제도권 내로 놓이는 것이 아니라, 오로지 상대를 증오하고 부정하는 진영 간 대립과 충돌이 나타나는 제도 밖으로 이동하는 형국이다. 2017년 탄핵정국에서 '촛불 대 태극기'로 양분되었고, 2019년에는 이른바 '조국 사태'를 통해 분출됐던 '광화문 대 서초동'이라는 대중 광장정치 등 진영 간 극단적인 양극화 모습을 보였다. 문재인 정부는 시민사회의 갈등을 제도화하는 데 실패했고, 아니 되레 확대 재생산했다. 촛불항쟁 이후 사회로부터 분출하는 다양한 개혁 요구가 다원주의 방법으로 수용하고 통합하기 보다는 거의 독점적이고 일방적으로 통치권을 행사했다. 정치적 사회적 양극화는 사회 저변에서 분출되는 이해당사자들의 다원적 의사를 대표할 수 없고, 시민사회의 다원적인 이성적 공론장을 해체한다. 특히 '문빠' '박사모' 등 특정 대통령에 대한 극단적인 열성 지지자 집단은 강력한 결속력과 공격성을 갖고 여론시장을 주도하며 이견이나 비판을 허용하지 않는다. 이는 시민사회의 다원주의적 공론장을 황폐화하고 정당정치의 건강한 작동을 방해한다(최장집 2020: 13).

결론적으로 87년 헌정체제의 제왕적 대통령은 초당파적인 국가수반으로서 사회통합의 국가구심력 역할은커녕 정당정치 양극화, 의회정치 양극화, 행정부-국회 양극화 그리고 시민사회의 진보진영-보수진영 양극화를 야기해 국론분열과 사회갈등을 유발하며 국가원심력을 키우는 요인이다.[10] 제왕적 대통령은

관행으로 형성된 정치세력 간 협약이었는데, 더불어민주당은 그런 야당에 부여된 최소한의 안전장치마저 강탈했다. 이로써 대통령은 국회를 대등한 정치 파트너로 간주하기는커녕 일방적인 입법·국정 드라이브를 걸고 있으며, 여당은 대통령 권력 유지 및 재창출을 위한 도구로 전락해 가고 있다. 민주주의는 과정과 절차를 무시하면 그 결과의 내용이 아무리 좋아도 독재로 변질된다.

10) 제왕적 대통령이 야기하는 정치양극화가 너무 위험 수준으로 치닫고 있다. 국민통합의 상징이어야 할 대통령이 특정 정파만을 챙기는 '반쪽 대통령'처럼 여겨지고 있으며, 그 결과 마치 해

민주주의 제도를 때론 합법적으로, 때론 위법적으로, 때론 부당하게, 때론 교묘하게 활용하여 야금야금 한국민주주의를 침식하며 정치양극화를 확대 심화시키는 진앙 지점이 되고 있다. 한마디로 제왕적 대통령은 한국정치의 만악의 근원이다.

3. 사회적 대화 실패: 노사정 갈등

사회적 대화는 이익집단-정부 간 정치적 교환(political exchange)을 통해 노사 등 이해집단들의 이익·가치 갈등을 조정하는 시스템이다. 최초로 한국 진보정부는 노사정 사회적 대화를 통한 사회협약정치(social pact politics)를 작동시켜 사회갈등 해결과 시장조정의 제도화 가능성을 열어 놓았다. 김대중 정부는 IMF 관리체제에 대응하기 위해서 '노사정위원회'를 통해 노동유연화와 노동권신장·복지제도 확충을 맞교환하는 사회협약(1998, 2·6)을 체결했다. 노무현 정부도 사회적 대화를 통한 노동·교육·환경·저출산·고령화·국가균형발전 등 다양한 정책 어젠다에 관한 협약, 특히 "일자리 만들기 사회협약"(2004, 2·10)을 체결했다. 한국 보수정부도 사회적 대화를 작동시켰다. 이명박 정부는 미국발 글로벌 금융위기(2008) 극복을 위해 근로시간 단축, 일자리 나누기, 일자리 창출, 실업급여 확대 등 "경제위기 극복을 위한 노사민정 합의"(2009, 2)를 도출했다. 박근혜 정부도 고용유연성-사회안전망 간 정책교환(2015, 9)으로 타결됐다. 즉 고용유연성 강화, 고임금자의 임금인상자제(임금피크제), 청년일자리 창출, 실업·산재보험 확충, 근로시간 단축, 통상임금범위 확정 등 정책의제들이 일괄 타결된 사회협약이 체결됐다.

그러나 진보정부와 보수정부 하에서 비록 일시적으로 사회협약이 체결되었어도 제대로 실행되지 않았다. 이런 까닭에 정책협의를 위한 정책의제의 선정이나 협의회 구성·운영 등에서 이해당사자들의 적극적 참여와 협력이 부족했고 실효성 있는 성과에 이르지는 못한 경우가 대부분이었다. 보수정부는 물론이고 진보정부까지도 수시로 노동과의 정책협의 과정을 생략한 채 일방적으로 구조조정을 추진함으로써 노사정 정책협의체를 무력화하거나 노동에게 단순한

방공간에서 찬탁과 반탁으로 좌우충돌이 분단으로 이어지듯 우리 사회가 뚜렷이 두 쪽으로 갈라지고 있다.

몇 가지 양보만을 제공함으로써 노사정 정책협의체를 '상시 구조조정'에 대한 노동의 불만과 저항을 피해가는 기구로 전락시켰다. 노동은 노사정 정책협의체를 고용조건 개선과 복지확충의 장으로 보는 반면, 정부는 자본과 더불어 구조조정의 장으로 삼으려 한 것이다. 그 결과 노동은 사회적 대화 기구로부터 탈퇴 및 참여를 거듭하는 등 파행을 거듭했다. 이는 사회적 대화 시스템이 상생협력의 노사정 관계를 제도화하는 데 실패했음을 뜻한다.

그렇다면 왜 진보정부와 보수정부가 실험했던 사회적 대화가 제도화 가능성을 보여주지 못했는가?(선학태 2011: 85).[11] 첫째, 양대 독과점 정당체제는 정당-이익(시민)단체 간에 '후원자-고객' 관계의 형성을 허용하지 않았다. 이는 노사 이익집단들의 정책선호와 정치적 요구를 대표하고 부응할 수 있는 가치와 정책 중심의 정당체제가 제도화되지 못했다는 것을 말한다. 거대 양당 독과점 체제는 노동에 우호적이지 않는 정당지형이어서 노동의 협력을 끌어내기가 쉽지 않다. 무릇 사회적 대화의 정상적 작동은 시장경제에서 상대적으로 불리한 위치에 선 노동을 대표하는 정당정치를 전제한다. 그러나 거대 양당 독과점 정치에서 노동은 사회적 대화에 참여할 매력을 갖지 않는다. 노동의 이익과 관점을 치열하게 주요 정책의제로 공론화하고 대변할 수 있는 유력한 정치적 대리인이 존재하지 않기 때문이다. 김대중·노무현 진보정부마저도 사회적 대화에 노동참여를 독려할만한 이렇다 할 정치적 인센티브를 제공하지 못했다. 이에 실망한 노동은 사회적 대화 기구에의 참여를 거부했고, 이로 인해 노사정 대화는 중단되고, 대신 과격한 '거리·광장정치'로 이익관철을 시도하는 갈등적·투쟁적 노사정 관계가 지속되었다.

더욱이 노사정 대화에서 합의된 사회협약이 국회의 입법화 과정에서 거대 양당 독과점 정치의 제동에 걸려 노동에게 더 불리한 방향으로 변질되거나 부결되었으며, 심지어 국회에 입법의제로 상정조차 되지 못하는 사태가 발생하곤 했다. 진보정부든 보수정부든 입법과정이 야당의 반대에 부딪치면 행정부-국회 관계가 교착상태에 빠지고, 이를 돌파하기 위해 행정부는 이익집단을 배제

11) 사회적 대화는 정당·의회 정치와 맞물리는 노사(정) 간 이익갈등 조정 기제이다(Baccaro and Simoni 2008). 이 점에서 여기서는 87년 헌정체제에서 사회적 대화의 정상적 작동과 제도화를 어렵게 하는 정당정치만을 논의한다.

하고 입법을 주도하거나 행정입법(대통령령·국무총리령 등)을 동원해 정책을 일방적으로 밀어 붙였다. 또 진보정부와 보수정부는 이해관계자들과의 정책협의 시스템을 정상적으로 작동시키기보다는 정치인·관료·전문가 엘리트 중심의 의사결정 방식에 습관적으로 익숙했다. 따라서 정부와 노사 이익집단들 간의 충돌은 필연적이었다. 김대중 정부의 정책결정 회로는 민주적 시장경제라는 자신들의 국정철학에 걸맞지 않게 성장·구조조정·시장개방이라는 신자유주의적 정책 어젠다에 집착하는 기술관료·전문가 등에 의해 주도된 폐쇄적 방식이었다. 이런 정책결정 구조에서 어쩌면 노사정위원회의 파행은 불가피했을 것이다(선학태 2003: 300-301). 기술관료·전문가 중심의 정책결정 스타일은 참여정부를 표방했던 노무현 정부에서도 크게 달라지지 않았다.[12] 각종 정책협의체에서 합의된 사항은 언제나 관료·전문가가 만들어 놓은 정부의 가이드라인을 크게 벗어나지 못했으며[13] 때때로 정책협의체에서 이루어진 합의는 관련 정부부처에 의해 묵살되곤 했다(윤상우 2007: 101). 이로 인해 이익단체들은 노사정 협의체에서 이탈하고 대규모 대(對)정부 투쟁을 전개하는 사태가 다반사가 되었다.

둘째, 진보정당과 보수정당이 양극단적으로 경쟁하는 이념블록 정부에서는 사회적 대화 시스템이 안정적으로 작동할 확률은 낮다. 노사는 사회적 대화보다는 각기 자신의 우호적인 집권세력과의 담판·로비를 통해 이익을 관철하려는 전략을 선호하기 때문이다. 노사정 파트너십의 전범이던 노르딕 국가들의 사회적 대화의 퇴조·해체 현상이 이를 경험적으로 입증한다. 1970년대의 덴마크, 1980년대 이후의 스웨덴의 이념블록 간 양극단적인 정당정치에서 사회적 대화는 정체되었다. 특히 스웨덴 정당정치는 보수우파 정당연합의 집권(1976~82)을 계기로 이념블록 간 양극화 속에서 순수 우파정부연합 혹은 순수 좌파

12) 노무현 정부는 한미자유무역 체결 과정에서 대내적 정책협상 프로세스를 생략했다. 대통령 주변의 정책 이너서클에 속한 관료·전문가 중심으로 진행된 나머지, 정책 이해당사자들인 노동자, 농민, 축산업자, 중소기업 등을 포함한 사회집단들을 배제, 소외시켰다. 이처럼 정부정책이 하향식 의사결정 방식으로 밀어붙여질 때 정부와 정책 이해관계자 간의 충돌과 갈등은 필연적이고 노사정 정책협의 시스템이 제대로 작동할 수 없는 것은 당연하다.

13) 참여정부의 노동라인에 노동부장관·청와대수석·노사정위원장·노동담당 여당 국회의원에 이르기까지 거의 모두 노동운동 출신이 포진했음에도 불구하고 노사정위는 정부의 가이드라인을 크게 벗어나지 못한 실무기구가 되거나, 정책결정 과정에서 무기력한 기구로 전락했고, 대신 노동부가 노사정 관계를 주도했다(노중기 2006). 그 결과 적대와 불신의 노사정 관계는 전혀 변하지 않았다.

단독정부를 구성했으며, 이런 정당정치의 좌우 양극적 경쟁과 종(縱)적으로 연결된 노사 이익단체도 양극단적 갈등의 늪에 빠졌다. 따라서 통념과는 달리 글로벌화 이후 스웨덴 노사 이익집단들은 사회적 대화 참여보다는 이념적으로 동질적이고 정치적으로 우호적인 정당정부를 상대로 로비정치 전략을 선호했다. 결국 스웨덴의 양극단적 정당경쟁과 이념블록 정당정부가 사회적 대화의 안정적 작동을 방해한 족쇄가 된 것이다. 스웨덴의 특정 이념블록 정부와 사회적 대화 퇴조·해체 사이의 인과관계는 우리의 이념블록 정부와 사회적 대화의 관계를 설명하는 데 유익한 단서를 제공한다.

이런 의미에서 문재인 진보정부는 강한 사회적 대화를 추진할 의지를 갖고 있으나 노사정 대화를 안정적으로 작동시킬 확률은 그리 높지 않다. 보수야권 정당블록과 양극적 대척관계에 있는 문재인 진보정부는 기본적으로 사회적 대화와 부조응 관계에 있기 때문이다. 문재인 진보정부 하에서 노동은 사회적 대화의 의사결정 방식보다는 자신에 우호적인 진보정부를 압박·로비·협력을 통해 이익관철을 하려는 유혹을 보인다. 스웨덴에서 사민당이 집권하여 우파블록과의 정치적 양극화 지형이 조성되었을 때 노조는 사용자단체와 협상하지 않고 우호적인 사민당에 대한 압박·로비 혹은 협력을 통해 정치적 영향력을 행사했다(Anthonsen *et al.* 2011 120). 이런 스웨덴 경험에 비춰 볼 때 노동은 자신들에게 재벌-사용자단체에 대한 양보를 강제할 개연성이 높은 사회적 대화 참여에 적극적이지 않는 경향을 보인다.

나아가 문재인 진보정부는 전경련·경총 등 재벌대기업 이익을 집약·표출하는 사용자단체에게 우호적이지 않는 정치지형이다. 따라서 재벌-사용자단체는 이념적, 정치적 정향을 달리하는 진보정부가 추진하는 사회적 대화에 참여해야 할 절박함을 갖지 않는다. 오히려 재벌-사용자단체는 자신들에게 필연적으로 노동에 대한 양보를 강요할 것으로 예측되는 사회적 대화 시스템 설립 자체를 부정적으로 인식하기 마련이다.[14] 또 그들은 노조를 비롯한 다른 이익단체들과 지루한 협상을 해야 하는 사회적 대화에 참여할 동기를 갖지 않는다. 그들에겐

14) 국가경제를 지배하는 스웨덴의 수출 대자본(중화학공업)은 중소기업 중심의 덴마크의 사용자들과는 달리 적어도 1990년대 이후엔 사회적 대화 시스템에 대해 조건반사적으로 거부 반응을 보이곤 했다.

사회적 대화 시스템이란 시장경제의 자유경쟁 원리와 규범에 근본적으로 반하는 것으로 비춰진다. 결국 문재인 진보정부가 '진보 대 보수' 구도로 양극단적 블록정치를 보이는 조건에서는 사회적 대화의 안정적 작동을 기대할 수 없다.

Ⅲ. 합의제 헌정체제의 하부구조

1. 연동형 비례대표제

선거제도는 사회균열 구조와 정당체제 형성을 상호 매개하는 기제다. 사회갈등과 분열을 대표하고 관리하는 정당체제를 규정하는 독립변수가 선거제도다. 선거제도의 변화는 정당체제의 변화를 불러오고, 정당체제의 변화가 궁극적으로 권력구조에 영향을 미친다. 나아가 헌정체제를 다수제 모델이냐, 아니면 합의제 모델이냐에 영향을 미치는 방아쇠가 선거제도이다(Bernauer and Vatter 2012: 438). 이런 관점에서 한국형 합의제 헌정체제를 설계하기 위해서는 우선 소선거구 단순다수제와 비례제를 독립적으로 결합하는 현행 국회의원 선거제도를 변경하여 지역적 이해 이외에 시민사회-시장사회의 다양한 이해관계와 균열과 갈등이 정치사회에 반영·대표될 수 있도록 하는 선거제도 개혁이 필요하다. 그것은 합의제 헌정체제의 선거제도인 정당명부 비례제 강화다. 이는 현행 양대 패권정당이 의회권력을 독과점하는 구도를 혁파하고 진보좌파 블록, 중도 블록, 보수우파 블록의 정당들이 입법권을 분점·공유하는 의회정치를 견인하기 위한 것이다.

이러한 문제의식에서 제7장은 정당 간의 의회권력 분점을 유인하는 고(高)비례성 선거제도로 독일식 연동형 비례제를 상정한다.[15] 즉 인물본위의 소선거구 단순다수대표제와 정당본위의 비례대표제가 유기적으로 결합하는 '2표 연동혼합형'이다(Schmidt 2007: 131-134). 유권자는 선거에서 한 표는 지역구 후보(소선거

15) 2013년 독일 연방하원 선거제도는 특정 정당에 초과의석이 발생하거나 과다대표되면 모든 정당 의석점유가 정당득표에 비례하도록 보정의석을 부여하는 방식으로 변경되었다. 그런데 현재 독일에서는 연방하원 선거제도 개혁논의가 진행 중이다. 연방하원의 선거제도가 '초과의석-보정의석 모델'을 도입한 이후 나타나는 의원 정수의 비약적인 확대 문제를 해결하기 위해서다. 제7장에서 말하는 독일식 연동형 비례제는 과다 초과의석 발생 문제를 피하기 위해 2013년 선거제도 개혁을 시도하기 이전의 독일 선거제도를 지칭하기로 한다.

구 투표)에게, 다른 한 표는 선호하는 정당(정당투표)에 행사한다. 정당투표는 전국적으로 합산된 후 정당별로 득표율에 비례하여 각 중앙당에게 의석수가 할당된다. 각 중앙당에게 할당된 의석수는 다시 각 권역별(주)의 득표율에 따라 주별 의석수를 각 권역별 지방당에게 배분된다. 그리고 권역별로 배분된 의석수에서 각 당의 지역구 당선자수를 빼면 권역별 각 당의 비례대표 의원수가 된다(선학태 2005: 177-178). 이러한 독일식 연동형 비례제는 제21대 총선에서 도입된 준연동형 비례제와는 달리 순수 비례제와 동일한 효과를 기대할 수 있다. 또 어느 정당이든 전국적으로 지지율만큼 의석을 점유함으로써 정당의 득표율-의석점유율이 거의 비례하며 정당중심의 비례대표제와 지역중심의 단순다수대표제가 유기적으로 연계하여 계층·세대·생태 대표성과 지역대표성이 절묘하게 조합된다. 그런데 한국의 독일식 연동형 비례제 채택과 관련하여 몇 가지 쟁점이 있다.

첫째, 비례대표 의석의 확대 문제이다. 지역구 축소, 아니면 현행 지역구 의석수를 유지하면서 전체 의원정수 확대로 접근할 것인가의 논쟁이다. 전자는 현역 의원들의 저항이 따르는 반면, 후자는 국민적 저항을 야기한다. 그런데 인구규모, 국회업무량 등을 고려하여 전체 의원정수 확대가 전문가들의 공통된 견해이다. 다만 후자의 경우 국민적 저항을 고려하여 면책특권·의원세비·보좌관수 등 국회의원의 유무형 특권과 혜택을 유럽 소국들의 수준으로 대폭 축소하거나 폐지하여 국민적 설득과 동의를 얻어야 한다는 전제가 선행되어야 한다.[16)]

둘째, 정당명부 후보·순위 작성방식이다. 그것은 정당 지도부의 하향식 방식이 아니라 일반 당원의 의사가 반영되는 상향식 방식이 전제되어야 한다. 상향식 명부 작성방식은 개방형과 폐쇄형 등 논쟁이 있다. 전자인 경우 유권자에게 정당명부의 특정 후보에게 투표하게 함으로써 그들의 선호를 직접 비례대표 순

---

16) 합의제 헌정체제 국가들의 정치인들에겐 별다른 특권과 기득권이 없다. 의원들이 자전거를 타고 출퇴근하기에 의사당 주변에 주차장이 없는 덴마크, 보좌관·금배지가 없는 의원직을 그저 파트타임 봉사직으로 여기는 스위스, 서류가방을 챙겨 들고 걸어서 출퇴근하는 의원들이 영락없이 이웃집 아저씨의 인상으로 비쳐지는 네덜란드, 보좌관-관용차 등 특권은 없는데도 업무량이 많아 국회의원 이직율이 30%에 이르는 스웨덴, 대통령 관저 바로 앞으로 오고가는 수많은 차량과 인파로 넘쳐나는 핀란드, 엘리트 독무대였던 정치판의 이단아 룰라의 정치에 의해 87%라는 경이로운 지지율로 '영광과 기적의 8년 드라마'를 연출했던 브라질, 이 모두는 합의제 헌정체제 국가들에서 볼 수 있는 풍경이다. 특권과 기득권, 권력과 부의 상징인 대한민국 국회의원-대통령과는 너무나도 다른 모습이다.

위에 반영한다. 그러나 이 제도는 스위스·브라질 등 사례가 보여주듯이 유권자들의 인물본위 선택을 유도함으로써 정당투표의 정치적 효과를 반감시킬 우려가 있다. 이 점에서 후자가 비례제의 취지에 부합한다. 즉 당 후보공천심사위원회는 비례대표 명부 후보 자격만을 심사하고 후보 선정·순위 결정은 전적으로 일반당원들의 투표에 의해 결정한다. 중앙당은 경선과정의 불공정 문제가 발생한 경우가 아니면 후보에 대한 비토권을 행사하지 않고 최종적으로 추인하는 절차만 관장한다.

셋째, 정당의 지역구 후보 선정방식이다. 다수 정치인들과 학자들은 의원후보 공천권을 국민에게 되돌려 주자는 명분으로 오픈프라이머리 도입을 주장한다. 당내 패권적 계파정치에 의한 공천방식을 청산하여 공천과정을 투명하게 하고 유권자의 정치참여를 확대함으로써 유권자와 소통하는 개방정당 등 상향식 정당민주주의를 촉진한다는 것이다. 하지만 오픈프라이머리는 유럽 합의제 헌정 국가들에선 실시되지 않고 미국 다수제 헌정체제의 전형적인 지지자 중심 공천방식(33개 주)이다. 또 오픈프라이머리는 정치자금·조직 동원능력을 가진 현역의원·지역토호세력이 지역구 후보 독식 가능성이 높아지는 반면, 신진인사·신생정당의 진입장벽이 높아질 우려가 있다. 무엇보다 정당들이 국민전체를 대표하는 존재로 경쟁해야 하기 때문에 이념적 정체성을 갖고 사회 내 특수·부분 이익을 조직하고 대표하는 정당의 존립근거를 약화시킨다(박상훈 2007: 311). 그 경우 정당은 차별화된 정책비전과 가치를 갖고 사회의 계급·계층·세대·생태 등 특수이익, 특히 빈곤층·비정규노동과 같은 사회경제적 약자의 부분이익을 제대로 대표할 수 없다. 따라서 정당의 지역구 후보 선출 방식도 합의제 정당정치에 부합해야 한다. 즉 일반 당원들의 자유투표에 의해 선출하는 방식이다. 그래야 정당정체성을 담지한 인사가 후보로 선출되고, 선거과정에서 후보는 개인의 정책·정치철학을 개진하는 것이 아니라 소속 정당의 정강정책을 대변하여 정당정치의 정상화를 꾀할 수 있다.

마지막으로 독일식 연동형 비례제와 관련하여 또 다른 쟁점은 2014년 중앙선관리위원회가 제안한 '권역별 정당명부 비례제'다. 전국을 6개 권역으로 나눠 인구수를 기준으로 권역별 의석수를 배정한 뒤, 각 정당은 권역별 득표율에 비례하여 의석수를 배분받고, 그 의석수에서 권역 내 소선거구 의원당선자 수를 공제해서 비례대표 의원수로 확보하는 등 2013년 개혁된 현행 독일 선거제도인 '권역별 2표 연동혼합형'과 유사한 '권역별 소선거구-비례대표 연동제'다. 이 선거제도는 사표 최소화, 투표가치의 평등, 지역민의 정치효능감 증진, 지역인물 발굴, 지방정치 활성화, 유권자의 정당 선택 폭 확대, 거대 양당중심 독과점 정당체제 해체, 정당중심 선거운동·투표 등 다목적 정치적 효과를 기대할 수 있다.

중앙선관위의 '권역별 소선거구-비례대표 연동제'는 현행 독일식 비례제와 동일하게 권역별로 정당명부 작성을 상정했다. 독일의 권역별 정당명부제는 연방제-양원제의 반영이다. 연방상원은 연방하원을 통과한 법안에 대해 비토권을 행사할 수 있는데, 이는 주의 이해관계를 보호해 주는 강력한 정치적 안전판이다. 따라서 정당명부가 권역별로 작성되어도 연방하원 비례의원들이 협소한 권역별 이해관계에 매몰되지 않고 전국민적 공공재 확대를 놓고 정책 경쟁한다. 권역별 이해관계는 연방상원 의원들에게 의해 반영될 수 있기 때문이다. 독일 사례는 권역별 정당명부제가 비록 제도적 인과관계까지는 아니어도 연방제-양원제와의 제도적 기능적 친화성이 존재하고 있음을 시사한다.

그렇다면 중앙선관위의 '권역별 소선거구-비례대표 연동제'가 한국의 중앙집권제와 순기능적으로 조합될 수 있는가에 의문이 제기된다. 권한·재정이 중앙정부에 집중된 점을 고려할 때 숱한 역기능이 우려된다. ① 권역별 유권자들이 지역구후보 투표나 정당투표 모두 집단적으로 동일한 정당에 던지는 지역주의 투표를 행사하여 기존 양대 패권정당의 지역프리미엄이 권역별로 지속되고, 결과적으로 거대 양당의 의회권력 독과점 구조가 그대로 온존할 개연성이 높다. 유권자들이 특정 정당의 지역구 후보들에게 지역주의 몰표를 몰아주어 심각한 초과의석이 발생할 경우 비례성 약화 또는 보정의석의 부여 등으로 인한 의원정수의 유동성 문제가 있다. ② 지역구 의원이나 비례대표 의원 모두 전국민적 국가적 공공재보다 재선에 유리한 권역별·지역구 현안사업·이슈를 챙기며 국가재정 지원을 확보하는 정치브로커로 전락할 우려가 없지 않다. 특히 권력별 비례대표 의원들이 소선거구 단순다수대표 의원들과 유사하게 협소한 지역 이해관계에 집착하는 정치행태에 익숙해질 수 있다.[17] ③ 호남·충청권 의석수가

17) 이런 제도적 결함은 연방제-양원제 국가인 브라질·스위스의 권역(주)별 비례제에서 현실화되었다. 브라질 하원의원들은 소속 주 유권자들의 다양한 요구와 압력에 시달리고 소속정당의

급격히 줄어들고 인구밀집 수도권 의원들이 사실상 국회를 장악하여 권역별 대표성의 심각한 불평등이 발생한다. 중앙선관위의 '권역별 소선거구-비례대표 연동제'는 의원들의 권역별 지역이기주의를 야기할 가능성이 높다.

따라서 비례대표 후보 정당명부는 '권역별'이 아니라 '전국단위'로 작성하는 것이 한국 중앙집권제 틀과 제도적 상합(institutional congruence)을 이루며 제도적 효과를 기대할 수 있다. 우선 전국단위의 정당명부제는 초과의석을 최소화하여 의석배분의 비례성을 확대하고 제도적 안정성을 도모할 수 있다. 반면 권역별 정당명부제는 의석배분이 권역단위에서 이루어지기 때문에 초과의석과 사표가 발생하여 전국명부에 비해 비례성이 낮다. 둘째, 전국단위 정당명부식 연동형이 거대 정당의 과대대표 및 군소정당의 과소대표 현상을 완화하는 데 실효적이다. 권역단위 정당명부에서는 인구비례로 할당되는 의석이 적어 연동형이라도 군소정당의 의석점유에 불리하게 작용하고, 따라서 다당제 유도효과도 낮다. 셋째, 전국단위의 정당명부제는 국회의원들로 하여금 협소한 지역의제보다 전국적 전사회적인 보편적 공공재 확대를 위한 정책 의제화와 입법화에 충실하도록 유도하는 정치적 인센티브로 작용할 수 있다.

2. 이념블록 다당제와 초블록 연합정치

권력분점 연동형 비례대표제는 정당체제의 종(縱)적 차원에서 사회적 기반을 두고 가치와 정책비전을 차별화하는 이념블록 다당제를 유인한다. 이념블록 다당제는 한국사회의 계급·계층·이념·세대·환경·지역 등에서 분출하는 복합적인 갈등과 분열을 조직·대표하고 정책과 가치에 따라 경쟁-협력 사이클이 작동하는 균형 잡힌 '진보좌파-중도-보수우파 블록'으로 재편되는 정당체제다. 이는 '진보좌파 vs 중도 vs 보수우파' 블록으로 다원화되고 있는 우리 사회의 이념적 분화 현상을 반영하는 '포스트 87년 정당체제'다. 이념블록 다당체제는 현재 과잉 비대해진 패권적 양당체제의 의회권력 독과점 현상을 완화할 수 있다.[18]

정체성을 따르기보다는 주의 지역적 이해관계에 충성하는 의정활동을 펼치고 있으며, 이로 인해 대통령은 입법지지 의원을 동원하기 위해 특정 주에 무리한 지역적 특혜를 쏟아 부어야한다. 게다가 의원과 주 이익·연고집단 간의 수혜-후원 관계로 인한 부패구조가 고착화되고 있다, 스위스에서도 주 유권자들은 특정정당의 후보(선호투표)에게 집단적으로 투표함으로써 하원의원들이 국가적 정책의제보다는 주별 특정 이익·연고 집단들에 포획되고 지엽적 이해관계에 집착하곤 한다.

나아가 독일식 연동형 비례제에 따른 이념블록 다당체제는 의회 입법권과 내각 행정권의 분점·공유를 상징하는 정당 간 연합정치의 제도화를 유인한다. 실제로 서유럽 합의제 헌정체제 국가들의 비례제는 노동과 자본 등 사회의 다양한 집단과 계층을 대표하는 이념블록 다당체제를 구조화하며, 이는 좌우 이념블록을 넘나드는 크로스오버 연합정치(cross-over coalition politics)를 제도화한다. 이념블록을 교차하는 연합정치는 연정협약을 통해 행정부-의회 간 경쟁-견제-협력 사이클을 효과적으로 조정하는 메커니즘으로 작동하기 때문에 초(超)이념블록 연정내각은 의회의 안정적 다수를 동원하여 정책 의제화-입법화 과정을 효율적으로 진행하며 사회갈등 조정과 통합을 지향한다. 서유럽 비례제 국가들이 던지는 경험적 메시지는 합의제 헌정체제의 하부구조인 연합정치라는 합의제 정당정치(consensual party politics)가 합의제 헌정체제의 상부구조인 행정부-의회 협치를 견인할 수 있는 메커니즘임을 시사한다. 한국의 '포스트 87년 정당정치'가 합의제 정당정치, 즉 연합정치의 제도화를 추구해야 하는 까닭이다. 이러한 의미에서 한국 헌정체제의 과제는 사회경제적 다양한 이익과 요구와 선호, 이로 인한 갈등과 분열을 투영하는 정치적 대표체계, 즉 비례제가 유인하는 연합정치를 통한 행정부-국회 협치의 제도화를 꾀하는 데 있다.

한국 헌정체제가 연동형 비례제를 채택하는 경우 정당체제의 횡(橫)적 차원에서 이념블록 다당체제에 따른 정당 간 권력분점을 유인할 수 있을 것이다. 즉 국회 과반의석을 확보한 패권정당이 부재하는 이념블록 다당체제는 정치적 의사결정 과정에서 가치와 정책비전에 따라 정당연합을 견인할 것이다. 그 이유는 노동·저소득층·빈곤층의 이익을 대표하며 안정성-복지 정치(security-welfare politics)를 지향하는 진보좌파 정당도, 계층적 중간집단과 이념적 중도층을 대표하며 실용주의 정치를 지향하는 중도정당도, 기업·사용주·상류층의 이해를 대표하며 유연성-성장 정치(flexibility-growth politics)를 지향하는 우파정당도 의회권력을 독과점하는 과반의석을 점유하는 패권정당이 되는 것이 제도적으로 불

18) 다당제를 하부구조로 하는 이념블록 정당체제에서는 이념적 '색깔'에 따라 정치인들의 '교통정리'가 이뤄진다. 진보좌파 인사는 진보좌파 정당으로, 중도인사는 중도정당으로, 보수우파 인사는 보수우파 정당으로 이동하여 가치지향성과 정책비전이 녹아 있는 정당정체성에 입각한 정당체제로 재편될 수 있다.

가능하기 때문이다. 따라서 행정부·국회의 정책 의제화-입법화 과정에서 정당 간 교차적 협조가 아니면 파국이 될 수밖에 없는 정치구조가 형성된다. 이런 정치구조는 진보좌파-중도, 보수우파-중도, 진보좌파-보수우파 등 가치와 정책에 따라 이념블록을 뛰어넘는 다양한 유형의 이념블록 교차 연합정치의 제도화를 유인할 것이다.

이런 정치적 시나리오는 실제 현실화되었다. 소선거구제-거대양당제-집권당 단독정부 중심의 영국식 다수제 헌정체제를 지향했던 뉴질랜드의 정당정치는 1993년 연동형 비례제를 도입한 후 웨스트민스터 정당정치 패턴으로부터 이탈하는 중대한 변곡점을 경험했다.[19] 즉 1996년 총선에서 당시 최대 정당인 국민당은 총투표의 33.8%와 총의석의 36.7%를 차지하는 등 선거의 불비례성이 과거 선거에 비해 크게 낮아졌으며, 6개 정당이 의회에 진출하여 진보좌파-중도-보수우파 구도의 이념블록 다당체제가 창출됐고, 어떤 정당도 의석 과반을 획득하지 못해 국민당-뉴질랜드제1당 연립정부(1996~99), 노동당 주도 연립정부(1999~2007)가 수립되었다. 이렇게 해서 시민사회에서 분출하는 다양한 이해관계와 요구를 대표하는 이념블록을 넘나드는 연합정치가 제도화된 것이다.

초이념블록 연합정치에서 중간층(중위투표자)을 대변하는 중도정당의 피벗정당 역할이 중요하다(Müller and Strøm 2008: 191).[20] 즉 중도정당은 선거경쟁의 캐스팅보트를 쥐고 때론 진보좌파 정당, 때론 보수우파 정당을 연정파트너로 번갈아 선택하는 등 초이념블록 연합정치의 권력 균형추 역할을 한다. 이념블록 정당 간 교차파트너십(cross-partnership)이 이뤄지는 피벗 연합정치(pivotal coalition politics)의 틀 속에서 정당 간에 어제의 경쟁정당이 오늘의 연정파트너가 되고, 역으로 오늘의 연정파트너가 내일의 경쟁정당이 되는 순환구조가 반복된다. 이

19) 뉴질랜드 연동형 비례제는 독일식 연동형 비례제와 대체로 유사하다. 그러나 독일의 정당명부가 주 단위(권역별)로 작성되는 반면, 뉴질랜드는 전국명부방식을 채택하고 있으며, 봉쇄조항(threshold)의 지역구 의석요건이 독일은 3석이지만 뉴질랜드는 군소정당의 원내 진입을 용이하게 하기 위해 1석으로 설정했다.

20) 비례제-다당제에서 중위투표자들은 중도정당에 투표하는 경향이 있으며, 따라서 중도정당은 독자적 정당을 견지하여 연립정부에 참여한다. 대조적으로 다수제-양당제에서 중위투표자들은 진보정당과 보수정당 중 어느 한 정당을 선택하는 경향을 보이며, 따라서 중도정당은 독자적 정체성을 유지하지 못하고 선거 전후를 계기로 기존 양대 정당 중의 하나로 편입 통합되는 운명을 맞이하거나 군소정당으로 전락한다.

러한 연합정치 사이클은 정당 간 갈등과 투쟁의 강도를 낮춘다. 무엇보다 연합정치의 강점은 소수정당이 연합정치의 파트너로 연립정부에 참여하는 정치적 공간을 확대하는 데 있다. 그것은 사회경제적 약자와 소수집단의 삶의 질 개선을 위한 정책을 입법화하는 데 기여할 수 있다.

실제로 합의제 헌정체제를 지향하는 게르만 국가들은 사회균열을 투영하는 비례제-이념블록다당제가 유인하는 연합정치를 통해 시민사회에 존재하는 다민족·다문화·다언어·다종교·다계층·다지역 등에 연유한 다층적 복합적 갈등관계를 조정 관리하고 사회통합을 구축했다. 예컨대 독일의 이념블록 다당제에선 좌-우 양대 정당인 기민·기사연합-사민당 대연정(1966~69, 2005~09, 2013~)이 구성되거나, 아니면 양대 정당 중 어느 정당도 과반의석을 획득할 수 없어 소수정당의 협력 없이는 독자적으로 정부구성이 어려운 구도가 통상적으로 나타난다. 소연정이 구성되는 경우 메이저 정당 간 경쟁구도에서 역설적으로 소수정당인 자민당과 녹색당이 정치적 균형추 역할을 수행한다. 즉 기민·기사연합과 사민당 중 어느 정당을 연정파트너로 선택하느냐에 따라 집권당이 결정되는 킹메이커로 자리매김한다. 따라서 기민·기사연합과 사민당은 경쟁적으로 피벗정당인 자민당 혹은 녹색당을 연정파트너로 획득하려 한다. 이처럼 독일의 비례제-이념블록다당제는 연합정치를 제도화하며, 특히 이념블록 교차 연합정치라는 합의제 의사결정 과정은 사회경제적 정치적 갈등을 조정·관리하는 데 효과적이다.

결론적으로 비례제가 유인하는 이념블록다당체제-연합장치는 행정부-의회의 정치적 의사결정 과정에서 특정 정당의 권력 독과점화를 불허하여 대화-타협할 수밖에 없는 정치구조, 즉 정당들 간 정책 교환과 조율이 이뤄지는 합의제 정치공간을 확장한다. 특히 정치적 완충지대가 만들어져 이념적 정치적 양극화를 완화하고, 보수우파 정당과 진보좌파 정당 사이의 '비적대적 공존정치'라는 초블록 연합정치가 제도화될 수 있다.

Ⅳ. 합의제 헌정체제의 상부구조

1. 연정대통령제: 대통령(행정부)-국회 협치

다당제-연합정치는 대통령제와의 제도적 조합이 불가능하다는 비판이 있다. 사실 1990년대 전반기까지 다당제-연합정치는 의원내각제와 제도적 정합성을 갖는 반면, 다당제-연합정치-대통령제 관계는 '어려운 조합'(difficult combination)으로 인식되었다(Mainwaring 1993; Mainwaring and Shugart 1997). 즉 다당제-연합정치-대통령제 관계는 이념적 정당블록 간 양극화와 행정부-입법부 교착상태를 심화시킴으로써 대통령제의 리스크를 악화시킬 것으로 예측되었다. 특히 대통령과 의회가 충돌했을 때 이를 해소할 수 있는 방법이 없다는 것이다. 또 린츠학파(Linzian school)에 따르면 의회에서의 정당체제 파편화는 정당정치의 비효율성과 불안정성을 야기하여 대통령제와 순기능적으로 조응할 수 없고, 다당제가 나타나더라도 이는 일시적 현상에 불과하여 결국 양당제로 회귀한다. 따라서 대통령제는 양당제-집권당단독정부와 조합될 때 통치능력과 효율성을 향상시키는 최적으로 작동할 가능성이 높아진다는 인식이 팽배했다.

그러나 다당제-연합정치는 의원내각제만의 전유물이 아니며, 영국에서 보듯 의원내각제가 반드시 연립내각을 선택한 것도 아니다. 대통령제 하의 다당제-연합정치-연립정부는 대통령 소속 정당이 의회에서 과반의석을 확보하지 못하는 소수파일 경우에 구성된다. 이 경우 대통령제는 '연정대통령제'(coalitional presidentialism)로 변형된다.[21] 물론 연합정치-대통령제 조합은 연합정치-의원내각제만큼 통

21) 브라질·우루과이·코스타리카 등 대부분의 남미국가에서 다당제가 유인하는 연합정치에 기반한 대통령제(coalition-based presidentialism)가 제도화되고 있다. 국내 정치학계와 정치권에서 논의되고 있는 정부형태의 유형은 사실상 1960년대 이전의 고전적 정부형태론에 근거를 둔다. 그러나 1990년대부터 해외 정치학계는 '대통령제의 의원내각제화'에 관심을 두고 있다. 중남미에서 문제가 많았던 대통령제가 유지될 수 있었던 원인은 대통령제가 현실에 맞게 진화했기 때문이다. 해외 정치학계는 이러한 새로운 유형의 대통령제를 '연정대통령제'라고 부른다. 핵심은 연합정치가 대통령제에서도 가능하고, 연합정치가 일반화되어야 협치가 실질적으로 가능해지고 대통령의 권력집중도 억제될 수 있다. 정치권과 언론계는 이구동성으로 협치와 권력분산을 말하고 있다. 그러나 헌법규범과 헌법 실제는 다르다. 헌법상 권력을 규범적으로 분산시켜 놓아도 현실에서는 잘 작동되지 않기 때문에, 실제적으로 권력이 분산될 수 있는 제도가 요청된다. 따라서 여야가 정부형태를 합의하더라도 비례대표제가 도입되지 않으면 다당제에 의한 연합정치가 제도화될 수 없을 것이다. 여야는 고전적인 정부형태론에 집착한 소모적인 대립에서 벗어나, 연합정치를 통한 협치와 권력분산이 실질적으로 가능한 진화된 정부형태에 합의해

상적이지는 않다. 그러나 비록 의원내각제보다 유인이 약하기는 하지만, 그렇다고 연합정치-대통령제 조합이 불가능하거나 '예외적' 현상은 결코 아니다(Lijphart 2002a: 47; Cheibub *et al.* 2004: 574-576; Cheibub 2007: 82-86). 연합정치-권력구조 관계에 필연적 논리나 제도적 인과성이 존재하지 않기 때문이다.

대통령제는 연합정치가 제도화될 때 대통령(행정부)-의회 협치에 의해 안정적으로 작동될 수 있다. 연합정치가 대통령-의회 협치를 연결하는 고리 역할을 수행하기 때문이다. 그렇다면 연합정치의 제도화를 유인하는 조건은 무엇인가? 대통령제와 제도적으로 조합 가능한 의원 선거제도는 정당연합(party coalition)을 유인하고 이를 매개로 대통령-의회 협치 메커니즘이 작동하는 데 유리해야 한다(Colomer and Negretto 2005: 64). 바꿔 말하면 의회 선거제도가 대통령 소속 정당이 의회 과반의석을 차지하여 단독정부를 구성하는 집권당 주도 패권적 정치지형을 허용하지 않는 다당제 정당체제를 유인해야 한다. 이러한 조건을 충족시키는 선거제도는 비례제다(Colomer and Negretto 2005: 65-67). 이는 대통령제든 의원내각제든 동일하다.

물론 비례제가 대통령제와 조응할 수 없다는 린츠학파의 비판이 있다. 그러나 권력구조 형태와 선거제도 사이에 논리적 필연성이 존재하지 않는다.[22] 따라서 비례제-대통령제의 제도적 조합이 불가능할 이유가 없다. 오히려 그런 제도적 조합이 대통령제의 권력독식을 완화하는 효과를 마련한다. 즉 비례제에 따른 다당체제가 연합정치의 제도화를 촉진하여 집권당 단독 집권을 허용하지 않고, 무엇보다 대통령의 독단적 국정운영에 대한 견제 장치로 작용한다. 대통령 소속 정당이 비례제에 의해 의회 과반의석을 차지하지 못할 때 연립정부가 발생할 확률은 50%가 넘으며, 의회의 정당구도가 다당제화 되고 집권당의 의석점유율이 낮을수록 대통령제는 의회 과반수를 확보하기 위한 해법으로 연합정치의 필요성과 가능성을 높인다(Power 2010: 25).

나아가 대통령-국회 협치 메커니즘이 작동하는 데 유리한 대통령 선거제는 다당제-연합정치를 유인하는 결선투표제(majority runoff or qualified plurality)이다

야 한다.

22) 대부분 서유럽국가의 의원내각제는 비례대표제, 영국 의원내각제는 소선거구 다수대표제, 그리고 미국 대통령제는 소선거구 다수대표제, 브라질 대통령제는 비례대표제와 각각 조합하고 있다.

(Colomer and Negretto 2005: 67-71).[23] 당선자의 과반득표를 보장하는 MR 결선투표제는 대통령 선거의 1차 투표와 2차 투표 사이에서 연합정치의 형성을 촉진한다.[24] 이 과정에서 각 군소 후보자는 1차 투표에서 획득한 지지율에 비례하여 보상을 받는다. MR의 장점은 결선투표의 승자로 선출된 대통령이 최악의 경우에도 '덜 나쁜 후보'(a lesser evil)로 간주되고 유의미한 대중 및 정당의 지지를 얻어 자신의 정책의제를 실행할 과반 득표를 얻을 수 있다는 데 있다. QP 결선투표제는 대통령 선거제는 대통령 당선자가 되는 데 필요한, 예컨대 총 유효투표의 40 혹은 45% 지지 등 진입장벽을 설치한다. 만일 어떤 후보도 진입장벽에 도달하지 못하면 1차 투표에서 상위 1, 2위 후보 간에 2차 투표가 실시된다.[25] 1차 투표에서도 광범위한 선거연합이 이뤄질 수 있다는 점에서 MR보다 더 매력적이다. MR인 경우 1차 투표에서 과반득표를 획득한다는 것이 어렵고, 따라서 정치지도자들은 연합정치 형성을 2차 투표로 연장하지만, QP의 40% 혹은 45% 진입장벽은 보다 근접하기 쉽고 1차 투표에서도 폭넓은 지지를 받는 후보직 등장을 이끌어낼 수 있다.

일반적으로 MR 혹은 QP 등 대통령 결선투표제는 추구하는 목표나 정치적 효과가 있다. 우선 당선자의 정치적 정당성과 대표성을 향상시킨다. 또 극단적인 성향의 정당이 집권할 가능성을 줄이는 대신 온건한 정당의 승리 가능성을 높인다.[26] 무엇보다 제1차 라운드에서 살아남은 최상위 두 후보와 탈락한 후보들 사이에 다양한 정책협상과 선거연합이 발생할 수 있는 환경을 제공한다. 이는 다당제-연합정치로 이어져 대통령-의회 간의 원활한 거버넌스를 제도화하는 데 기여할 수 있다.

---

23) 대통령의 단순 다수 선출방식에서는 후보 연합이 투표 전에 이뤄지는데, 이 과정에서 마이너 정당은 메이저 정당 측과 후보 연합의 대가로 협상을 통해 유리한 보상을 얻을 수 있다. 만일 마이너 정당은 메이저 정당에게서 상응한 보상을 받지 못하는 경우 독자 후보를 내는 방식으로 메이저 정당에 압박을 가하거나 또는 우회적으로 다른 정당 후보 당선을 도와주기도 한다. 이 때문에 마이너 정당은 예상 지지율을 뛰어넘는 각료직과 정책 양보 등 '전리품'을 챙길 수 있다.

24) MR은 민주화 시기 브라질, 칠레, 콜롬비아, 과테말라, 페루, 우루과이 등 대부분의 남미국가들에서 대통령 선출제도로 채택되었다. 따라서 남미국가들에서 다당체제는 의회 선거뿐만 아니라 대통령 선출방식에서도 나타난다.

25) 이 방식은 아르헨티나, 코스타리카, 에콰도르 등에서 채택하고 있다.

26) 2002년과 2017년 프랑스 대선에서 극우정당인 국민전선의 후보는 1차 투표에서 각각 16.9%, 21.3%로 2위를 차지하여 결선에 진출하였으나, 각각 17.8%, 33.9%의 득표율로 탈락했다.

국회의원 연동형 비례제와 대통령 결선투표제는 온건 다당체제와 소수파 대통령(minority president)을 등장시킨다. 린츠학파 연구자들은 다당제-소수파대통령으로 조합되는 상황은 대통령과 의회 사이의 원활한 거버넌스 작동을 방해한다고 인식한다(Shugrat and Carey 1992; Mainwaring 1993; Mainwaring and Shugart 1997). 하지만 그런 주장은 근거가 희박하다. 다당제 하에서 소수파 대통령의 원형으로 종종 지칭되었던 브라질 헌정체제에서 그 해답을 얻을 수 있다. 브라질 헌정체제는 개방형비례제[27]-대통령결선투표제-이념블록다당제-연합정치-연정대통령제를 근간으로 작동한다. 사실 민주화 이후 제정된 '1988년 헌법'에 기초한 브라질 헌정체제는 '제왕적 대통령제'를 용인했다. 그래서 종종 미국 주류 정치학자·정치인들에 의해 최악의 제도적 디자인으로 혹평을 받았다. 브라질 대통령제 위기를 초래할 수 있는 비례제-이념블록다당제-연합정치의 심각한 제도적 원심력을 문제 삼은 것이다. 그렇지만 1988년 이후 브라질 헌정체제의 성과는 그들의 예측을 조롱하기라도 하듯 예상을 뛰어 넘었다. 브라질 대통령들은 88년 이후 제정된 법안의 88%를 도입했고 이 법안 지지율은 80%에 육박하기도 했다. 브라질 대통령제가 어떻게 이러한 합의제 정치로 작동했는가?

브라질의 경우 의회 개방형비례제와 대통령 결선투표제로 인해 대통령 소속 정당이 항상 의회의석 20% 이하를 차지하는 등 어떤 정당도 과반의석을 점유하지 못하는 다당제가 제도화된다. 따라서 다당제-대통령제는 의원내각제처럼 작동한다(Power 2010: 23; Cheibub 2007: 128). 즉 대통령-집권당은 다른 정당들과의 연정협상을 시도한다. 예컨대 사민당(PSDB) 소속 카르도소(1995~2002) 대통령은 중도정당과 보수정당들과의 다당 연합정치를 구성했으며, 노동자당(PT)의 룰라 대통령(2003~10)과 호세프 대통령(2010~16)도 중도좌파에서 중도우파에 이르기까지 이념적 스펙트럼이 다양한 연립정부를 구성했다.[28] 이처럼 브라질

---

27) 브라질의 개방명부 비례제(open-list proportional representation)는 동일 정당 내의 후보자들 간 치열한 경쟁을 촉발시키고 의원들로 하여금 전국적인 공공재보다 지역구 이해관계에 집착하게 하는 약점이 있다.

28) 룰라 대통령(2003~10)은 군소 좌파정당·우파정당 등 10여개 정당 간의 연합정치를 구성했고, 연정파트너 정당들의 득표율에 비례하는 권력지분과 합리적 예산배분을 통해 파트너 정당의 불만을 잠재우면서 정국안정을 꾀했다. 이를 통해 그는 한편으로는 카르도스 정부의 친기업적인 신자유주의 정책을 계승 발전시키고, 다른 한편으로는 전임 정부가 만든 '빈민층 취학지원'(*Bolsa Escola*)프로그램을 확대하고 '기아제로'(*Fome Zero*)프로그램을 흡수하여 '가족기금제'

의 비례제-결선투표제에 따른 좌우 이념블록 다당제는 대통령 소속 정당과 군소 좌-우 정당 간의 초이념블록 연합정치에 기반을 둔 연정대통령을 유인한다. 브라질 연립내각에선 집권당을 비롯한 어떤 정당도 자신의 가치와 정책만을 고집할 수 없기 때문에 연정파트너 정당 간의 정책조율·교환을 통해 대통령-의회 거버넌스가 작동했다(Figueiredo 2007: 190). 브라질의 연정대통령은 마치 의원내각제의 수상처럼 연정파트너 정당들의 득표율에 비례하는 권력지분과 합리적 예산배분을 보장함으로써 파트너 정당의 불만을 흡수하고 정국안정을 꾀했다.

브라질 헌정체제 사례에서 볼 때 주류 정치학자들의 주장은 타당하지 않다. 그들은 대통령제 하에서 다당제-연합정치는 안정적으로 작동할 수 없으며, 특히 다당제는 대통령(행정부)-입법부 충돌을 촉발하여 대통령제의 위험성을 악화시키기 때문에 대신 양당제-집권당단독정부-대통령제의 제도적 조합만이 순기능적으로 작동할 수 있다고 주장한다. 그러나 앞서 언급한 것처럼 연합정치-권력구조 관계에 필연적 논리나 제도적 인과성이 존재하지 않는다. 따라서 비례제-다당제-연합정치-연정대통령제 간 순기능적 조합이 불가능하다는 주류 정치학자들의 주장은 이론적 경험적 근거가 빈약하다.

그런 의미에서 비례제-이념블록다당제-초블록연합정치-연정대통령으로 이어지는 브라질 헌정체제는 한국형 합의제 헌정체제를 구상하는 데 시사하는 바가 적지 않다. 브라질 헌정체제의 제도적 조합 매트릭스를 고려할 때 국회의원 비례제와 대통령 결선투표제는 이념블록다당제-연합정치를 유인하여 한국 권력독점 제왕적 대통령제를 권력분점 연정대통령제로 변형시킬 수 있는 가능성을 열어주는 제도적 조건이다. 그렇다면 한국 헌정체제가 국회의원 비례제와 대통령 결선투표제를 설계했을 때 연정대통령은 제도화될 수 있는 확률이 높아

(*Bolsa Familia*)를 실행했다. 이러한 정책패키지의 실행 결과 빈민층은 일자리를 구했고 소득도 늘었으며, 이는 수요 확대로 이어져 기업들의 투자와 고용을 촉진했다. 빈곤층의 비율은 2000년의 35%에서 2009년 22%로 줄었으며, 3천만 명 이상의 빈민층이 중간층으로 진입해 그 비중이 26% 증가하는 반면, 하층은 15%나 줄었다(이성형 2011). 이렇게 해서 두 개의 브라질, 즉 '가진자의 브라질 vs 가난한자의 브라질'을 통합하는 데 기여했다. 요컨대 비례제-다당제-연정대통령제가 성장과 배분의 선순환을 유도했다. 이로써 엘리트의 독무대였던 브라질 정치판의 이단아 룰라 대통령은 87%라는 미증유 경이로운 지지율로 '영광과 기적의 8년 드라마'를 연출했다.

진다. 연정대통령제는 현행 제왕적 대통령의 인사권과 재정권과 정책결정권을 연정파트너 정당 간에 배분하는 정치적 효과를 통해 대통령에 대한 견제권을 강화하는 대안이다. 무엇보다 연정대통령제는 정당 간 연합정치라는 연결고리를 통해, 대통령제의 아킬레스건인 대통령-국회(야당) 간 정책·입법 교착상태를 완화·해소할 수 있다. 동시에 연정대통령제는 대통령-의회 관계의 전통적인 '견제와 균형'이라는 대통령제의 '네거티브 권력정치'(negative power politics)에 대한 대안적인 제도적 해법이다. 국회 차원에서 연정파트너 정당들 간 정책·입법연합이 행정부(대통령)-국회 협치 공간을 확대할 수 있기 때문이다. 이렇게 해서 연정대통령제는 비례제-다당제-연합정치와 조합하는 의원내각제의 전형적 특징인 행정부-의회 협치 메커니즘과 유사하게 작동하며 대통령제의 의회제화(parliamentarizing presidentialism)를 지향한다.[29]

우리의 헌정사에서 연정대통령제의 실험이 없었던 것은 아니다. 1998년 여소야대 정국에서 김종필과의 정치연합을 통한 김대중 연정대통령이 탄생했다.[30] 민주화 이후 최초로 선거에 의한 정권교체를 이룩했던 'DJP 연합정치'는 민주화세력-산업화세력 연합, 진보-보수 이념연합과 정책연합, 호남-충청 지역연합이었다. 김대중 연정대통령은 행정부-국회 협치를 통해 외환위기 극복과 햇볕정책과 남북평화공존을 견인하는 동력이었다. 무엇보다 보수와의 정치연합

29) 대통령제는 헌법에 대통령 임기가 보장되고 의회의 신임이 불필요하기 때문에 다당제적 대통령제(multiparty presidentialism)의 성공을 위해 중요한 것은 연정관리(coalition management)이다. 연정관리란 효과적인 입법화 프로세싱을 달성하기 위해 연합정치를 전략적으로 조정하는 것을 말한다(Raile *et al.* 2006: 5). 집권당이 의회 과반의석을 차지하지 못하는 다당제적 대통령제에서 대통령은 연합정치의 규모를 작게 할 것이냐 아니면 크게 할 것이냐, 연정파트너 정당 간 권력분점(각료직 배분)을 비례적으로 아니면 불비례적으로 할 것이냐, 연정파트너 정당들의 이념적 성향을 동질적으로 아니면 이질적으로 할 것이냐 등을 결정할 수 있는 다양한 정치적 자원을 갖는다.

30) 대통령제 국가에서 집권당이 과반의석을 확보하지 못하는 의회구도가 발생한 경우 안정적인 의회정치의 운영을 위한 해법은 정당 간 연합정치 외에 다른 탈출구가 없다. 2005년 야당에게 노무현 대통령의 대연정 제안은 다수제 정부를 합의제 정부로 바꾸려는 시도였다. 하지만 집권초기, 아니면 2004년 열린우리당이 국회 과반의석을 확보했을 때에 했어야 했다. 지지율이 20% 안팎을 오르내리는 상황에서 대연정 제안은 국정책임 분산을 위한 정략적 발상에서 나온 것이라는 오비이락의 오해를 불러일으켰다. 오히려 비례제 강화, 비정규직 차별 시정 등을 매개 고리로 당시 민주노동당을 연정파트너로 선택했다면 한국노총·민주노총을 노사정위원회에 복귀시킴으로써 노사정 간 노동유연화-조세·복지국가 간 정치적 교환이라는 대타협을 유도했을 분기점이 되었을지도 모른다.

으로 남북관계의 근본 기조를 전환하는 햇볕정책은 격렬한 저항 없이 출항할 수 있었다.

문재인 대통령은 2017년 5월 정부 출범 당시 여소야대 국회를 상대로 하는 소수파 대통령이었기에, 집권당 단독정부 구성으로 국정안정을 기대하는 건 무리였다. 따라서 국정의 안정적 운영을 위해서는 합리적인 보수 세력과의 연립정부를 구성하는 것이 문재인 소수파 대통령의 바람직한 전략적 옵션이었다. 그것은 국정운영 패러다임을 연정대통령의 합의제 모델로 전환시키는 전략이다. 연합정치론은 '촛불시민항쟁'에 녹아 있었기 때문이다. 당시 정당연합은 진보·보수 시민 모두가 참여한 촛불시민항쟁에 담긴 연대의 정신을 받들 수 있다는 점에서 지지를 받았으며, 촛불항쟁의 취지에 맞게 국회 다수파를 형성하여 개혁을 추진하는 해법이었다. 그러나 문재인 소수파 대통령은 국회를 우회한 행정명령 혹은 일방적인 입법독주를 통해 무리한 개혁과정을 보여주었다. 그 결과 전례가 없을 정도로 대통령-야당 충돌이 일상화되고, 시민사회의 진보진영과 보수진영 간 양극화가 극단적으로 치닫고 있다. 이는 대통령-국회 협치를 이끄는 연정대통령의 포용적 국정거버넌스 부재와 국민통합 실패를 뜻한다. 이에 따라 문재인 대통령은, 진보블록과 합리적 보수블록이 연대한 촛불시민항쟁의 정신을 투영하는 유효한 연정대통령의 포용적 국정거버넌스에 대한 시대적 요구를 외면했다는 비난을 피하기 어렵게 되었다.

연정대통령제 정부는 단순히 행정권력과 입법권력이 분리되어 있는 정부라기보다는, 분리된 행정부(대통령)과 의회 간에 권력을 공유하는 정부(government of separated institutions sharing power)이다. 이를 통해 연정대통령은 대통령-의회 협력에 바탕한 포용적인 국정거버넌스를 작동시켜 유권자의 선호에 상응하는 효과적인 의사결정을 진행할 수 있다(Colomer and Negretto 2005: 88). 그런데 최근 행정부의 행정입법을 통해 국회의 입법과정을 우회하는 방식이 잦아지고 있다. 연정대통령 정부에서 행정입법과 그에 대한 국회의 사후통제 메커니즘을 통해 국회와 행정부가 서로 긴밀하게 작용-반작용의 사이클을 이어가며 연계된다면 행정부-의회 간 입법교착은 줄어들고 국정거버넌스가 원활해질 수 있다.

나아가 연정대통령은 사회갈등과 분열을 조직·대표하고 경쟁-협력 사이클이 작동하고, 정체성과 정책지향성이 차별화된 다당제 정당체제를 제도화하는 데 기여할 수 있다. 바꿔 말하면 이념·계급·계층·세대·생태·지역 등 다수 사회블록으로 분열된 한국 갈등사회를 대표하는, 즉 "누구에 의한, 누구를 위한, 누구의" 정체성으로 차별화한 이념블록 다당제를 제도화할 수 있다. 특히 거대 양당체제와 결합하는 대통령제에서 살아남기 어려운 소수당도 연정파트너로 참여할 수 있는 정치적 공간이 열려 있어 해체되지 않고 자신의 정체성과 독자적 정책비전을 견지하며 내각구성에 참여한다. 만일 소수정당이라는 이유로 반항구적으로 정부의 정책결정·집행 과정에서 배제되고 정부 내각구성에 참여하는 제도적 공간이 마련되지 못하면, 그것은 사회적 정치적 갈등의 원인이 된다. 연정대통령제는 소수정당에게도 정부 구성에 참여할 수 있는 기회를 제공함으로써 정당체제를 안정화시킨다.

2. 핀란드식 분권형 대통령제: 총리-대통령-국회 협치

대통령제의 리스크를 해소하기 위해 권력구조 개편이 불가피하다면 권력분점 비례제가 유인하는 초이념블록 연합정치와 순기능적으로 연동될 수 있는 한국의 대안적인 합의제 정부형태는 무엇인가? 우리는 그런 정부모델로서 핀란드식 분권형 대통령제를 상정해 볼 수 있다.

핀란드는 전통적으로 좌우 이념적 간극이 크고, 거대 국가인 러시아(소련)와 스웨덴 사이의 위치에 따른 지정학적 리스크가 상존하여 외교안보·국민통합이 국가정책 우선순위에 자리매김 되었다. 이 때문에 1919년 핀란드 헌법은 당파적인 실권 총리에게 내정 주도권을 부여한 대신 대통령에게 의회해산권, 선전포고권·계엄선포권 등 비상대권과 외정권·군통수권을 전담케 하는 '대통령우위 분권형 대통령제'를 채택했다. 이런 정부제도는 지정학적 리스크와 소련 군사위협에 대응하려는 핀란드의 국가적 생존전략을 반영했다. 나아가 탈냉전 이후 개정된 핀란드 '2000년 헌법'은 대통령 권한을 축소하고 총리 권한을 강화하는 '총리우위 분권형 대통령제'로 개편했다. 그러나 여전히 대통령에게 '제한적'(총리 제청) 의회해산권, 군통수권, 비상대권 및 고위공직자 임명권 등 상당한 실질적인 독자적 권한을 부여했고, 특히 대통령-총리 간 외교·안보 정책결정권 분점·공유를 제도화했다.[31]

---

31) 핀란드 분권형 대통령제는 프랑스 '대통령우위 분권형 대통령제'와 오스트리아 '총리우위 분권

핀란드의 그 같은 분권형 대통령제는 역사적 구조적 복합 리스크에 대응하며[32] 대내적으론 민주주의-복지국가, 대외적으론 중립안보-평화공존체제를 이끌어 서유럽 변방국 핀란드를 강소국으로 도약시킨 제도적 동력이었다. 분권형 대통령제가 핀란드의 국가적 위기관리와 국가적 과제 해결을 주도하는 정치적 메커니즘으로 작동한 것이다. 따라서 핀란드 분권형 대통령제는 유사한 역사적 구조적 복합 리스크와 국가적 과제에 대면하고 있는 한국의 합의제 정부제도를 탐구하는 데 경험적으로 시사하는 바가 적지 않다. 바꿔 말하면 그것은 한국 헌정체제가 내부적으로 민주주의-복지국가를 구축하고, 외부적으로 한반도평화공존체제-남북한통합국가를 추동할 유효한 정부제도를 어떻게 설계할 것인가에 유의미한 정치적 학습 자료가 될 수 있다.

한국 헌정체제가 핀란드식 분권형 대통령제를 도입하고자 할 때, 대통령의 국회해산권을 둘러싼 대통령-총리-의회 관계가 엄격하게 제한될 필요가 있다. 첫째, 대통령의 국회해산권 행사는 총리의 제청을 전제로 하고, 이 경우 대통령은 총리의 제청을 무조건 수용할 의무는 없고 국회해산권 행사 여부를 최종적으로 판단하여 결정한다. 이는 대통령의 권한 남용을 막는 동시에 정국 혼란이 헌정위기로 비화되는 사태를 막기 위한 초당파적인 대통령의 최종적인 결정권을 보장하기 위해서다. 둘째, 대통령이 국회해산권을 행사하기 전에 원내정당 대표자들의 의견을 듣는 과정을 거치도록 한다. 이는 대통령의 국회해산권에 대한 국회의 견제권을 보장하기 위해서다. 셋째, 대통령의 국회해산권 행사로 인하여 바로 국회의원의 임기가 종료되는 것이 아니라 선거를 통해 선출된 의원의 임기가 새로 시작되는 시점에 그 임기가 종료되는 것으로 한다. 이는 국회 활동의 공백상태가 발생하지 않도록 하기 위해서다.[33] 이러한 엄격한 요건 하

형 대통령제'와 차별화된 일종의 변증법적 권력구조로서 외교안보-경제민주화-복지국가-국민통합의 정치적 인프라로 작동했다. 보다 상세한 논의는 제3장을 참조할 것.

32) 핀란드 현대사는 식민지, 좌우이념 내전, 전쟁, 소련위협 등 지정학적 리스크로 인해 비극적 드라마의 궤적이다. 따라서 대외중립과 국가생존이 냉전 시 핀란드의 국가목표였다(Kivimaki 2015: 140). 탈냉전 이후도 러시아는 핀란드와 NATO의 관계를 주시하며 예민한 반응을 보이고 있다. 여기에 핀란드는 시민혁명과 자유주의 전통의 부재, 후발 산업화·민주화·복지국가, 권위주의적 엘리트주의적 정치문화, 이념적 정치적 양극화, 극심한 노사정 갈등으로 점철되었다. 핀란드의 이런 역사적 구조적 복합 위험과 악조건은 '한국의 역사적 구조적 문제'와 놀라울 정도로 흡사하다.

33) 그 밖에 프랑스 헌법의 경우와 같이, 의회 구성 후 1년 이내, 대통령 임기 종료 전 1년 이내에는

에 대통령의 국회해산권을 인정한다면, 대통령이나 총리의 권한 남용의 우려는 해소될 수 있고, 국회의 내각 불신임권과의 균형을 맞추어 내각의 안정을 기할 수 있도록 하는 데 기여할 것이다.

그런데 핀란드의 합의제 정부제도가 안정적으로 작동한 것은 분권형 대통령제 그 자체 때문이 아니라 핀란드의 합의제 정당정치와의 연동에 의해 가능했다. 비례제가 유인하는 핀란드 정당체제에는 득표율·의석율에서 30%를 상회하는 지배정당이 아예 존재하지 않는다(Raunio 2011: 113-115). 따라서 핀란드 정당정치는 연립과반내각 혹은 연립과대규모내각(oversized coalition cabinets)을 하나의 패턴으로 제도화되고 있다(Nousiainen 2003: 264-267). 부르주아(보수우파) 연합정치(예컨대 1991~95, 2007~11)가 형성되는 경우도 있지만 역대 대부분의 내각은 좌우블록 정당들이 정부 구성에 공동으로 참여하는 이념블록 교차 연합정치(cross-bloc coalition politics)이 제도화된 것이다. 이념블록 교차 연합정치는 대통령(행정부)-의회 거버넌스 공간을 확장하고, 대통령과 총리가 어느 정당 출신이든 상관없이 대통령-총리 간 권력갈등 혹은 정책갈등을 조정하며, 각 정당이 자신의 특정 이념적 정향에 입각한 정책프로그램에 과도하게 집착하는 정치적 공간을 구조적으로 허용하지 않는다(Kangas 2007: 253). 결국 핀란드 분권형 대통령제의 요체는 정당정치가 내각구성 및 의회 차원에서 이념블록을 넘나드는 연합과반정치 혹은 연합과대규모정치를 추구하여 대통령-총리 관계와 행정부-의회 관계를 조정한다는 데 있다.

분권형 대통령제와 연합정치가 서로 순기능적으로 연동되는 핀란드 합의제 헌정체제는 한국 헌정체제 개편 프로젝트에 시사하는 바가 크다. 앞서 지적했듯이 비례제는 대통령·총리 소속 정당이 국회 과반의석을 차지하여 단독정부를 구성하는 패권적 정치지형을 제도적으로 허용하지 않는다. 국회의 정당체제가 다당제화되어 대통령·총리 소속 정당의 의석점유율이 낮을수록 핀란드식 분권형 대통령제는 순조로운 정책의제화·입법화 과정에 요구되는 국회 과반의석을 동원하기 위한 해법으로 연합정치의 제도화 필요성을 높인다(Power 2010: 25). 경험적으로 의회의 정당체제 파편화는 연립정부 구성 가능성을 높이는 인

의회해산을 할 수 없도록 하는 제한규정도 바람직하다.

센티브를 강화시키는 데, 이 현상은 어떤 정당도 의회의석의 1/3 이상을 점유하지 못할 때 내각제·대통령제 등 정부형태 구분 없이, 특히 분권형 대통령제에서 높아진다(Cheibub 2007: 81-82)[34]. 이러한 의미에서 비례제-이념블록다당제-초블록연합정치는 핀란드식 분권형 대통령제와 순기능적으로 연동될 수 있다.

국회의원 비례제에 핀란드 대통령 선거제도처럼 결선투표제가 결합하면 연합정치의 제도화 가능성은 높아진다. 비례제-결선투표제가 유인하는 이념블록 다당체제가 구심적 정당경쟁-협력(centripetal party competition-partnership) 사이클로 작동하는 연합정치의 제도화를 견인할 수 있다(Colomer and Negretto 2005: 67-71). 이로써 권력독과점 양당체제와 제왕적 대통령제가 조합하는 87년 헌정체제는 권력분점 이념블록 다당제와 초이념블록 연합정치와 핀란드식 분권형 대통령제가 연동하는 '포스트 87년 헌정체제'로 전환된다. 우리는 이를 한국형 합의제 헌정체제로 상정할 수 있다.

초이념블록 연합정치와 핀란드식 분권형 대통령제의 조합은 사회의 다양한 이해관계를 대표하여 사회-국가 관계를 매개하는 한편, 대통령-총리 관계, 대통령(행정부)-국회 관계, 총리-국회 관계를 조정하는 제도적 패키지이다. 환언하면 그것은 87년 헌정체제의 일상화된 대통령-국회 간 첨예한 충돌 사태를 방지하고, 행정부-입법부 및 대통령-총리 관계를 협치의 틀로 전환하여 포용적인 국정거버넌스를 안정적으로 작동시키기 위한 제도적 전략적 메커니즘이며(Colomer and Negretto 2005: 64, 65-67), 정치적 대표성을 높이고 정책책임성을 강화하는 정치적 기예이다(Crepaz and Birchfield 2000: 206-215). 대통령 혹은 총리는 자신의 소속 정당의 정책만을 고집할 수 없고 국회 차원에서 파트너 정당 간 정책·입법 연합을 구축하여 행정부-국회 간 혹은 대통령-총리 간 융합·협력 공간을 확장할 수 있기 때문이다. 요컨대 비례제-결선투표제-이념블록다당제와 제도적 기능적 친화성을 갖는 한국의 핀란드식 분권형 대통령제는 초이념블록의 정당연합을 매개로 행정부-국회 갈등과 대통령-총리 갈등을 조정하여 입법 효율성·생산성을 높일 수 있는 정부제도이다.[35]

34) 다당제-연합정치의 제도화는 대통령제에서 불가능한 것은 아니나 일정 정도 한계가 있는 것이 사실이다. 대통령제는 기본적으로 승자독식 권력구조이기 때문이다. 이런 점에서 분권형 대통령제(혹은 의원내각제)로 권력구조 개편이 이뤄지지 않는 한, 연합정치의 제도화는 쉽지 않다.

3. 사회적 대화: 노사정 협치

합의제 헌정체제의 또 다른 제도적 축은 노사정 사회적 대화다. 사회적 대화는 시민사회-시장-국가를 유기적으로 조합하는 수평적 의사결정 패러다임이며, 이익집단-정부 간의 정치적 교환(political exchange)을 통해 이해집단들의 이익갈등을 조정하는 제도이다. 서유럽 합의제 헌정국가들의 정부는 연금·실업보험과 같은 사회보장체제 재편과 노동시장의 유연안정성(flexicurity) 등 이해집단들 간 갈등을 유발할 소지가 있는 정책의제나 이슈들을 곧바로 의회에서 다루지 않고 이해관계자들이 참여하는 사회적 파트너십 시스템을 작동시켜 여기서 합의된 정책협약(policy pacts)을 의회에 법안으로 상정한다. 정책협약은 연합정치가 견인하는 행정부-의회 협치에 의해 순탄한 입법화 과정을 밟는다.

노사정 사회적 대화의 작동은 합의제 정당정치, 즉 정당 간 연합정치의 제도화를 요구한다. 하지만 사회적 대화의 안정적 작동 여부는 연합정치 패턴에 의해 영향을 받는다. 바꿔 말하면 연합정치 패턴은 사회적 대화의 안정적 작동 여부를 규정하는 인과적 독립변수라 해도 과언이 아니다. 이러한 관점에서 연합정치 패턴이 사회적 대화의 작동에 미치는 임팩트는 두 가지 시나리오를 상정해 볼 수 있다.

첫째, 한국 정당정치가 이념블록 정부, 즉 진보좌파 (연립·단독)정부 혹은 보수우파(연립·단독)정부를 추구하는 경우 사회적 대화가 안정적으로 작동할 확률은 낮다. 노사 이익집단들은 사회적 대화의 지루한 의사결정 방식보다는 각기 자신에 우호적인 블록정부를 압박하여 이익관철을 시도할 가능성이 높기 때문이다. 실제로 1970년대의 덴마크·네덜란드와 1980년대 이후 스웨덴 노사정 대화의 불안정·해체 현상은 좌우 이념블록 간의 양극단적인 경쟁으로 연출되는 블록 정당정치에 기인한다. 특히 스웨덴의 강력한 노조-사민당 정치는 사회적 대

35) 연합정치-분권형대통령제에선 입법과정의 '식물정치'(gridlock politics)를 야기하는 '국회선진화법'은 불필요하다. 국회선진화법은 집권여당의 법안 날치기 통과를 막기 위해 국회의장 직권상정 제한, 안건조정위원회 설치, 안건 자동상정 등을 골자로 한다. 쟁점법안을 놓고 국회가 연출했던 '막장드라마'를 지켜 본 다수 국민이 이 법안의 필요성에 공감할 수도 있다. 그러나 법안을 표결도 없이 자동으로 통과시킨다는 것은 그 자체로 민주주의 원칙에 대한 심각한 훼손이다. 이런 점에서 국회선진화법은 다수제 헌정모델의 제왕적 대통령제에 내재한 정부-국회 간 극단적 갈등관계에 비정상적 장치에 의한 일시적인 숨통을 터준 '산소호흡기'에 불과하다. 근본 처방이 아니다.

화의 작동에 부정적으로 작용했다. 사민당이 집권하여 우파블록 정당연합과의 정치적 양극화 지형이 조성되면 노조는 사용자단체와 협상하지 않고 우호적인 집권 사민당과의 협력을 통해 정치적 영향력을 행사했다(Anthonsen *et al.* 2011: 120). 이런 경험적 사례에 비춰 볼 때, 한국 헌정체제가 연동형 비례제를 채택하는 경우라 하더라도 이념블록 중심의 양극적인 연합정치가 작동하는 조건에서는 사회적 대화의 안정적 작동을 기대할 수 없다. 노사는 사회적 대화보다는 각기 자신의 우호적인 집권세력과의 담판·로비를 통해 이해관계를 관철하려는 전략을 선호할 가능성이 높기 때문이다.

둘째, 한국 정당정치가 이념블록을 교차하는 연합정치를 추구하는 조건에서 사회적 대화 시스템은 안정적으로 작동할 확률이 높다(Alesina and Glaeser 2007: 79-80; Iversen and Soskice 2006: 165-166; Anthonsen and Lindvall 2009: 172). 득표율-의석점유율을 근접시키는 비례제는 통상 노사단체들과 좌우정당들을 종적으로 연계시키고, 초블록 연합정치가 형성되는 경우 노사를 동등하게 대표하여 노사 파트너십을 유인하는 경향을 보인다. 역으로 노사 파트너십은 초블록 연합정치의 안정적 작동에 기여한다. 그런 의미에서 초블록 연합정치와 사회적 파트너십 사이에 상호보완적인 인과관계가 존재한다.

결국 초블록 연합정치는 노사단체-행정부-국회 간 유기적 협력을 촉진하는 강력한 연결고리이며, 정책협약의 입법화 과정은 초블록연합정치-사회적대화 사이를 제도적 기능적으로 연동시킨다. 초블록연합정치-사회적대화 연동은 행정부-국회 협치를 안정적으로 작동시킬 수 있기 때문에 노사정 정책협약이 국회 입법화 과정에서 변질·부결되는 사태를 허용하지 않는다. 초블록 연립정부는 노동과 자본을 동등하게 대표하여 노사 정책갈등을 조정하는 메커니즘을 내장한다(Andeweg and Timmermans 2008: 281-285; Andeweg 2011b: 197-198). 따라서 초블록 연립정부는 특정 이익단체에게 편파적으로 특혜를 제공하거나 비우호적일 수 없으며, 상대적으로 중립적 입장에서 사회적 파트너들을 협상테이블에 견인하는 정치적 동력으로 작용한다. 노사 이익단체들 또한 초블록 연립정부 내 특정 우호적인 정당을 상대로 로비정치를 통한 일방적인 이익관철의 시도가 정부를 구성하는 연정파트너 정당들 간의 역학관계상 불가능하다. 그 경우 연립정부가 파기될 우려가 크기 때문이다. 따라서 그들 이익단체는 초블록 연립정부의 노사 이익조정 중립성을 신뢰하고 사회적 대화에의 참여를 마냥 회피하지 않는다.

실제로 핀란드 노사정 대화 정치는 중도우파 연합정치(1991~95, 2007~11)에서 정체·퇴조했으나, 이념블록을 뛰어넘는 정당연합과 연동되었을 때는 안정적으로 작동했다(Rainio-Niemi 2008·2010; Alaja 2011; Bergholm 2009; Kaupinen 2000; Rahkola 2010). 바꿔 말하면 초블록 정당연합인 경우 사회적 대화의 제도화를 촉진하는 정치적 인센티브로 작용했다. 특히 초블록 연립과반·과대규모정부는 이익단체들을 사회적 대화로 견인하는 자율적인 정책수단(채찍과 당근)을 구사할 수 있었다. 초블록 연립정부의 강력한 정책자율성은 내각이 대의회 정책통제권을 행사할 수 있음을 의미한다. 따라서 이익단체들은 초블록 연립정부의 정책자율성·통제력을 신뢰하고 연립정부가 제의하는 노사정 대화에의 참여를 통해 반대급부적 혜택을 제공받고자 했다. 결국 핀란드 사회적 대화의 제도화는 노사정 간 정치적 교환을 견인하는 초블록 연립정부의 보상적 정책의지와 능력에 의해 가능했다(Woldendorp 2011: 25).[36)]

나아가 핀란드의 초이념블록 연합정치는 노동과 자본을 정치적으로 동등하게 대표하여 좌파블록의 과도한 '좌클릭' 정책정향 혹은 우파블록의 과도한 '우클릭' 정책정향으로 경도될 수 있는 여지를 제거하고 균형적인 정책개혁 조합을 지향하는 사회적 대화 정치에 노동시장 파트너들을 견인하는 동력이었다(Andeweg 2011b: 197-198). 특히 강력한 정치력을 갖는 핀란드 중앙당의 피벗정치에 의해 이념적 정치적으로 중도실용주의 정책을 추구하는 초블록 연합정치 패턴이 제도화됨에 따라 노사 이익단체들은 사회협약정치를 통해 공생을 모색했다. 초블록 정부연합은 특정 이익단체의 이해관계에만 집착하여 특혜를 줄 수 없었으며, 노사 이해관계에 대한 중립적 정부 스탠스는 노사를 협상테이블로 견인하여 사회적 대화 정치를 안정적으로 제도화시키는 데 기여했다.

초블록 연합정치가 노사정 파트너십을 안정적으로 작동시킨 경우는 브라질도 경험했다. 과격한 노동운동 경력을 가진 좌파골수 지도자였던 룰라 대통령

---

36) 핀란드 합의제 헌정체제에서는 노사정 사회적 대화에 의해 체결된 포괄적인 소득정책협약(income policy agreements)들에 포함된 입법·예산 개혁이 정당정치와 의회정치의 협력과 맞물려 처리된다(Karvonen 2014: 79).

(2003~10)은 집권 후 비례제로 인해 자신의 노동자당(PT) 의석점유율이 늘 20%를 밑돌자 좌우 초이념블록 연합정치를 구성했다. 룰라의 좌우 초블록 연립정부는 한편으론 빈민·서민 복지정책을 확대하고, 다른 한편으론 매우 흥미롭게도 자신의 좌파브랜드에 걸맞지 않는 보수우파 연정파트너 정당들의 친기업적 신자유주의 정책을 과감하게 수용하여 노사정 대타협을 유도하곤 했다. 의회 외곽에서 '경제사회발전위원회'(CESD)를 창설하여 풀뿌리 조직과 교회, 업종별 협회 등과 대화 채널을 구축해 끊임없이 소통하며, 정책개혁에 대한 사회적 동의를 확보했다(Doctor 2007). 좌우 연립정부의 '노사 쌍끌이' 정책이 좌우 연정대통령에 대한 자본의 신뢰를 축적하는 한편, 극도로 과격했던 노조들의 절제와 타협을 이끌어낸 것이다.

핀란드·브라질 정당정치-노사정정치 관계의 경험에 비춰 볼 때 한국 정당정치가 이념블록을 뛰어넘는 정부연합(government coalition)의 제도화를 추구하는 조건에서 노사정 대화정치는 안정적으로 작동할 확률이 높아진다. 초이념블록 연합정치에서 내각구성을 위한 연정협상 과정에서 중도정당의 피벗정당 역할이 중요하다(Müller and Strøm 2008: 191). 연동형 비례제가 등장시킬 가능성이 높은 한국 중도정당이 때론 진보좌파 정당, 때론 보수우파 정당을 연정파트너로 번갈아 선택하는 등 초이념블록 연합정치의 권력 균형추 역할을 하는 피벗정당으로 작동할 때 사회적 대화 시스템이 안정적으로 작동하는 정치공간은 확장한다.[37] 중도정당은 통상 노사 중 어느 한쪽에 편향되지 않는 실용주의 정치를 지향하기 때문이다.

또 합의제 헌정 국가들의 중도좌파 주도 초블록연합정치-사회적대화 간 인과관계에 비춰 보건대, 한국 정당정치가 진보좌파정당-중도정당 혹은 진보좌파정당-보수우파정당 등과 같은 중도좌파 주도의 초이념블록 연합정치가 구성될 때, 이는 사회적 대화 시스템이 효과적으로 작동할 수 있는 공간을 열어 주는 정치지형이다. 특히 진보좌파-보수우파 좌우 연립정부는 노동과 자본을 동

37) 정책 의제화-입법화 과정에서 양극적 블록정치를 완충하는 피벗정당의 제도화가 필요하다. 피벗정당은 적대적 의존관계에 놓인 '87년 헌정체제'의 양대 패권정당의 독과점 구조를 해체하고, 선거결과와 정책·입법 의제에 따라 피벗팅(pivoting)하며 '포스트 87년 헌정체제'의 정상적 작동에 지렛대의 역할을 할 수 있다.

등하게 대표하는 정치공간을 형성하여 예컨대 경제민주화–성장–복지 간, 노동시장의 유연성–안정성 간 균형적인 정책조합을 산출하는 노사정 대타협을 유인하는 촉매제의 역할을 할 수 있다. 진보좌파와 보수우파를 교차하는 초이념블록 연합정치는 정책개혁 책임을 노사 이익집단과 분산·공유하고 선거리스크를 줄이기 위해 사회적 정책협의를 선호하기 때문이다(Andeweg 2011b: 197-198).

초이념블록 연합정치 지형에선 재벌·사용자단체는 보수우파 정당에 대한 로비정치를 통해 일방적으로 법인세 인하, 노동유연성 강화, 대기업규제 완화 등 친자본적인 정책만을 요구할 수 없다. 바꿔 말하면 사회적 대화 과정에서 재벌·사용자단체의 협상전략은 지배구조개선–복지확대–투자확대–일자리창출–교육훈련강화–중소기업상생협력 등과 같은 양보·화답 스탠스를 선택할 수밖에 없다.[38] 역으로 초이념블록 연합정치는 노동을 대표하는 진보좌파 정당의 양보·화답을 끌어낼 수 있다. 진보좌파 국회의원·장관들은, 예컨대 다른 연정파트너인 중도정당 혹은 보수우파 정당들과의 노동시장 유연성–안정성 정책조율·교환 협상과정에서 자신들 소속정당의 이념적 도그마에 빠져 전면무상의료·재벌해체 등과 같은 급진적인 포퓰리즘 정책만을, '전부 아니면 전무'식으로 밀어붙일 수 없다. 대신 그들은 임금인상 자제, 재벌대기업 경영권보장, 노동의 내부수량적·기능적 유연화(internal numerical or functional flexibilization) 등 일정 부분 친기업적 정책의 수용이 불가피함을 이해할 것이다. 진보좌파 정당의 그 같은 양보·타협 조치가 동반하지 않으면 연정갈등(coalition conflicts)으로 인해 초이념블록 연립정부는 더 이상 존속할 수 없기 때문이다. 노동대중과 진보좌파 정당

38) 진보좌파연립정부–사회적대화 조합이 상정될 수 있다. 이 경우 재벌·사용자단체는 진보좌파 연립정부에 대한 이념적 이질감을 갖고 사회적 대화에의 참여를 주저할 것이다. 진보좌파 연립정부가 경제민주화를 명분으로 재벌해체·대기업경영권제약·노동경영참여 등 반재벌적 친노동적 정책의 의제화·입법화를 시도하려는 경우 노동-재벌–정부 간 이념적 정치적 대충돌을 야기하여 사회적 대화의 안정적 작동은 불가능할 것이다. 자신들의 본질적인 사업신뢰(business confidence)가 위협받는 상황에 대면하는 재벌·사용자단체는 노동과 진보좌파 연립정부에 대해 모든 수단을 총동원하여 필사적으로 이념투쟁을 전개하거나, 아니면 대대적인 자본스트라이크(투자·고용 축소, 생산기지 해외이전) 위협으로 맞설 가능성을 배제할 수 없다. 반면 노동운동은 이념적 정치적으로 우호적인 진보좌파 연립정부를 상대로 재벌·사용자단체가 요구하는 노동유연성 정책은 거부하는 대신 직장·소득·복지 등 노동시장의 안정성 정책 강화를 겨냥하는 이익관철을 위한 로비정치(lobbyism politics) 전략에 집착하는 유혹을 뿌리치기 어렵다. 한마디로 진보좌파 연립정부에선 재벌·사용자단체의 비협조와 저항으로 인해 사회적 대화 시스템은 안정적으로 작동할 가능성이 낮다.

의 탄력적인 양보·타협 스탠스는 재벌·사용자단체를 사회적 대화시스템으로 견인하는 강력한 인센티브로 작용할 것이다.

무엇보다 진보좌파 정당이 참여하는 초이념블록 연립정부는 경제민주화-재분배 정책 의제에 관한 노사정 정책협의 시스템을 효과적으로 작동시킬 확률이 높아진다(Alesina and Glaeser 2007: 79-80; Iversen and Soskice 2006: 165-166). 진보좌파 정당은 노조와 우호적으로 연계하여 연정파트너인 중도정당 혹은 보수우파 정당을 상대로 노동의 이해관계를 대표하며, 자신의 주요 정치고객인 노동대중이 '길거리 정치' 유혹을 자제하고 정책협상 테이블에 참여하도록 설득하는 데 유리한 정치력을 행사할 수 있기 때문이다. 이 시나리오는 합의제 헌정국가들의 경험에서 검증되었다. 즉 노동과 사회취약계층의 이해관계와 정책선호가 진보좌파 정당들이 참여하는 연립정부의 정책 협상테이블에 대표되고, 이는 노조로 하여금 산업현장의 과격한 투쟁전략을 피하고 '온건과 절제'에 의해 노사정 대타협에 참여하도록 유도했다.[39]

V. 맺음말: 합의제 헌정공학이 필요한 이유

87년 헌정체제는 단순다수제-거대양당체제-집권당단독정부-제왕적대통령-갈등적노사정관계를 잇는 제도적 배열구조로 인해 극단적 정치양극화에 따른 갈등과 분열이 일상화되고 있는 전형적인 다수제 헌정체제이다. 이를 해체하기 위해 제7장은 '포스트 87년 헌정체제'의 제도적 매트릭스를 설계했다. 그것은 의원비례제/대통령결선투표제-이념블록다당제-초블록연합정치-연립정부-연정/분권형대통령제-사회적대화가 연동하는 제도적 조합 틀을 내장하는 한국형 합의제 헌정체제이다.

이런 한국형 합의제 헌정체제는 다수파와 강자와 주류의 횡포를 방지하고 소수와 약자와 비주류의 권익을 보장할 수 있도록 정치적 의사결정권을 분점하고

39) 네덜란드·오스트리아·핀란드 등 서유럽 합의제 헌정국가들의 노사정 대타협은 노동 우호적이거나 사민주의 진보좌파 정당이 자유주의 보수우파 정당과의 협력체제에 기반을 둔 연립정부의 수립에 의해 가능했다(선학태 2006: 제9·13·15장). 또 노동운동이 극도로 과격했던 스페인의 좌파정당 주도 좌우 연립정부는 사민당 출신 장관들이 노동의 권익을 대표하여 과격한 노동운동을 자제시키는 등 노조들의 절제와 타협적 태도를 이끌어내는 데 공헌했다(Royo 2005: 66-70; Encarnacion 2001: 343).

공유한다. 만일 특정 정파가 정치적 의사결정 과정에 언제나 참여할 수 없거나, 특정 이익단체가 항상 정치적으로 소외·배제되는 사회에서는 분열과 갈등과 충돌을 피할 수 없다. 따라서 정치적 의사결정권을 분점·공유하는 정당 간 연합정치, 행정부(대통령)-의회 협치, 노사정 사회적 대화라는 제도적 메커니즘을 내장하는 합의제 헌정체제가 '포스트 87년 헌정체제'로 설계되어야 한다. 환언하면 합의제 헌정체제는 한국민주주의의 민주화를 위한 제도적 세트를 디자인하기 위한 규범적 모델이다.[40]

합의제 헌정체제는 '수(數)의 논리'와 '경쟁'을 통해 상대방의 완패를 요구하는 87년 헌정체제와는 대조적이다. 제7장이 상정하는 한국형 합의제 헌정체제는 '정의의 비전'이 아니라 '공존의 비전'을 지향하며, 위정척사(衛正斥邪)의 정치가 아니라 경쟁-포용, 양보-화답, 다양성-통합 사이클이 일상화된 화이부동(和而不同)과 다사불란(多絲不亂)의 정치로 작동한다. 그렇다면 한국민주주의의 합의제 헌정공학이 왜 필요한가를 살펴보고자 한다.

첫째, 한국형 합의제 헌정체제에서는 공공정책이 연정파트너 정당 간 협력과 노사정 파트너십에 기초한 결정과정을 경유하기 때문에 안정적이고 예측 가능하다(Colomer 2011). 대조적으로 현행 '87년 헌정체제'에서는 거대 양당 간에 전면적으로 정권교체가 이뤄지고, 노사정 관계가 경쟁적 갈등적이기 때문에 공공정책이 갑작스럽게 중단·수정·역전되는 경향을 보이며 안정성·예측가능성을 상실하곤 한다. 반면 합의제 헌정체제의 연립정부는 집권당 단독정부보다 더 많은 유권자들을 대표할 수 있고, 다양한 정당 출신 내각각료들의 전문성과 책임성을 분장시킴으로써 정책공간에서 편향성을 불식하여 균형과 안정을 끌어낼 수 있다. 이런 의미에서 한국형 합의제 헌정체제는 민주주의의 주요 원리인 정당성-효과성, 대표성-통치력, 투명성-책임성을 동시에 높일 수 있다.

둘째, 한국형 합의제 헌정체제는 우리 사회의 시대정신으로 떠오른 경제민주

40) 레이파트 학파에 따르면 합의제 헌정체제는 사회적 균열과 정치적 갈등이 상존하는 분열사회의 헌정체제 디자인(designing constitutional regime)을 위한 규범적 모델로서 적실성을 갖는다(Lijphart 1977: 225, 1994: 12-15; 2002b: 13; Andeweg 2000: 517). 1960년대에 형성된 합의제 헌정체제론은 처음에는 주로 서유럽 소국들에 초점이 맞춰졌으나, 곧 세계의 많은 다른 크고 작은 나라들, 특히 신생민주주의 국가들(fragile democracies)에 대한 분석적 도구 혹은 규범적 모델로 적용되어 왔다(Scholten 1987: 7-11).

화-복지국가-혁신성장을 견인하는 정치제도적 인프라이다.[41] 서유럽 국가들의 경제민주화-복지국가-혁신성장은 합의제 헌정체제의 '정치적 조정·합의'의 산물이다. 반면 다수제 헌정체제의 정치적 양극화 현상은 시장경제의 낙오자·열패자를 양산하고 사회경제적 양극화를 초래하는 원인이 되고 있다(Bartels 2008: 23-26; McCarthy *et al.* 2006: chap. 3).[42] 그런데도 한국 정치권·시민사회·학계의 경제민주화-복지국가-혁신성장 담론은 그 정책콘텐츠가 무엇이어야 하고 어떠해야 하는가에 초점이 맞춰지고 있다. 따라서 경제민주화-복지국가-혁신성장의 정치제도적 함의는 주목을 받지 못한다. 즉 경제민주화-복지국가-혁신성장 정책산출(policy output)을 유인하는 인풋사이드(input-side)인 정치제도의 요건은 무엇이고, 그것이 어떻게 작동하는가에 관해서는 침묵한다. 인과론적 측면에서 합의제 헌정체제는 독립변수이고, 경제민주화-복지국가-혁신성장은 종속변수이다. 이런 관점에서 다양한 이해관계의 인풋프로세싱을 보장하는 한국형 합의제 헌정체제는 경제민주화-복지국가-혁신성장의 정치제도적 인프라로 작동할 수 있다.

셋째, 한국형 합의제 헌정체제는 사회적 정치적 갈등을 최소화할 수 있다. 합의제 헌정체제에서는 정치적 타협이 사회경제적 타협을 견인하고, 역으로 사회경제적 타협이 정치적 타협을 촉진할 수 있기 때문이다.[43] 한국사회에는 다양한 특수집단 간 이익·가치갈등이 분출하고 있다. 특히 시장경제의 낙오자·실패자가 양산되고 사회경제적 양극화에 따른 계급·계층·지역·세대의 갈등이 확산하고 있다. 문제의 심각성은 갈등을 조정 관리하는 헌정체제의 민주적 의사결

---

41) 경제민주화-복지국가-혁신성장 담론은 문재인 정부 초기에는 소득주도성장-혁신성장-공정경제를 핵심으로 한 '혁신적 포용국가론'으로 변형되었는데, 후기에는 혁신성장에 디지털 뉴딜과 그린 뉴딜 등 '한국판 뉴딜 정책'을 첨가했다.

42) 예컨대 미국 다수제 헌정체제는 사회경제적 불평등과 인종차별, 사회저변층·소수인종의 사회경제적 시민권을 외면하여 미분열국(Disunited States of America)을 만들고 있다(Hacker and Pierson 2010). 미국사회가 '20 대 80'의 불평등구조를 넘어 '1 대 99'라는 승자독식 자본주의로 가고 있다는 분노의 함성이 몇 해 전 아메리칸 드림의 상징인 월가를 강타한 것도 미국 다수제 헌정체제의 치명적 한계를 반증한 것이었다.

43) 물론 연정파트너 정당들과 노사 등 관련 이해관계 그룹들의 다양한 의견과 관점이 투입되기 때문에, 합의에 도달하는 정치적 의사결정 과정에 긴 시간이 소요되고, 특히 위기 상황에 신속히 반응할 수 없어 비효율적이라는 비판이 있다. 그러나 합의제 헌정체제에서 토론·심의·협상을 통해 결정된 정책은 별다른 저항과 갈등을 불러일으키지 않고 순탄하고 신속하게 실행될 수 있다.

정 시스템이 존재하지 않다는 데 있다(최장집 2006: 112). 따라서 한국사회의 다양한 특수이익을 조정할 수 있는 민주적 의사결정 시스템의 설계가 중요하다. 그런데 특수 이익·가치는 사회공동체의 이익·가치와 충돌한다. 이를 해결하기 위한 민주적 메커니즘의 요체는 이해당사자들을 정책결정 과정에 동등하고 효과적으로 참여시키는 데 있다. 따라서 다양한 이익·가치 갈등을 조정하고 사회통합을 달성하기 위해서는 새로운 정치적 의사결정 패러다임인 합의제 헌정체제가 창출되어야 하다. 합의제 헌정체제는 정당 간 연합정치, 행정부-의회 협치, 노사정 사회적 대화 등 권력분점·공유에 기초한 정책네트워킹과 갈등조정 파트너십 시스템을 내장하고 있기 때문이다.

넷째, 한국형 합의제 헌정체제는 정책책임성을 연정파트너 정당과 사회적 파트너에게 분산·공유시킴으로써 정책 반발과 저항을 관리·흡수하는 비난분산정치(blame dispersion politics)로 작동할 수 있다. 특히 정치적 반발·저항을 야기하는 비인기 정책개혁 과정은 비난회피정치를 요구한다(Pierson 1996, 2001; Fink and Tálos 2004). 정치적 비용(저항)을 최소화하는 수단으로 정책개혁의 책임소재를 모호(obfuscation)하게 진행하는 전략이 필요하다는 것이다. 비난회피정치의 책임분산 효과는 정책·입법과정의 참여자 수가 많을수록 높아진다. 그런 의미에서 다수의 제도적 거부권행위자(veto players)를 내장한 합의제 헌정체제는 한국사회의 주요 정책과제인 경제민주화-복지확대-증세 등 정치적으로 민감한 정책개혁에 대한 반발을 최소화하는 비난회피정치로 작동할 수 있으며,[44] 정책개혁의 이익-비용을 분산시키는 정책능력을 통한 갈등관리(conflict management) 기제로 작동할 수 있다.

마지막으로 한국형 합의제 헌정체제는 남북한 통합국가 모형을 설계하는 데 유용하다. 남북한의 갈등관계는 '국가 간 갈등'(inter-state conflict)과 '민족내부의 갈등'(intranational conflict)이 중첩되는 장기갈등(protracted conflict) 구조이다. 남북한 통합이란 그러한 남북한 갈등구조를 효과적으로 관리, 제도화해 가는 과정을 뜻한다. 따라서 남북한 통합과 남북한 갈등해결 과정은 불가분의 인과적 연

44) 거부권자 이론에 따르면 합의제 헌정체제의 다수 제도적 거부권 행위자가 정책개혁의 입법과정을 제약한다(Tsebelis 1995; 2002; Schmidt 2002). 그러나 거부권 행위자 이론은 피어슨 연구에 의해 도전받았다.

계고리를 형성해야 한다. 그런데 다수제 헌정체제는 남북한 갈등구조를 정상적으로 관리·해소할 수 없다. 다수제 헌정체제에 의한 남북한 통합국가 권력의 배분과정은 승자독식 원리가 작동할 것이기 때문이다. 즉 인구 우위에 기반을 둔 남한 정치세력의 권력독과점을 초래하는 반면, 북한 정치세력에 항구적인 정치적 소수파 지위를 강제할 것이다. 이 경우 남북 지역갈등이 증폭되고 북한의 정치세력은 통합국가로부터 철수하려는 충동을 갖게 될 것이며, 필경 통합국가가 와해되는 사태가 올 수 있다. 이런 최악의 시나리오를 막기 위한 남북한 통합국가 모형이 설계될 필요가 있다. 이는 남북한 그리고 남북한 내부 각 집단이 통합이익을 균점하고 손실(비용)을 최소화할 수 있는 '최적 상태'(Pareto optimal outcome)를 요구한다. 합의제 헌정체제는 이를 담보할 수 있다. 바꿔 말하면 한국형 합의제 헌정체제는 남북지역 간의 '합의·공존'에 바탕을 둔 '매끄러운 통합'(integration of smoothness)을 공고화하는데 실효성을 갖는다(Lijphart 1969: 225). 합의제 헌정체제는 남북한 통합의 이익과 손실을 차등적으로 배분하는 사태를 방지함으로써 어느 일방도 패배감·좌절감·박탈감을 갖지 않고 갈등을 조정할 수 있는 기제가 내장되고 있기 때문이다. 요컨대 갈등해결을 제도화할 수 있는 합의제 헌정체제의 관점에서 남북한 통합국가 모형이 탐색되어야 한다.

분열과 갈등의 정도가 심한 사회와 국가에서 바람직한 헌정체제가 무엇인가에 대한 논의는 오랫동안 민주주의 이론에서 아주 중요한 테마로 부상했다. 제7장이 87년 헌정체제의 민주화를 이끌어낼 합의제 헌정체제에 대한 정치학적 상상력과 연구의 지평을 넓히는 이성적 공론적 논의가 활성화하는 단초가 되기를 기대한다. 특히 제7장의 전반에 걸쳐 관류하는 문제의식이 향후 개헌 정국에서 한국형 합의제 헌정체제의 '제도적 어젠다' 개발과 설정에 기여하기를 소망한다. 우리는 '포스트 87년 헌정체제'를, 합의제 헌정체제로 설계해야 할 시점에 놓여 있다.

합의제 헌정체제는 타협적 정치문화 토대 위에서 작동할 수 있다는 견해가 있다. 그러나 유러피언 합의제 헌정체제는 대화·협상·타협의 문화적 토양 위에서 가능했던 것이 아니다. 정치인들이 언어·종교·이념·계급·계층·지역 등 복합적 사회균열을 관리·조정하기 위해 전략적으로 합의제 헌정체제를 설계했고,

이를 통해 뿌리 깊은 갈등·대립 행동문화를 대화·타협의 정치문화로 점진적 변용을 시도했다. 예컨대 핀란드·오스트리아 합의제 헌정체제는 상생·협치 문화적 토양 위에서 설계된 것이 아니라, 국가적 정치사회적 위기를 돌파하기 위한 좌우세력 간 대타협에 의한 전략적 선택(strategic choice)에 의해 그랜드디자인되었다(Jyranki 2007; 안병영 2013). 따라서 헌정체제 작동의 정치문화 결정론적 비관론은 수정돼야 한다. 이런 의미에서 정치엘리트들이 전략적으로 합의제 헌정체제를 설계한다면 유권자·정당·정치인들의 행태를 변화시킬 수 있다.

제8장

혁신적 포용국가와 포용정치의 상관성

Ⅰ. 문재인 촛불정부의 역설, 혁신적 포용국가 비전

적폐청산으로 '낡은 인물'들은 사라지고 있으나 '새것'은 아직 오지 않고 있다. 여기서 위기의 씨앗이 잉태하는 걸까? 대한민국의 틀을 바꾸라는 촛불시민항쟁의 준엄한 명령에 순명(順命)하는 제도개혁과 새로운 국정운영 시스템은 보이지 않는다. 다수 국민은 촛불혁명의 정체성으로 무장한 문재인 정부가 불평등과 양극화를 개선해 줄 것으로 기대했다. 하지만 일자리 정부라는 말이 무색하게 '고용참사'라는 평가가 나오고, 소득주도성장을 내세웠지만 분배구조는 악화되고 있다. 아니 수출을 제외한 거의 모든 경제지표에 적색경보가 울리고 있다. 민생 현장에선 '눈물의 계곡'이 속절없이 깊어만 간다. 한마디로 문재인 촛불정부의 패러독스가 아닐 수 없다.

그래서 문재인 대통령이 집권 중후반기 국가비전으로 '다함께 잘 사는 혁신적 포용국가'를 내놓았다. 소득주도성장-혁신성장-공정경제 정책조합을 국정운영 기조로 표방한 것이다. 소득주도성장은 재정지출 확장으로 공공일자리, 최저임금인상, 사회보장급여·복지서비스 확대, 비정규직의 정규직화 등 저소득층의 고용·소득 안정과 사회보호를 강화하는 포용성을 확대하여 소득불평등과 사회양극화를 완화하려는 케인스주의적 처방이다. 혁신성장은 기술혁신, 기업규제혁신, 노동혁신 등 일종의 슘페터적인 '파괴적 혁신'(disruptive innovation)을 통해 기업의 효율성·경쟁력을 높이는 새로운 성장동력 구축을 추구한다. 공정경제는 재벌개혁을 통한 대-중기업 양극화를 해소하고, 원-하청 및 대-중소기업 상생협력 네트워크를 통해 동반성장을 지향한다. 사회정책-노동정책-경제정책을 통합적으로 접근하겠다는 문재인 정부의 이런 혁신적 포용국가 모델은 노동 억압적 재벌 중심의 수출주도성장 일변도 정책을 추구한 이른바 '박정희 패러다임'과 사회경제적 양극화를 초래한 신자유주의적 시장경제 패러다임을 넘어서는 대안적 사회경제 발전 비전이다. 시대적 가치를 적절히 포착하고 투영하고 있다.

그런데 청와대·정부의 혁신적 포용국가 담론은 양극화와 불평등을 해소하기 위해 소득주도성장-혁신성장-공정경제를 잇는 혁신적 포용국가의 정책콘텐츠가 무엇이어야 하고 어떠해야 하는가에 무게 중심이 실려 있다. 그렇기에 혁신적 포용국가가 갖는 정치적 함의는 별다른 주목을 하지 않는 것처럼 보인다. 혁신적 포용국가를 낳는 정치적 인풋사이드 기제는 무엇이고, 그것이 어떻게 작동해야 혁신적 포용국가 창출이 가능한가에 관해서는 상대적으로 관심도가 낮다. 이런 문제의식에서 제8장은 유러피언 민주주의 국가들이 보여 준 정치적 포용성과 사회경제적 포용성·혁신성의 인과관계에 착목하고 문재인 정부의 혁신적 포용국가 비전은 포용적 정치연합의 기초 위에서만 실현 가능하다는 점을 주장하고자 한다.

Ⅱ. 덴마크·네덜란드의 노사정연합-정당연합-혁신적포용국가

혁신적 포용국가의 원조는 유러피언 드림의 아이콘인 노르딕·게르만 국가들이다. 그들 국가의 혁신적 포용국가는 전통적으로 노사정 간 정책교환의 산물이고, 이를 안정적으로 작동시킨 건 정당연합이다. 노사정연합-정당연합은 양보-화답-보상 사이클로 작동했다. 노동은 임금인상 억제 효과를 주는 연대임금(동일노동-동일임금)을 수용하는 양보를 통해 기업의 투자·성장을 촉진했다. 자본의 투자·성장 드라이브는 복지국가의 재정적 토대를 제공하고, 노동에게 고용창출과 경영참여의 제도화로 화답했다. 그리고 정당연합에 따라 작동하는 정부-의회는 공공 일자리를 창출하고, 노동에게 포용적인 보편복지의 제도화로 보상했다.

하지만 신자유주의적 글로벌화·유럽화, 특히 1990년대 이후 노르딕·게르만 국가들의 노동시장은 실직자, 비정규직, 저임금·저숙련 노동자 등 고용불안 근로자들을 양산하며 소득불평등을 드러냈다. 외생적 충격에 따른 공공악재에 반응하는 그들 국가들은 노동유연성-사회보장-적극적노동시장정책을 결합하는 유연안정성(flexicurity) 모델에 입각한 혁신적 포용국가를 추구했다. 노사(정) 연합은 자본이 요구하는 유연성과 노동이 요구하는 안정성이라는 갈등적이고 상충적인 정책들의 교환을 통해 정책협약을 끌어냈고, 정당연합은 행정부-의회 협치를 작동시키며 유연안정성 정책협약을 법제화시켰다. 이처럼 노사정연합-정당연합-혁신적포용국가로 이어지는 발전 경로를 밟은 선두 주자는 덴마크와 네덜란드이다.

덴마크의 경우 사민당-사회자유당-중도민주당-기독교인민당 좌우 연립소수정부(1993~96)의 중재로 노사정위원회(Zeuthen)는 1994·96·98년 등 3차례에 걸쳐 노동·복지 이슈 등 다양한 정책의제의 합의를 이끌어내는 유연안정성 정치를 주도했다. 즉 세계화에 대응하기 위해 해고를 자유롭게 하는 수량적 노동유연화, 혁신교육훈련·일자리창출·창업지원·직업알선에 재정지출 확대, 사회보장정책(출산보상·유급휴가제) 강화 등을 연계한 정책조합이다. 또 사민당-사회자유당 연립소수정부(1996~2001) 하의 노사정 '3자포럼'은 1999년 '고용을 위한 전국행동계획'(NAPE)을 체결했다. 이로써 덴마크의 전통적인 노동경직성-포괄적복지 모델은 노동유연화-관대한사회보장-혁신교육훈련확대 형태로 자본이익과 노동이익을 절묘하게 조합하는 '황금의 트라이앵글'(golden triangle), 즉 유연안정성 정책조합으로 전환되었다. 2000년대 이후 등장한 보수당-자유당 연립소수정부들도 의회에서 중도정당 혹은 좌파정당들과의 정책·입법 연합과 사회적 파트너들과의 공감 속에서 유연안정성 정책 재조정을 시도했다. 세계화·유로존 등 외부 압력에 대응하여 적극적 노동시장 정책 강화를 통한 '더 많은 사람에게 일자리' 보장과 더불어 부분적 재편에도 불구하고 관대한 사회적 안전망과 복지서비스를 해체하지 않음으로써 노동시장의 유연성-안정성 간 균형적 정책조합의 기본 틀이 유지되고 있다.

이런 유연안정성 정책조합이 입법화되는 과정은 좌우 초이념블록 정당연합을 통해 진행됐다. 덴마크 연립소수정부는 정책·입법 사안별로 다른 이념블록 야당과의 협력을 통해 정책·입법연합을 구축하며 의회-행정부 협치 공간을 확장시켰다. 노동과 자본을 동등하게 대표하는 좌우 연합정치는 어느 특정 노사 이익단체에게 편파적으로 우호적일 수 없었으며, 따라서 노동시장의 유연성-안정성 균형적 정책조합을 이끌어내는 사회적 대타협을 촉진하는 정치적 동력으로 작용했다. 이익단체들 또한 특정 우호적인 정당만을 상대로 로비·압박 정치를 통해 이익관철을 할 수 없었다. 노조(LO)는 고용·소득 안정성 정치를 추구했지만, 다수당 지위를 누리지 못한 노동우호적인 사민당에게 일방적으로 편파적 입법을 요구하지 않고 사용자단체(DA)를 상대로 협력을 할 수밖에 없었다. 사용자단체도 유연성 정치를 추구하는 우파정당블록이 독자적으로 집권할 수 없는 정치지형에서 노조와의 협상을 회피할 수 없었다.

네덜란드의 경우 기민당-보수자유당 연립정부(1982~94)의 중재에 힘입어 노사 연합 기구인 노동재단(FL)은 임금억제와 노동시간단축·일자리나누기 간의 정책교환을 합의한 '바세나르협약'(1982), 그리고 임금협상 분권화, 비정규직 고용기회 확대 및 장애·질병급여 관대성 조정 등을 담은 '신노선협약'(1993)을 체결했다. 또 노동당-보수자유당-D'66 좌우 연립정부(1994~2002)의 권고에 따라 노동재단과 노사정 연합기구인 사회경제협의회(SER)는 유연안정성협약(1996)이라는 사회적 대타협을 이끌어냈다. 즉 정규근로자의 보호완화, 비정규직 노동보호(사회보험·법정최저임금제·유급휴가 그리고 정규직과의 동등한 시간당 임금 등), 사회안전망(장기실업·빈곤층 대책) 강화 등 3각 축을 연계한 정책조합을 끌어냈다. 이후 노동재단-사회경제협의회는 비정규직과 정규직의 동등한 법적 지위를 확보하는 '신노동시간조정법', '고용조건정책협약' 등을 합의했다. 기민당-자유당-D'66 중도보수 연립정부(2003~07) 하에서 노동재단-사회경제협의회는 임금동결-장애·실업급여조정-생애저축제 등을 골자로 하는 '박물관광장협약'(2004)을 체결했다. 이 정책협약들은 1996년 유연안정성협약의 연장선상에서 시장 환경 변화에 따라 노동시장을 재조정하기 위한 것이었다.

이 사회적 합의들은 사용자에 유연성(노동혁신) 허용과, 노동자에 안정성 보장 방식으로 정책을 교환하는 패키지딜이었으며, 한편으론 노사 타협이고 다른 한편으론 노노 타협이었다. 사회적 대화 과정에서 노조는 고용유연성을 양보했던 반면, 사용자는 소득안정성으로 화답했으며, 정부는 사회안전망 강화로 보상했다. 일련의 유연안정성 관련 법안들은 연립정부-의회 협치에 의해 별다른 수정

없이 하원을 통과했다. 특히 좌우 정당연합이 작동하는 경우 노동과 자본 등 특정 이익단체의 이익에만 집착할 수 없고, 따라서 노사정 대화·연합 시스템의 안정적 작동을 유인했기 때문이다. 이로써 네덜란드는 현금급여 중심 복지체제의 생산적 기능에 한계를 드러낸 1970년대의 만성적인 저성장·고실업·고인플레·고재정난 등 '네덜란드 병'을 치유하여 글로벌화 이후 성장-고용-복지가 선순환하는 '네덜란드 기적'을 과시했다.

요컨대 노사정 연합과 정당연합이 연동하는 덴마크·네덜란드 포용적 민주주의는 노동시장의 유연안정성 모델이라는 혁신적 포용국가를 견인했다. 노사정 대화는 사회경제적인 포용성-혁신성-유연성 원리가 상호보완적으로 절묘하게 투영하는 균형 잡힌 정책조합을 이끌어냈으며, 정당연합 정치는 이를 입법화한 것이다. 이를 통해 그들 국가는 성장-복지-사회통합이 선순환하는 '유러피언 드림'을 실현했다. 양국 혁신적 포용국가의 역동적인 발전 경로가 던지는 메시지는 명료하다. 즉 혁신적 포용정책 콘텐츠 산출 그 자체보다는, 노사 이해관계를 동등하게 투입하는 정치적 의사결정 프로세스가 선차적 동시적으로 작동해야 한다는 지점이다. 이는 문재인 정부에게 혁신적 포용국가 전략을 설계하는데 시사하는 바가 적지 않다.

Ⅲ. 경제사회노동위원회의 '한국형 혁신적 포용국가' 정책협약

혁신적 포용국가 담론과정에서 노사 간, 진보진영-보수진영 간의 관점과 논리가 다르다. 노동·진보진영은 양극화와 불평등으로 발생하는 사회위험의 충격을 흡수하기 위한 소득주도성장-공정경제 정책 강화를 요구한다. 반면 자본·보수진영은 과학기술혁신과 노동혁신을 통한 기업경쟁력을 제고하는 혁신성장 정책 강화를 요구한다. 따라서 노동·진보진영의 이해와 자본·보수진영의 이해 간의 대립과 갈등은 정치적으로 조정돼야 한다. 이를 위해 소득주도성장-혁신성장-공정경제 정책의제들은 노사정 간에 정치적 교환이 이뤄져야 한다. 그렇다면 소득주도성장-혁신성장-공정경제가 유기적으로 연결되는 정책조합을 이끌어내기 위해 다양한 이해관계자들이 참여하는 정책네트워킹에 기초한 사회적 대화 시스템이 작동돼야 한다. 이런 의미에서 문재인 정부는 한국노총, 사용자단체, 청년·비정규직·자영업·소상공인·중소(견)기업 등 다양한 사회경제 주체들이 참여하는 포괄적인 '경제사회노동위원회'를 출범시켰다. 경사노위는 치열한 즉 토론과 숙의, 협상을 통해 혁신적 포용국가 정책조합을 도출해야 한다. 그런데 일견 대립적인 상충 관계에 있는 것처럼 보이는 소득주도성장-혁신성장-공정경제는 서로 맞물려 돌아갈 수 있다.

첫째, 소득주도성장-혁신성장 상관성이다. 소비·투자·고용 확대로 이어지며 저소득층의 소득과 구매력을 증진하는 사회보장과 복지서비스(보육·교육·요양·간병·보건의료) 확충은 그 자체 일자리를 창출하며 혁신성장을 촉진한다. 즉 산업·기업 구조조정과 기술·노동 혁신 과정에서 유발하는 희생자·낙오자들의 충격을 줄이고, 경제사회 주체들에게 미래가 불확실한 기술개발·창업·직업선택에서 발생할지도 모르는 위험을 흡수하여 역동적인 혁신성장을 자극한다. 역으로 혁신성장은 소득주도성장에 기여한다. 노동자들에게 혁신교육 훈련을 실시하여 노동생산성을 끌어올리는 혁신성장은 양질의 일자리 창출, 소득증대, 재원 확충에 따른 사회안전망 강화 등 소득주도성장 효과를 가져 온다. 혁신성장을 위한 교육훈련 혁신은 특히 중소기업 근로자, 비정규직, 청년, 영세자영업자, 실직자, 저학력층, 고령자 등 취약계층에게 혁신 기술·지식 습득을 통해 재취업·창업 기회를 제공하여 소득불평등 완화에 기여하는 사회안전망일 뿐만 아니라 사회보장비(실업급여 등)의 지출을 줄일 수 있는 방법이다. 또 스타트업·벤처 기업들의 기술혁신은 고숙련 노동자들을 배출하여 생산성·경쟁력을 높여 한국경제의 저성장 늪을 탈출하고, 복지의 재정적 토대를 확대하여 소득증대 효과에 기여한다.

둘째, 소득주도성장-공정경제 상관성이다. 저소득층의 소득·구매력 향상은 중소기업들에게 자사 제품·서비스 소비 증대, 투자·일자리를 확대하는 기회를 제공하는 데, 이는 대-중소기업 간 양극화와 임금격차를 완화하는 효과를 주어 공정경제 실현에 이바지할 수 있다. 역으로 대기업이 하청 중소기업들의 부품소재 생산 기술혁신을 지원하고, 불공정한 하도급 거래 관행(납품단가 후려치기, 기술탈취, 인력 빼오기 등)을 자제하는 등 대-중소기업 상생협력 체제를 구축하는 공정경제는 혁신형 중소기업이 대기업에 고품질 부품소재를 공급하여 수출경쟁력을 높이고 동반성장을 유도할 수 있으며, 이는 중소기업들의 일자리 창출과 근로자들의 안정적인 임금 수준을 보장하여 소득증대 효과에 기여하고 경제 양극화를 완화한다. 작금 논의되는 대-중기업 협력이익공유제도 이와 동일한 효과를 기대할 수 있다.

셋째, 공정경제-혁신성장 상관성이다. 대-중소기업 상생협력을 지향하는 공정경제는, 4차 산업혁명의 디지털 기술과 시장변화에 신속히 대응하는 생산·노동 유연화에 따른 혁신성장이 초래할 시장승자와 패자 간 격차(대-중기업 양극화, 소득불평등 등)을 완화하여 사회갈등과 대립이라는 사회적 비용을 감소시켜 줌으로써 혁신성장의 지속을 가능케 하는 사회적 정치적 안정을 가져 온다. 한마디로 공정경제를 통한 사회·경제통합은 지속가능한 혁신성장을 위한 조건이다. 역으로 혁신성장은 기술혁신 인력을 양성할 수 있는 중소기업의 경쟁력을 끌어올려 대-중소기업 양극화를 완화하는 공정경제의 기반을 조성할 기회를 제공한다.

이와 같이 소득주도성장-혁신성장-공정경제 정책의제들은 상호보완적인 관계가 존재할 수 있다. 사회경제적 포용성·혁신성·유연성 정책의제들이 유기적으로 결합하여 역동적인 선순환 사이클이 작동할 수 있는 것이다. 그렇다면 경사노위는 호혜성의 원리에 따라 소득주도성장-혁신성장-공정경제 정책의제들을 등가적이고 균형적으로 교환하는 한국형 혁신적 포용국가 정책협약을 끌어내야 한다. 여기서 '한국형'이라 함은 덴마크·네덜란드 모델을 직수입할 수는 없고, 한국 사회경제의 특수성을 고려하여 예컨대 수량적 유연성보다는 기능적 유연성, 대-중소기업 불공정 관계를 교정하는 공정경제 등의 정책의제들이 포함되는 변형된 혁신적 포용국가 협약을 뜻한다. 주요 정책의제들을 유기적으로 연계하는 패키지-딜 방식이 각 정책의제를 개별적으로 분리해 협상하는 경우보다 사회적 대타협의 확률을 높일 수 있다.

Ⅳ. 진보-보수 정당연합과 사회적 대화 간의 연동

소득주도성장-혁신성장-공정경제 균형적 정책조합을 도출해야 할 사회적 대화의 안정적 작동을 견인하는 정치적 조건은 무엇인가? 일견 노동계와의 소통이 상대적으로 유리한 문재인 진보정부에서의 사회적 대화는 보수정권 시보다 유리한 상황을 맞이한 것처럼 보인다. 그런데 노동 우호적인 진보정부는 노동과 자본을 동등하게 대표하는 데 한계를 드러내 사회적 대화를 견인하지 못한다는 이론적 가설이 있다. 실제로 사회적 대화 전범 국가인 스웨덴 사민당 정부에서 글로벌화 이후 구조적 권력자원이 커진 사용자단체(SAF)의 거부와 노조(LO)의 비협조로 사회적 대화가 정체·퇴조되고 있다. 이런 선행 경험에 비춰 볼 때 문재인 진보정부 하에서 사회적 대화가 정상적으로 작동할 정치공간은 넓지 않다. 예컨대 문재인 진보정부가 경제민주화를 명분으로 협력이익공유제, 노동이사제 및 일감몰아 주기 규제 대상 확대 등 공정경제 정책의제들의 입법화를 추진할 경우 경제단체들은 이를 기업혁신 유인 약화, 경영활동 위축을 가져 오는 반시장적·기업적 제도로 규정하고 정부와 충돌하며 사회적 대화 참여에 주저할 공산이 크다. 정권 업적에 지대한 영향을 미칠 수 있는 구조적 힘(structural power)을 지닌 재벌 대기업들은 정권 중·후반기에 들어갈수록 자본 스트라이크(투자·고용 축소, 공장 해외이전 등) 위협으로 맞설 가능성이 높다.

문재인 진보정부에 대한 기대치가 높아진 노조 또한 경제단체들과 밀고 당기는 지루한 협상을 해야만 하는 사회적 대화에 적극적으로 나서지 않을 것이다. 대신 그들은 경제단체들이 요구하는 탄력근로제 확대 등 노동유연화 정책을 전면 거부하며 노동에 우호적인 청와대·정부·집권당, 혹은 국회를 상대로 재벌개혁 등 공정경제와 소득주도성장 정책(최저임금인상, 비정규직 정규직화, 고용·복지 확대 등) 강화를 요구하는 로비·압박, '길거리 정치'를 통해 이익을 관철하려 할 것이다. 현재 민주노총이 경사노위에 불참하는 것도 이런 합리적 추론과 무관치 않다. 결국 문재인 진보정부에선 경제단체들의 비협조와 노조의 대정부 로비·시위·압박 전략 집착으로 인해 노사정 대화를 통해 혁신적 포용국가 정책협약을 맺는 사회적 대타협 가능성은 높지 않다.

설령 사회적 대화에 의해 혁신적 포용국가 관련 정책협약이 체결된다고 하더라도, 여소야대 국회를 상대로 하는 문재인 소수정부는 정책협약의 입법교착 상태에 빠질 것이다. 중도·보수 정당들의 입법협력을 얻기가 쉽지 않을 것이기 때문이다. 그들 정당들은 집권당과 상당한 이념적 변별력과 정책적 차별성을 드러내고 있다. 청와대·민주당은 자본과 고소득층에 재분배 비용을 부가하고, 노동시장 실패자·낙오자들에게 소득재분배·공공일자리 등 저소득층의 사회권·고용권을 확대하며, 혁신적인 중소벤처기업을 육성하는 등 포용적인 소득주도성장-공정경제 정책조합을 지향한다. 민주평화당·정의당도 이런 정책적 스펙트럼에서 크게 벗어나지 않는다. 반면 자유한국당은 세금을 줄이고 기업규제를 풀어 신성장 동력을 만들면 대기업들이 투자를 늘리고 일자리를 창출한다는 이른바 하이에크·프리드만식 경제철학을 존중한다. 바른미래당은 중소벤처 기업들의 혁신경쟁을 통해 일자리를 창출하는 슘페터적인 경제사상에 방점을 둔다. 이런 차이에도 불구하고 두 정당들은 공통점을 보인다. 즉 경제는 시장, 일자리는 기업에 맡기는 게 순리라고 주장하면서 재정·복지 확대를 통한 소득재분배보다는 수량적 유연성을 비롯한 노동혁신, 규제혁신, 교육혁신, 과학기술혁신 등을 통한 기업 친화적인 혁신성장을 강조한다. 정당들의 이 같은 정책정향을 고려할 때 혁신적 포용국가 정책협약의 입법화 과정은 청와대·민주당과 양극적 대척관계에 선 중도·보수 야권, 특히 한국당의 '거부 정치'(vetocracy) 파고에 부딪혀 보수야당-대통령 충돌, 사회적대화-국회 충돌을 촉발할 공산이 매우 크다. 돌이켜 보면 역대 진보·보수 정부들은 모두 사회적 대화에 의해 다양한 정책협약들을 체결했으나, 야당-대통령 충돌로 그 입법화의 실패가 다반사였고 이로 인해 사회적 대화는 정체되거나 유명무실해졌다. 전임 정부의 실패 사례는 사회적 대화에 의한 혁신적 포용국가 창출을 국정기조로 설정한 문재인 정부에 반면교사가 될 것이다.

유러피언 민주주의 국가들, 특히 덴마크·네덜란드의 노사정연합-정당연합-혁신적포용국가 다이내믹스가 문재인 소수정부의 '혁신적 포용국가 전략' 개발에 유의미한 영감을 줄 수 있다. 그들 국가의 경험에 비춰 보건대, 사회적 대화의 안정적 작동 조건은 진보-보수 이념블록을 교차하는 정당연합 정치이다. 진보-보수 정당연합은 상대적으로 노동과 자본을 동등하게 대표하는 이념연합-정책연합의 정치공간이기 때문에 '소득주도성장 vs 혁신성장 vs 공정경제' 정책갈등을 조정하고, 노사 파트너들을 협상 테이블로 견인하는 정치적 동력으로 작동할 수 있다. 특정 이익단체에게만 편파적으로 우호적이거나 특혜를 일방적으로 부여할 수 없기 때문이다. 앞서 살펴 본 것처럼 실제 좌우 이념블록을 가로지르는 덴마크·네덜란드의 정당연합 정치는 노사정 연합을 견인하고, 이를 통해 노동유연화-사회보장-혁신교육훈련 간 상호보완적인 정책교환으로 혁신적 포용국가 정책조정을 추진하는 지렛대로 작동했다. 노사 이익단체들 또한 자신들과 연계된 진보-보수 이념블록을 뛰어넘는 연합정치의 노사 이익조정 중립성을 신뢰하고 사회적 대화에 참여했다.

이런 맥락에서 볼 때 진보-보수 연합정치 지형에서 재벌·경제단체들은 혁신성장을 명분으로 노동유연성, 대기업규제 혁파 등 친기업적인 정책만을 고집할 수 없고, 대신 사회안전망확충-일자리창출-대·중소기업상생협력 등 포용적인 소득주도성장-공정경제 정책으로 양보·화답 스탠스로 나올 가능성이 높아진다. 역으로 진보-보수 연합정치는 노동과 진보정당의 양보·화답을 끌어낼 수 있는 기제로 작동할 수 있다. 노동과 진보정당은 최저임금인상-비정규직제로-보편복지-해고자노조가입, 재벌개혁-노동이사제 등 자신들이 중시하는 소득주도성장-공정경제 정책만을 밀어붙일 수 없다. 대신 그들은 임금인상 자제, 노동유연성, 기업규제 완화 등 친기업적 정책을 수용하는데 인색하지 않을 것이다. 노동과 진보정당의 이런 양보·타협은 경제단체들을 사회적 대화로 인도하는 강력한 인센티브가 될 것이다. 민주노총도 민주당이 개혁적 중도보수 정당과의 연정을 구성하지 않고서는 안정적인 국정운영이 불가능하다고 판단하면 경제단체들과의 사회적 대화를 마냥 회피하지 않을 것이다.

이런 가상 시나리오가 실현된 경험적 사례가 있다. 비유럽국가 브라질 룰라 좌파 대통령(2002~10)은 헌법상 제왕적 권력을 부여 받았음에도 10여 개의 좌우 정당들과 초이념블록 연립정부를 구성하여 한편으론 포용적인 빈민·서민 복지정책(*Bolsa Escola*, *Fome Zero*, *Bolsa Familia* 등)을 확대하고, 다른 한편으론 좌파 브랜드에 걸맞지 않게 보수우파 연정파트너 정당들과 대자본이 요구하는 친기업적 신자유주의 정책을 과감하게 수용하여 전투적 노조까지 참여하는 노사정 대타협을 유도하곤 했다.

요컨대 진보-보수 정당연합과 노사정 대화가 맞물리는 포용적 정치연합은 소득주도성장-혁신성장-공정경제 간 상호보완적이고 등가적인 정책교환을 통한 혁신적 포용국가를 견인할 수 있는 가장 유효한 정치적 인풋사이드 시스템이다. 포용적 정치연합은 혁신적 포용국가 정책 프로세스에 진보정당과 보수정당, 노사정 등 다양한 이해관계 플레이어들이 동등하게 참여하는 길을 열어주고, 이를 통해 진보진영이 선호하는 소득주도성장-공정경제 정책의제와 보수진영이 선호하는 혁신경제 정책의제가 균등하게 투입될 수 있는 정치공간을 제공한다.

V. 문재인 소수정부의 포용적 국정 거버넌스

혁신적 포용국가 정책협약이 실행되기 위해서는 입법과 예산이 수반돼야 한다. 노사정 정책협약 체결이라는 사회적 대타협을 이끌어내기도 쉽지 않지만, 설령 사회적 대화에 의한 정책협약이 타결돼도 그것이 국회와 야당의 협력을 얻어 실기하지 않고 제때에 입법과 재정확보로 뒷받침 되지 않으면 무의미하다. 그렇다면 문재인 대통령은 혁신적 포용국가 정책의제들의 입법과정과 예산확보의 효율적인 순항을 위해 소수정부의 포용적인 국정 거버넌스 틀을 설계해야 한다. 사실 문 대통령은 안정적인 국정운영, '정치적폐'와 '제도적폐' 청산을 위해 정권 초기에 정책연합 → 개혁입법연합 → 내각연합 → 개헌연합으로 이어지는, 야당들과의 협치-연정 틀을 탐색했어야 했다. 특히 박근혜 탄핵 대열에 동참했던 합리적인 개혁적 보수세력을 포용해야 했다. 이런 시대적 요청은 박근혜 친위대를 제외한 보수와 진보 가릴 것 없이 대통령 탄핵과 시민항쟁으로 분연히 궐기했던 촛불민심에 녹아 있었다. 그러나 문 대통령은 유효한 연합정치를 작동시키지 않는 채 오로지 승자 권력독점에 집착했고 한국 민주주의의 새로운 정치문법을 창출하지 못했다. 이젠 국정지지율이 내리막길로 돌아선 가운데 청와대의 정치적 역량이 서서히 고갈되는 징후를 보이고 있다는 점을 감안하면, 유감스럽게도 문 대통령은 포용적 국정 거버넌스를 추동할 골든타임을 놓친 것처럼 보인다.

그렇다고 상황이 절망적인 건 아니다. 時不可失(때를 놓쳐서는 안됨)이라 했던가. 만시지탄이 없지 않지만 국정 지지율 50% 안팎 수준에 머무른 지금이 대통령의 포용적 리더십과 '전략적 상상력'을 보일 수 있는 마지막 기회일 수 있다. 포용적 리더십과 전략적 상상력은 대통령이 먼저 야당들에게 어떤 양보를 하고 어떤 기득권을 내려놓을 것인지 고민한 후 집권당과 지지층을 설득하는 데서 나온다. 이를 통해 포용적 국정 거버넌스의 밑그림을 그리는 대통령의 대승적 결단이 절박하다. 소수정부의 포용적 국정 거버넌스야말로 사회적 대화의 안정적 작동을 통한 한국형 혁신적 포용국가 정책협약을 타결하고, 이의 실행을 위한 입법과정과 예산확보를 원활하게 진행시키는 유일한 정치적 필수조건이다. 포용적 국정 거버너스를 위한 대통령·집권당의 전략적 옵션은 크게 두 가지다.

우선 국회 차원에서 진보성향 야당은 물론이고 특히 개혁적 중도보수 세력과의 협조통과(logrolling) 혹은 정책조율·교환에 기초한 입법연합 전략이다. 이를 위해 청와대와 민주당은 혁신적 포용국가 정책·입법 의제설정권-의사결정권을 일방통행식으로 밀어붙이려는 승자독주의 배제적 국정운영 방식을 바꿔야 한다. 야당이 정책·입법 연합을 받아들이는 대가로 그들에게 일부 '혁신적 포용국가 정책·입법 의제 설정권'을 양도하는 등 '주고받기 딜'(*quid pro quo deal*)을 결행해야 한다. 그래야 야권-대통령 충돌을 피하고 혁신적 포용국가 정책의제들의 입법과정이 큰 논쟁 없이, 노동계와 경제계의 이익·가치를 정치적으로 등가 대표하는 진보정당-보수정당들의 협치에 의해 순탄한 경로로 이어질 수 있다.

그런데 국회선진화법의 '신속처리안건'(패스트트랙) 지정 절차는 여야 쟁점 법안인 경우 여야 협치를 통해 국회-대통령 간 정책·입법 갈등을 조정하는 협치 입법 프로세스를 제도적으로 강제하고 있다. 이런 조건에서 대통령·민주당은 혁신적 포용국가 정책의제의 입법과정이 여야 쟁점으로 부상할 경우 국회선진화법의 높은 장벽(180석)을 넘는 절차가 필요하다. 따라서 청와대는 국회 차원에서 야권과의 정책·입법 연합전략이 순탄치 않을 경우 개혁적 중도보수와 진보의 경계를 가로지르는 연립 공동정부(내각연합) 구성을 적극적으로 구상해야 한다. 그래야 사회적 대화에서 숙의·합의된 혁신적 포용국가 정책의제의 입법 프로세스가 원천 봉쇄되는 '외통수' 정국을 돌파할 수 있다. 물론 이런 주장이 현실성이 떨어진 나이브한 발상이라는 비판이 제기될 수 있다. 하지만 여소야대 5당 구도 속 제왕적 대통령제는 야당과 정치적 의사결정권을 분점·공유하는 정치연합과 조합되지 않으면 본질적으로 정상적 작동이 불가능한 구조이다. 더욱이 문재인 정부는 촛불혁명 정부로서 한국정치에 전례가 없지는 않지만 '정부연합'이라는 아직 익숙지 않는 낯선 길을 개척하여 한국민주주의 르네상스 시대를 열어야 할 막중한 소명을 지니고 있다. 다만 문재인 정부 집권 3년차에 접어들 현 시점에서 거대 야권이 청와대의 연립정부 구성 제안을 순순히 받아들일지는 불확실하다.

소수파 대통령이 여소야대 정국을 풀어나가는 데 왕도는 없고 정도는 있다. '촛불 내각연합'이 바로 그것이다. 작금 바른미래당·평화당·정의당 등 야 3당이 당 명운을 걸고 단식투쟁을 불사하며 선거제 개편을 요구하고 있다. 소수정당의 표를 사실상 약탈해 가는 현행 승자독식 선거제도를 '연동형 비례제'로 개편하자는 것이다. 연동형 비례제는 정당의 득표율-의석율 비례성을 담보하며 지역 대표성과 계층·집단 대표성을 절묘하게 조화시키는 포용적인 선거제도이며, 이를 통해 포용적인 국정 거버넌스를 항구적으로 제도화할 수 있는 강력한 인센티브이기 때문이다. 청와대·민주당이 왜곡되고 불완전한 연동형 비례제가 아니라 야3당이 요구하는 순수한 연동형 비례제를 수용하면 이를 매개 고리로 민주당-평화당-정의당-바른미래당+알파 진보-보수 '촛불 연립공동 정부'를 구성하는 게 불가능한 것만은 아니다. 정치는 '살아 있는 생물'이고 '가능성의 예술'이라 했듯이, 대통령과 민주당을 비롯한 정치지도자들의 담대한 전략적 상상력이 절실하다. 이렇게 해서 '무지개'(rainbow) 연정내각-연정국회-연정대통령 정치가 작동될 수 있다면 이건 그야말로 제2 민주화 시대를 웅변하는 한국민주주의의 역사적 변곡점이 아닐 수 없다. 또 보수진영을 뒤흔들어 그 주류 세력을 교체하고 냉전적 수구보수 세력을 왜소화하는 등 한국 정치지형을 재편하는 기회가 올지 모른다.

연립 공동정부 구성은 공식적인 연정협약 체결을 전제한다. 연정협약은 연정파트너 정당 간 정치적 대타협이다. 연정협약의 협상과정은 단순히 각료배분에 그쳐서는 안 된다. 연정파트너 정당 간 정책교환·조율을 통해 혁신적 포용국가, 연동형비례제-분권형대통령제, 개혁입법, 한반도 평화프로세스, 연정갈등 조정방식 등을 포괄하는 종합적인 정책비전과 의제들을 집대성해야 한다. 물론 연립 공동정부는 대통령과 집권당에게 전략적 딜레마를 안길 것이다. 즉 문 대통령과 민주당 지지세력의 정책선호와 연정파트너 정당의 정책선호가 상충하는 문제다. 소수파 대통령이 연립 공동정부의 전략적 딜레마를 풀어나가는 최선의 방법은 연정파트너 정당 사이의 정책적 교집합을 찾아서 입법을 시도하는 것이다. 즉 대통령·집권당과 연정파트너 정당들의 이해관계가 수렴하는 정책적 최소공통분모에서부터 스몰딜을 추진하고, 그 과정에서 쌓인 신뢰를 바탕으로 이해관계가 상충하는 의제들의 빅딜을 추진하는 방식으로 연정협약을 체결한다.

이 글이 결론적으로 주장하고자 하는 바는 분명하다. 문재인 소수정부가 선택 가능한 위와 같은 다층적인 포용적 국정거버넌스 틀은 사회적대화-국회-대통령 간의 기능적 파트너십과 공치(co-governing)를 견인하는 연결고리이며, 사회적 대화에 의한 한국형 혁신적 포용국가 정책의제의 입법화·재정확보 경로를 순탄하게 하는 정치연합 공간이라는 점이다. 이런 의미에서 촛불시민항쟁이 절규했던 정의로운 대한민국 헌정체제는 정당연합-노사정연합이 연동하는 포용적 민주주의가 소득주도성장-혁신성장-공정경제가 선순환하는 혁신적 포용국가를 견인하는 틀로 디자인돼야 한다. 포용적 민주주의와 혁신적 포용국가의 순환은 사회경제적 양극화·불평등을 완화·해소하며, 노사·이념·계층 갈등을 조정하는 사회적 대통합 기제이다.

대통령이 권력을 송두리째 장악하고 배분하는 구조에서 대통령의 국정운영에 야권의 협력을 끌어낸다는 것은 구조적으로 무리수이다. 소수파 대통령이라는 '태생적 한계'를 안고 출범한 문재인 대통령에게 포용적 국정 거버넌스는 어느 의미에선 임기 동안 짊어지고 가야 할 숙명이자 업보이다. 권력이란 나눌수록 그 총량이 커지지만, 움켜쥐면 원심력이 커지는 속성을 내재한다고 하지 않았던가. 단언컨대, 동서고금에 정치적 포용성 없는 사회경제적 포용성-혁신성이 성공하는 이율배반적인 예외적 경로는 존재하지 않는다. 그렇기에 포용정치가 작동하지 않는 혁신적 포용국가는 자칫 '요란한 빈 수레'로 그칠 수 있음을 청와대는 명심해야 하지 않을까 싶다.

참고문헌

강명세. 2007. "약소국의 생존정책: 오스트리아와 핀란드의 중립화 외교." 『세종정 책연구』. 3(1).

______. 2014. 『민주주의 복지국가 그리고 재분배』. 서울: 선인.

곽노현. 2018. "국무총리 제도의 딜레마." 프레시안. 3월 29일.

김상철. 2015. "독일 복지국가의 조세정책과 조세개혁." 양재진 외. 『복지국가의 조세와 정치』. 서울: 집문당. 85-131.

김성수. 2011. "독일의 복지정책 개혁과 정당구조 변화: 지난 10년의 현황과 전망." 『한국사회와 행정연구』. 21(4). 49-72.

김진호. 2003. "핀란드 중립외교정책에 대한 고찰과 교훈." 『통일문제연구』. 15(1). 239-262.

______. 2009. "핀란드의 편승적 중립외교정책." 『세계정치』. 30(1). 89-219.

노중기. 2006. "노무현 정부의 노동정책: 평가와 전망." 『산업노동연구』. 12(2). 1-28.

박명림. 2008. "헌법개혁, 민주주의, 그리고 한국 국가관리의 비전." 연세대 국가관리연구원. 『한국의 국가관리 모델과 비전』. 5월 26일.

박상훈. 2007. "'정당 없는 민주주의'는 왜 문제인가." 최장집·박찬표·박상훈. 『어떤 민주주의인가』. 서울: 후마니타스. 304-323.

______. 2020. "한국의 정치양극화: 기원, 구조, 특징." 한국정치학회 5월 발표논문. 1-17.

선학태. 2003. 『한국정치경제론: 현상분석과 새로운 패러다임』. 서울: 심산.

______. 2004. 『갈등과 통합의 정치』. 서울: 심산.

______. 2005. 『민주주의와 상생정치: 서유럽 다수제 모델 vs 합의제 모델』. 서울: 다산출판사.

______. 2006. "스위스 '콘코르단츠' 민주주의적 관점에서 본 남북한 통합국가 모형." 전남대 5·18 연구소. 『민주주의와 인권』. 7(2).

______. 2006. 『사회협약정치의 역동성』. 서울: 한울.

______. 2011. 『사회적 합의제와 합의제 정치』. 광주: 전남대학교출판부.

______. 2014. "노르딕민주주의 동학: 합의제 정당정치와 조합주의 정치의 연계." 고려대학교 평화와 민주주의 연구소. 『평화연구』. 22(2). 255-292.

성경륭 외 2017. 『새로운 대한민국의 구상 포용국가: 모두를 위한 국가, 약자를 살리는 세상을 위하여』. 서울: 21세기북스.

안병영. 2013. 『왜 오스트리아 모델인가』. 서울: 문학과 지성사.

안재흥. 2011. "한국복지자본주의의 쟁점과 과제: 비교정치경제학의 시각." 한국정치학회·관훈클럽 4월 발표.

윤상우. 2007. "민주화 이후 관료독점적 정책생산구조의 변형과 재편." 『동향과 전망』. 69. 131-155.

윤홍식. 2011. "복지국가 조세체계의 변화와 쟁점." 한림국제대학원 정치경영연구소. 『복지국가 건설의 정치경제학』. 제4회 대안포럼. 47-61.

이성형. 2011. "브라질 룰라 정부의 유산과 호세피 정부의 전망." Revista Iberoamericana. 22(1).

149-182.

전진영. 2017. "이원정부제 권력구조의 특징: 프랑스·오스트리아·핀란드의 비교." 국회입법조사처. 『이슈와 논점』. 2월 24일.

최장집. 2006. 『민주주의의 민주화: 한국민주주의의 변형과 헤게모니』. 서울: 후마니타스.

______. 2020. "다시 한국민주주의를 생각한다: 위기와 대안." 서울대학교 한국정치연구소 『한국정치연구』. 29(2). 1-26.

홍성대·김철주·김주일. 2009. "독일 복지국가의 재구조화의 양상과 성격." 『한독사회과학 논총』. 19(1). 59-88.

황태연. 2005. "유럽 분권형 대통령제에 관한 고찰." 『한국정치학회보』. 39(2). 45-62.

Ackerman, Bruce. 2000. "The New Separation of Powers." *Harvard Law Review.* 113(3). 642-727.

Ahlquist, John S. 2010. "Policy by Contract: Electoral Cycles, Parties and Social Pacts 1974-2000." *Journal of Politics.* 72(2). 572-587.

Alaja, A. 2011. "Tripartite Political Exchange and the Finnish Social Model." in V. P. Sorsa(ed.). *Rethinking Social Risk in the Nordics.* WS Bookwell Oy. 147-168.

Alesina, Albert and Edward L. Glaeser. 2007. *Fighting Poverty in the US and Europe: A World of Difference.* 2nd ed. Oxford: Oxford University Press.

Alford, Robert R. 1985. "Paradigm of Relations Between State and Society." in Leon Lindberg Robert Alford, Colin Crouch and Claus Offe(eds). *Stress and Contradiction in Modern Capitalism.* London: Lexington Books. 145-158.

Allern, Elin H., N. Aylott and F. J. Christiansen 2007. "Social Democrats and Trade Unions in Scandinavian." *European Journal of Political Research.* 46. 607-635.

Andersen, T. M. and M. Svarer. 2007. *Flexicurity: The Labor Market Performance in Denmark.* CESifo Working Paper No. 2108. 1-32.

Anderson, K. 2007. "The Netherlands: Political Competition in a Proportional System." in E. M. Immergut(eds.). *The Handbook of Western European Pension Politics.* Oxford: Oxford University Press. 713-757.

Andeweg, R. B. 1999. "Parties, Pillars and the Politics of Accommodation: Weak or Weakening Linkages? The Case of Dutch Consociationalism." in K. R. Luther and K. Deschouwer(eds.). *Party Elites in Divided Societies: Political Parties in Consociational Democracy.* London: Routledge. 118-139.

______. 2000. "Consociational Democracy." *Annual Review Political Science.* 3. 509-536.

______. 2011a. "Purple Puzzles: The 1994 and 1998 Government Formation in the Netherlands and Coalition Theory." in R. B. Andeweg, L. Winter and P. Dumont(eds.). *Puzzle of Government Formation: Coalition Theory and Deviant Cases.* New York: Routledge. 147-164.

______. 2011b. "From Puzzles to Prospects for Coalition Theory." in R. B. Andeweg, L. Winter and P. Dumont(eds.). *Puzzle of Government Formation: Coalition Theory and Deviant Cases.* New York: Routledge. 190-203.

Andeweg, R. B. and A. Timmermans. 2008. "Conflict Management in Coalition Government." in K. Strøm, W. C. Müller and T. Berg-man(eds.). *Cabinets and Coalition Bargaining: The Democratic Life Cycle in Western Europe.* Oxford: Oxford University Press. 269-300.

Anthonsen, M. and J. Lindvall, and U. Schmidt-Hansen. 2011. "Social Democrats, Unions and Corporatism: Denmark and Sweden Compared." *Party Politics.* 17(1). 118-134.

Anthonsen, M. and J. Lindvall. 2009. "Party Competition and the Resilience of Corporatism." *Government and Opposition.* 44(2). 167-187.

Anthonsen, M., J. Lindvall, and U. Schmidt-Hansen. 2011. "Social Democrats, Unions and Corporatism: Denmark and Sweden Compared." *Party Politics.* 17(1). 118-134.

Armingeon, Klaus. 2002. "Interest Intermediation: The Cases of Consociational Democracy." in H. Keman(ed.). *Comparative Democratic Politics.* Sage Publications. 143-165.

Arter, D. 2016. *Scandinavian Politics Today.* Manchester: Manchester University Press.

Arter, David. 2004. "Parliamentary Democracy in Scandinavia." *Parliamentary Affairs.* 57(3). 581-600.

Avdagic, S., M. Rhodes and J. Visser(eds.). 2011. *Social Pacts in Europe: Emergence, Evolution, and Institutionalization.* Oxford: Oxford University Press.

Avdagic, Sabina. 2010. "When Are Concerted Reforms Feasible? Explaining the Emergence of Social Pacts in Western Europe." *Comparative Political Studies.* 43(5). 628-657.

Aylott, N. and T. Bergman. 2011. When Median-legislator Theory Fails: The Swedish Greens in 1998 and 2002. in Rudy B. Andeweg, Lieven D. Winter and Patrick Dumont. *Puzzles of Government Formation: Coalition Theory and Deviant Cases.* New York: Routlege Press. 44-64.

Aylott, Nicholas and Nikas Bolin. 2007. "Toward a Two-Party System? The Swedish Parliamentary Election of September 2006." *West European Politics.* 30(3). 621-632.

Aylott, Nicholas. 2011. "Parties and Party Systems in the North." in Torbjorn Bergman and Kaare Strøm(eds.). *The Madisonian Turn: Political Parties and Parliamentary Democracy in Nordic Europe.* Ann Arbor: University of Michigan University Press. 297-328.

Baccaro, Lucio and Chris Howell. 2011. "A Common Neoliberal Trajectory Relations in Advanced Capitalism." *Politics and Society.* 39(4). 521-563.

Baccaro, Lucio and Marco Simoni. 2008. "Policy Concertation in Europe: Understanding Government Choice." *Comparative Political Studies.* 41(10). 1328-1348.

Bäck, Hanna, Marc Debus, and Patrick Dumont. 2011. "Who Gets What in Coalition Governments? Predictors of Portfolio Allocation in Parliamentary Democracies." *European Journal of Political Research.* 50. 441-478.

Bale, T. and T. Bergman. 2006. "Captive No Longer, but Servants Still? Contract Parliamentarism and the New Minority Governance in Sweden and New Zealand." *Government and Oppositions.* 41(3). 422-449.

Bartels, Larry M. 2008. *Unequal Democracy: The Political Economy of the New Gilded Age.* Princeton University Press.

Belmont, K., S. Mainwaring and A. Reynolds. 2002. "Introduction: Institutional Design, Conflict Management and Democracy." in A. Reynolds(es.). *The Architecture of Democracy: Constitutional Design, Conflict Management and Democracy.* Oxford: Oxford University Press. 1-11.

Berger, Stefan. 2002. "Germany in Historial Perspective: The Gap between Theory and Practice." in Stefan Berger and Hugh Compston(eds.). *Policy Concertation and Social Partnership in Western Europe.* New York: Berghan Books. 125-138.

Bergholm, Tapio. 2009. "The Making of the Finnish Model." *Scandinavian Journal of History.* 34(1). 29-48.

Bergman, T and N. Bolin. 2011. "Swedish Democracy: Crumbling Political Parties, a Feeble Riksdag, and Technocratic Power Holders?" in Torbjorn Bergman and Kaare Ström(eds.). *The Madisonian Turn: Political Parties and Parliamentary Democracy in Nordic Europe.* 251-293.

Bergman, T. and K. Strøm 2011. "Nordic Europe in Comparative Perspective." in Torbjorn Bergman and Kaare Strøm(eds.). *The Madisonian Turn: Political Parties and Parliamentary Democracy in Nordic Europe.* Ann Arbor: University of Michigan Press. 35-64.

Bernauer, Julian and Adrian Vatter. 2012. "Can't Get No Satisfaction with the Westminster Model? Winner, Losers and the Effects of Consensual and Direct Democratic Institutions on Satisfaction with Democracy." *European Journal of Political Research* 51. 435-468.

Bille, L. and K. Pedersen. 2004. "Electoral Fortunes and Responses of the Social Democratic Party and Liberal Party in Denmark: Ups and Downs." in Peter Mair et al.(eds.). *Political Parties & Electoral Change.* SAGE. 1-29.

Birchfield, V. and M. M. L. Crepaz. 1998. "The Impact of Constitutional Structures and Collective and Competitive Veto Points on Income Inequality in Industrialized Democracies." *European Journal of Political Research.* 34. 175-200.

Bispinck, Reinhard and Thorsten Schulten. 2000. "Alliance for Job - Is Germany Following the Path of Competitive Corporatism?" in G. Fajertag and P. Pocher(eds.). *Social Pacts in Europe - New Dynamics.* 2nd edn. Brussels: European Trade Union. 187-218.

Blaschke, Sabine. 2006. "Restructuring as a Reaction to Growing Pressure on Trade Unionism: The Case of the Austrian ÖGB." *Industrial Relations Journal.* 37(2). 147-163.

Blomhansen, J. 2001. "Organized Interests and the State: A Disintegrating Relationship? Evidence from Denmark." *European Journal of Political Research.* 39.

Bonatti, L. and A. Fracasso. 2013. "The German Model and the European Crisis." *Journal of Common Market Studies.* 51(6). 1023-1039.

Bonoli, G. 2010. "The Political Economy of Active Labor-market Policy." *Politics & Society.* 435-457.

Boyle, Nigel. 2009. "The Malleable Politics of Activism Reform: The Harz Reforms in Comparative Perspective." Paper for 2009 EUSA Biennial Conference. April 25. Los Angeles, 1-21.

Brandl, Bernd and Fritz Traxler. 2005. "Industrial Relations, Social Pacts and Welfare Expenditures: A Cross-National Comparison." *British Journal of Industrial Relations.* 43(4). 635-658.

Burroni, Luigi and Maarten Keune. 2011. "Flexicurity: A Conceptual Critique." *European Journal of Industrial Relations.* 17(1). 75-91.

Busch, Andreas. 2009. "Schröder's Agenda 2010: From B to Lasting Legacy?" in A. Miskimmon (eds.). *Germany's Gathering Crisis.* Palgrave: Macmillan Publish.

Carlin., Wendy and David Soskice. 2009. "German Economic Performance: Disentangling the Role of Supply-side Reforms, Macroeconomic Policy and Coordinated Economy Institutions." *Socio-Economic Review.* 7(1). 67-99.

Cawson, Alan(ed.). 1985. *Organised Interests and the State: Studies in Meso-corporatism.* Beverly Hills: Sage.

Cheibub, Jose Antonio and Fernando Limongi. 2010. "From Conflict to Coordination: Perspectives on the Study of Executive-Legislative Relations." RIEL., Belo Horizonte, 1. 38-53.

Cheibub, Jose Antonio, Adam Przeworski and Sebastian M. Saiegh. 2004. "Government Coalitions and Legislative Success under Presidentialism and Parliamentalism." *British Journal of Political Science.* 34. 565-587.

Cheibub, Jose Antonio. 2002. "Presidentialism and Democratic Performance." in Andrew Reynolds(ed.). *The Architecture of Democracy: Constitutional Design, Conflict Management, and Democracy.* Oxford: Oxford University Press. 104-140.

______________________. 2007: *Presidentialism, Parliamentarism, and Democracy.* Cambridge: Cambridge University Press.

Christiansen, Flemming Juul and Helene Helboe Pedersen. 2014. "Minority Coalition Governance in Denmark." *Party Politics.* 20(6). 940-949.

Christiansen, Peter M. and Hilmar Rommetvedt. 1999. "From Corporatism to Lobbyism? Parliaments, Executives, and Organized Interests in Denmark and Norway." *Scandinavian Political Studies.* 22(3). 195-220.

Cohen, Joshua and Joel Rogers. 1992. "Secondary Associations in Democratic Governance." *Politics and Society.* 20(4). 393-472.

Colomer Josep M. and Gabriel L. Negretto. 2005. "Can Presidentialism Work Like Parliamentarism." *Government and Opposition.* 40(1). 60-89.

Colomer, Josep M. 2011. "The More Parties, The Greater Policy Stability." *European Political Science.* 1-15.

Colton, T. J. and C. Skach. 2005. "The Russian Predicament." *Journal of Democracy.* 16(3). 113-126.

Compston, Hugh. 2002. "The Strange Perspective of Policy Concertation." in Stefan Berger and Hugh Compston(eds). *Policy Concertation and Social Partnership in Western Europe: Lessons for the 21st Century.* Oxford: Berghahn Books. 1-16.

Crepaz, M. L. M. 2002a. "Global, Constitutional, and Partisan Determinants of Redistribution in Fifteen OECD Countries." *Comparative Politics.* 22. 169-187.

Crepaz, M. M. L. 2002b. "Domestic and External Constraints on Austrian Corporatism: Challenge and Opportunities." *Acta Politica.* 37(2). 157-174.

Crepaz, M. L. M. and A. Lijphart. 1995. "Linking and Integrating Corporatism and Consensus Democracy: Theory, Concepts and Evidence." *British Journal of Political Science.* 25(2). 281-289.

Crepaz, M. L. M. and V. Birchfield. 2000. "Global Economics, Local Politics: Lijphart's Theory of Consensus Democracy and Politics of the Inclusion." in M. L. Crepaz, T. A. Koeble and D. Wilsford(eds.). *Democracy and Institutions: The Life Work of Arend Lijphart.* Ann Arbor, Michigan: The University of Michigan Press. 197-224.

Crepaz, Markus M. L and Ann W. Moser. 2004. "The Impact of Collective and Competitive Veto Points on Public Expenditures in the Global Age." *Comparative Political Sciences.* 37. 259-285.

Cusack T. R., T. Iversen and D. Soskice. 2007. "Economic Interests and the Origins of Electoral Systems." *American Political Science Review.* 101(3). 373-391.

Cusack, Thomas, Torben Iversen and David Soskice. 2010. "Coevolution of Capitalism and Political Representation: The Choice of Electoral System." *American Political Science Review.* 393-413.

Damgaard, E. 2000. "Denmark. The Life and Death of Government Coalitions." in W. Müller and K. Strøm(eds.). *Coalitions Governments in Western Europe.* Oxford University Press. 231-263.

____________. 2011. "Change and Challenge of Danish Parliamentary Democracy." in Torbjorn Bergman and Kaare Ström(eds.). *The Madisonian Turn: Political Parties and Parliamentary Democracy in Nordic Europe.* 67-111.

Debus, Marc 2011. "Portfolio Allocation and Policy Compromises: How and Why the Conservatives and the Liberal Democrats Formed a Coalition Governmen." *The Political Quarterly.* 82(2). 293-307.

Doctor, M. 2007. "Lula's Development Council: Neo-Corporatism and Policy Reform in Brazil." *Latin American Perspectives.* 34(6).131-148.

Doorenspleet, R. & Pellikaan, H. 2013. "Which Type of Democracy Performs Best?" *Acta Politica.* 48(3). 237-267.

Dorey, Peter. 2002. "Britain in the 1990s: The Absence of Policy Concertation." in Stefan Berger and Hugh Compston(eds.). *Policy Concertation and Social Partnership in Western Europe: Lessons for the 21st Century.* Oxford: Berghahn Books. 63-76.

Due, J. and J. S. Madsen. 2008. "The Danish Model of Industrial Relations: Erosion or Renewal." *Journal of Industrial Relations.* 50(3). 513-529.

Dukelow, Fiona. 2015. "'Pushing against an Open Door': Reinforcing the Neo-liberal Policy Paradigm in Ireland and the Impact of EU Intrusion." *Comparative European Politics.* 13(1). 93-111.

Dumont, Patrick, Lieven D. Winter and Rudy B. Andeweg. 2011. "From Coalition Theory to Coalition Puzzles." in Rudy B. Andeweg, Lieven D. Winter and Patrick Dumont. *Puzzles of Government Formation: Coalition Theory and Deviant Cases.* New York: Routlege Press. 1-23.

Dyson, K. and T. Saalfeld. 2010. "Actors, Structure and Strategies; Policy Continuity and Change under the German Grand Coalition(2005-09)." *German politics.* 19(3/4). 269-282.

Dyson, Kenneth and Stephen Padgett. 2006. "Introduction: Global, Rhineland, or Hybrid Capitalism?" in Kenneth Dyson and Stephen Padgett(eds.). *The Politics of Economic Reform in Germany: Global, Rhineland, or Hybrid Capitalism?* London: Routledge. 1-10.

Dyson, Kenneth. 2006. "Binding Hands as a Strategy for Economic Reform: Government by Commission." in Kenneth Dyson and Stephen Padgett(eds.). *The Politics of Economic Reform in Germany: Global, Rhineland, or Hybrid Capitalism?* London: Routledge. 110-133.

Ebbinghaus, Bernhard and Ankel Hassel. 2000. "Striking Deals: Concertation in the Reform of Continental European Welfare States." *Journal of European Public Policy.* 7(1). 44-62.

Eichhorst, W. and P. Marx. 2011. "Reforming German Labour Market Institutions: A Dual Path to Flexibility." *Journal of European Social Policy.* 21(1). 73-87.

Elgie, R. 2008. "The Perils of Semi-presidentialism. Are They Exaggerated?" *Democratization.* 15(1). 49-83.

_______. 2009. "Duverger, Semi-Presidentialism and the Supposed French Archetype." *West European Politics.* 32(2). 248-267.

_______. 2016. "Three Waves of Semi-presidential Studies." *Democratization.* 23(1). 49-70.

Elgie, R. and S. Moestrup. 2007. "The Choice of Semi-presidentialism and Its Consequences." in R. Elgie and S. Moestrup(eds.). *Semi-Presidentialism Outside Europe.* London: Routledge. 237-263.

Elgie, Robert and Petra Schleiter. 2009. "Variation in the Durability of Semi-Presidential Democracies." Paper presented at the Conference of 21st World Congress of International Political Science Association. Jul. 12-16. Santiago, Chile. 1-37.

Eliasson, Johan. 2004. "Traditions, Identity and Security: the Legacy of Neutrality in Finnish and Swedish Security Policies in Light of European Integration," European Integration online Papers. 8(6). http://eiop.or.at/eiop/pdf/2004-006.pdf

Elvander, Nils. 2002. "The Labour Market Regimes in the Nordic Countries: A Comparative

Analysis." *Scandinavian Political Studies.* 25(2). 117-137.

Encarnacion, Omar G. 1997. "Social Concertation in Democratic and Market Transitions: Comparative Lessons from Spain." *Comparative Political Studies.* 30(4). 387-419.

__________. 2001. "Labour and Pacted Democracy: Post-Franco Spain in Comparative Perspective," *Comparative Politics.* 33(3). 337-355.

Esping-Andersen, G. 1990. *The Three Worlds of Welfare Capitalism.* Princeton: Princeton University Press.

Falco-Gimeno, Albert and Indridi H. Indridason. 2013. "Uncertainty, Complexity, and Gamson's Law: Comparing Coalition Formation in Western Europe." *West European Politics.* 36(1). 221-247.

Fernandes, Jorge M. and Pedro C. Magalhaes. 2016. "Government Survival in Semi-presidential Regimes." *European Journal of Political Research.* 55. 61-80.

Ferreica-Pereira, Laura C. 2006. "Inside the Fence but Outside the Walls: Austria, Finland and Sweden in the Post-Cold War Security Architecture." *Cooperation and Conflict: Journal of the Nordic International Studies Association.* 41(1). 99-122.

Figueiredo, Argelina C. 2007. "Government Coalitions in Brazilian Democracy." *Brazilian Political Science Review.* 1(2). 182-206.

Fink, Marce and Emmerich Tálos. 2004. "Welfare State Retrenchment in Ignoring the Logic of Blame Avoidance?" *Journal of Societal & Social Policy.* 3.

Fisher, Stephen D. and Sara B. Hobolt. 2010. "Coalition Government and Electoral Accountability." *Electoral Studies.* 29. 358-369.

Gallagher, Michael, Michael Laver, and Peter Mair. 1995. *Representative Government in Modern Europe.* New York: McGraw-Hill.

Giddens, Antony. 2000. *The Third Way: The Renewal of Social Democracy.* Cambridge: Polity Press.

Giger, Nathalie and Moira Nelson 2011. "The Electoral Consequences of Welfare State Retrenchment: Blame Avoidance or Credit Claiming in the Era of Permanent Austerity." *European Journal of Political Research.* 50. 1-23.

Giuliani, Marco. 2016. "Pattern of Democracy Reconsidered: The Ambiguous Relationship between Corporatism and Consensualism." *European Journal of Political Research.* 55. 22-42.

Glassner, V. and M. Keune. 2010. *Collective Bargaining Responsive to the Economic Crisis in Europe.* Brussel: Issue January.

Green-Pedersen, C. and L. H. Thomsen. 2005. "Block Politics vs. Broad Cooperation? The Functioning of Danish Minority Parliamentarism." *Journal of Legislative Studies.* 11(2). 153-169.

Hacker, Jacob S. and Paul Pierson. 2010. "Winner-Take-All Politics: Public Policy, Political Organization, and the Precipitous Rise of Top Incomes in the United States. *Politics and Society.* 38(2). 152-204.

Hagevi, Magnus. 2015. "Bloc Identification in Multi-Party System: The Case of the Swedish Two-Bloc System." *West European Politics.* 38(1). 73-92.

Hallerberg, Mark. 2010. "Empirical Applications of Veto Player Analysis and Institutional Effectiveness." in Thomas König, George Tsebelis and Marc Debus(eds.). *Reform Processes and Policy Change: Veto Players and Decision-Making in Modern Democracies.* New York: Springer. 21-42.

Hamann, K and J. Kelly. 2007. "Party Politics and the Reemergence of Social Pacts in Western

Europe." *Comparative Political Studies.* 40(8). 53-71.

______________________. 2011. *Parties, Elections, and Policy Reforms in Western Europe: Voting for Social Pacts.* London and New York: Loutledge.

Hancké, Bob and Martin Rhodes. 2005. "EMU and Labour Market Institutions in Europe: The Rise and Fall of National Social Pacts." *Work and Occupations.* 32(2). 196-228.

Hancock, M. Donald. 1989. *West Germany: The Politics of Democratic Corporatism.* New York: Chatham.

Hardiman, Niamh. 2002. "From Conflict to Co-ordination: Economic Governance and Political Innovation in Ireland." *West European Politics.* 25(4). 1-24.

Hassel, Anke. 2003. "The Politics of Social Pacts." *British Journal of Industrial Relations.* 41(4). 707-726.

___________. 2009. "Policies and Politics in Social Pacts in Europe." *European Journal of Industrial Relations.* 15(1). 7-26

Hastings, Thomas and J. Heyes. 2018. "Farewell to Flexicurity? Austerity and Labor Policies in the European Union." *Economic and Industrial Democracy.* 39(3). 458-480.

Hausermann, S., G. Picot and D. Geering. 2012. "Rethinking Party Politics and the Welfare State." *British Journal of Political Science.* 43. 221-240.

Haverland, M. and S. Stiller. 2010. "The Grand Coalition and Pension and Health Care Reform." *German Politics.* 19(3/4). 429-445.

Hays, J. C. 2003. "Globalization and Capital Taxation in Consensus and Majoritarian Democracies." *World Politics.* 56.

Heinish, Reinhard. 2000. "Coping with Economic Integration: Corporatist Strategies in Germany and Austria in 1990s." *West European Politics.* 23(3). 67-96.

_______________. 2003. "Success in Opposition or Failure in Government: Explaining the Performance of Right-wing Popularist Parties in Public Office." *West European Politics.* 26(3). 91-130.

_______________. 2012. "Austrian Social Policy Reform in the Era of Integration and Rising Populism." in Gary B. Cohen et al.(eds.). *Social Policy in the Smaller European Union States.* New York: Berghahn Books. 131-151.

Hemerijck, A. 2002. "The Netherlands in Historical Perspective: The Rise and Fall of Dutch Policy Concertation." in S. Berger and H. Compston(eds). *Policy Concertation and Social Partnership in Western Europe: Lessons for the 21st Century.* Oxford: Berghahn Books. 221-233.

Hemerijck, A. C. and M. I. Vail. 2004. "The Forgotten Center: The State as Dynamic Actor in Corporatist Political Economies." *Mimeo.* 1-48.

Hering, Martin. 2008. "Welfare State Restructuring without Grand Coalitions: The Role of Informal Cooperation in Blame Avoidance." *German Politics.* 17(2). 165-183.

Hermansson. Jörgen. 2004. "Power and Democracy in Sweden at the Turn of the Century." Paper prepared for the Conference on 'Small States in World Markets'. Seoul, Korea, October 14-15. 3-43.

Heyes, Jason. 2011. "Flexicurity, Employment Protection and the Job Crisis." Work, *Employment and Society.* 25(4). 642-657.

Heyes, Jason. 2013. "Flexicurity in Crisis: European Labour Market Policies in a Time of Austerity." *European Journal of Industrial Relations.* 19(1). 71-86.

Heyes, J. and P. C. Lewis. 2014. Employment Protection under Fire: Labour Market Deregulation and Employment in the European Union. *Economic and Industrial Democracy.* 35(4). 587-607.

Hirst, Paul. 1994. *Associative Democracy: New Forms of Economic and Social Governance.* Amherst: University of Massachusets Press.

Hobolt, Sara B. and Jeffrey A. Karp 2010. "Voters and Coalitions Governments." *Electoral Studies.* 29. 299-307.

Huber, E. and J. Stephens. 2001. *Development and Crisis of the Welfare State: Parties and Policies in Global Markets.* Chicago: University of Chicago Press.

Immergut, Ellen M. and Karen M. Anderson. 2007. "Editors' Introduction: The Dynamics of Pension Politics." in Ellen M. Immergut, K. M. Anderson and I. Schulze(eds.). *The Handbook of Western European Pension Politics.* Oxford: Oxford University Press. 1-45.

Indridason, Indridi H. 2011. "Coalition Formation and Polarisation'." *European Journal of Political Research.* 50(5). 689-718.

Iversen, T. and D. Soskice. 2006. "Electoral Institutions and the Politics of Coalition: Why Some Democracies Redistribute More Than Others." *American Political Science Review.* 100(2). 165-180.

____________. 2009. "Distribution and Redistribution: The Shadow of the 19 Century." *World Politics.* 61(3). 438-486.

____________. 2010. "Dualism and Political Coalitions: Inclusionary versus Exclusionary Reforms in an Age of Rising Inequalities." Paper prepared for presentation at the annual Meeting of the American Political Science Association, Toronto. September 3-6. 1-35.

____________. 2015. "Democratic Limits to Redistribution: Inclusionary versus Exclusionary Coalitions in the Knowledge Economy." *World Politics.* 67(2). 185-225.

Iversen, Torben and Johen D. Stephens. 2008. "Partisan Politics, Welfare State, and Three Worlds of Human Capital Formation." *Comparative Political Studies.* 41(4/5). 600-637.

Jensen, C. 2011. "Negotiated Expansion: Left Wing Governments, Corporatism and Social Expenditure in Mature Welfare State." *Comparative European Politics.* 9(2). 168-190.

______. 2002. "Denmark in Historical Perspective: Towards Conflict-based Consensus," in Stefan Berger and Hugh Compston(eds.). *Policy Concertation and Social Partnership in Western Europe: Lessons for the 21st Century.* Oxford: Berghahn Books, 77-82.

Jones, Mark P. 1995. *Electoral Laws and the Survival of Presidential Democracies.* Notre Dame, IN: Notre Dam University.

Jungar, Ann-Cathrine. 2011. "The Rainbow Coalition: A Surplus Majority Coalition in Finland." in Rudy B. Andeweg, Lieven D. Winter and Patrick Dumont. *Puzzles of Government Formation: Coalition Theory and Deviant Cases.* New York: Routlege Press. 129-146.

Jyranki, A. 2007. "Presidential Elements in Government: Finland: Foreign Affairs as the Last Stronghold of the Presidency." *European Constitutional Law Review.* 3(2). 285-306.

Kangas, Olli. 2007. "Finland: Labor Markets against Politics." in Ellen M. Immergut, K. M. Anderson and I. Schulze(eds.). *The Handbook of West European Pension Politics.* Oxford: Oxford University Press. 248-296.

Karsh, Efraim. 1986. "Finland: Adaptation and Conflict." *International Affairs.* 62(2). 265-278.

Karvonen, L. 2014. Parties, *Governments and Voters in Finland: Politics under Fundamental Societal Transformation.* Colchester: ECPR Press.

Kaupinen, Timo. 2000. "Social Pacts in Finland." in G. Fjertag and P. Pochet(eds.). *Social Pacts in Europe - New Dynamics. 2nd Brussel: European Trade Union Institute.* 161-185.

Keeler, John T. S. and Martin A. Schain. 1997. "Institutions, Political Poker, and Regime Evolution in France." in Kurt von Mettenheim(ed.). *Presidential Institutions and Democratic Politics: Comparing Regional and National Contexts.* Baltimore, MD: The Johns Hopkins University Press. 84-105.

Keman, Hans and Paul Pennings. 1995. "Managing Political and Societal Conflict in Democracies: Do Consensus Democracy and Corporatism Matter?" *British Journal of Political Science.* 25(2). 271-281.

Kirschke, L. 2007. "Semi-presidentialism and the Perils of Power-sharing in Neopatrimonial States." *Comparative Political Studies.* 40(11). 1372-1394.

Kitschelt, Herbert and Wolfgang Streeck. 2004. "From Stability to Stagnation: Germany at the Beginning of the Twenty-first Century." in H. kitschelt and W. Streeck(eds.). *Germany: Beyond the Stable State.* London: Frank Cass. 1-34.

Kivimki, Timo. 2015. "Finlandization and the Peaceful Development of China." *Chinese Journal of International Politics.* 8(2). 1-28.

Klosse, S. 2003. "Flexibility and Security: A Feasible Combination?" *European Journal of Social Security.* 5(3). 191-213.

Klöti, Ulrich. 2001. "Consensual Government in a Heterogeneous Polity." *West European Politics.* 24(2)(April). 19-34.

Knotz, Carlos and J. Lindvall. 2015. "Coalitions and Compensation: The Case of Unemployment Benefits Duration." *Comparative Political Studies.* 48(5). 586-615.

Korpi, Walter. 2006. "Power Resources and Employer-centered Approach in Explanations of Welfare States and Varieties of Capitalism: Protagonists, Consenters, and Antagonists." *World Politics.* 58. 167-206.

Kropp, Sabine. 2010. "The Ubiquity and Strategic Complexity of Grand Coalition in the German Federal System." *German Politics* 19(3/4). 286-311.

Kuisma, mikko and Magnus Ryner 2012. "Third Way Decomposition and the Rightway Shift in Finnish and Swedish Politics." *Contemporary Politics.* 18(3). 325-342.

Kvist, Jon and Lisbeth Pedersen. 2007. "Danish Labour Market Activation Policies." *National Institute Economic Review.* 202. 99-112.

Larsen, F. 2004. "The Importance of Institutional Regimes for Active Labour Market Policies: The Case of Denmark." Paper presented at the TLM Workshop, Rotterdam. April 26-27. 1-21.

Leaman, Jeremy. 2002. "Germany in the 1990s: The Impact of Reunification. " in Stefan Berger and Hugh Compston(eds.). *Policy Concertation and Social Partnership in Western Europe: Lessons for the 21st Century.* Oxford: Berghahn Books. 139-153.

Lehmbruch, Gehard. 1984. "Concertation and the Structure of Corporatist Network." in J. Goldthrope(ed.). *Order and Conflict in Contemporary Capitalism.* Oxford: Oxford University Press. 61-80.

__________. 1993. "Consociational Democracy and Corporatism in Switzerland." *Publius.* 23(2)(Spring). 43-60.

__________. 2002. "Quasi-Consociationalism in German Politics: Negotiated Democracy and the Legacy of the Westphalian Peace." *Acta Politica.* 37(2). 175-194.

___________________. 2003. "Welfare State Adjustment between Consensual and Adversarial Politics: The Institutional Context of Reform in Germany." in Frans van Waarden and Gerhard Lehmbruch(eds.). *Renegotiating the Welfare State: Flexible Adjustment through Corporatist Concertation.* London: Routledge. 142-68.

Li, Q and R. Reuveny. 2003. "Economic Globalization and Democracy: An Empirical Analysis." *British Journal of Political Science.* 33(1). 29-54.

Lijphart, A. and M. M. L. Crepaz. 1991. "Corporatism and Consensus Democracy in Eighteen Countries: Conceptual and Empirical Linkages." *British Journal of Political Science.* 21. 235-256.

Lijphart, Arend. 1969. "Consociational Democracy: Type of Western Democratic Systems." *World Politics.* 20(January). 207-225.

______________. 1977. *Democracy in Plural Societies.* New Haven: Yale University Press.

______________. 1984. *Democracies: Patterns of Majoritarian and Consensus Government in Twenty-One Countries.* New Haven and London: Yale University Press.

______________. 1991. "Constitutional Choice for New Democracies." *Journal of Democracy.* 2(1): 72-84.

______________. 1994. "Democracies: Form, Performance, and Consociational Engineering." *European Journal of Political Research.* 25(1). 1-17.

______________. 2002a. "The Wave of Power-sharing Democracy." in Andrew Reynolds(ed.). *The Architecture of Democracy: Constitutional Design, Conflict Management, and Democracy.* Oxford: Oxford University Press. 37-54.

______________. 2002b. "The Evolution of Consociational Theory and Consociational Practice, 1965-2000." *Acta Politica.* 37(2). 11-22.

______________. 2004. "Constitutional Design for Divided Societies." *Journal of Democracy.* 15(2). 96-109.

______________. 2008. *Thinking about Democracy: Power-sharing and Majority Rule in Theory and Practice.* New York: Routledge.

______________. 2012. *Patterns of Democracy: Government Forms and Performance in Thirty-Six Countries.* 2nd ed. New Haven: Yale University Press.

Lind, J. and Iver H. Møller. 2006. "Activation for What Purpose? Lessons from Denmark." *International Journal of Sociology and Social Policy.* 26(1/2). 5-19.

Lindvall, J. 2010. "Power Sharing and Reform Capacity." *Journal of Theoretical Politics.* 22. 359-376.

Lindvall, J. and D. Rueda. 2014. "The Insider-Outsider Dilemma." *British Journal of Political Science.* 44. 460-475.

Lindvall, Johannes, and David Rueda. 2012. "Insider-outsider Politics: Party Strategies and Political Behavior in Sweden." in Patric Emmenegger, Silja Hausermann, Bruno Palier, and Martin Seeleib-Kasier(eds.). The Age of Dualization: *The Changing Face of Inequality in Deindustrializing Societies.* Oxford, UK: Oxford University Press.

Linz, Juan J. 1994. "Presidential or Parliamentary Democracy: Does It Make a Difference?" in Juan Linz and Arturo. Valenzuela(eds.). The Failure of Presidential Democracy: Comparative Perspective. Baltimore, MD: The Johns Hopkins University Press. 3-87.

Linz, Juan J. and Alfred Stepan. 1996. *Problems of Democratic Transition and Consolidation: Southern Europe, South America, and Post-Communist Europe.* Baltimore: Johns Hopkins University Press.

Lupia, Arthur and Kaare Strom 2008. "Bargaining, Transaction Costs, and Coalition Governance". in Kaare Strom., Wolfgang C. Müller and Torbjorn Bergman(eds.). *Cabinet Governance: Bargaining and the Cycle of Democratic Politics.* Oxford: Oxford University Press. 51-83.

Luther, K. R. and Wolfgang C. Müller. 1992. "Consociationalism and the Austrian Political system," *West European Politics.* 15(1). 1-13.

Luther, K. R. 2009. "The Revival of the Radical Right: The Austrian Parliamentary Election of 2008." *West European Politics.* 32(5). 1049-1061.

Machado, Aline. 2009. Minimum Winning Electoral Coalitions under Presidentialism: Reality or Fiction? The Case of Brazil. ??

Madsen, P. K. 2004. "The Danish Model of Flexicurity: Experience and Lesson." *Transfer.* 10(2). 187-207.

Magni-Berton, Raul. 2013. "Reassessing Duvergerian Semi-Presidentialism: An Electoral Perspective." *Comparative European Politics.* 11(2). 222-248.

Mailand, Mikkel. 2002. "Denmark in the 1990s: Status Quo or a More Self-Confident State?" in Stefan Berger and Hugh Compston(eds.). *Policy Concertation and Social Partnership in Western Europe: Lessons for the 21st Century*, Oxford: Berghahn Books. 83-95.

______________. 2010. "The Common European Flexicurity Principles: How a Fragile Consensus was Reached." *European Journal of Industrial Relations.* 16(3). 241-257.

Mainwaring, Scott and Matthew S. Shugart. 1997. "Juan Linz, Presidentialism and Democracy. A Critical Appraisal." *Comparative Politics.* 29(4). 449-471.

Mainwaring, Scott and Timothy R. Scully, 1995. "Conclusions: Party Systems in Latin America." in S. Mainwaring and T. R. Scully(eds.). *Building Democratic Institutions: Party Systems in Latin America.* Stanford, CA: Stanford University Press. 1-34.

Mainwaring, Scott. 1993. "Presidentialism, Multipartism and Democracy: the Difficult Combination." *Comparative Political Studies.* 26(2). 198-228.

Manow, Philip. 2002. "Consociational Roots of German Corporatism: The Bismarckian Welfare State and German Political Economy." *Acta Politica.* 37(2). 195-212.

Martin, C. J. and D. Swank. 2008. "The Political Origins of Coordinated Capitalism: Business Organizations, Party Systems, and State Structure in the Age of Innocence." *American Political Science Review.* 102(2). 181-198.

McCarty, Nolan, Keith T. Poole and Howard Ros*enthal. 2006. Polarized America: The Dance of Ideology and Unequal Riches.* MIT Press.

Menz, Georg. 2006. "Old Bottles - New Wine: The New Dynamics of Industrial Relations," in Kenneth Dyson and Stephen Padgett(eds). *The Politics of Economic Reform in Germany: Global, Rhineland, or Hybrid Capitalism?* London: Routledge. 82-93.

Molina, Romo and Martin Rhodes. 2002. "Corporatism: The Past, Present, and Future of a Concept." *Annual Review of Political Science.* 5. 305-331.

Moury, Catherine and M. Ferguson. 2014. "Case Study One: Germany." in C. Moury(ed.). *Coalitions Government and Party Mandate.* London: Routledge. 32-53.

Muffels, RJA. and T. Wilthagen. 2013. "Flexicurity: A New Paradigm for the Analysis of Labor Markets and Policies Challenging the Trade-off between Flexiblity and Security." *Sociological Compass.* 7(2). 111-122.

Muffels, Ruud, Colin and T. Wilthagen. 2014. "Flexibility and Security: National Social Models in Transnational Labour Markets." *Transfer.* 20(1). 99-114.

Müller, W. C., T. Bergman, and K. Strøm. 2008. "Coalition Theory and Cabinet Governance." in K. Strøm, W. C. Müller and T. Bergman(eds.). *Cabinets and Coalition Bargaining: The Democratic Life Cycle in Western Europe.* Oxford: Oxford University Press. 1-50.

Müller, Wolfgang C. 2003. "Austria: Tight Coalitions and Stable Government." in W. C. Müller and K. Strøm(eds.). *Coalition Governments in Western Europe.* Oxford: Oxford University Press. 86-125.

________________. 2006. "Towards a Liberal Market Economy? Political Economy and Political Forces of Change in Austria," Proto-Paper prepared for the conference, *Austria as a Mirror for Small States in the European Union.* Minda de Gunzburg Center for European Studies, Harvard University. 1-15.

Müller, Wolfgang C. and Franz Fallend. 2004. "Changing Patterns of Party Competition in Austria: From Multipolar to Bipolar System." *West European Politics.* 27(5). 801-835.

Müller, W. C. and K. Strøm. 2003. "Coalition Governance in Western Europe; An Introduction." in W. C. Müller and K. Strøm. *Coalition Governments in Western Europe.* Oxford: Oxford university Press. 1-31.

Müller, Wolfgang C. and Kaare Strom. 2008. "Coalition Agreements and Cabinet Governance." in Kaare Strom., Wolfgang C. Müller and Torbjorn Bergman(eds.). *Cabinet Governance: Bargaining and the Cycle of Democratic Politics.* Oxford: Oxford University Press. 159-199.

Müller, Wolfgang C., Torbjorn Bergman, and Kaare Strom. 2008. "Coalition Theory and Cabinet Governance: An Introduction." in Kaare Strom., Wolfgang C. Müller and Torbjorn Bergman(eds.). *Cabinet Governance: Bargaining and the Cycle of Democratic Politics.* Oxford: Oxford University Press. 1-50.

Müller, Wolfgang. C. and Thomas M. Meyer. 2010. "Mutual Veto? How Coalitions Work." in Thomas König, George Tsebelis and Marc Debus(eds.). *Reform Processes and Policy Change: Veto Players and Decision-Making in Modern Democracies.* New York: Springer. 99-124.

Norris, Pippa. 2008. *Driving Democracy: Do Power-Sharing Institutions Work?* Cambridge: Cambridge University Press.

Nousiainen, J. 2000. 'From Semi-presidentialism to Parliamentary Government: Political and Constitutional Development in Finland', in Karvonen, L. and Stahlverg, K.(eds). Festchrift for Dag Anckar on his 60th Birthday on February 12, 2000, Abo: Abo Akademi University Press. 337-52.

Nousiainen, Jaakko. 2003. "Finland: The Consolidation of Parliamentary Government." in W. C. Müller and K. Srøm(eds.). *Coalition Governments in Western Europe.* New York: Cambridge University Press. 264-299.

Nurmi, H and Nurmi, L. 2015. The Parliamentary election in Finland. *Electoral Studies.* 40. 430-447.

Öberg, PerOla, Torsten Svesson, Peter M. Christiansen, Asbjørn S. Nørgaard, Hilmar Rommetvedt and Gunnar Thesen. 2011. "Disrupted Exchange and Declining Corporatism: Government Authority and Interest Group Capability in Scandinavia." *Government and Opposition.* 46(3). 365-391.

Obinger, Herbert and Emmerich Tálos. 2010. "Janus-Faced Developments in a Prototypical Bismarckian Welfare State. Welfare Reform in Austria since the 1970s." in Bruno Palier(ed,). *A Long Goodbye to Bismarck? The Politics of Welfare Reform in Continental Europe.* Amsterdam: Amsterdam University Press. 101-128.

O'Connor, Emmet. 2002. "Ireland in Historical Perspective: The Legacies of Colonialism - Edging

Towards Policy Concertation." in Stefan Berger and Hugh Compston (eds.). *Policy Concertation and Social Partnership in Western Europe: Lessons for the 21st Century.* Oxford: Berghahn Books. 155-166.

O'Connor, Emmet. 2004. "Social Partnership in Ireland." Paper prepared for the Conference on 'the Small State in World Market. Seoul, Korea. 84-101.

O'Donnell, Rory and Damian Thomas. 2002. "Ireland in the 1990s: Policy Concertation Triumphant." in Stefan Berger and Hugh Compston(eds.). *Policy Concertation and Social Partnership in Western Europe: Lessons for the 21st Century.* Oxford: Berghahn Books. 167-189.

O'Donnell, Rory, Maura Adshead and Damian Thomas. 2011. "Ireland: Two Trajectories of Institutionalization." in Avdagic, Sabina, Martin Rhodes, and Jelle Visser. 2011. *Social Pacts in Europe: Emergence, Evolution, and Institutionalization.* Oxford: Oxford University Press. 89-117.

Oorschot, v. W. 2004. "Flexible Work and Flexicurity Policies in the Netherlands: Trends and Experiences." *European Review of Labour and Research.* 10(2). 208-225.

Palier, Bruno. 2006. "The Re-Orientation of European Social Policies toward Social Investment," http://www.cprn.org. 105-116.

Paloheimo, H. 2001. "Divided Government in Finland: from a Semi-presidential to a Parliamentary Democracy." in R. Elgie(ed.). *Divided Government in Comparative Perspective.* Oxford: Oxford University Press. 86-105.

__________. 2003. "The Rising Power of the Prime Minister in Finland." *Scandinavian Political Studies.* 26(3). 219-44.

Pasquino. G. 2007. "The Advantages and Disadvantages of Semi-Presidentialism: A West European Perspective." in R. Elgie and S. Moestrup(eds.). *Semi-Presidentialism Outside Europe.* London: Routledge 14-29.

Pelinka, Anton. 2002. "Consociational Democracy in Austria: Political Change, 1968-1998." *Acta Politica.* 37(2). 139-156.

Persson, Torsten and G. Tabellini. 2003. *The Economic Consequences of Constitutions.* MIT Press.

Pierce, R. 1991. "The Executive Divided against Itself: Cohabitation in France. 1986-88." *Governance.* 4(3). 270-294.

Pierson, Paul. 1996. "The New Politics of the Welfare State." *World Politics.* 48(January). 143-179.

Pierson, Paul(ed.). 2001. *The New Politics of the Welfare State.* Oxford: Oxford University Press.

Plasser, F. and P. A. Ulram. 1999. *The Analysis of National Election in 1999.* Vienna: Center for Applied Political Research.

Pontusson, J. 2005. *Inequality and Prosperity: Social Europe vs Liberal America.* Itahaca and London: Cornell University Press.

Powell, G. Bingham. 2000. "Political Responsiveness and Constitutional Design." in Markus M. L. Crepaz, T. A. Koelble, and D. Wilsford(eds.). *Democracy and Institutions.* Ann Arbor: The University of Michigan Press. 9-41.

Power, Timothy and Mark J. Gasiorowski. 1997. "Institutional Design and Democratic Consolidation in the Third World." *Comparative Political Studies.* 30(2). 123-155.

Power, Timothy J. 2010. "Optimism, Pessimism, and Coalitional Presidentialism: Debating the Institutional Design of Brazilian Democracy." *Bulletin of Latin America Research.* 29(1). 18-33.

Protsyk, O. 2005. "Politics of Intraexecutive Conflict in Semipresidential Regimes In Eastern

Europe." *East European Politics and Societies.* 19(2). 135-160.

________. 2006. "Intra-executive Competition between President and Prime Minister: Patterns of Institutional Conflict and Cooperation under Semi-presidentialism." *Political Studies* 54. 219-244.

Rahkola, J. 2010. "Traditional Finnish Tripartite Structure." Presentation at New Social Risks in the Nordic Societies Seminar in Helsinki. Oct.

Raile, Eric D., Carlos Pereira, and Timonthy J. Power. 2006. "The Presidential Toolbox: Generating Support in a Multiparty Presidential Regime." Paper presented to the Annual Meeting of the American Political Science Association, Philadelphia 31 August-3 September. 1-38.

Rainio-Niemi, Johanna. 2008. Small State Cultures of Consensus. State Traditions and Cosensus-Seeking in the Neo-Corporatist and Neutrality Policies in Post-1945 Austria and Finland. Doctoral Dissert+ation. Faculty of Social Sciences University of Helinki.

____________________. 2010. "State Committees in Finland in Historical Comparative Perspective." in Risto Alapuro and Henrik Stenlus(eds). *Nordic Associations in a European Perspective.* Baden-Baden: Normos Verlagsgesellschaft. 241-268.

Rasmussen, Anne and Gert-Jan Lindeboom. 2013. "Interest Group-Party Linkage in the Twenty-first Century: Evidence from Denmark, the Netherlands and the United Kingdom." *European Journal of Political Research.* 52(2). 264-289.

Raunio, T. 2008. "The Changing Democracy: Stronger Parliamentary Accountability, Coalescent Political Parties and Weaker External Constraints." *Scandinavian Political Studies.* 27(2). 133-152.

___________. 2011. "Finland: Moving in the Opposite Direction." in Torbjorn Bergman and Kaare Strøm(eds.). *The Madisonian Turn: Political Parties and Parliamentary Democracy in Nordic Europe.* 112-157.

________. 2012. "Semi-presidentialism and European Integration: Lesson from Finland for Constitutional Design." *Journal of European Public Policy.* 19(4). 567-584.

________. 2016. "Refusing to Sidelines: The Engagement of the Finnish Eduskunta in Foreign Policy." *Scandinavian Political Studies.* 39(4). 312-332.

Raunio, T. and M. Wiberg. 2001. "Parliamentarizing Foreign Policy Decision-Making: Finland in the European Union." *Cooperation and Conflict.* 369. 61-86.

______________________. 2008a. The Eduskunta and the Parliamentarisation of Finnish Politics: Formally Stronger, Politically Still Weak? *West European Politics.* 31(3). 581-599.

______________________. 2008b. "Finland: Polarized Pluralism in the Shadow of a Strong President." in K. Strom, W. C. Müller and T. Bergman(eds.). *Delegation and Accountability in Parliamentary Democracies.* Oxford: Oxford University Press.

Regini, Marino. 2003. "Tripartite Concertation and Varieties of Capitalism." *European Journal of Industrial Relations.* 9(3). 251-263.

Rehn, Gösta. 1991. "Sweden's Active Labour Market Policy." 고려대학교 노동문제 연구소(편). 『한국자본주의와 산업민주주의』. 101-153.

Reynolds, A. 2000. "Majoritarian or Power-sharing Government." in M. L. Crepaz, T. A. Koeble and D. Wilsford(eds.). *Democracy and Institutions.* Ann Arbor, Michigan: The University of Michigan Press. 155-195.

Rhodes, M. 2001. "The Political Economy of Social Pacts: 'Competitive Corporatism' and European Welfare Reform." in Paul Pierson(ed.). *The New Politics of the Welfare State.* Oxford: Oxford University Press. 165-196.

Roche, W. 2007. "Social Partnership in Ireland and New Social Pacts." *Industrial Relations*. 46(3). 395-425.

Roe, Mark J. 2003. P*olitical Determinants of Corporate Governance*. Oxford: Oxford University Press.

Rogowski, R. 2008. "Governance of the European Social Model. The Case of Flexicurity." *Intereconomics*. 43(2). 82-91.

Rommetvedt, Hilmar, Gunnar Thesen, Peter M. Christiansen and Asbjørn S. Nørgaard. 2013. Coping with Corporatism in Decline and the Revival of Parliament: Interest Group Lobbyism in Denmark and Norway, 1980-2005. *Comparative Political Studies*. 46(4). 457-485.

Royo, Sebastian. 2005. "From Contention to Social Bargaining: Labour Unions and Democratic Consolidation in Spain." *Democratization*. 12(1). 60-84.

Rudra, N. 2005. "Globalization and the Strengthening of Democracy in the Developing World." *American Journal of Political Science*. 49(4). 704-730.

Rueda, David. 2014. "Dualization, Crisis, and the Welfare State." *Socio-Economic Review* 12(2). 381-407.

__________. 2014. "Dualization, Crisis, and the Welfare State." *Socio-Economic Review*. 12(2). 381-407.

Rustow, Dankwart. 1970. "Transition to Democracy." *Comparative Politics*. 2(3). 337-363.

Saalfeld, Thomas. 2003. "Germany: Stable Parties, Chancellor Democracy, and the Art of Informal Settlement." iin W. C. Müller and K. Strøm(eds.). *Coalition Governments in Western Europe*. Oxford: Oxford University Press. 32-85.

Samuels, David and Kent Eaton, 2002. "Presidentialism and Parliamentarism: The State of the Literature and Agenda for Future Research. "Paper presented the Conference on the Consequences of Political Institutions in Democracy. Duke University, NC.

Sartori, G. 1997. *Comparative Constitutional Engineering: An Inquiring into Structures, Incentives and Outcomes*. Basingstoke: Macmillan.

Schimidt, Manfred G. 2002. "The Consociational State, Hypotheses Regarding the Political Structure and Potential for Democratization of the European Union." *Acta Politica*. 37(2). 213-227.

_______________. 2005. "Still on the Middle Way: The Federal Republic of Germany in the Pre- and Post-1990 Period." Unpublished Paper 1-34.

_______________. 2007. *Political Institutions in the Federal Republic of Germany*. Oxford: Oxford University Press.

Schleiter, Petra and Edward Morgan-Jones. 2009. "Party Government in Europe? Parliamentary and Semi-Presidential Democracies Compared." *European Journal of Political Research*. 48. 665-693

Schmitter, P. C. 1992. "The Consolidation of Democracy and Representation of Social Groups," *American Behavioral Scientist*. 35. 422-449.

Schneider, Ben Ross. 1995. "Democratic Consolidations: Some Broad Comparisons and Sweeping Arguments." *Latin American Research Review*. 30. 215-233.

Scholten, Ilja. 1987. "Introduction: Corporatist and Consociational Arrangements." in I. Scholten(ed.). *Political Stability and Neocorporatism: Corporatist Integration and Societal Cleavages in Western Europe*. London. Beverly Hills: SAGE Publications. 1-38.

Schulze, I. and M. Schludi. 2007. "Austria: From Electoral Cartels to Competitive Coalition-Building." in Ellen M. Immergut, K. M. Anderson and I. Schulze(eds.). *The Handbook of West European*

Pension Politics. Oxford: Oxford University Press. 555-603.

Schulze, I. and S. Jochem. 2007. "Germany: Beyond Political Gridlock." in E. M. Immergut(eds.). *The Handbook of Western European Pension Politics.* Oxford: Oxford University Press. 660-710.

Seeleib-Kaiser, Martin, Silke van Dyk and Martin Roggenkamp. 2009. *Party Politics and Social Welfare: Comparing Christian and Social Democracy in Austria, Germany and the Netherlands,* Cheltenham.

Shen, Yu-chung. 2011. "Evolution of Semi-Presidentialism: Toward a Quasi-Parliamentary or a Quasi-Presidential System?" Paper presented at IPSA-ECPR Joint Conference, Whatever Happened to North-South? *International Political Science Association* (IPSA), Sao Paulo, Brazil. 16-19 February. 1-23.

Shugart, M. S. 2005. "Semi-presidential System: Dual Executive and Mixed Authority Patterns." *French Politics.* 3(3). 323-351.

Shugart, M. S. and J. M. Carey. 1992. *Presidents and Assembly: Constitutional Design and Electoral Dynamics:* Cambridge: Cambridge University Press.

Shugart, Matthew and Stephan Haggard, 2001. "Institutions and Public Polivy in Presidential Systems." in S. Haggard and M. McCubbins(eds.). *Presidents, Parliaments and Policy.* Cambridge University Press.

Skach, C. 2005. *Borrowing Constitutional Design Constitutional Law in Weimar Germany and the French Fifth Republic.* Princeton: Princeton University Press.

________. 2007. "The Newest Separation of Powers: Semi-presidentialism." *International Journal of Constitutional Law.* 5(1). 93-121.

Skjaeveland, Asbjorn, Soren Serritzlew and Jens Blom-Hansen. 2007. "Theories of Coalition Formation: An Empirical Test Using Data from Danish Local Government." *European Journal of Political Research.* 46. 721-745.

Slomp, Hand. 2011. *Europe, A Political Profile: An American Companion to European Politics.* California: ABC-CLLO. LLC.

Soskice, David. 1999. "Divergent Production Regimes: Coordinated and Uncoordinated Market Economies in the 1980s and 1990s." in H. Kitschelt, P. Lange, G. Marks and J. Stephens(eds.). *Continuity and Change in Contemporary Capitalism.* Cambridge: Cambridge University Press. 101-134.

Stratmann, Thomas and Martin Baur. 2002. "Plurality Rule, Proportional Representation, and the German Bundestag: How Incentives to Pork-Barrel Differ Across Electoral Systems." *American Journal of Political Science.* 46(3). 506-514.

Streeck, W. and C. Trampush. 2006. "Economic Reform and the Political Economy of the German Welfare." in K. Dyson and S. Padgett(eds.). *The Politics of Economic Reform in Germany.* London: Routledge. 60-81.

Strøm, K, T. Bergman, W. C. Müller and B. Nyblade. 2008. "Conclusion: Cabinet Governance in Parliamentary Democracies." in K. Strøm, W. C. Müller and T. Bergman(eds.). *Cabinets and Coalition Bargaining: The Democratic Life Cycle in Western Europe.* Oxford: Oxford University Press. 403-430.

Strøm, K., W. C. Müller and T. Bergman(eds.). 2008. *Cabinet Governance: Bargaining and the Cycle of Democratic Politics.* Oxford: Oxford University Press.

Strøm, Kaare and T. Bergman. 2011. "Parliamentary Democracies under Siege?" in T. Bergman and K. Strøm(eds.). *The Madisonian Turn: Political Parties and Parliamentary Democracy* in *Nordic Europe.* Ann Arbor: University of Michigan Press. 3-34.

Strøm, Kaare, Torbjorn Bergman, Wolfgang C. Müller, and Benjamin Nyblade. 2008. "Conclusion: Cabinet Governance in Parliamentary Democracies." in Kaare Strom., Wolfgang C. Müller and Torbjorn Bergman(eds.). *Cabinet Governance: Bargaining and the Cycle of Democratic Politics.* Oxford: Oxford University Press. 403-430.

Swank, Duane. 2002. *Global Capital, Political Institutions, and Policy Change in Developed Welfare State.* Cambridge University Press.

Tálos, Emmerich and Bernhard Kittel. 2002. "Austria in the 1990s: The Routine of Social Partnership in Question? in Stefan Berger and Hugh Compston(eds). Policy *Concertation and Social Partnership in Western Europe.* New York: Berghan Books. 35-50.

Taylor-Goodby, Peter. 2007. "Social Investment in Europe: Bold Plan, Slow Progress and Implications for Korea." 한국사회복지학회·한국 사회정책학회.『한국 사회의 미래와 사회투자 정책』. 2월. 프레스센터 국제 회의장. 6-50.

Topperwien, Nicole. 2004. "Participation in the Decision-Making Process as A Means of Group Accommodation." in G. Alan Tarr, Robert Williams and Josef Marko(eds.). *Federalism, Subnational Constitutions, and Minority Rights.* Westport: Praeger. 41-52.

Traxler, Franz. 1995. "From Demand-side to Supply-side Corporatism? Austrias Labour Relations and Public Policy." in Colin Crouch and Franz Traxler(eds.). *Organised Industrial Relations in Europe: What Future?.* England: Avebury. 271-286.

Traxler, Franz. 1998. "Austria: Still the Country of Corporatism." in P. Edwards(eds.). *Changing Industrial Relations in Europe,* Blackwell. 239-261.

Tsai, J. H. 2008. "Sub-type of Semi-Presidentialism and Political Deadlock." *French Politics.* 6(1). 63-84.

Tsebelis, Geroge. 1995. "Decision-Making in Political Systems: Veto Players in Presidentialism, Parliamentarianism, Multicameralism and Multipartism." *British Journal of Political Science.* 25(3). 289-325.

________________. 2002. *Veto Players: How Political Institutions Work.* Princeton: Princeton University Press.

Valenzuela, A. 1998. "The Crisis of Presidentialism in Latin America." In S. Mainwaring and A. Valensuela(eds.). *Politics, Society and Democracy in Latin America.* Boulder, CO: Westview. 121-139.

______________. 2004. "Latin American Presidencies Interrupted." *Journal of Democracy.* 15(4). 5-19.

van Waarden, F. 2002. "Dutch Consociationalism and Corporatism: A Case of Institutional Persistence." *Acta Politica.* 37(2). 44-67.

Vatter, A., M. Flinders and J. Bernauer. 2014. "A Global Trend toward Democratic Convergence? A Lijphartiall Analysis of Advanced Democracies." *Comparative Political Studies.* 47(6): 903-929.

Viebrock, E. and J. Clasen. 2009. 'Flexicurity and Welfare State Reform: A Review.' *Socio-Economic Review.* 17(2): 305-31.

Vis, Barbara. 2009. "Governments and Unpopular Social Policy Reform: Biting the Buller or Steering Clear?" *European Journal of Political Research.* 48(1). 31-57.

Visser, Jelle. 1995. "The Netherlands: the Return of Responsive Corporatism." in Anthony Ferner and Richard Hyman(eds.). *Changing Industrial Relations in Europe.* Oxford, Uk: Blackwell. 284-314.

__________. 1998. "Two Cheers for Corporatism, One for the Market: Industrial Relations, Wage Moderation and Job Growth in the Netherlands." *British Journal of Industrial Relations.* 36(2). 269-292.

Voss, E. and A. Dornelas. 2011. 'Social Partners and Flexicurity in Contemporary Labour Markets." Synthesis Report. Brussels, European Social Dialogue 2009-2011.

Wang, W. and J. Heyes. 2017. "Flexcurity, Labor Retention and Productivity in the EU." *The International Journal of Human Resource Management.* forthcoming 1-21.

Wilthagen, T. and F. Tros. 2004. "The Concept of 'Flexicurity': A New Approach to Regulating Employment and Labour Markets." *European Review of Labour and Research.* 10. 166-186.

Wilthagen. T. 1998. "Flexicurity: A New Paradigm for Labour Market Policy Reform?" Berlin: WZB Discussion Paper. 1-15.

Woldendorp, J. 2011. Corporatism in Small North-West European Countries 1970-2006. Business as Usual, Decline or a New Phenomenon? Working Paper 30(2011-01). Amsterdam: Department of Political Science VU University, 1-51.

Woldendorp, J. and H. Keman. 2006. "The Contingency of Corporatist Influence: Income Policy in the Netherlands." *Journal of Public Policy.* 26(3). 301-329.

찾 아 보 기

ㄴ

ㄷ

ㄹ

ㅊ

기타